W9-AFR-581

•DICTIONNAIRE•

LE VISUEL JUNIOR

FRANÇAIS•ANGLAIS

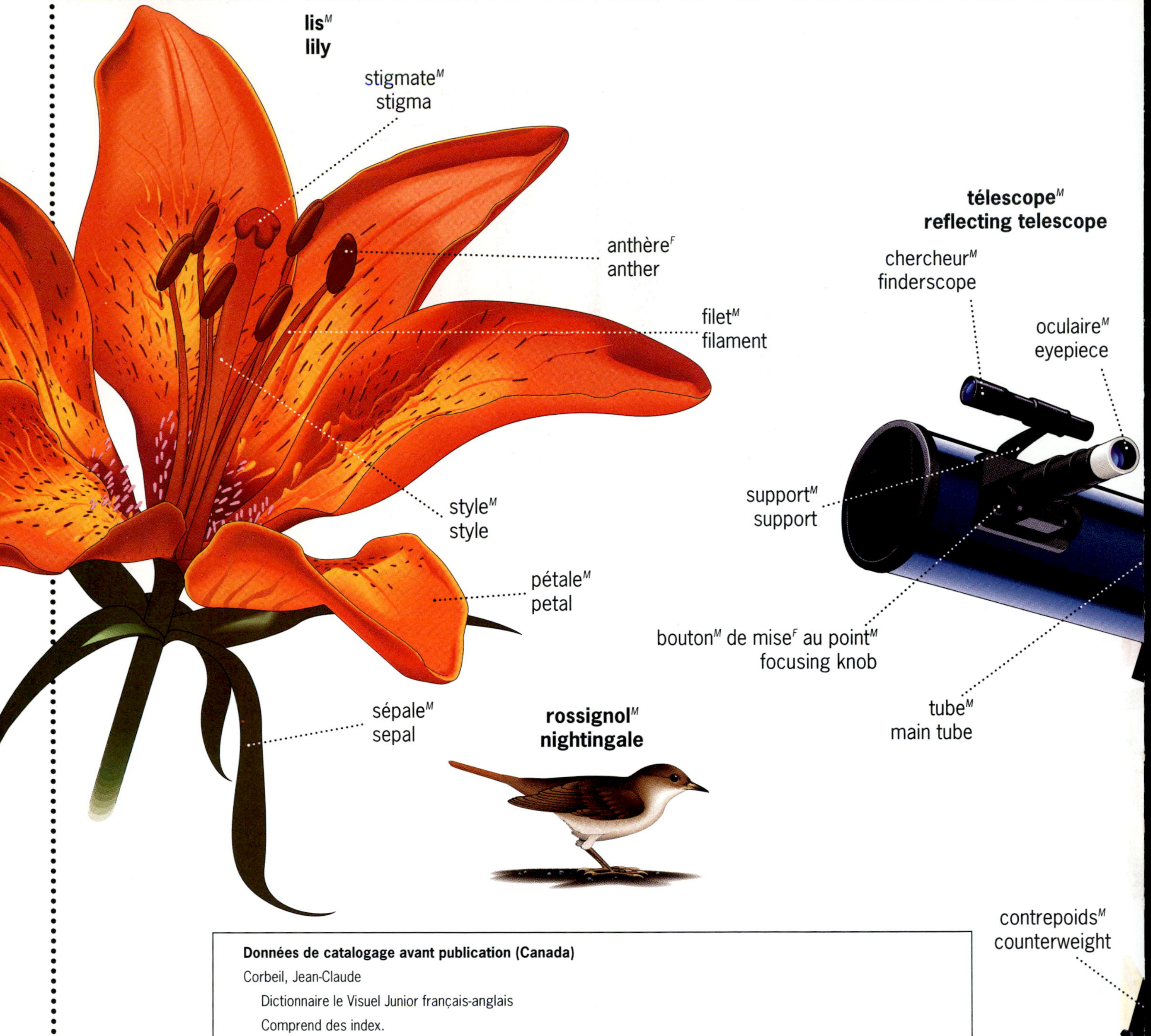

Données de catalogage avant publication (Canada)

Corbeil, Jean-Claude

Dictionnaire le Visuel Junior français-anglais

Comprend des index.

ISBN: 2-89037-763-6

1. Dictionnaires illustrés français - Ouvrages pour la jeunesse.
2. Dictionnaires illustrés anglais - Ouvrages pour la jeunesse. 3. Français (Langue) - Dictionnaires pour la jeunesse - Anglais.
4. Anglais (Langue) - Dictionnaires pour la jeunesse - Français.
I. Archambault, Ariane. II. Titre.

PC2629.C657 1994 j443' .21 C94-941016-0F

425, rue Saint-Jean-Baptiste, Montréal, Québec H2Y 2Z7
Téléphone : (514) 393-1450 - Télécopieur : (514) 866-2430

Conçu et créé par Québec/Amérique International, une division de Québec/Amérique inc.

Imprimé et relié au Canada

JEAN-CLAUDE CORBEIL • ARIANE ARCHAMBAULT

•DICTIONNAIRE• LE VISUEL JUNIOR

FRANÇAIS•ANGLAIS

AUTEURS
Jean-Claude Corbeil
Ariane Archambault

DIRECTION INFOGRAPHIQUE
François Fortin

DIRECTION ARTISTIQUE
Jean-Louis Martin
François Fortin

CONCEPTION GRAPHIQUE
Anne Tremblay

ILLUSTRATIONS
Marc Lalumière
Jean-Yves Ahern
Rielle Lévesque
Anne Tremblay

Jacques Perrault
Jocelyn Gardner
Christiane Beauregard
Michel Blais
Stéphane Roy
Alice Comtois
Benoît Bourdeau

PROGRAMMATION
Yves Ferland
Daniel Beaulieu

DOCUMENTATION
GESTION DES DONNÉES
Serge D'Amico

MONTAGE
Lucie Mc Brearty
Pascal Goyette

PRODUCTION
Marie Duclos

FABRICATION
Tony O'Riley

ÉDITIONS QUÉBEC / AMÉRIQUE

THÈMES ET SUJETS

LE CIEL

le système solaire ... 6
le Soleil ... 8
la Lune ... 9
l'éclipse de Lune ... 10
l'éclipse de Soleil ... 10
la comète ... 10
la lunette astronomique ... 11
le télescope ... 11

LA TERRE

la structure de la Terre ... 12
les coordonnées terrestres ... 12
la grotte ... 13
le séisme ... 13
la configuration du littoral ... 14
le volcan ... 15
le glacier ... 16
la montagne ... 17
la configuration des continents ... 18
le paysage végétal selon l'altitude ... 20
la structure de la biosphère ... 20
le cycle des saisons ... 20
les climats du monde ... 21
le temps ... 22
les instruments de mesure météorologique ... 23
la cartographie ... 24
la rose des vents ... 27
l'écologie ... 28

LE RÈGNE VÉGÉTAL

la germination ... 34
le profil du sol ... 34
la plante et son milieu ... 34
le champignon ... 35
la structure d'une plante ... 36
les fleurs ... 38
l'arbre ... 40
le conifère ... 43

LES FRUITS ET LÉGUMES

les fruits charnus: les baies ... 44
les fruits charnus à noyau ... 45
les fruits charnus à pépins ... 46
les fruits charnus: les agrumes ... 47
les fruits tropicaux ... 48
les légumes ... 49

LE JARDINAGE

le jardinage ... 54

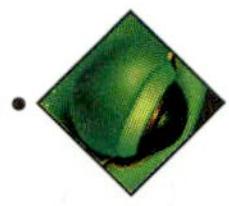

LE RÈGNE ANIMAL

les insectes et l'araignée ... 56
le papillon ... 57
l'abeille ... 58
les amphibiens ... 60
les crustacés ... 61
les poissons ... 62
les reptiles ... 64
le chien ... 66
le chat ... 66
le cheval ... 67
les animaux de la ferme ... 68
les types de mâchoires ... 70
les types de sabots ... 71
les principaux types de défenses ... 71
les principaux types de cornes ... 71
les animaux sauvages ... 72
l'oiseau ... 74
exemples d'oiseaux ... 76

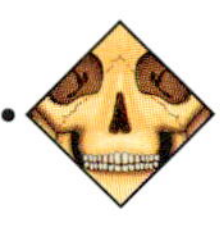

LE CORPS HUMAIN

le corps, vue de face ... 78
le corps, vue de dos ... 79
le squelette ... 80
l'anatomie humaine ... 81
le sens du toucher: la main ... 82
le sens de la vue: l'œil ... 82
le sens de l'ouïe: l'oreille ... 83
le sens du goût: la bouche ... 84
le sens de l'odorat: le nez ... 84
la denture humaine ... 85

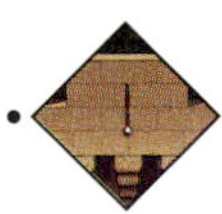

L'ARCHITECTURE

les maisons traditionnelles ... 86
la mosquée ... 87
le château fort ... 88
la cathédrale gothique ... 89
le centre-ville ... 90

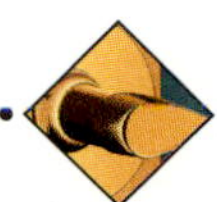

LA MAISON

la maison ... 92
la fenêtre ... 94
le lit ... 95
les sièges ... 96
les sièges et la table ... 97
les luminaires ... 98
l'éclairage ... 99
la vaisselle ... 100
les verres ... 100
le couvert ... 101
les ustensiles de cuisine ... 102
la batterie de cuisine ... 104
les appareils électroménagers ... 105
le réfrigérateur ... 106
les appareils de cuisson ... 107

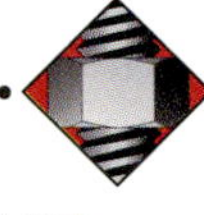

LE BRICOLAGE

les outils de bricolage ... 108
les outils électriques ... 110
la peinture d'entretien ... 111

LES VÊTEMENTS

les vêtements d'homme ... 112
les vêtements de femme ... 114
les tricots ... 117
les gants et les bas ... 118
les chaussures ... 119
tenue d'exercice ... 120

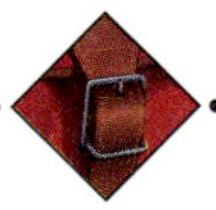

LES OBJETS PERSONNELS

l'hygiène dentaire ... 122
la coiffure ... 122
le parapluie ... 123
les articles de maroquinerie ... 123
les lunettes ... 123

LES COMMUNICATIONS

les communications par téléphone ... 124
la photographie ... 125
la télévision ... 126

la vidéo 127
la chaîne stéréo 128
les appareils de son portatifs 129

LE TRANSPORT ROUTIER

l'automobile 130
le camionnage 134
la moto 135
la bicyclette 136

LE TRANSPORT FERROVIAIRE

les types de wagons 138
la locomotive diesel-électrique 138
le train à grande vitesse (T.G.V.) 140
le passage à niveau 140

LE TRANSPORT MARITIME

l'aéroglisseur 141
le quatre-mâts barque 141
le port maritime 142
le paquebot 142

LE TRANSPORT AÉRIEN

l'avion 144
l'hélicoptère 145
l'aéroport 146

LE TRANSPORT SPATIAL

la navette spatiale 148
le scaphandre spatial 149

L'ÉCOLE

les fournitures scolaires 150
le matériel scolaire 152
la géométrie 156
le dessin 157

LA MUSIQUE

les instruments traditionnels 158
les instruments à clavier 159
la notation musicale 160
les instruments à cordes 162
les instruments à vent 164
les instruments à percussion 166
l'orchestre symphonique 167

LES SPORTS D'ÉQUIPE

le baseball 168
le football américain 170
le football 172
le cricket 174
le hockey sur gazon 175
le hockey sur glace 176
le basketball 178
le volleyball 179
le tennis 180

LES SPORTS NAUTIQUES

la natation 182
la planche à voile 184

LES SPORTS D'HIVER

le patinage 185
le ski 186

LES SPORTS ATHLÉTIQUES

la gymnastique 188

LE CAMPING

les tentes 190
l'équipement de couchage 191
le matériel de camping 192

LES JEUX

les dés 194
les dominos 194
les cartes 194
les échecs 195
le jeu de dames 196
le jacquet 196
le jeu de fléchettes 197
le système de jeu vidéo 197

LES APPAREILS DE MESURE

la mesure du temps 198
la mesure de la température 199
la mesure de la masse 200

LES ÉNERGIES

le pétrole 202
l'énergie hydroélectrique 204
l'énergie nucléaire 206
l'énergie solaire 208
l'énergie éolienne 209

LES ENGINS ET MACHINES

la prévention des incendies 210
la machinerie lourde 212

LES SYMBOLES

les symboles de protection 216
les symboles de sécurité 216
les symboles d'usage courant 216

LE SYSTÈME[M] SOLAIRE
SOLAR SYSTEM

planètes[F] et satellites[M]
planets and moons

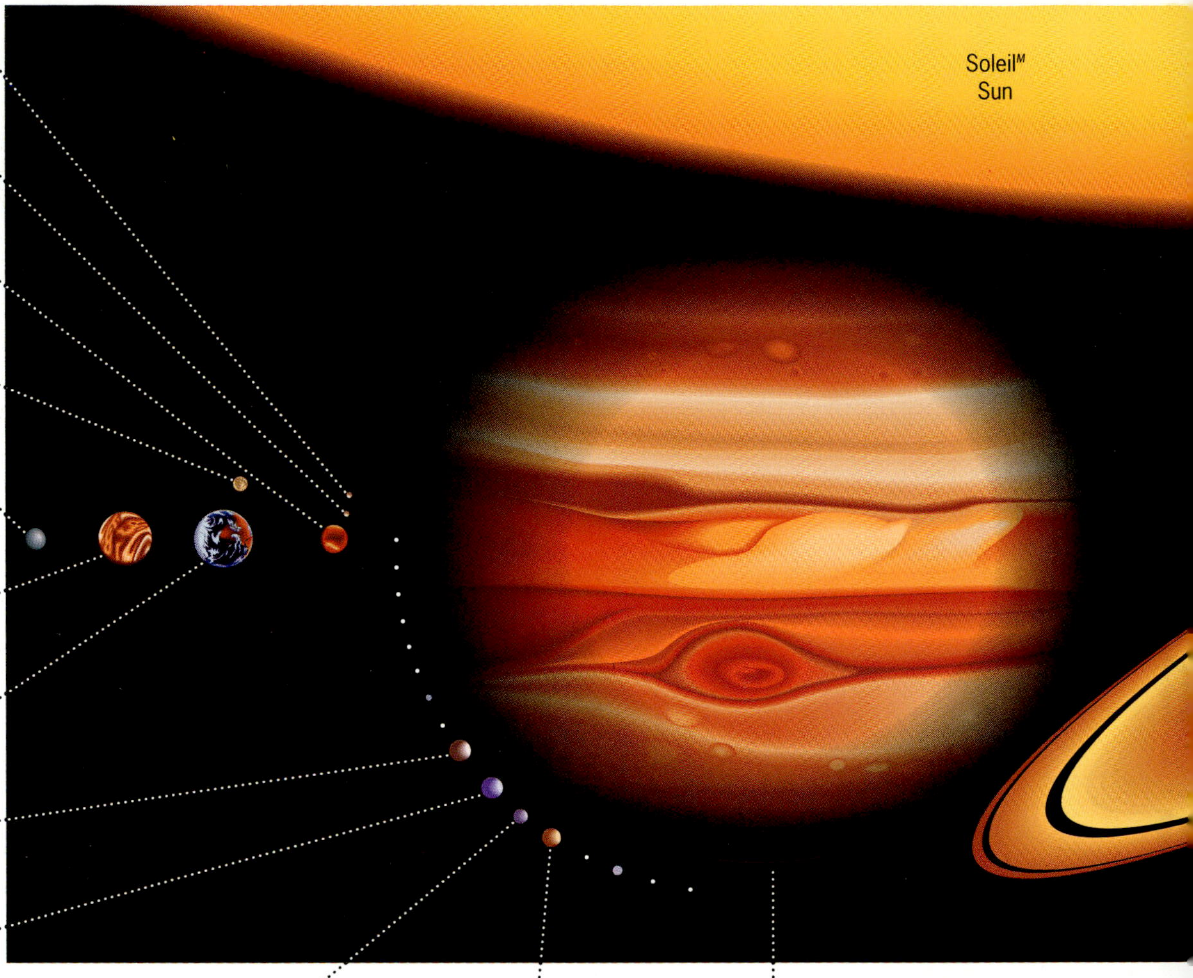

Deimos
Deimos

Phobos
Phobos

Mars
Mars

Lune[F]
Moon

Mercure
Mercury

Vénus
Venus

Terre[F]
Earth

Ganymède
Ganymede

Callisto
Callisto

Soleil[M]
Sun

Europe
Europa

Io
Io

Jupiter
Jupiter

orbites[F] des planètes[F]
orbits of the planets

astéroïdes[M]
asteroid belt

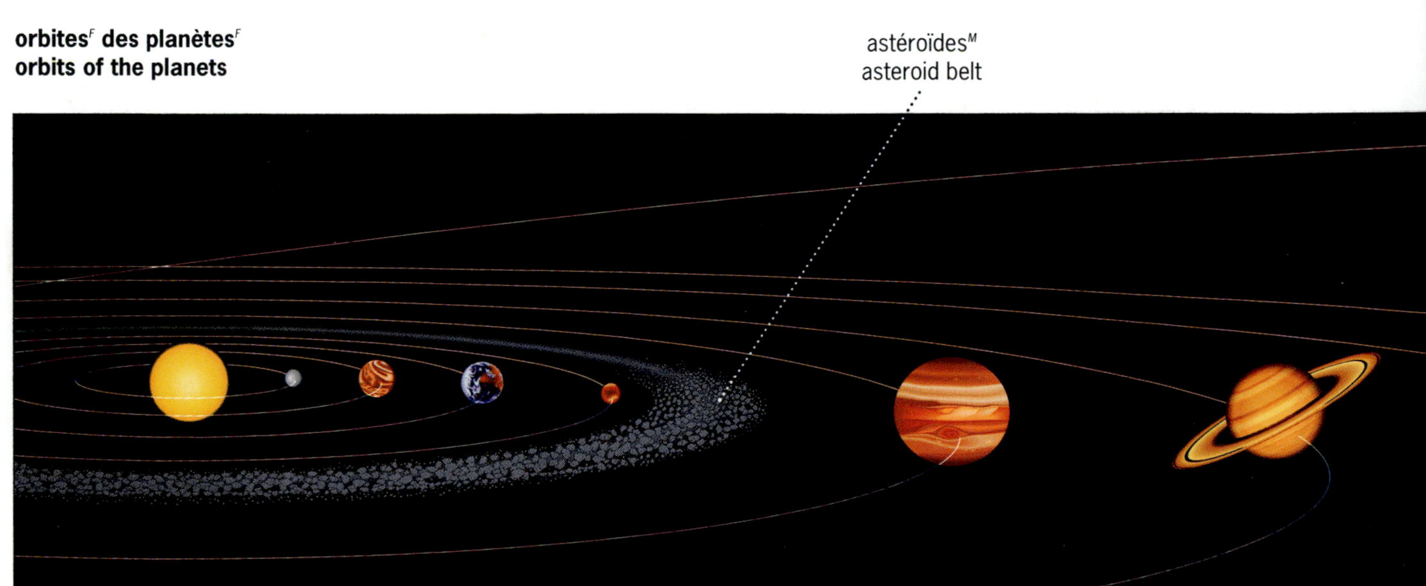

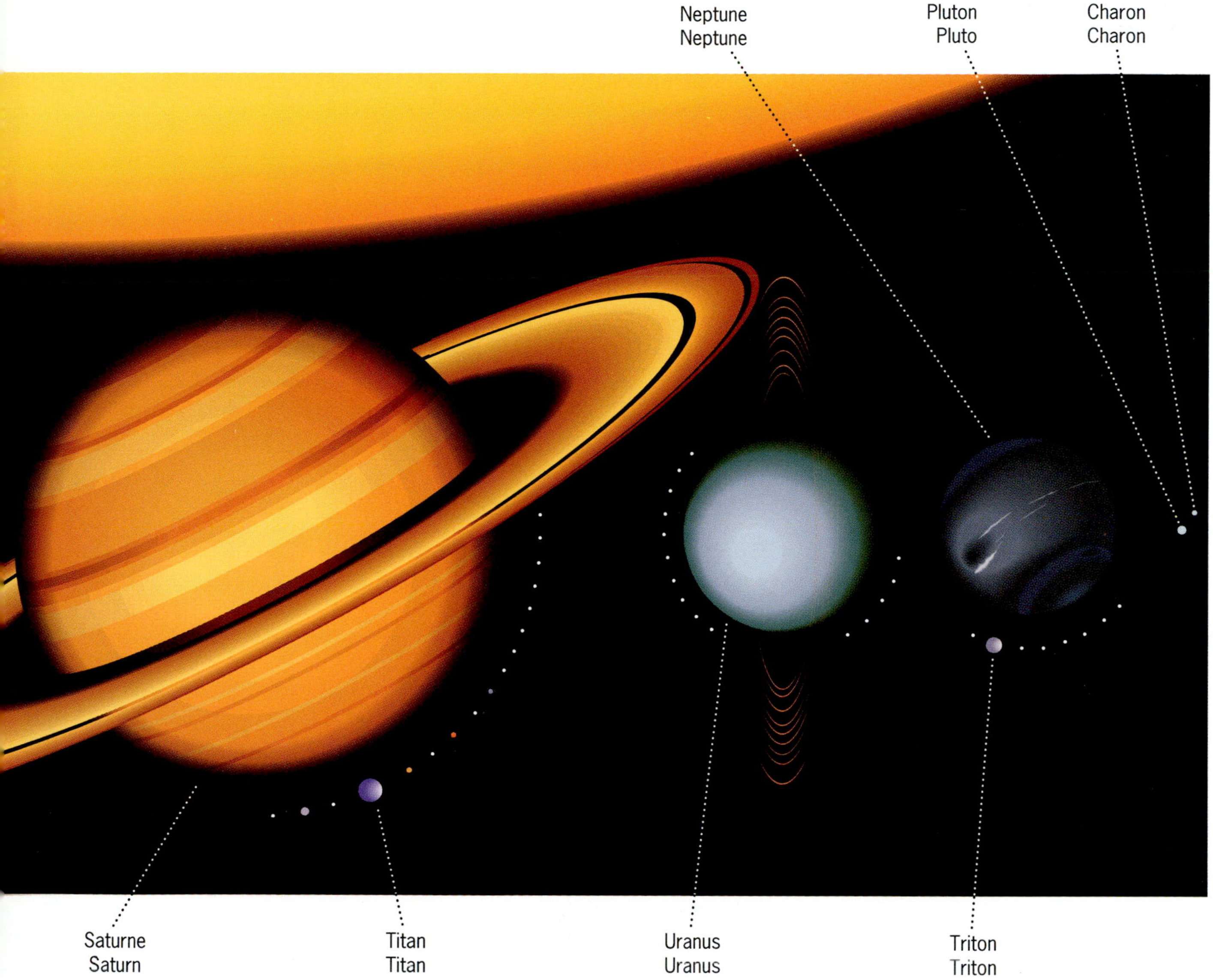

Neptune
Neptune

Pluton
Pluto

Charon
Charon

Saturne
Saturn

Titan
Titan

Uranus
Uranus

Triton
Triton

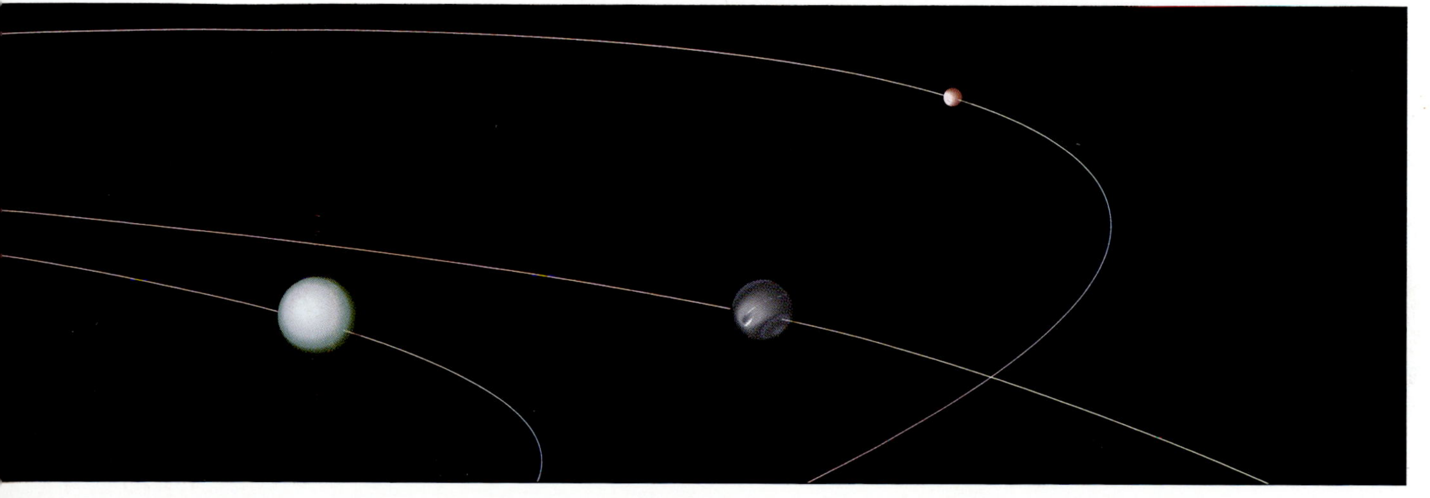

LE SOLEIL^M SUN

structure^F du Soleil^M
structure of the Sun

LA LUNE[F]
MOON

relief[M] lunaire
lunar features

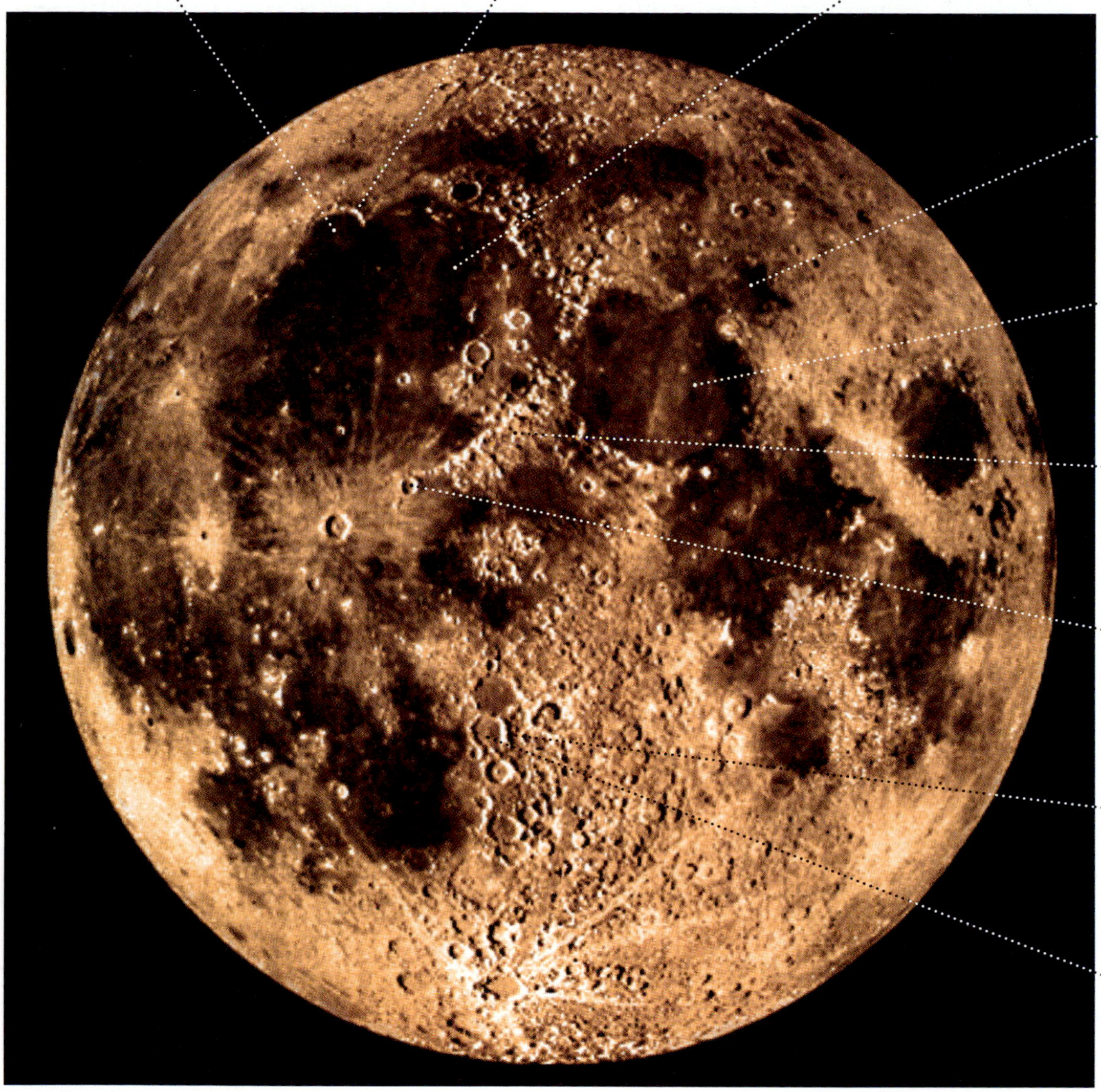

PHASES[F] DE LA LUNE[F]
PHASES OF THE MOON

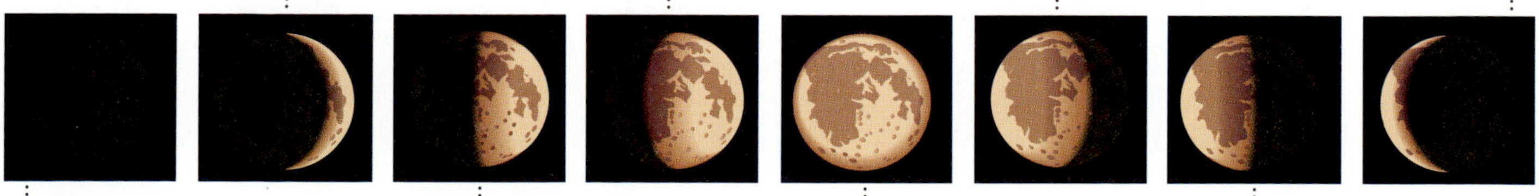

LA COMÈTE[F]
COMET

chevelure[F]
coma
tête[F]
head
noyau[M]
nucleus
queue[F] de gaz[M]
gas tail
queue[F] de poussières[F]
dust tail

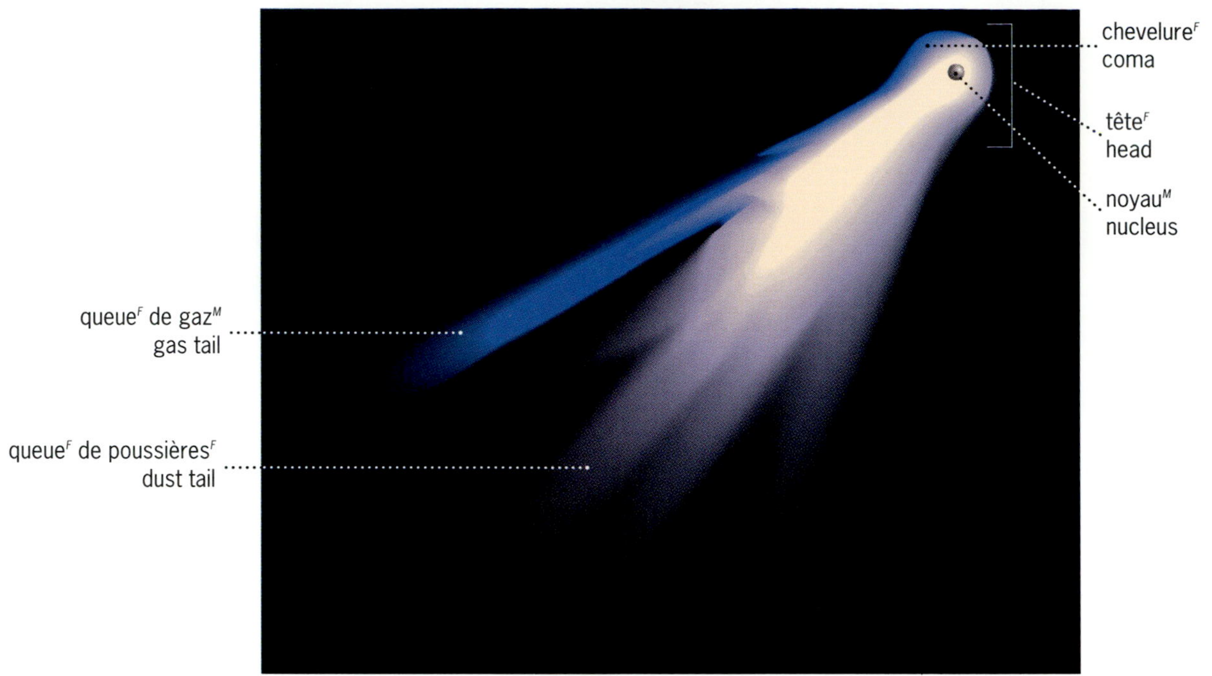

L'ÉCLIPSE[F] DE SOLEIL[M]
SOLAR ECLIPSE

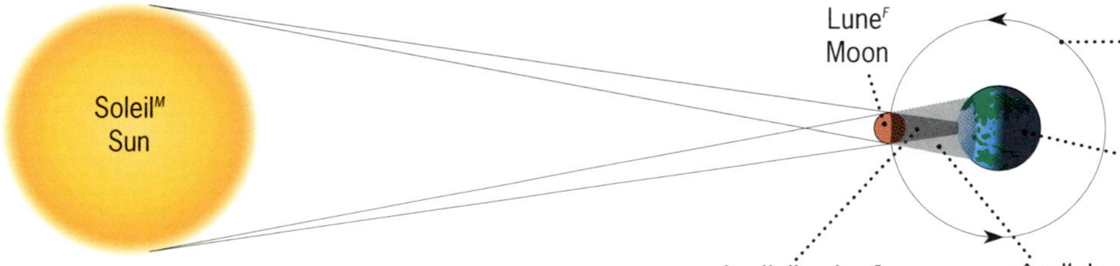

Soleil[M]
Sun
Lune[F]
Moon
orbite[F] lunaire
Moon's orbit
Terre[F]
Earth
cône[M] d'ombre[F]
umbra shadow
cône[M] de pénombre[F]
penumbra shadow

TYPES[M] D'ÉCLIPSES[F] DE SOLEIL[M]
TYPES OF SOLAR ECLIPSES

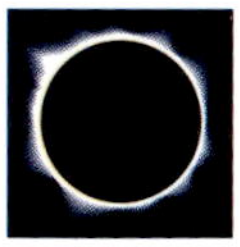

éclipse[F] totale
total eclipse

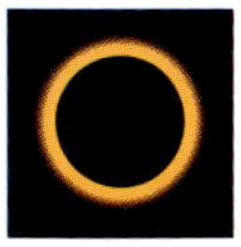

éclipse[F] annulaire
annular eclipse

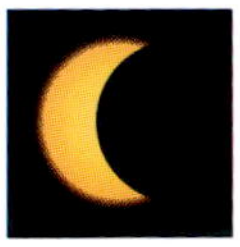

éclipse[F] partielle
partial eclipse

L'ÉCLIPSE[F] DE LUNE[F]
LUNAR ECLIPSE

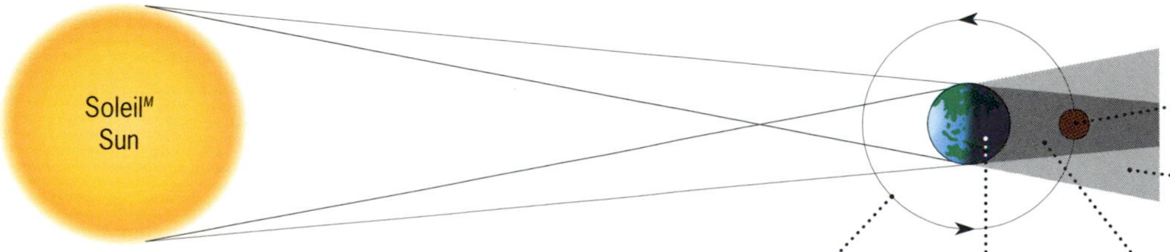

Soleil[M]
Sun
Lune[F]
Moon
cône[M] de pénombre[F]
penumbra shadow
orbite[F] lunaire
Moon's orbit
Terre[F]
Earth
cône[M] d'ombre[F]
umbra shadow

TYPES[M] D'ÉCLIPSES[F] DE LUNE[F]
TYPES OF LUNAR ECLIPSES

éclipse[F] partielle
partial eclipse

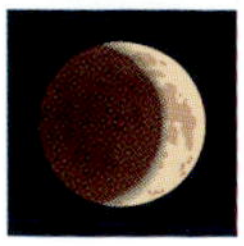

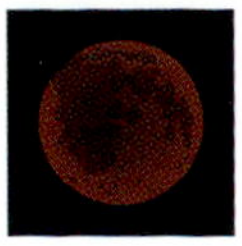

éclipse[F] totale
total eclipse

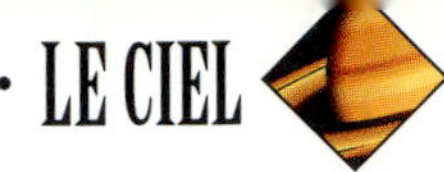

LE TÉLESCOPE[M]
REFLECTING TELESCOPE

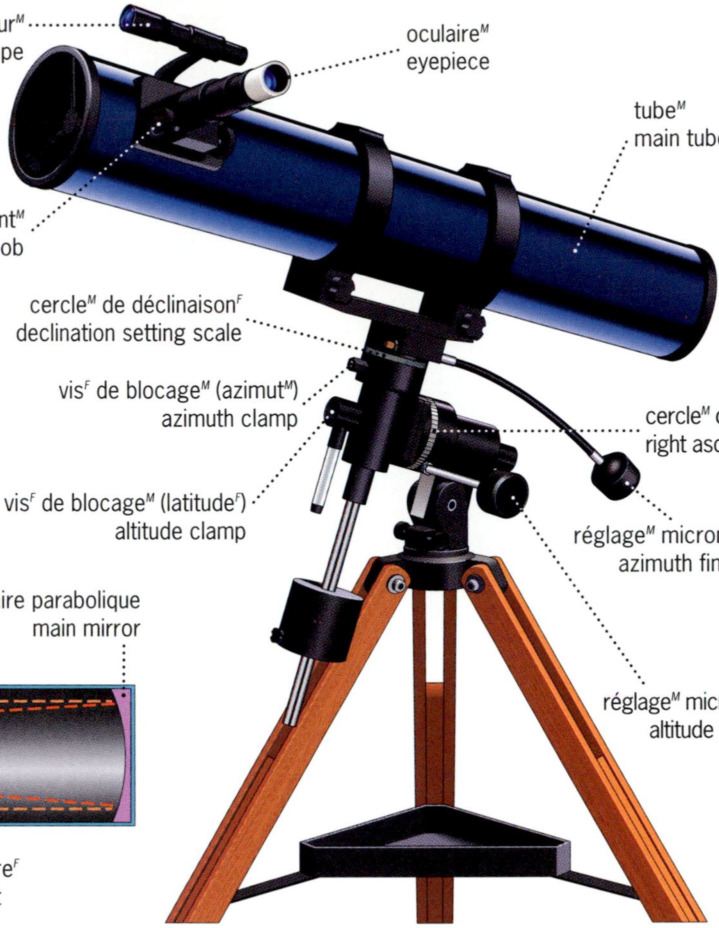

chercheur[M]
finderscope
oculaire[M]
eyepiece
tube[M]
main tube
bouton[M] de mise[F] au point[M]
focusing knob
cercle[M] de déclinaison[F]
declination setting scale
vis[F] de blocage[M] (azimut[M])
azimuth clamp
cercle[M] d'ascension[F] droite
right ascension setting scale
vis[F] de blocage[M] (latitude[F])
altitude clamp
réglage[M] micrométrique (azimut[M])
azimuth fine adjustment
réglage[M] micrométrique (latitude[F])
altitude fine adjustment

coupe[F] d'un télescope[M]
cross section of a reflecting telescope

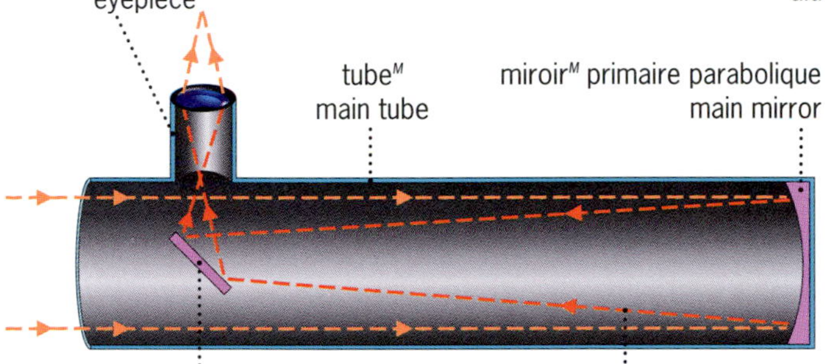

oculaire[M]
eyepiece
tube[M]
main tube
miroir[M] primaire parabolique
main mirror
miroir[M] plan
flat mirror
lumière[F]
light

LA LUNETTE[F] ASTRONOMIQUE
REFRACTING TELESCOPE

support[M]
support
tube[M] porte-oculaire[M]
eyepiece holder
oculaire[M] coudé
star diagonal
lentille[F] objectif[M]
objective lens
pare-soleil[M]
dew shield
bride[F] de fixation[F]
cradle
contrepoids[M]
counterweight
fourche[F]
fork
trépied[M]
tripod
plateau[M] pour accessoires[M]
tripod accessories shelf

coupe[F] d'une lunette[F] astronomique
cross section of a refracting telescope

lentille[F] objectif[M]
objective lens
oculaire[M]
eyepiece
tube[M]
main tube
lumière[F]
light

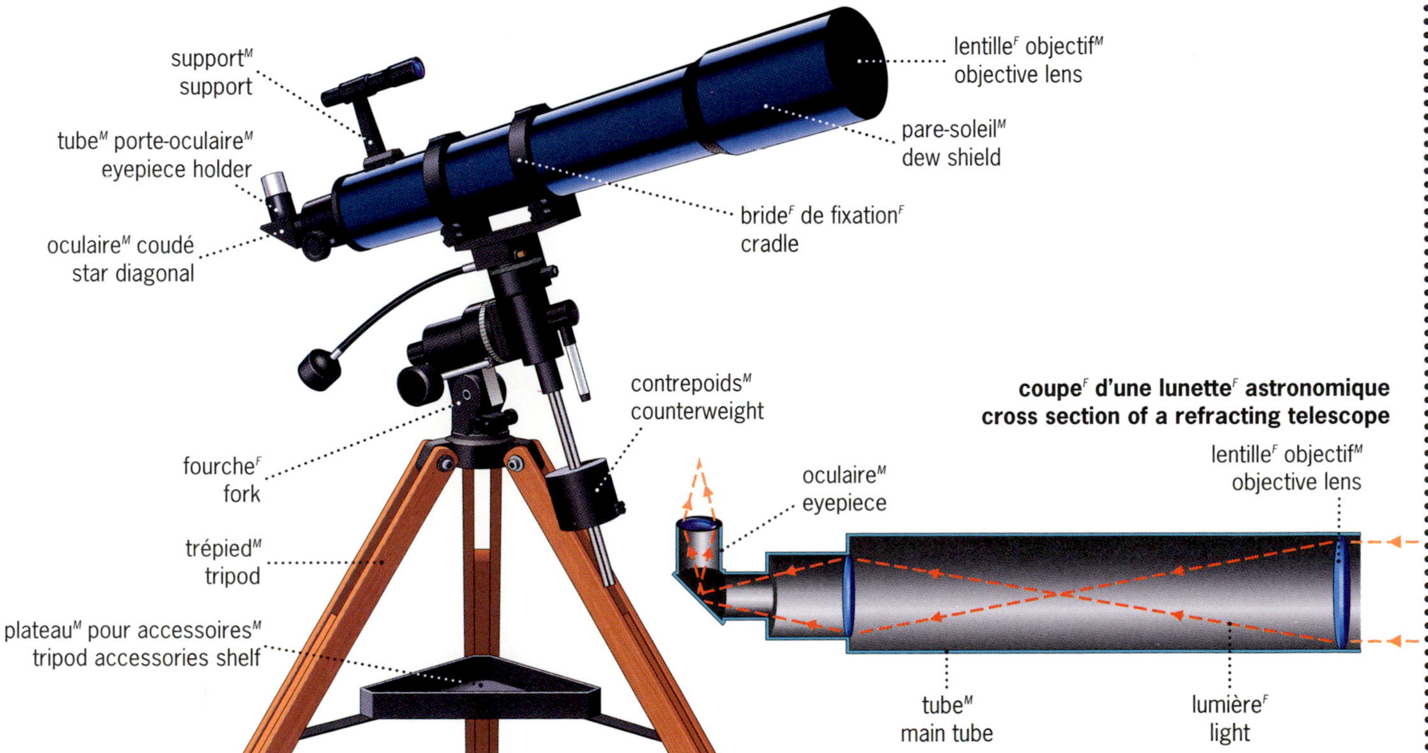

LES COORDONNÉES^F TERRESTRES
EARTH COORDINATE SYSTEM

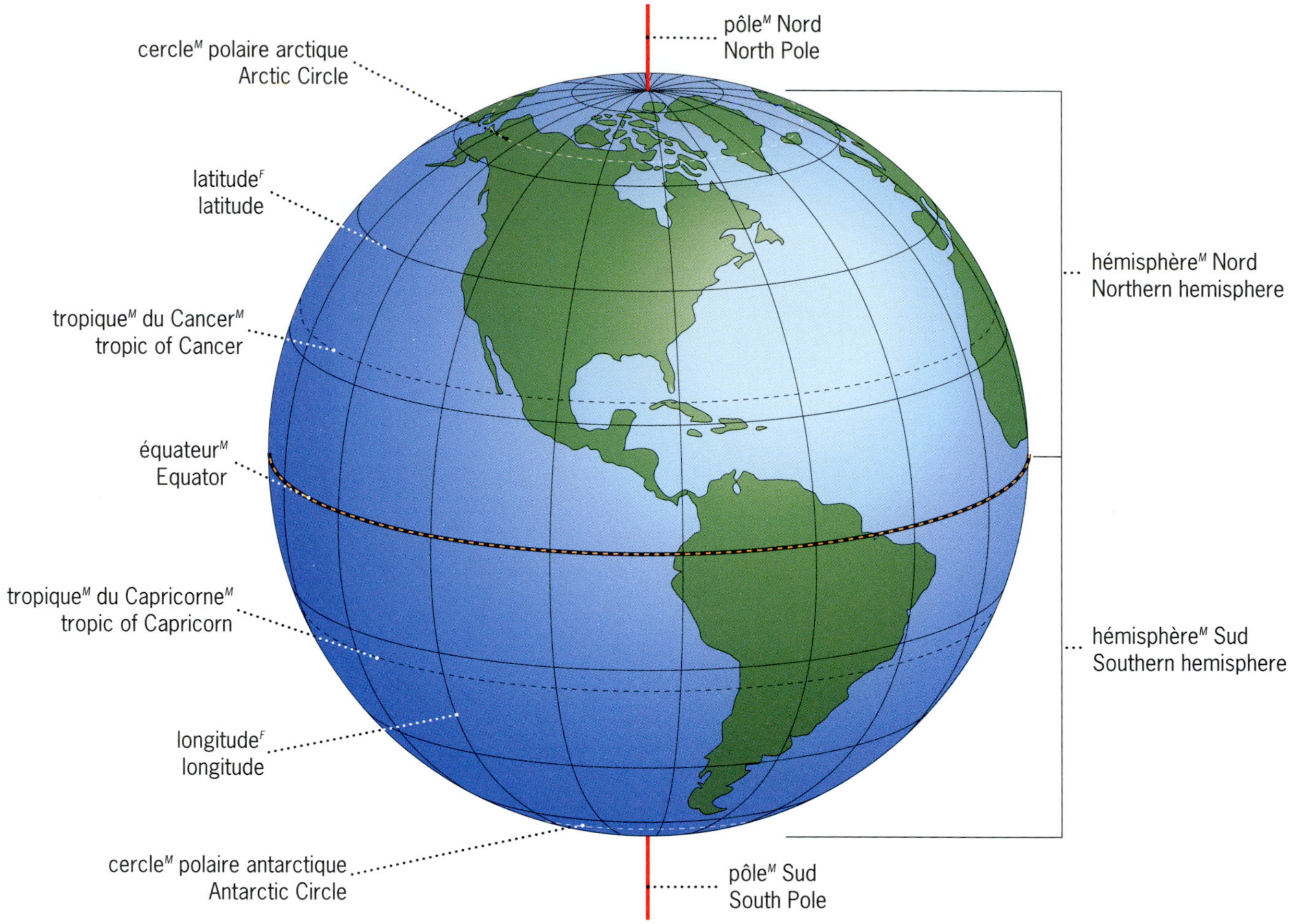

pôle^M Nord
North Pole
cercle^M polaire arctique
Arctic Circle
latitude^F
latitude
hémisphère^M Nord
Northern hemisphere
tropique^M du Cancer^M
tropic of Cancer
équateur^M
Equator
tropique^M du Capricorne^M
tropic of Capricorn
hémisphère^M Sud
Southern hemisphere
longitude^F
longitude
cercle^M polaire antarctique
Antarctic Circle
pôle^M Sud
South Pole

LA STRUCTURE^F DE LA TERRE^F
STRUCTURE OF THE EARTH

noyau^M externe
outer core
croûte^F terrestre
Earth's crust
noyau^M interne
inner core
manteau^M supérieur
upper mantle
manteau^M inférieur
lower mantle
atmosphère^F
atmosphere

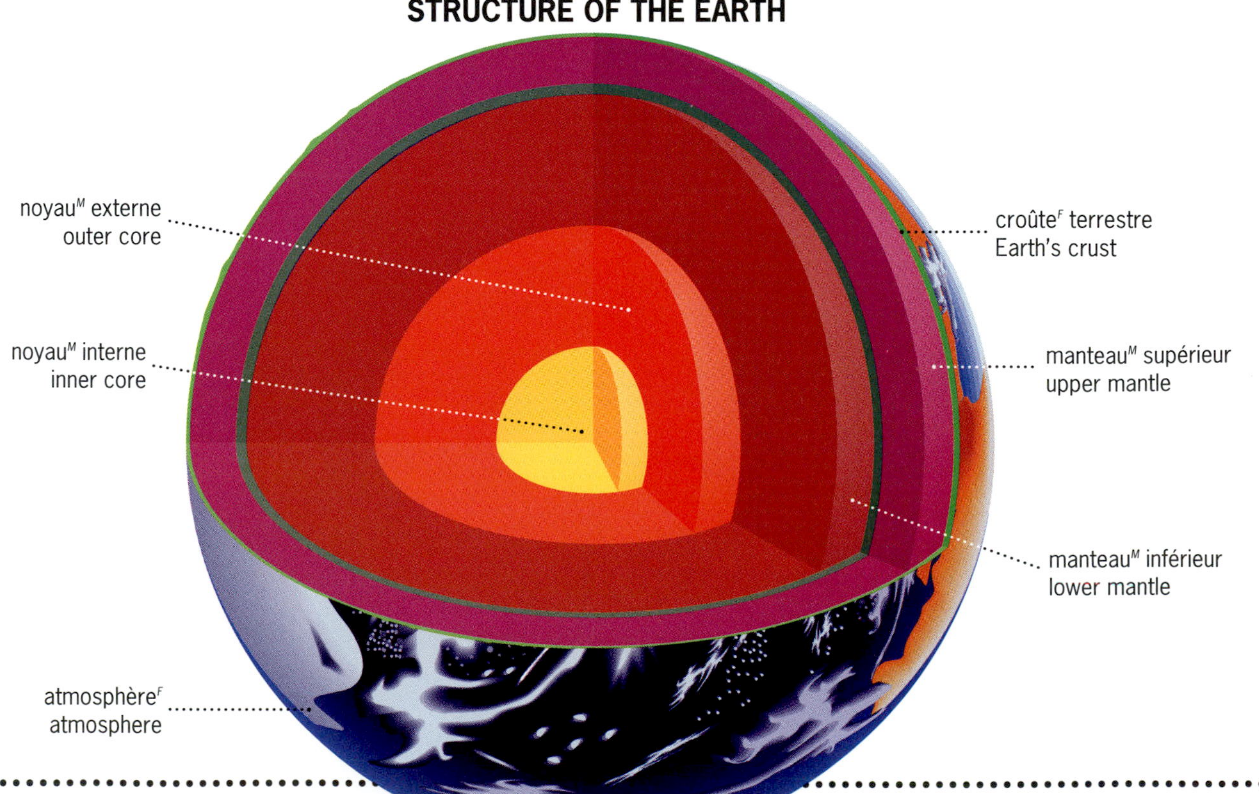

LE SÉISME[M]
EARTHQUAKE

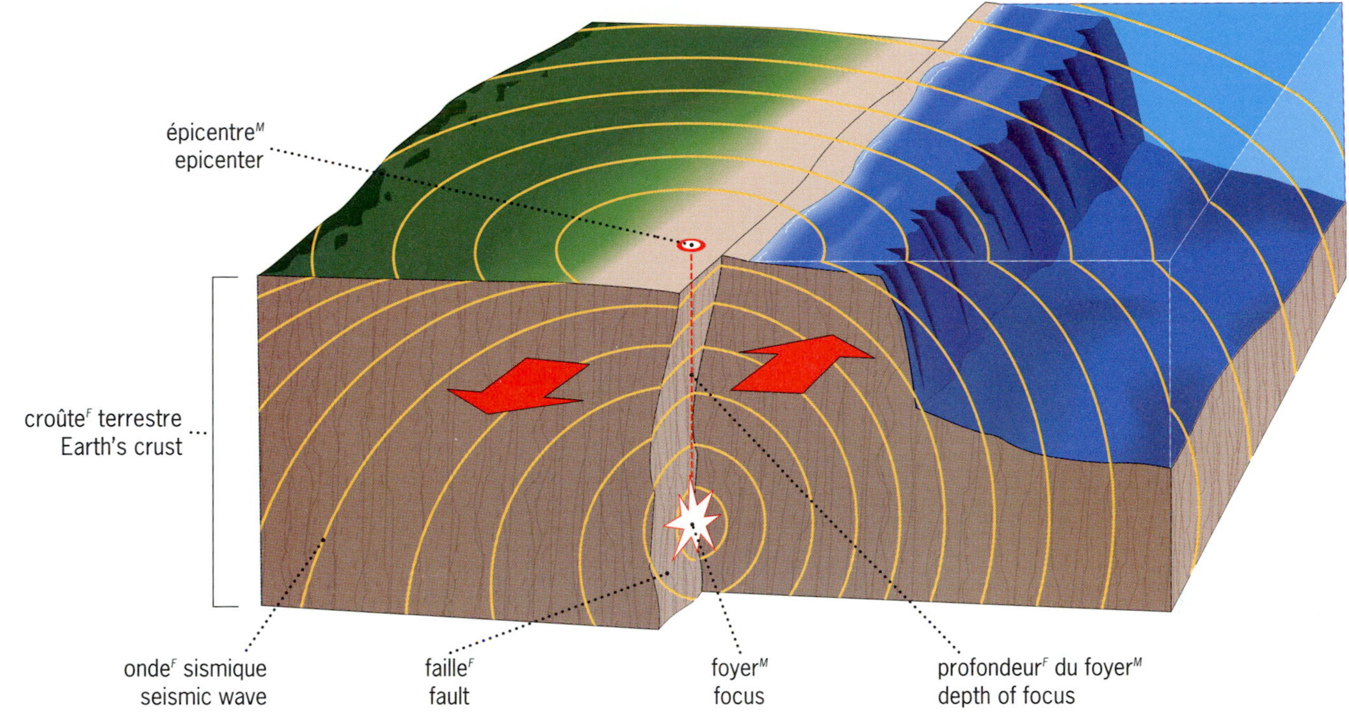

épicentre[M]
epicenter
croûte[F] terrestre
Earth's crust
onde[F] sismique
seismic wave
faille[F]
fault
foyer[M]
focus
profondeur[F] du foyer[M]
depth of focus

LA GROTTE[F]
CAVE

gorge[F]
gorge
stalactite[F]
stalactite
doline[F]
sink-hole
gouffre[M]
swallow hole
stalagmite[F]
stalagmite
galerie[F] sèche
dry gallery
colonne[F]
column
siphon[M]
siphon
gour[M]
gour
rivière[F] souterraine
subterranean stream
nappe[F] phréatique
water table

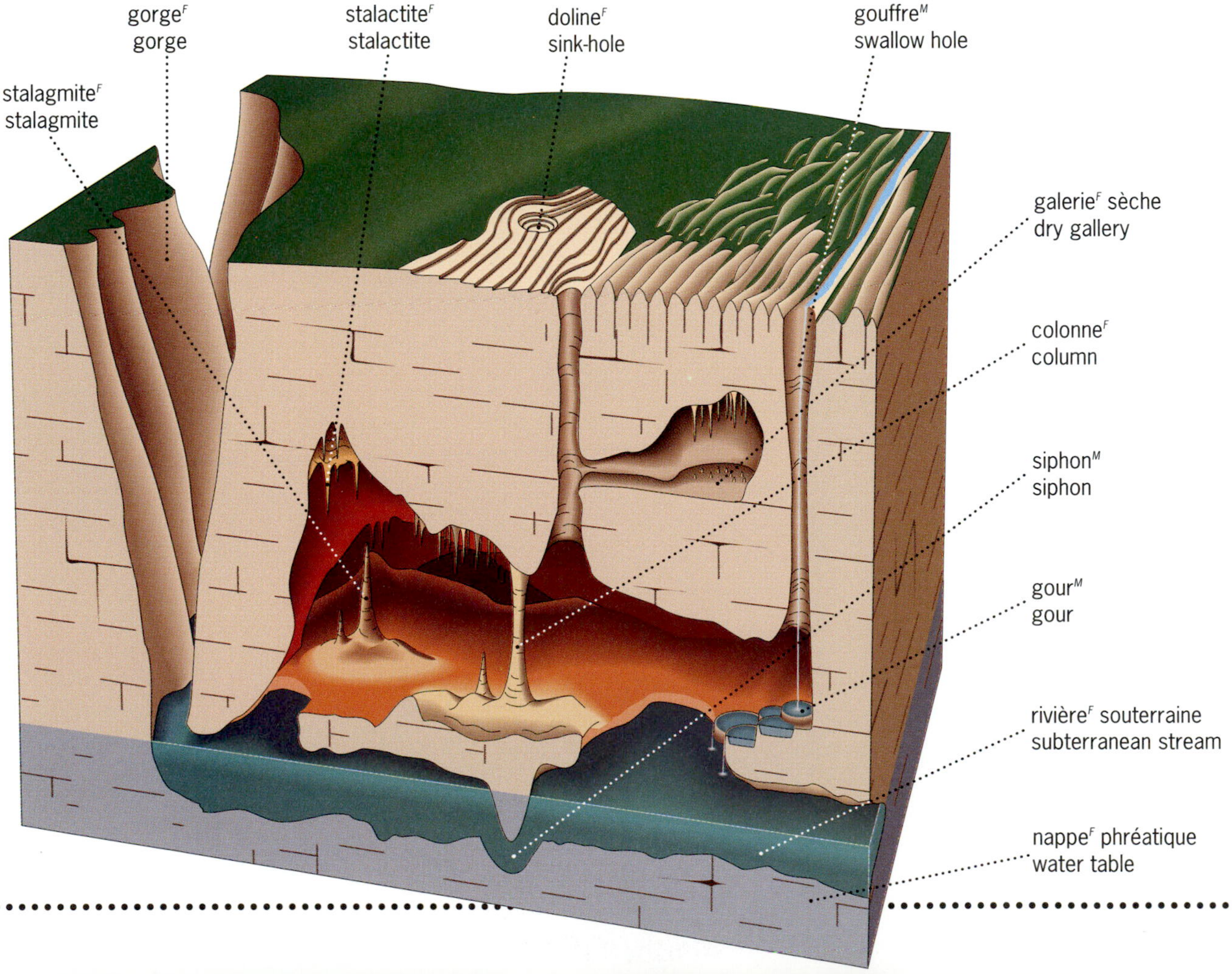

LA CONFIGURATION^F DU LITTORAL^M
COASTAL FEATURES

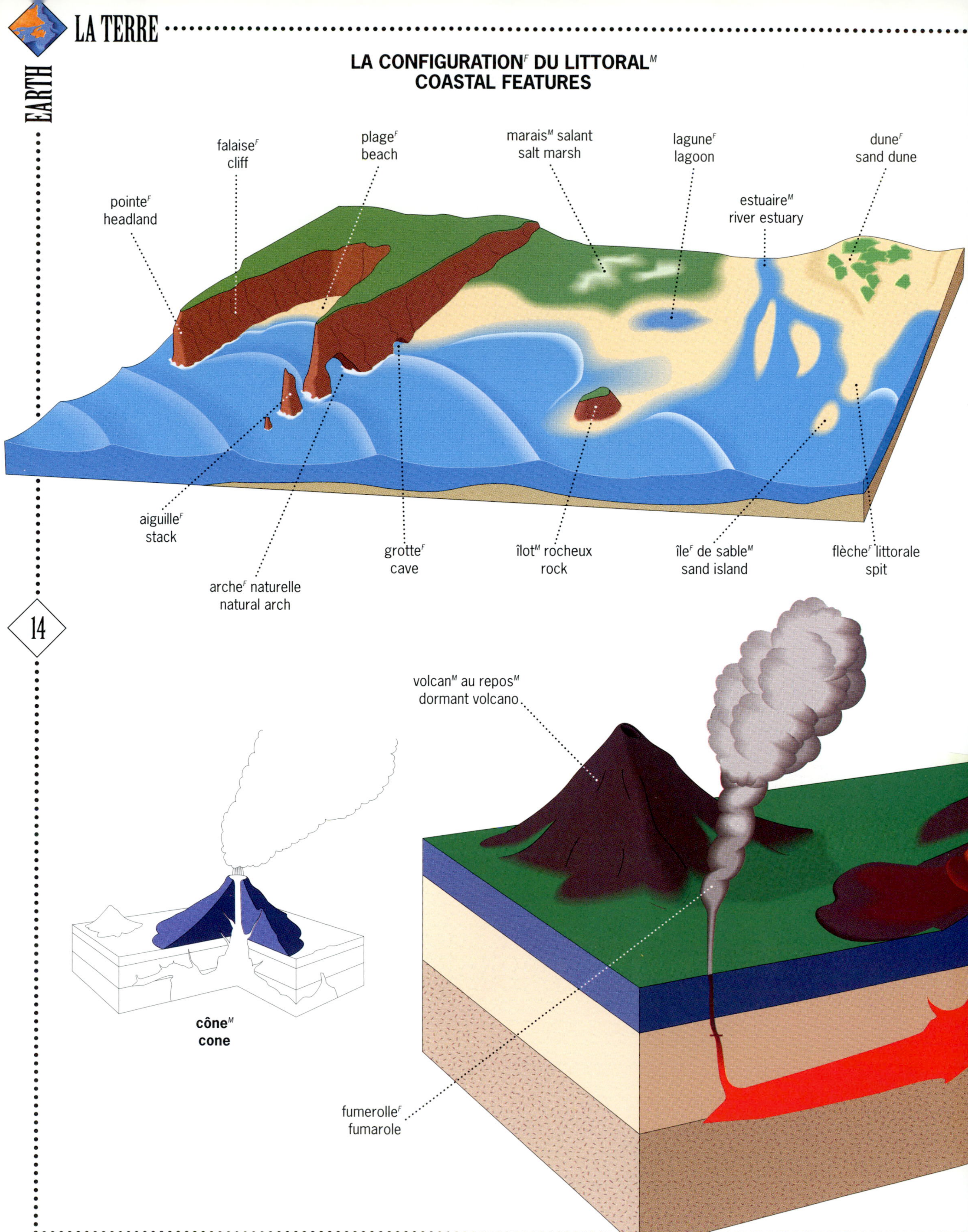

LE VOLCAN[M]
VOLCANO

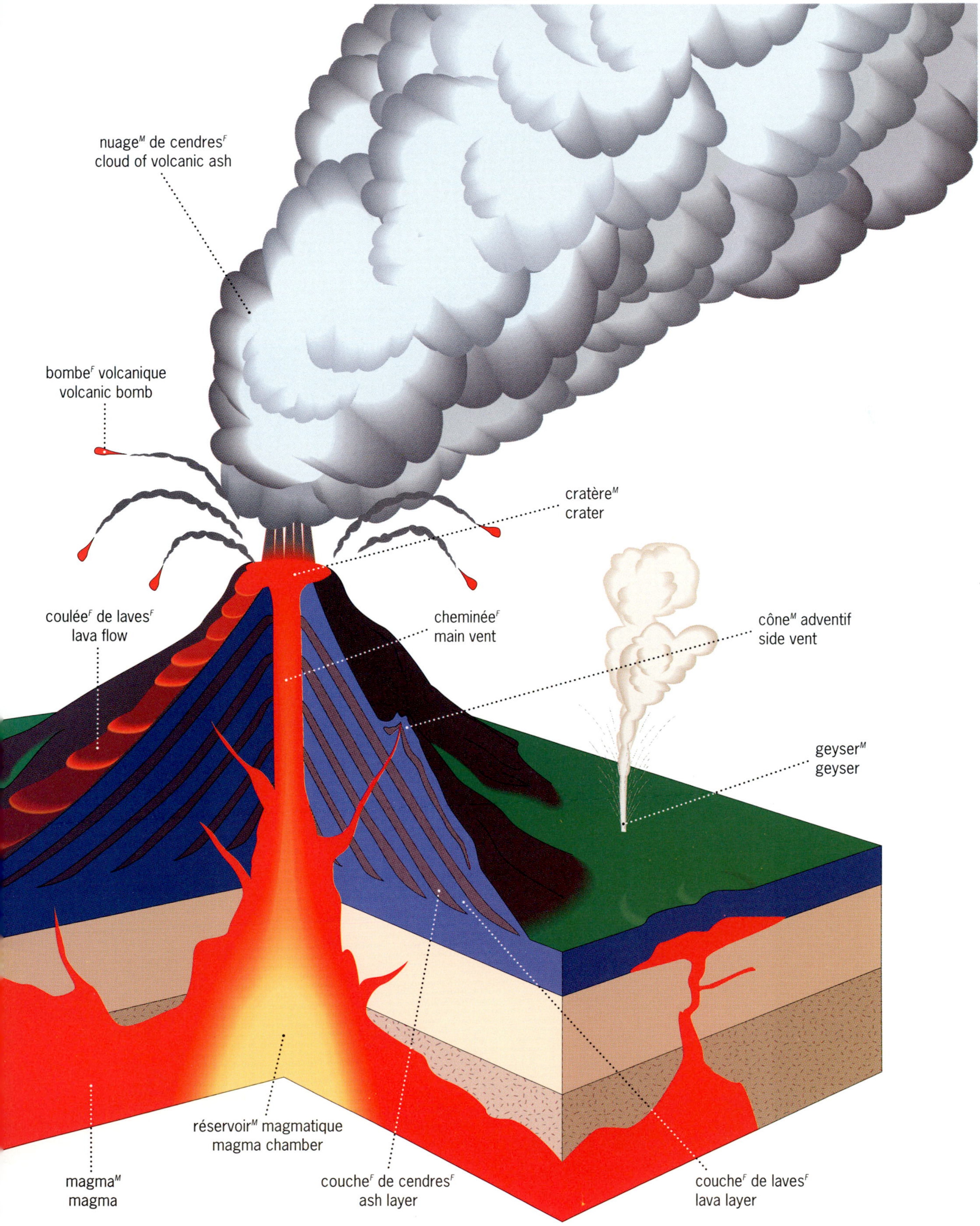

nuage[M] de cendres[F]
cloud of volcanic ash

bombe[F] volcanique
volcanic bomb

cratère[M]
crater

coulée[F] de laves[F]
lava flow

cheminée[F]
main vent

cône[M] adventif
side vent

geyser[M]
geyser

réservoir[M] magmatique
magma chamber

magma[M]
magma

couche[F] de cendres[F]
ash layer

couche[F] de laves[F]
lava layer

LE GLACIER[M]
GLACIER

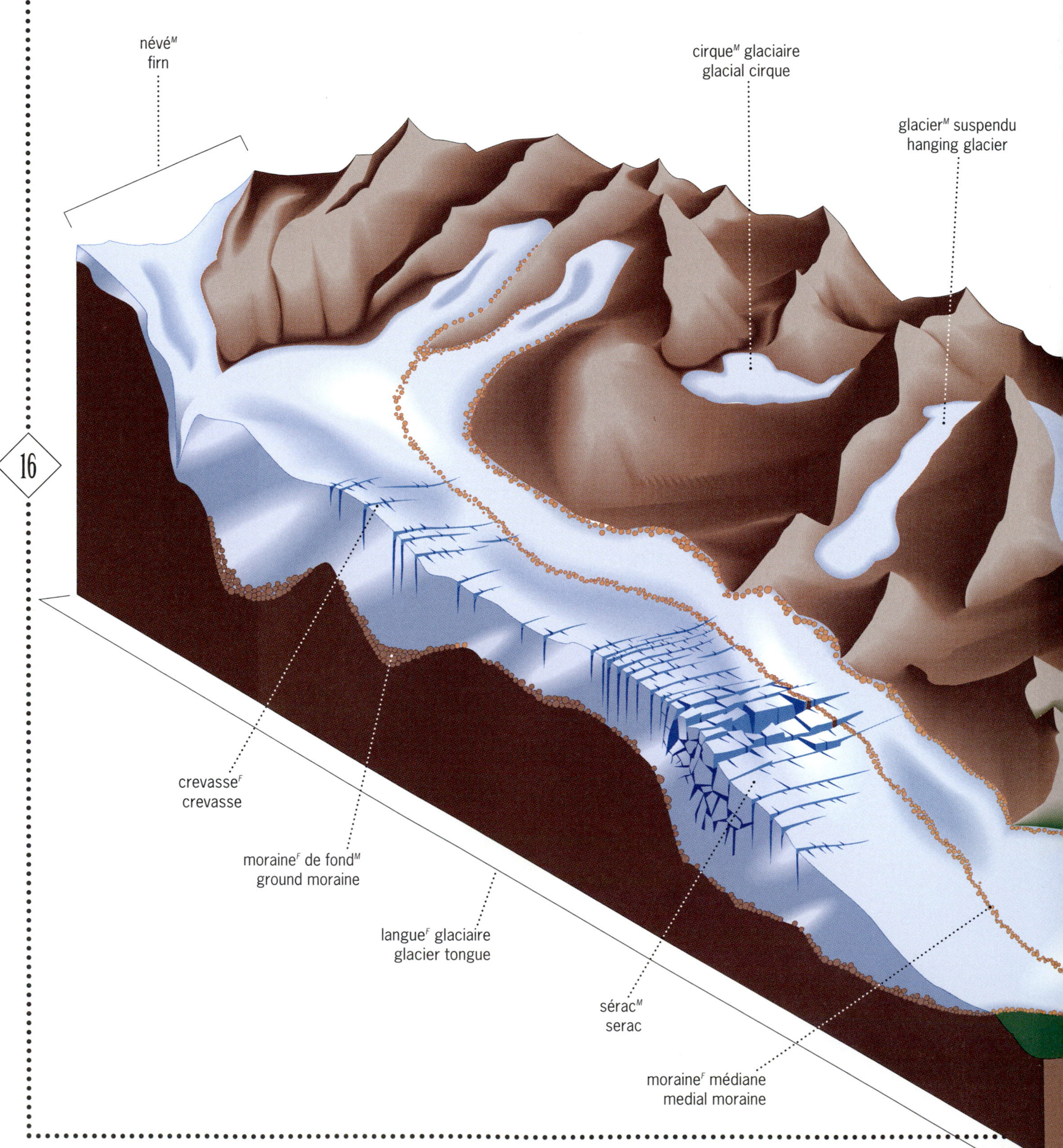

LA MONTAGNE[F] MOUNTAIN

LA CONFIGURATION[F] DES CONTINENTS[M]
THE CONTINENTS

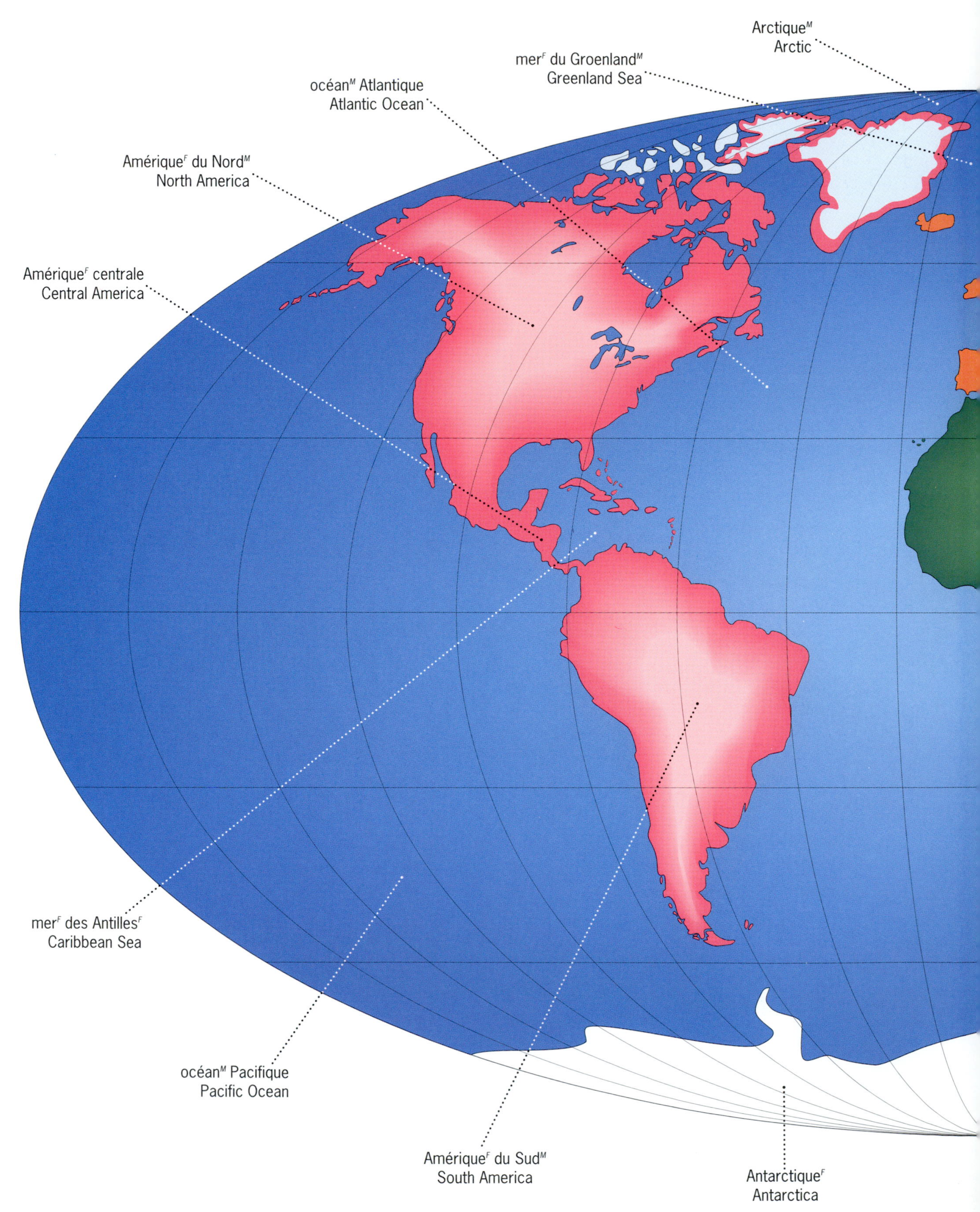

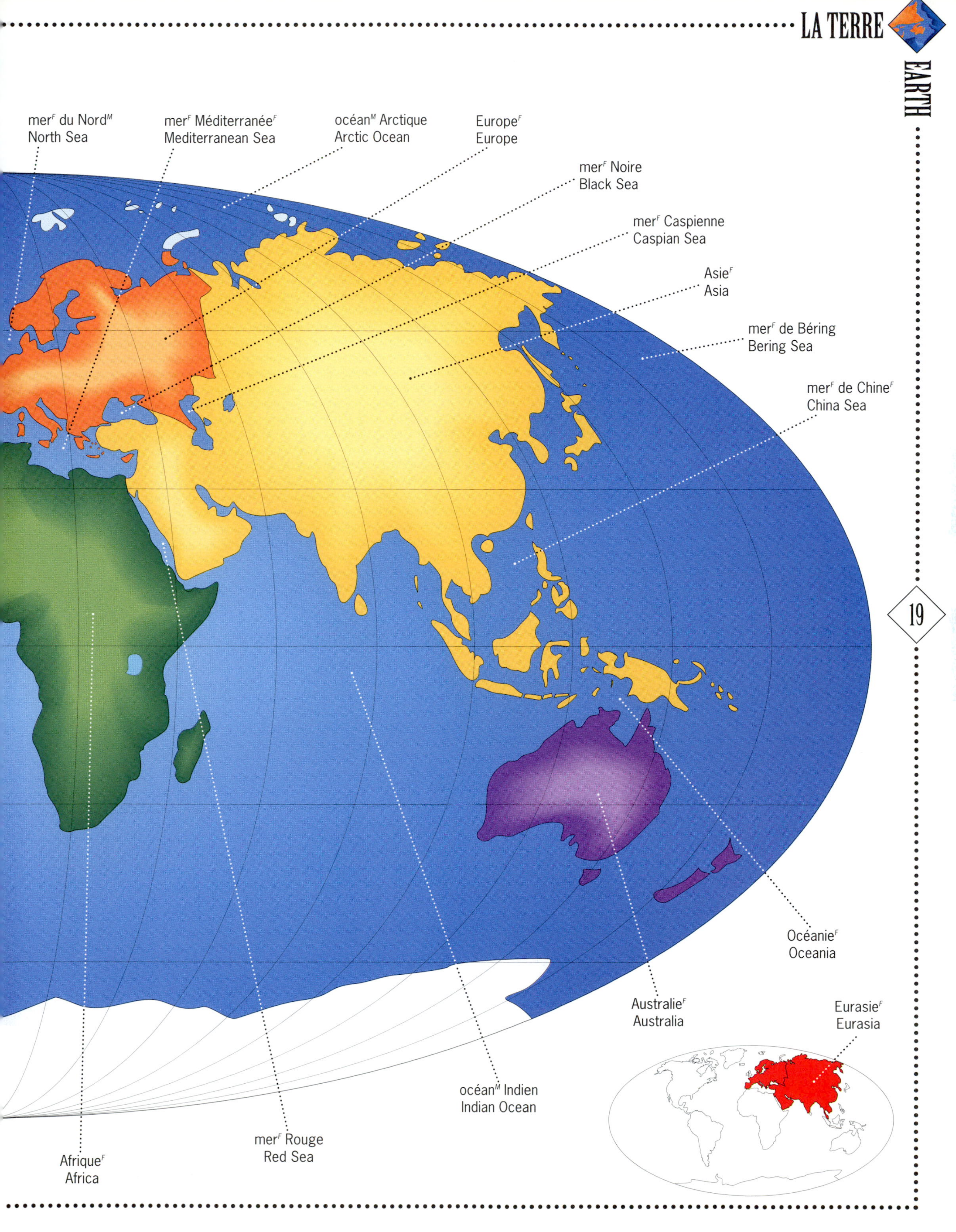
merF du NordM
North Sea
merF MéditerranéeF
Mediterranean Sea
océanM Arctique
Arctic Ocean
EuropeF
Europe
merF Noire
Black Sea
merF Caspienne
Caspian Sea
AsieF
Asia
merF de Béring
Bering Sea
merF de ChineF
China Sea
OcéanieF
Oceania
AustralieF
Australia
EurasieF
Eurasia
océanM Indien
Indian Ocean
merF Rouge
Red Sea
AfriqueF
Africa

LE CYCLE[M] DES SAISONS[F]
SEASONS OF THE YEAR

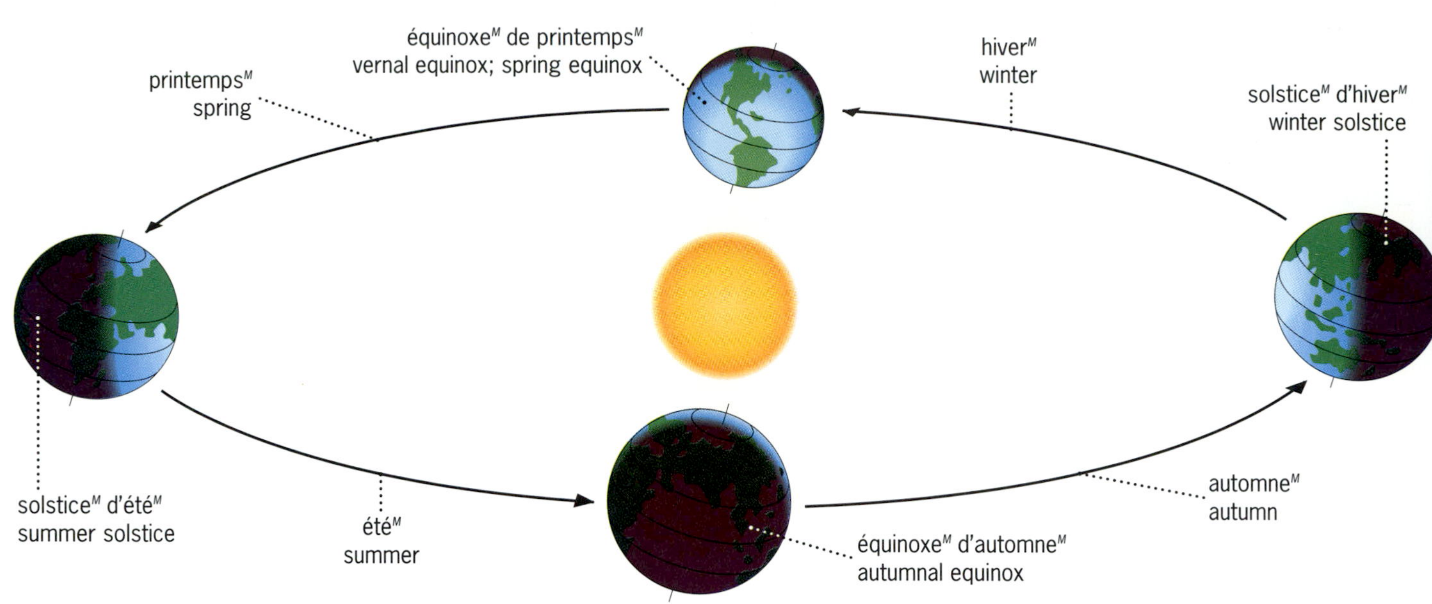

LA STRUCTURE[F] DE LA BIOSPHÈRE[F]
STRUCTURE OF THE BIOSPHERE

atmosphère[F]
atmosphere

hydrosphère[F]
hydrosphere

lithosphère[F]
lithosphere

LE PAYSAGE[M] VÉGÉTAL SELON L'ALTITUDE[F]
ELEVATION ZONES AND VEGETATION

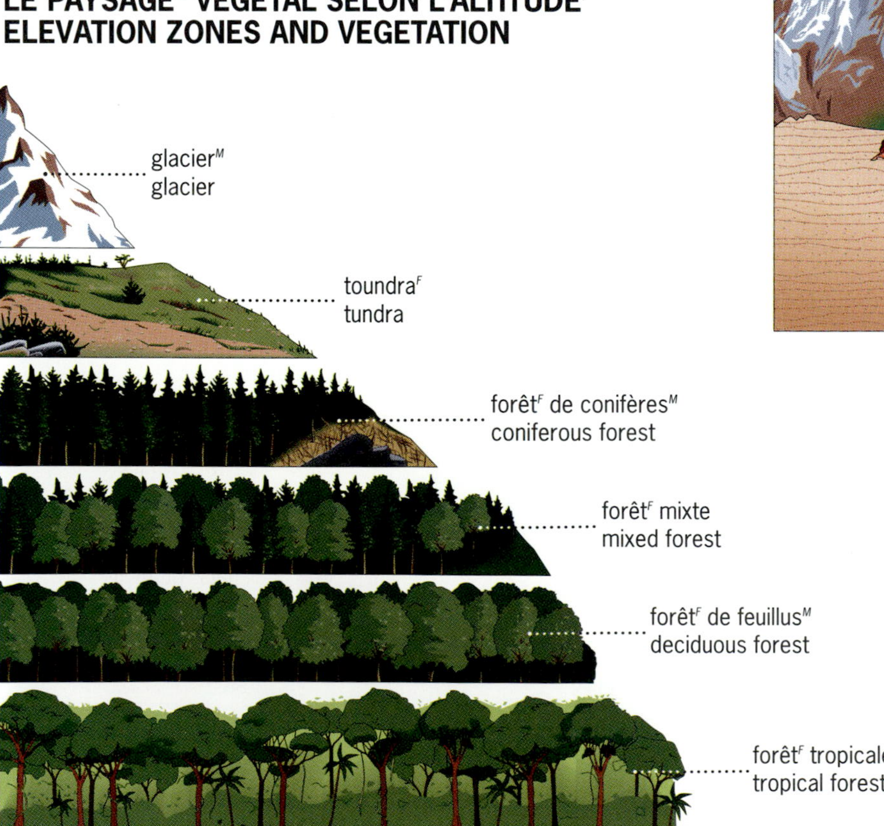

LES CLIMATS[M] DU MONDE[M]
CLIMATES OF THE WORLD

climats[M] tropicaux
tropical climates

forêt[F] tropicale
tropical rain forest

savane[F]
tropical savanna

steppe[F]
steppe

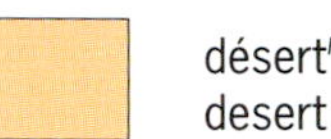
désert[M]
desert

climats[M] tempérés
temperate climates

humide, à été[M] long
humid - long summer

humide, à été[M] court
humid - short summer

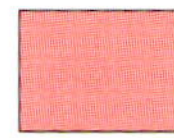
océanique
marine

climats[M] polaires
polar climates

toundra[F]
polar tundra

calotte[F] glaciaire
polar ice cap

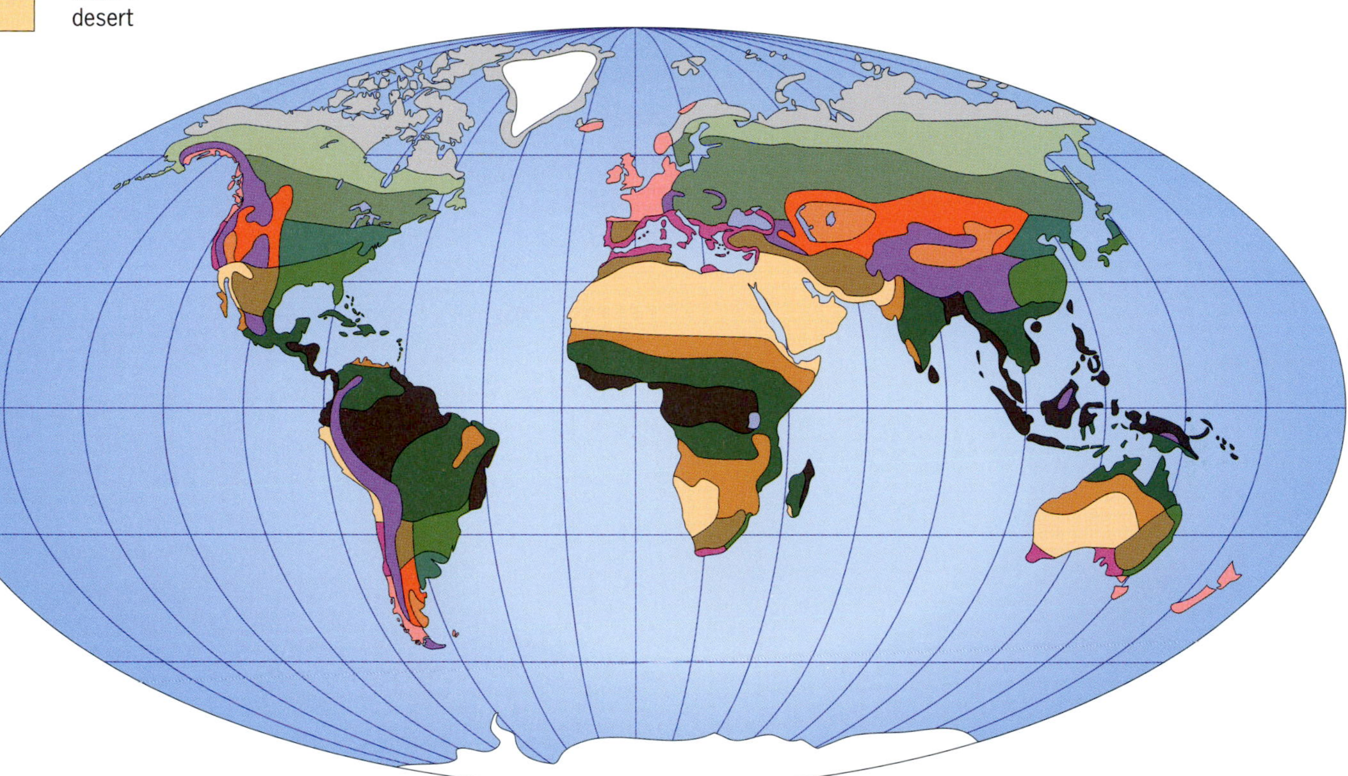

climats[M] subtropicaux
subtropical climates

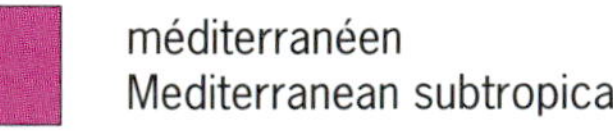
méditerranéen
Mediterranean subtropical

subtropical humide
humid subtropical

subtropical sec
dry subtropical

climats[M] continentaux
continental climates

continental aride
dry continental - arid

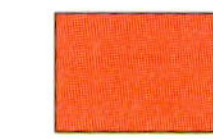
continental semi-aride
dry continental - semiarid

climats[M] de montagne[F]
highland climates

climats[M] de montagne[F]
highland climates

climats[M] subarctiques
subarctic climates

climats[M] subarctiques
subarctic climates

LE TEMPS[M]
WEATHER

brume[F]
mist

brouillard[M]
fog

rosée[F]
dew

verglas[M]
glazed frost

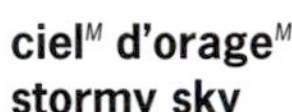

ciel[M] d'orage[M]
stormy sky

arc-en-ciel[M]
rainbow

nuage[M]
cloud

pluie[F]
rain

goutte[F] de pluie[F]
raindrop

éclair[M]
lightning

LES INSTRUMENTS[M] DE MESURE[F] MÉTÉOROLOGIQUE
METEOROLOGICAL MEASURING INSTRUMENTS

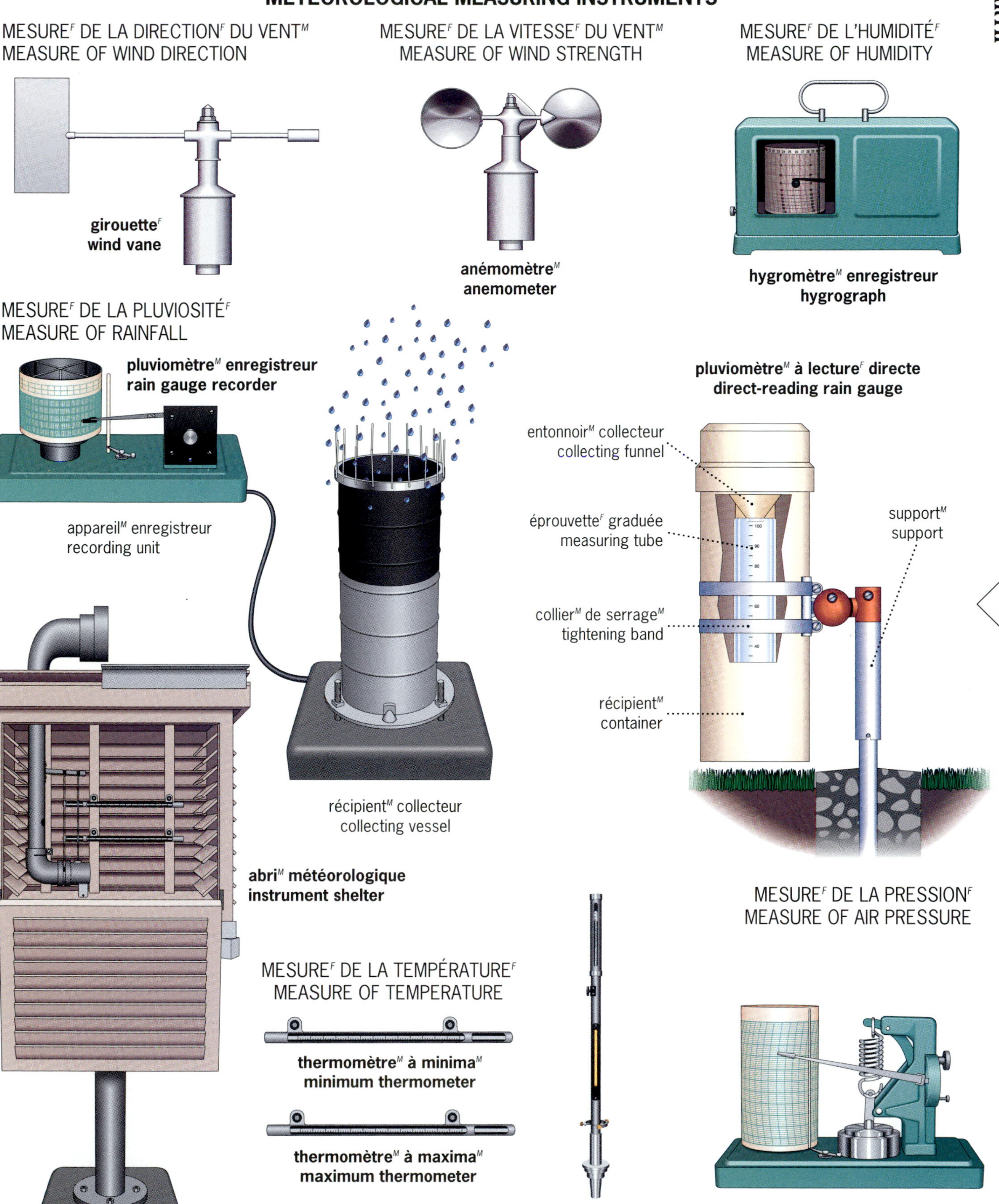

LA CARTOGRAPHIE[F]
CARTOGRAPHY

hémisphères[M]
hemispheres

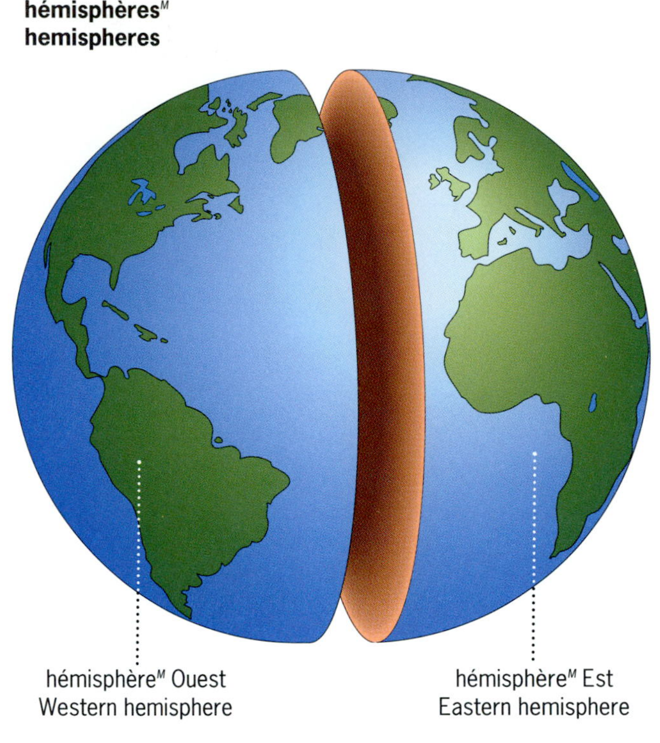

DIVISIONS[F] CARTOGRAPHIQUES
GRID SYSTEM

latitude[F]
lines of latitude

cercle[M] polaire arctique
Arctic Circle

tropique[M] du Cancer[M]
tropic of Cancer

équateur[M]
Equator

tropique[M] du Capricorne[M]
tropic of Capricorn

parallèle[M]
parallel

longitude[F]
lines of longitude

méridien[M] Ouest
Western meridian

méridien[M] Est
Eastern meridian

méridien[M] de Greenwich
prime meridian

PROJECTIONS[F] CARTOGRAPHIQUES
MAP PROJECTIONS

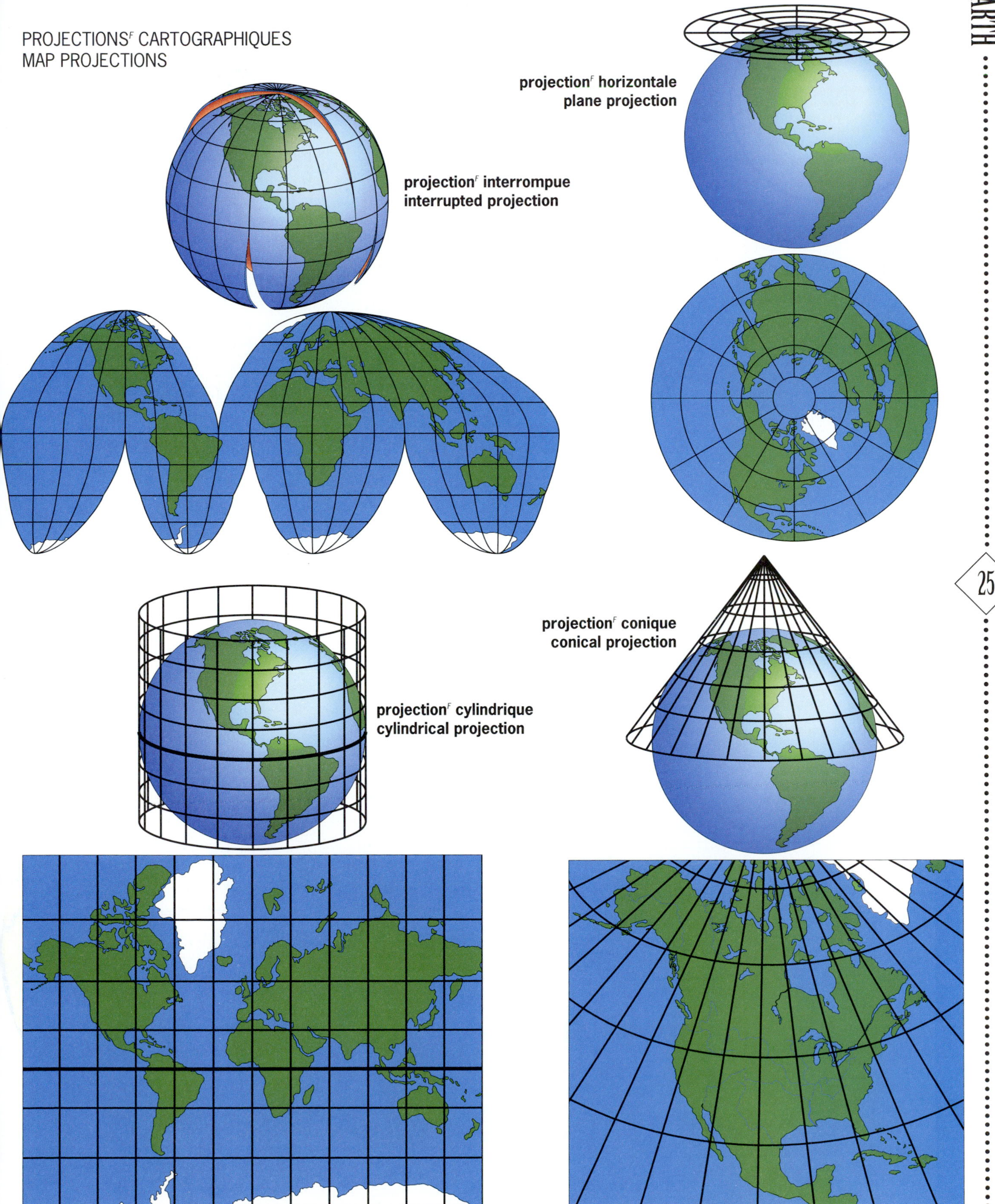

LA CARTOGRAPHIE[F]
CARTOGRAPHY

carte[F] politique
political map

division[F] territoriale
internal boundary

province[F]
province

frontière[F]
international boundary

pays[M]
country

grande ville[F]
city

capitale[F]
capital

état[M]
state

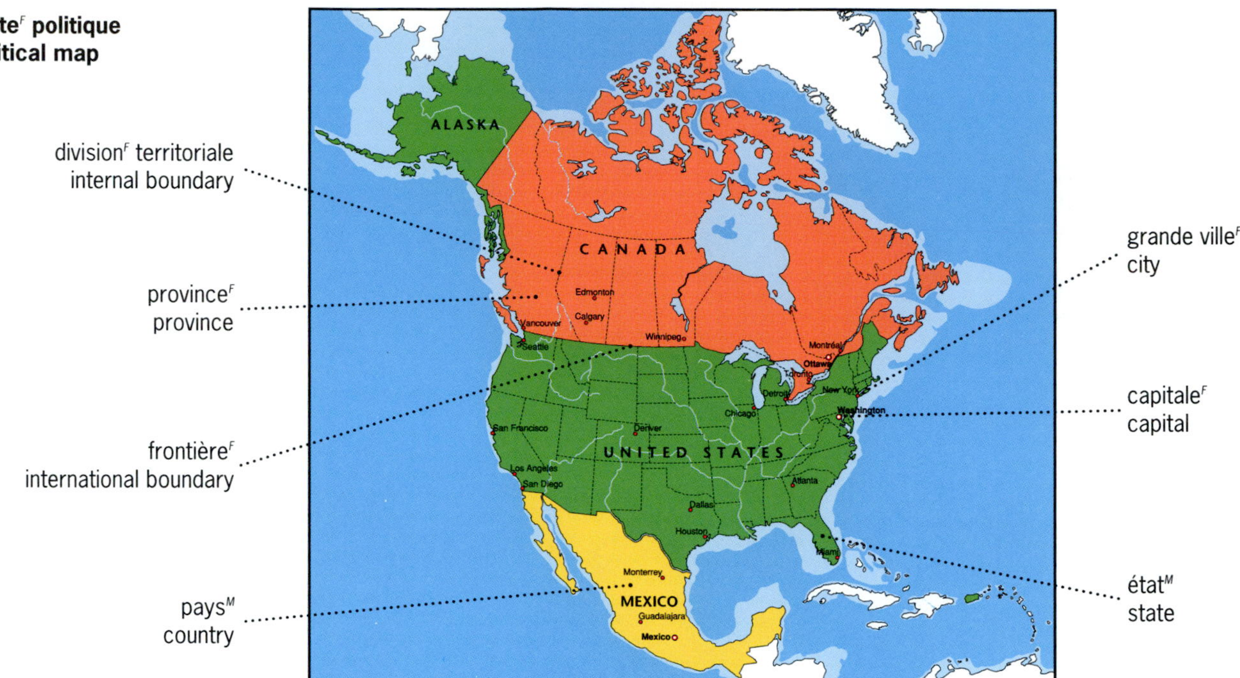

carte[F] physique
physical map

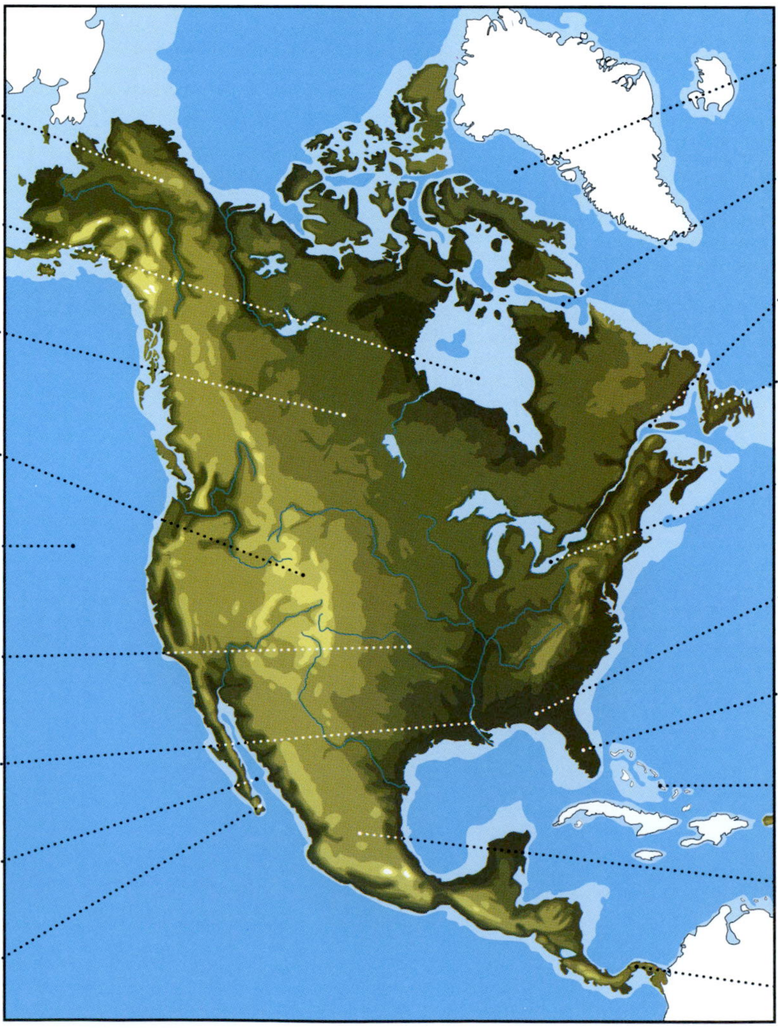

chaîne[F] de montagnes[F]
mountain range

baie[F]
bay

prairie[F]
prairie

massif[M] montagneux
mountain range

océan[M]
ocean

rivière[F]
river

fleuve[M]
river

golfe[M]
gulf

cap[M]
cape

mer[F]
sea

détroit[M]
strait

estuaire[M]
river estuary

île[F]
island

lac[M]
lake

plaine[F]
plain

péninsule[F]
peninsula

archipel[M]
archipelago

plateau[M]
plateau

isthme[M]
isthmus

carte[F] routière
road map

autoroute[F]
highway
numéro[M] d'autoroute[F]
highway number
aire[F] de repos[M]
rest area
aire[F] de service[M]
service area
autoroute[F] de ceinture[F]
belt highway
route[F] secondaire
secondary road
route[F]
road
numéro[M] de route[F]
road number
aéroport[M]
airport
curiosité[F]
point of interest
parc[M] national
national park
parcours[M] pittoresque
scenic route; tourist route
Boston
Cambridge
Boston Bay

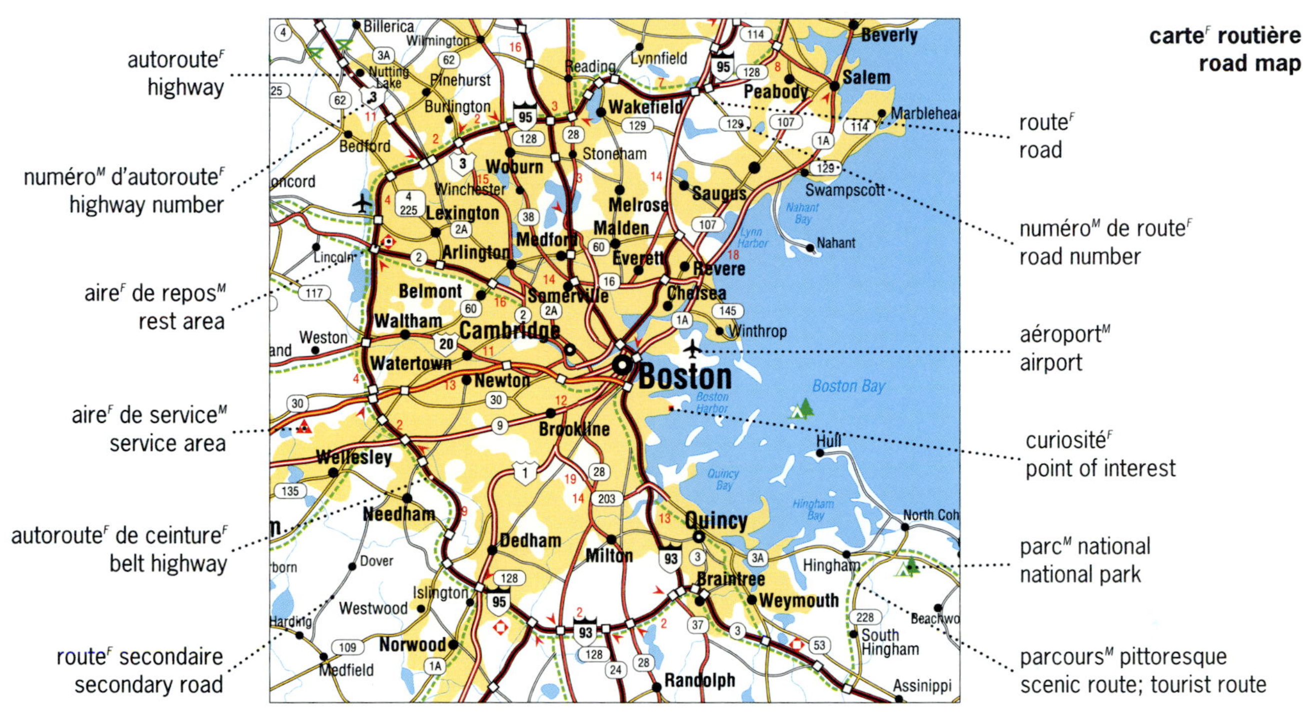

LA ROSE[F] DES VENTS[M]
COMPASS CARD

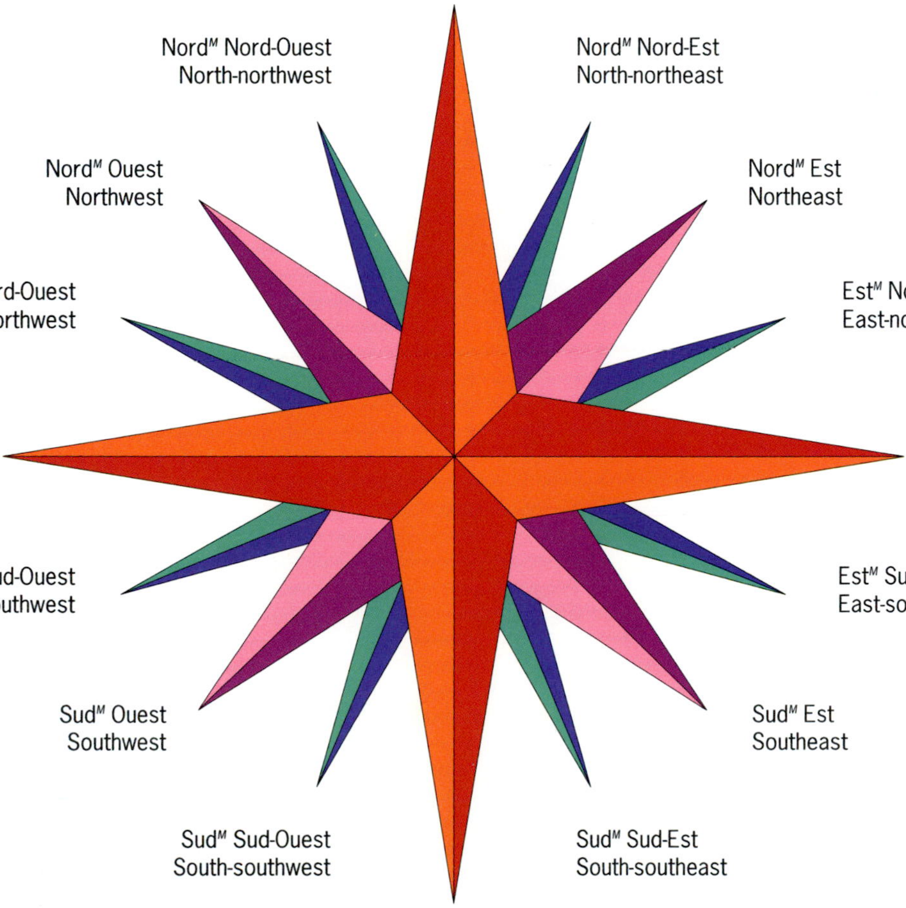
Nord[M]
North
Nord[M] Nord-Ouest
North-northwest
Nord[M] Nord-Est
North-northeast
Nord[M] Ouest
Northwest
Nord[M] Est
Northeast
Ouest[M] Nord-Ouest
West-northwest
Est[M] Nord-Est
East-northeast
Ouest[M]
West
Est[M]
East
Ouest[M] Sud-Ouest
West-southwest
Est[M] Sud-Est
East-southeast
Sud[M] Ouest
Southwest
Sud[M] Est
Southeast
Sud[M] Sud-Ouest
South-southwest
Sud[M] Sud-Est
South-southeast
Sud[M]
South

L'ÉCOLOGIE[F]
ECOLOGY

effet[M] de serre[F]
greenhouse effect

rayonnement[M] solaire
sunlight

rayons[M] ultraviolets réfléchis
reflected ultraviolet rays

chaleur[F] réfléchie
reflected heat

stratosphère[F]
stratosphere

troposphère[F]
troposphere

volcan[M]
volcano

chaleur[F] absorbée
absorbed heat

combustibles[M] fossiles
fossil fuels

chaîne[F] alimentaire
food chain

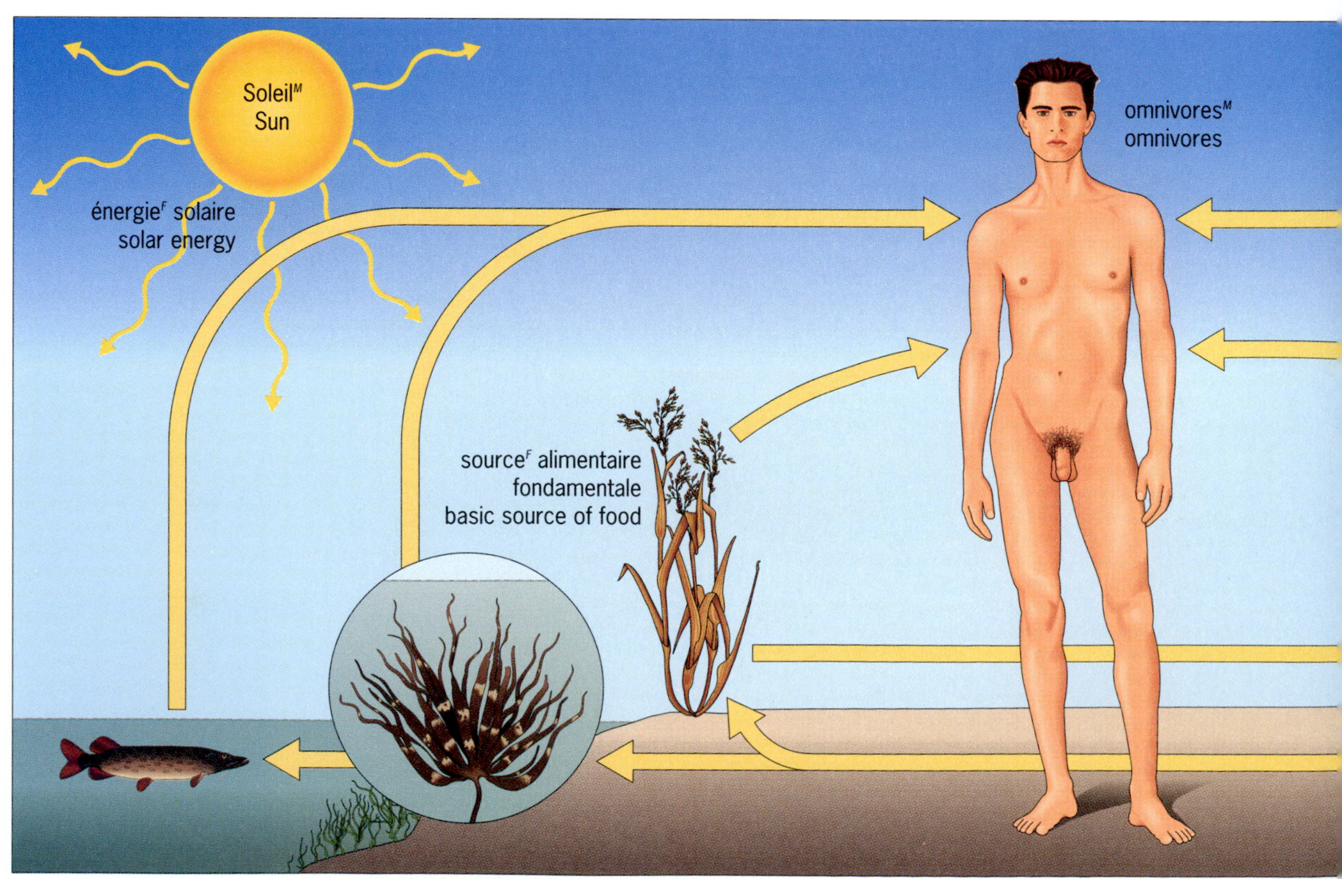

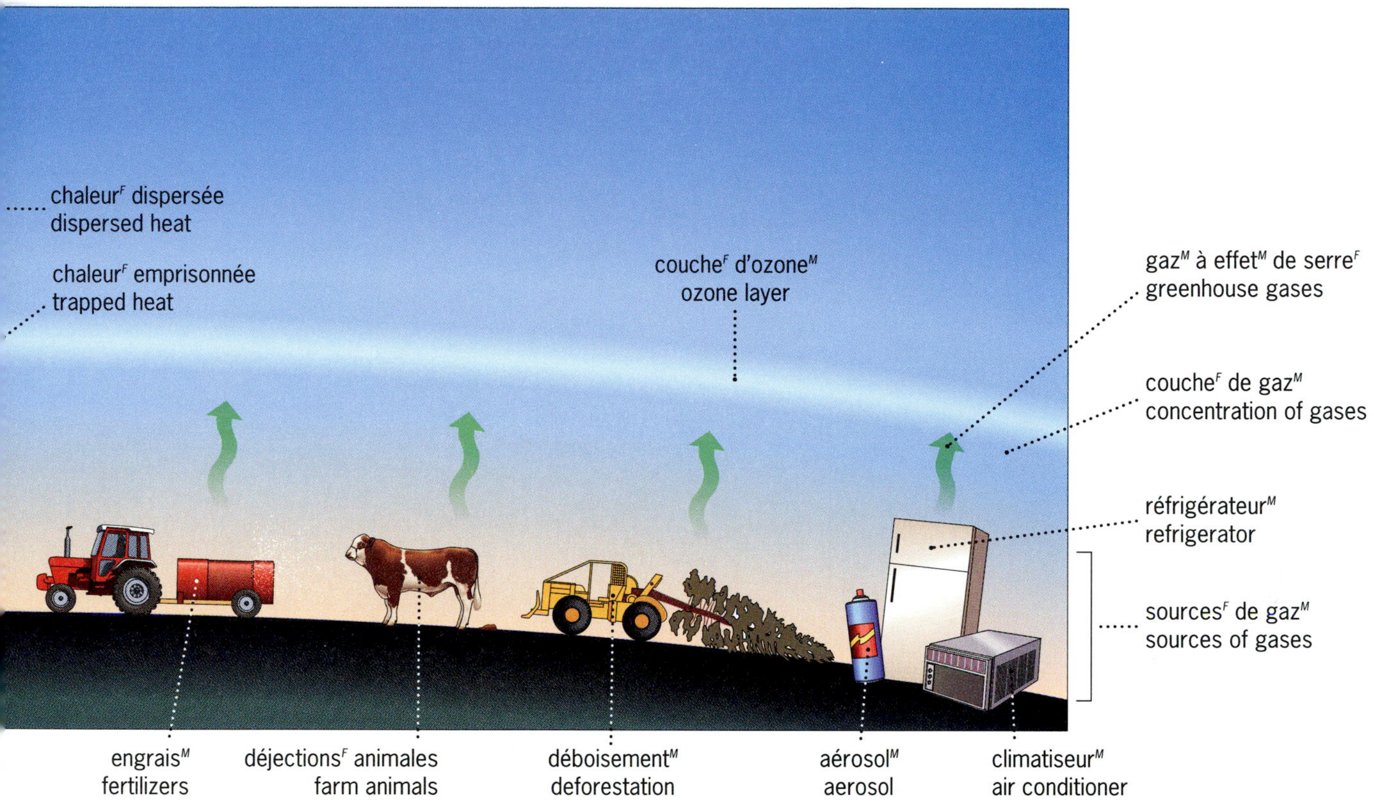

chaleur[F] dispersée
dispersed heat

chaleur[F] emprisonnée
trapped heat

couche[F] d'ozone[M]
ozone layer

gaz[M] à effet[M] de serre[F]
greenhouse gases

couche[F] de gaz[M]
concentration of gases

réfrigérateur[M]
refrigerator

sources[F] de gaz[M]
sources of gases

engrais[M]
fertilizers

déjections[F] animales
farm animals

déboisement[M]
deforestation

aérosol[M]
aerosol

climatiseur[M]
air conditioner

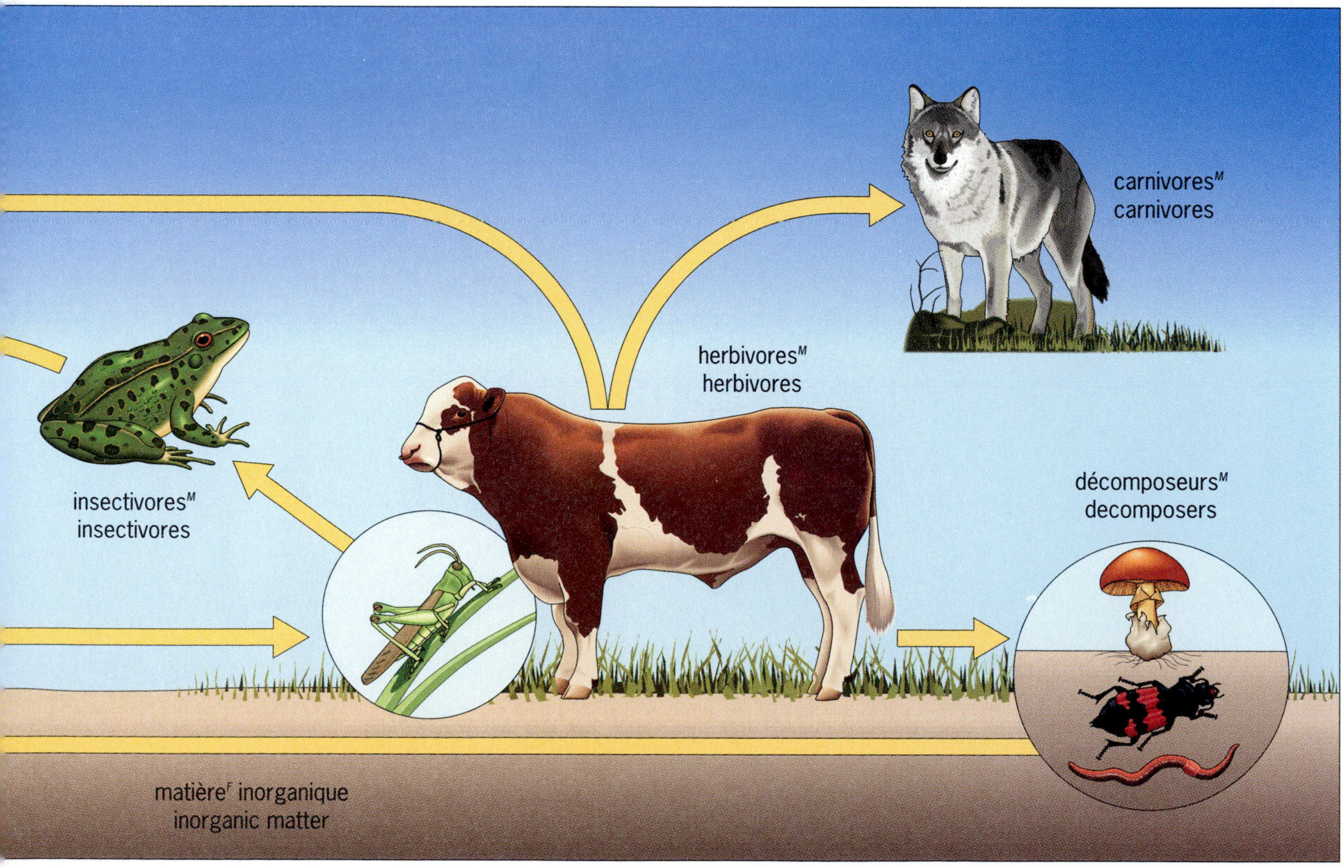

carnivores[M]
carnivores

herbivores[M]
herbivores

insectivores[M]
insectivores

décomposeurs[M]
decomposers

matière[F] inorganique
inorganic matter

L'ÉCOLOGIE[F]
ECOLOGY

pollution[F] de l'air[M]
atmospheric pollution

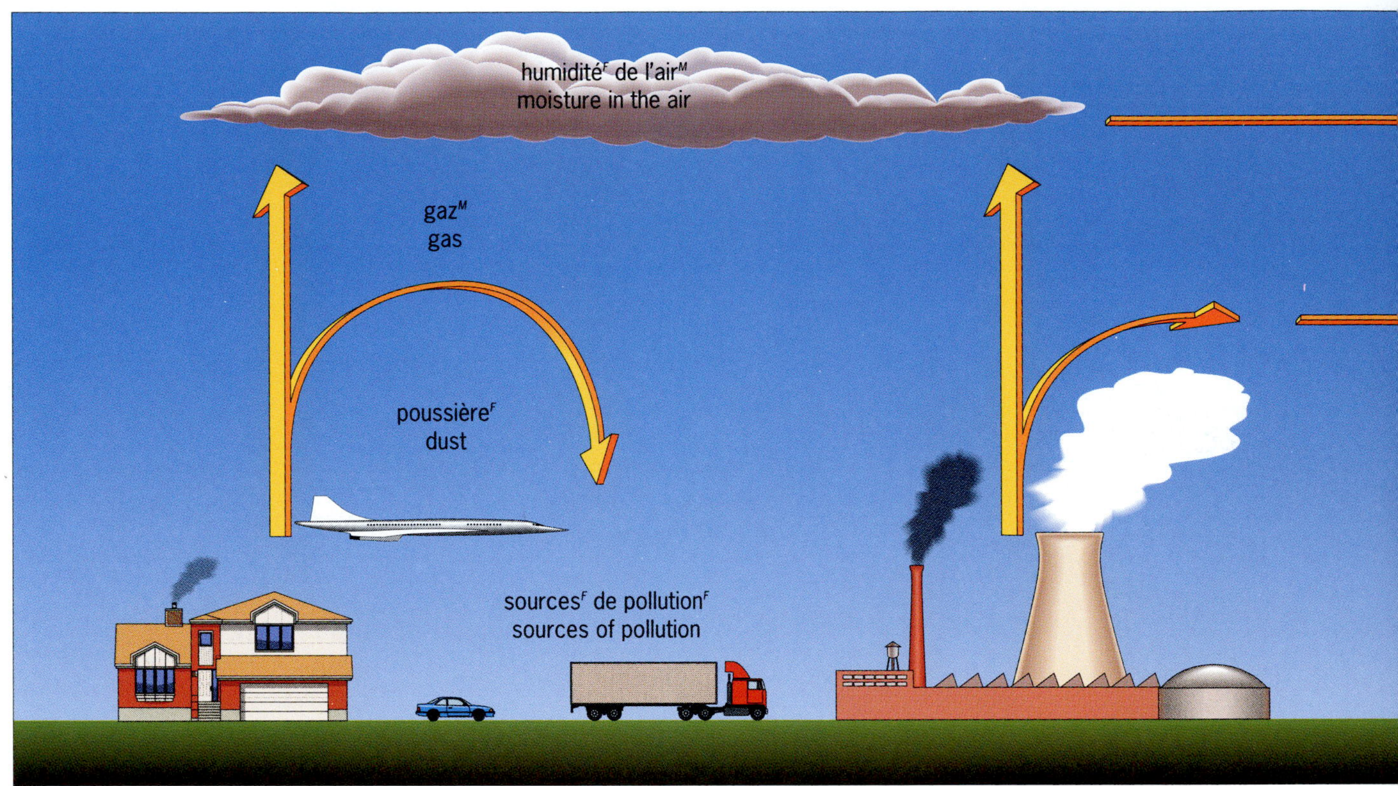

cycle[M] de l'eau[F]
water cycle

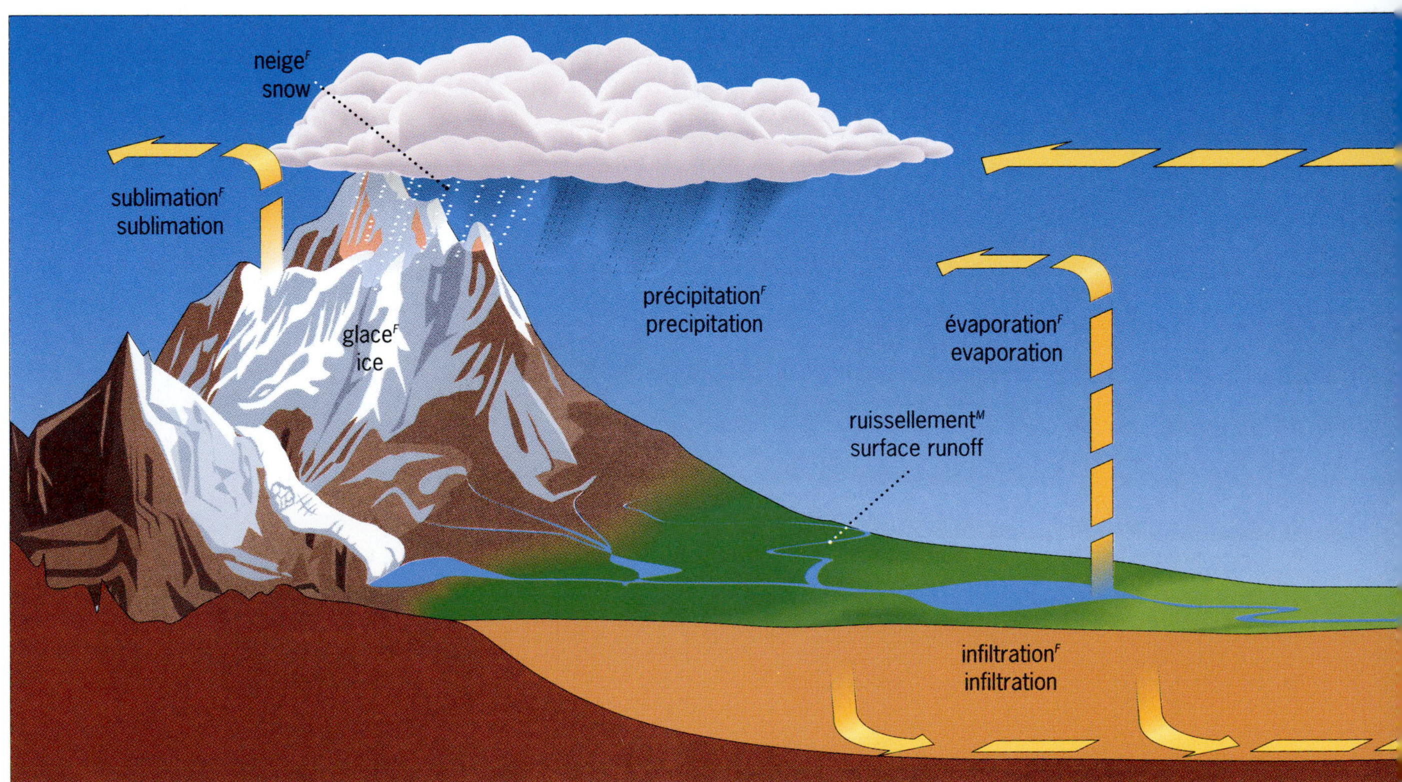

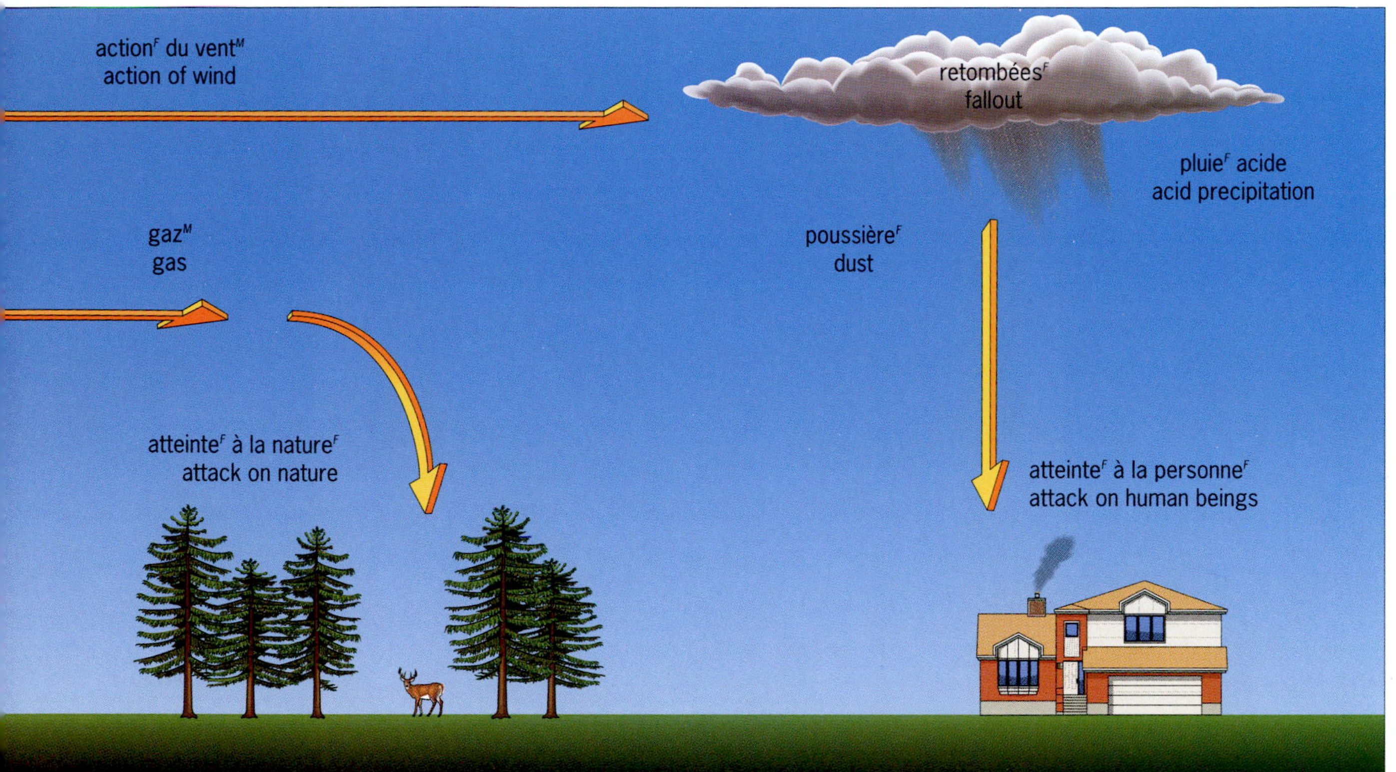

action[F] du vent[M]
action of wind

condensation[F]
condensation

précipitation[F]
precipitation

transpiration[F]
transpiration

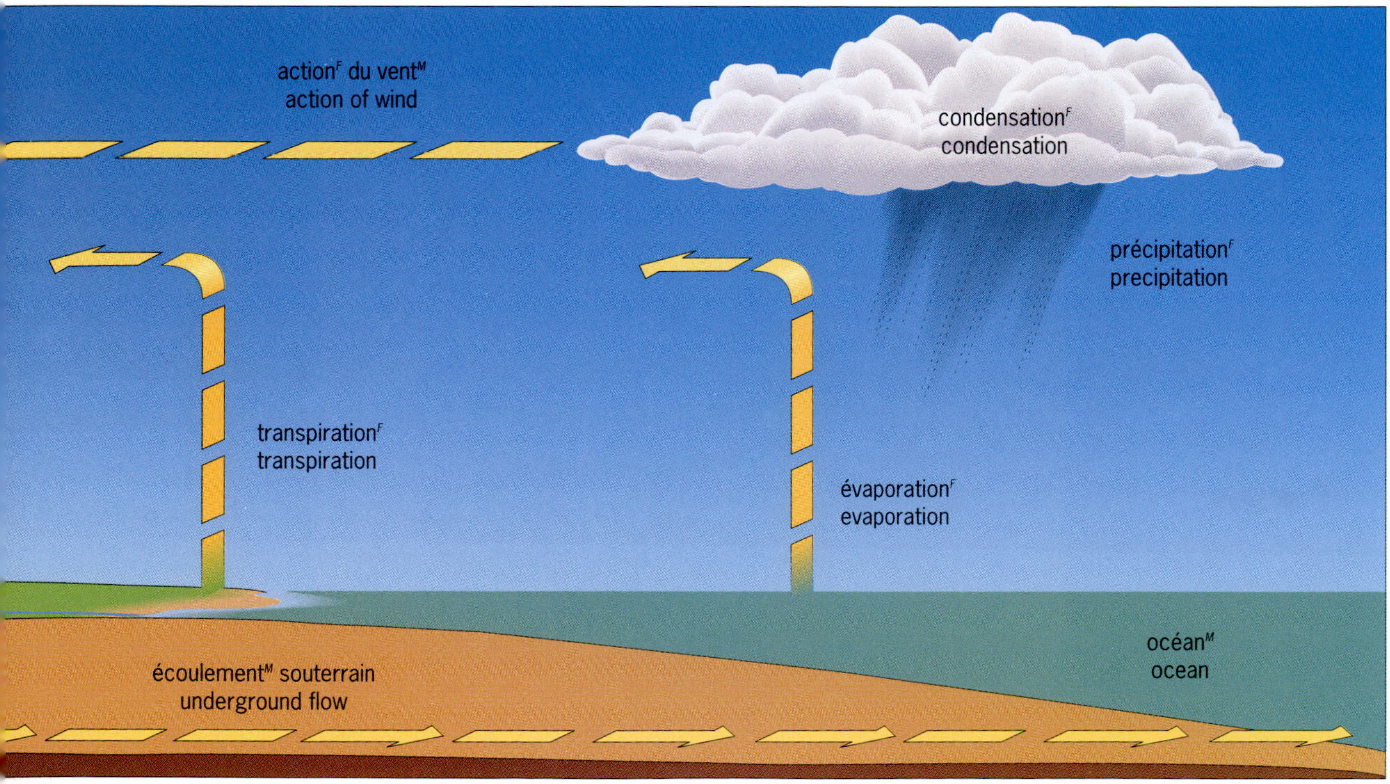

évaporation[F]
evaporation

océan[M]
ocean

écoulement[M] souterrain
underground flow

L'ÉCOLOGIE[F]
ECOLOGY

pollution[F] des aliments[M] au sol[M]
food pollution on ground

pollution[F] des aliments[M] dans l'eau[F]
food pollution in water

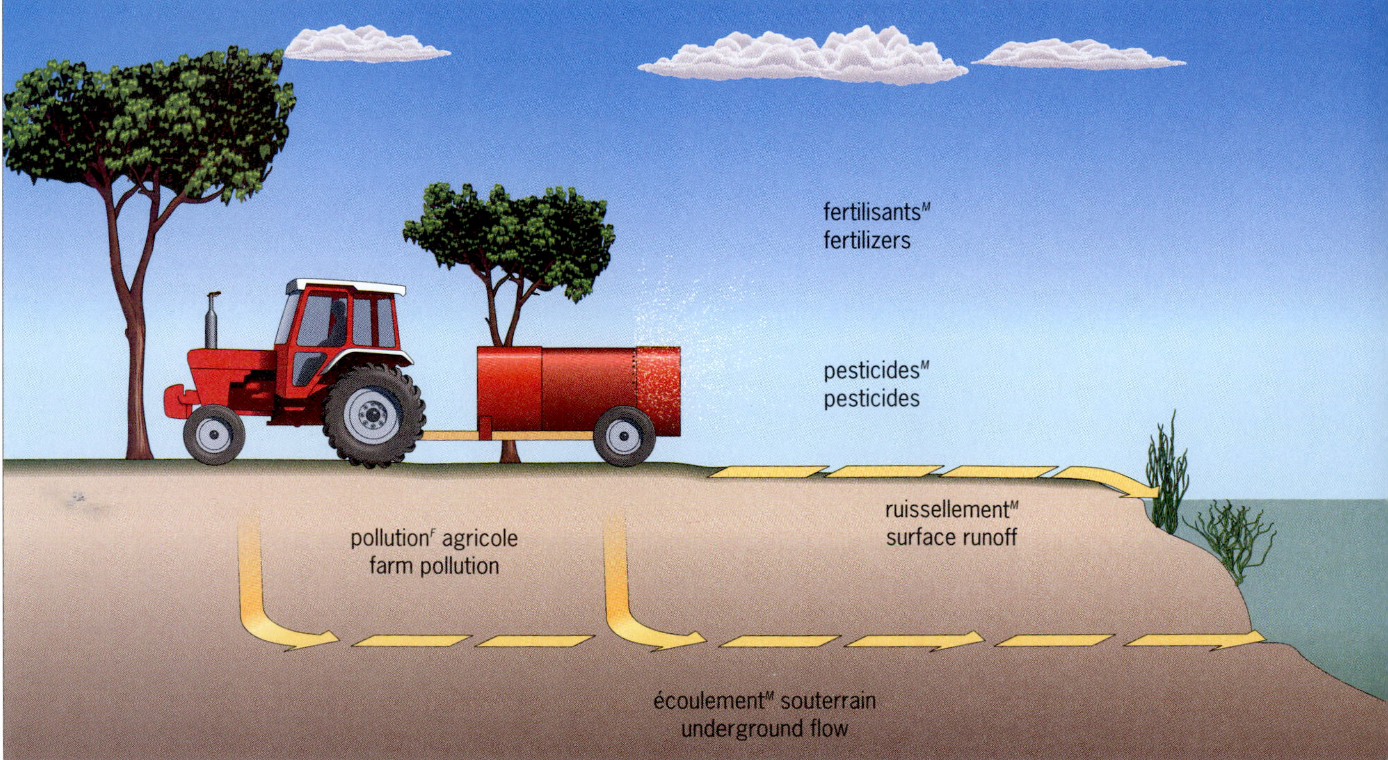

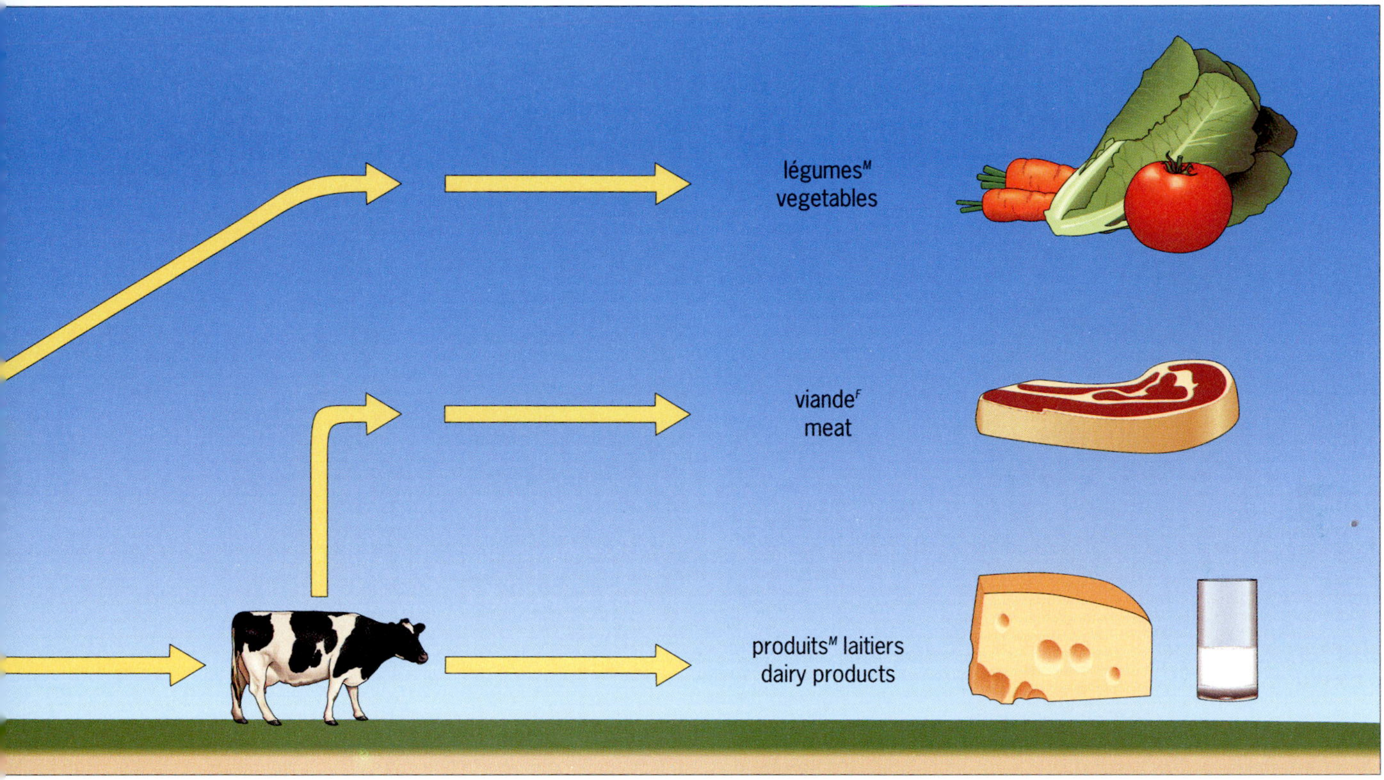

légumes[M]
vegetables

viande[F]
meat

produits[M] laitiers
dairy products

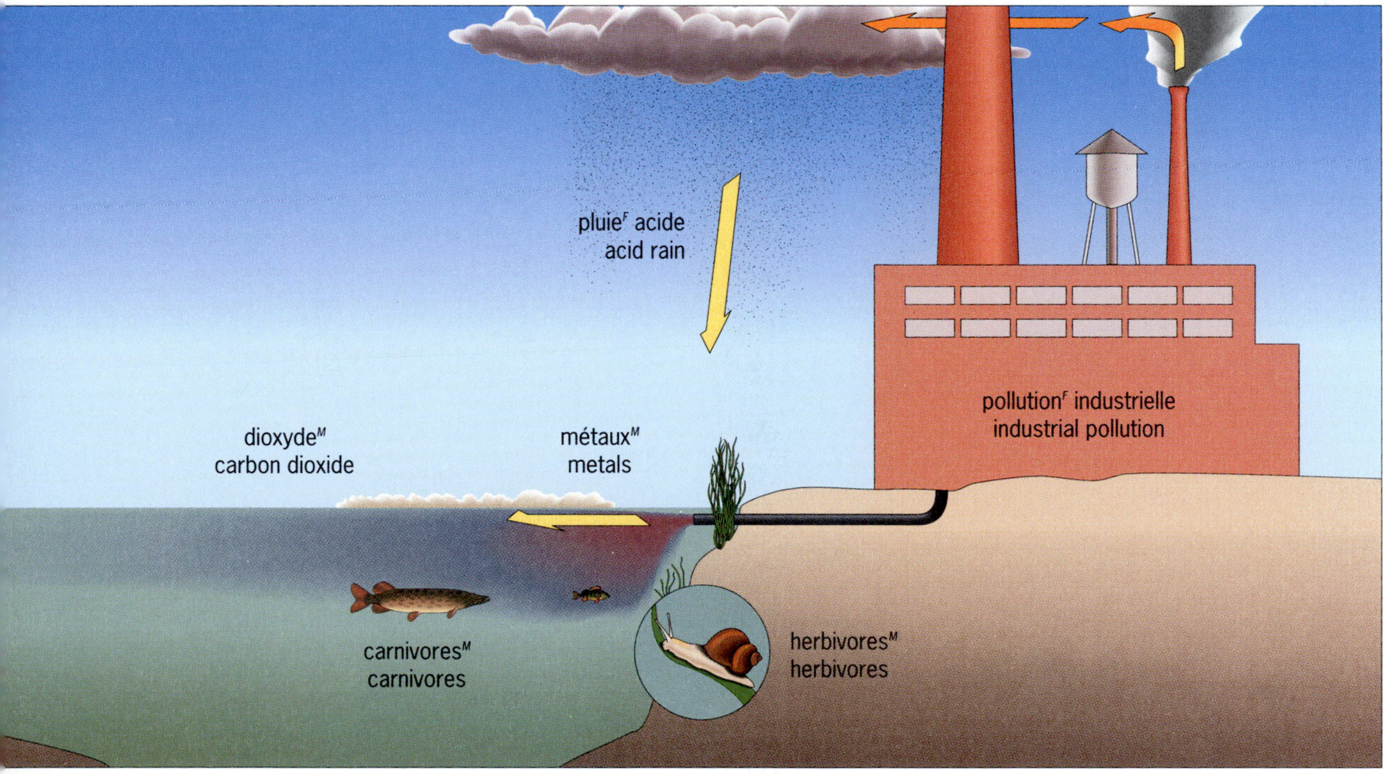

pluie[F] acide
acid rain

pollution[F] industrielle
industrial pollution

dioxyde[M]
carbon dioxide

métaux[M]
metals

carnivores[M]
carnivores

herbivores[M]
herbivores

LA PLANTE[F] ET SON MILIEU[M]
PLANT AND SOIL

LE PROFIL[M] DU SOL[M]
SOIL PROFILE

LA GERMINATION[F]
GERMINATION

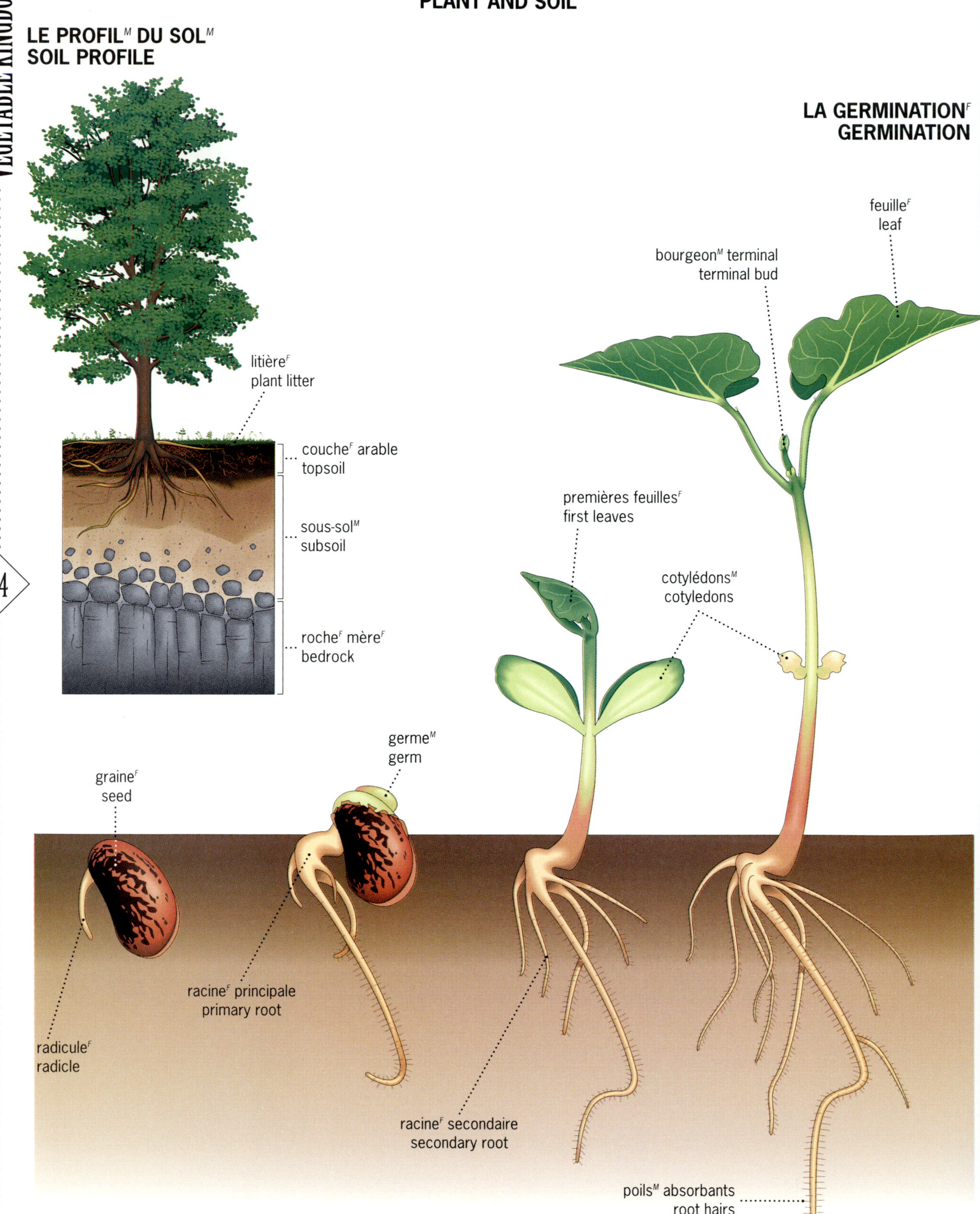

LE CHAMPIGNON[M]
MUSHROOM

structure[F] d'un champignon[M]
structure of a mushroom

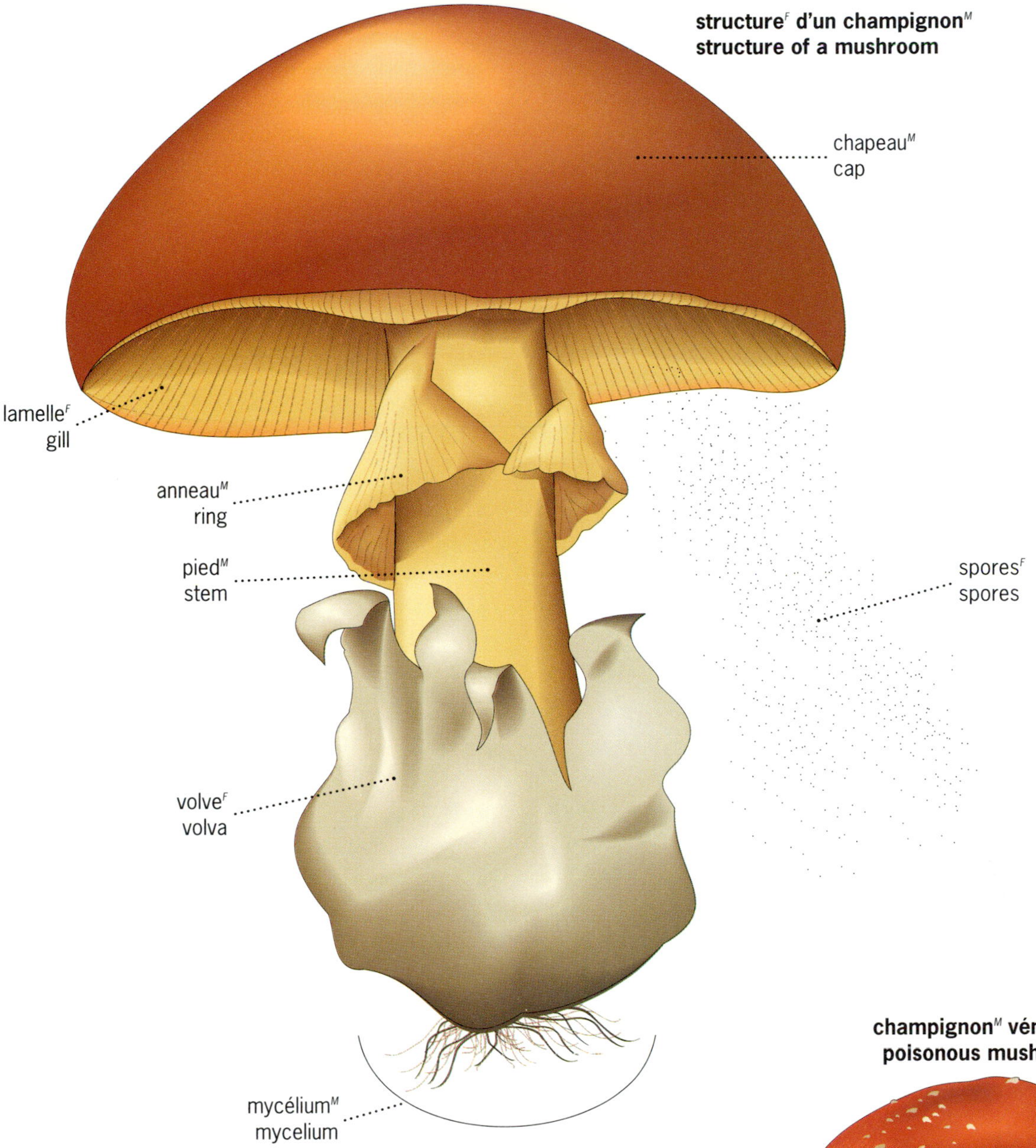

chapeau[M]
cap

lamelle[F]
gill

anneau[M]
ring

pied[M]
stem

spores[F]
spores

volve[F]
volva

mycélium[M]
mycelium

champignon[M] comestible
edible mushroom

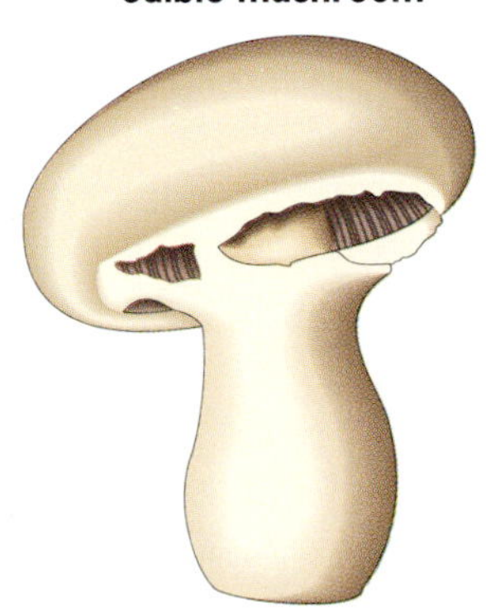

champignon[M] de couche[F]
cultivated mushroom

champignon[M] mortel
deadly mushroom

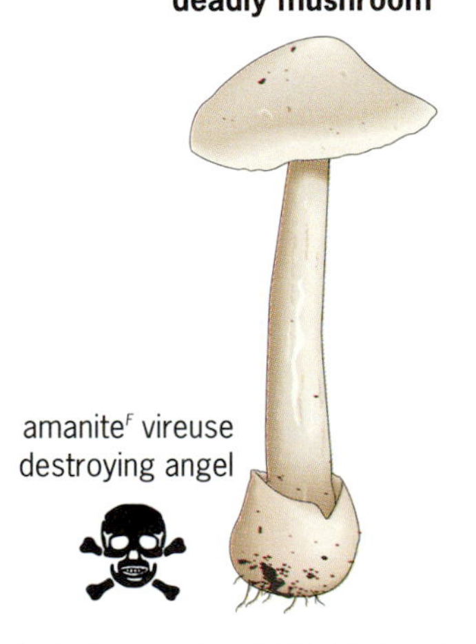

amanite[F] vireuse
destroying angel

champignon[M] vénéneux
poisonous mushroom

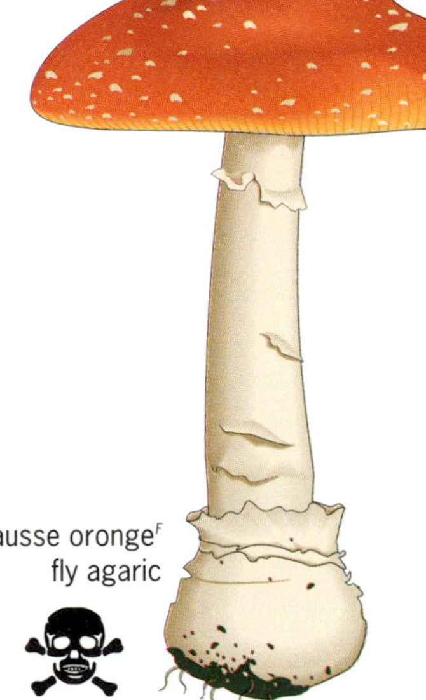

fausse oronge[F]
fly agaric

LA STRUCTURE[F] D'UNE PLANTE[F]
STRUCTURE OF A PLANT

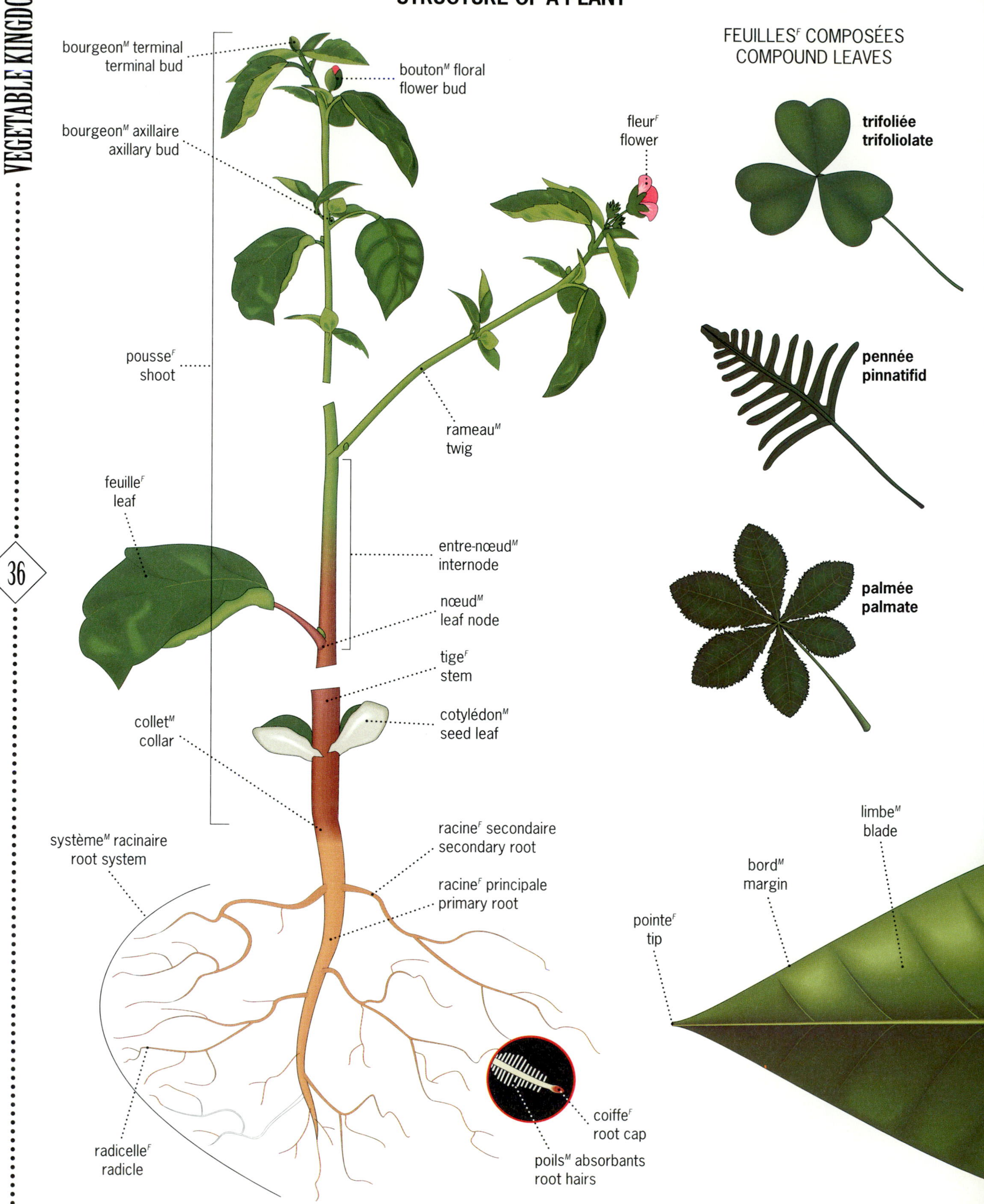

FEUILLES[F] SIMPLES
SIMPLE LEAVES

linéaire
linear

lancéolée
lanceolate

arrondie
orbiculate

BORD[M] D'UNE FEUILLE[F]
LEAF MARGINS

entier
entire

cilié
ciliate

lobé
lobate

crénelé
crenate

denté
dentate

feuille[F]
leaf

nervure[F] secondaire
vein

nervure[F] principale
midrib

pétiole[M]
petiole

gaine[F]
sheath

stipule[F]
stipule

point[M] d'attache[F]
leaf axil

LES FLEURS[F]
FLOWERS

lis[M]
lily
tournesol[M]
sunflower
muguet[M]
lily of the valley
crocus[M]
crocus
œillet[M]
carnation
jonquille[F]
daffodil

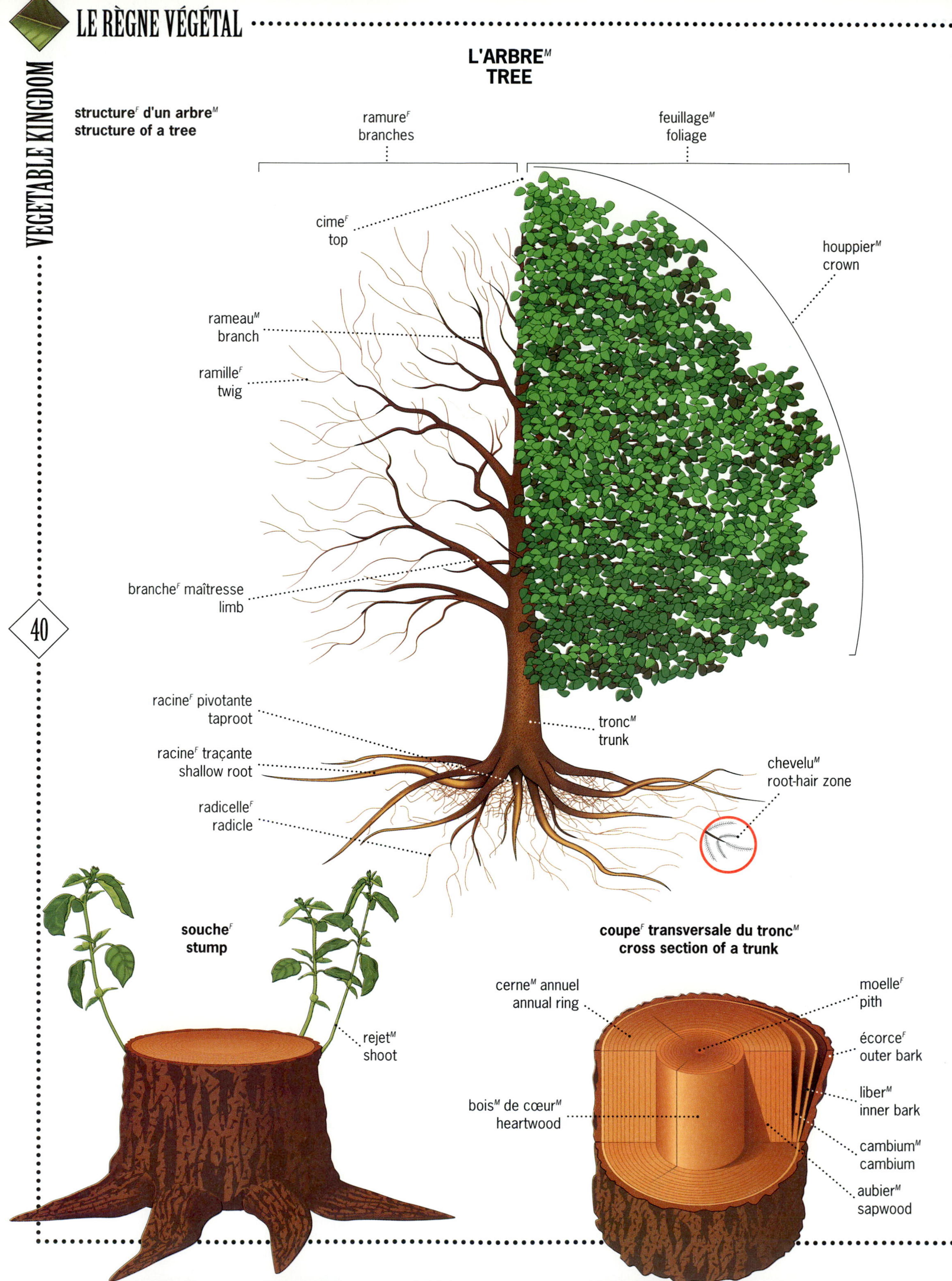
L'ARBRE M
TREE
structure F d'un arbre M
structure of a tree
ramure F
branches
feuillage M
foliage
cime F
top
houppier M
crown
rameau M
branch
ramille F
twig
branche F maîtresse
limb
racine F pivotante
taproot
tronc M
trunk
racine F traçante
shallow root
chevelu M
root-hair zone
radicelle F
radicle
souche F
stump
rejet M
shoot
coupe F transversale du tronc M
cross section of a trunk
cerne M annuel
annual ring
moelle F
pith
écorce F
outer bark
liber M
inner bark
bois M de cœur M
heartwood
cambium M
cambium
aubier M
sapwood

EXEMPLES[M] D'ARBRES[M]
EXAMPLES OF TREES

palmier[M]
palm tree
saule[M] pleureur
weeping willow
bouleau[M]
birch

LE CONIFÈRE[M]
CONIFER
mélèze[M]
larch
pin[M] parasol[M]
umbrella pine
cône[M]
cone
pignons[M]
pine seeds
TYPES[M] DE FEUILLES[F]
TYPES OF LEAVES
aiguilles[F] de sapin[M]
fir needles
rameau[M]
branch
cône[M] femelle
female cone
écailles[F] de cyprès[M]
cypress scalelike leaves
aiguilles[F] de pin[M]
pine needles
cône[M] mâle
male cone

LES FRUITS[M] CHARNUS: LES BAIES[F]
FLESHY FRUITS: BERRY FRUITS

coupe[F] d'une baie[F]
section of a berry

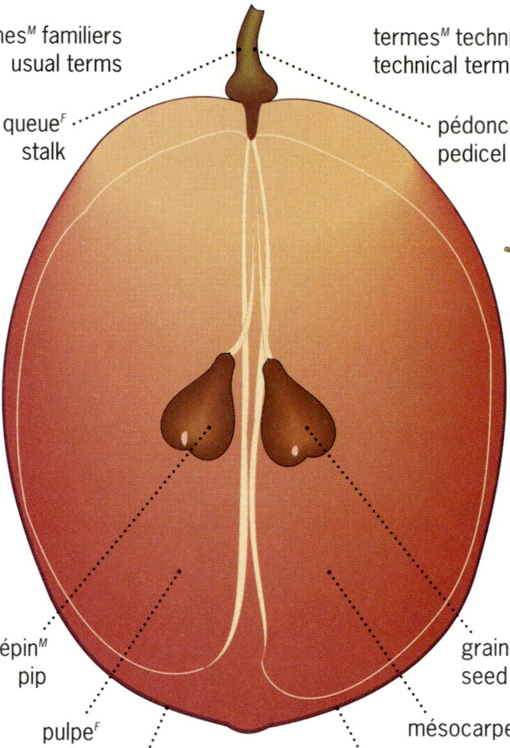

raisin[M]
grape
termes[M] familiers
usual terms
termes[M] techniques
technical terms
queue[F]
stalk
pédoncule[M]
pedicel
pépin[M]
pip
graine[F]
seed
pulpe[F]
flesh
mésocarpe[M]
mesocarp
peau[F]
skin
épicarpe[M]
exocarp

PRINCIPALES VARIÉTÉS[F] DE BAIES[F]
MAJOR TYPES OF BERRIES

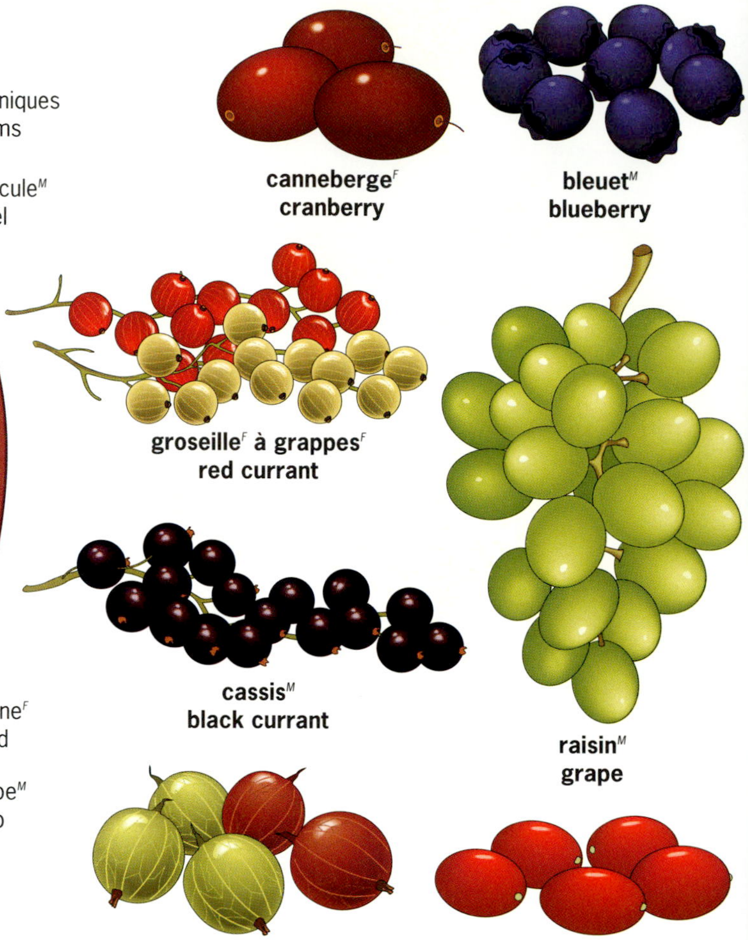

canneberge[F]
cranberry
bleuet[M]
blueberry
groseille[F] à grappes[F]
red currant
raisin[M]
grape
cassis[M]
black currant
groseille[F] à maquereau[M]
gooseberry
airelle[F]
huckleberry

coupe[F] d'une fraise[F]
section of a strawberry

pulpe[F]
flesh
akène[M]
achene

coupe[F] d'une framboise[F]
section of a raspberry

réceptacle[M]
receptacle
graine[F]
seed
drupéole[F]
drupelet
sépale[M]
sepal

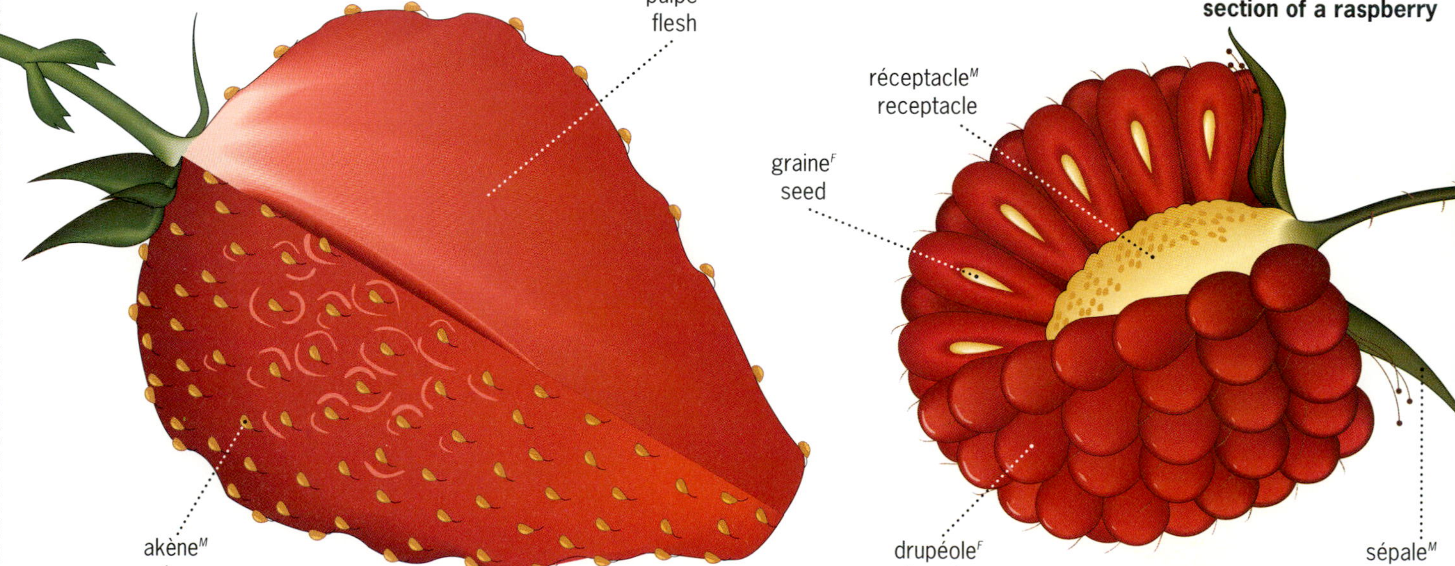

LES FRUITS[M] CHARNUS À NOYAU[M]
FLESHY STONE FRUITS

coupe[F] d'un fruit[M] à noyau[M]
section of a stone fruit

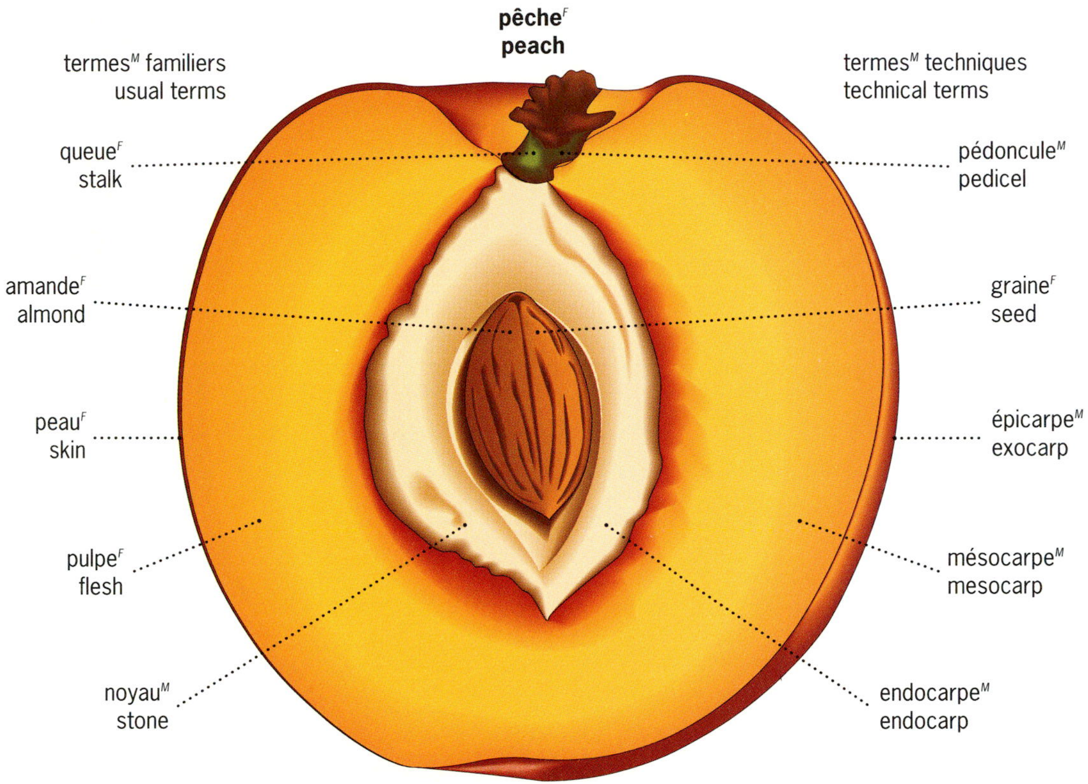

PRINCIPALES VARIÉTÉS[F] DE FRUITS[M] À NOYAU[M]
MAJOR TYPES OF STONE FRUITS

nectarine[F]
nectarine

pêche[F]
peach

mangue[F]
mango

abricot[M]
apricot

olive[F]
olive

prune[F]
plum

cerise[F]
cherry

datte[F]
date

LES FRUITS[M] CHARNUS À PÉPINS[M]
FLESHY POME FRUITS

coupe[F] d'un fruit[M] à pépins[M]
section of a pome fruit

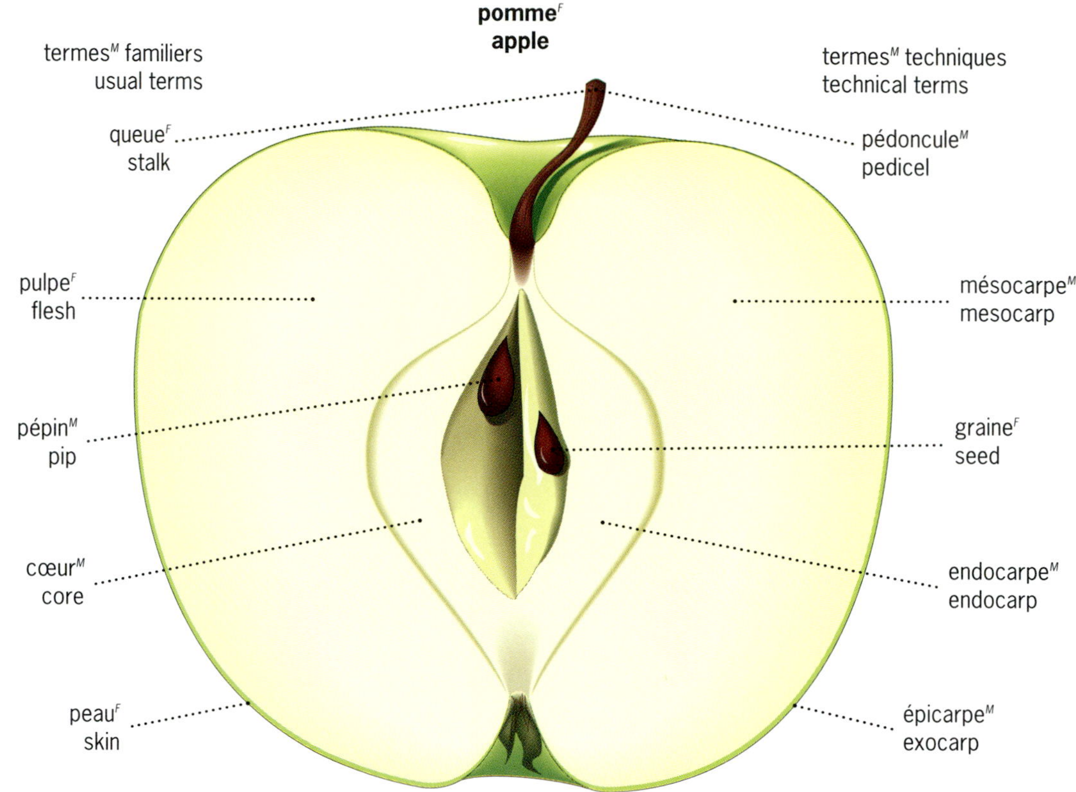

PRINCIPALES VARIÉTÉS[F] DE FRUITS[M] À PÉPINS[M]
MAJOR TYPES OF POME FRUITS

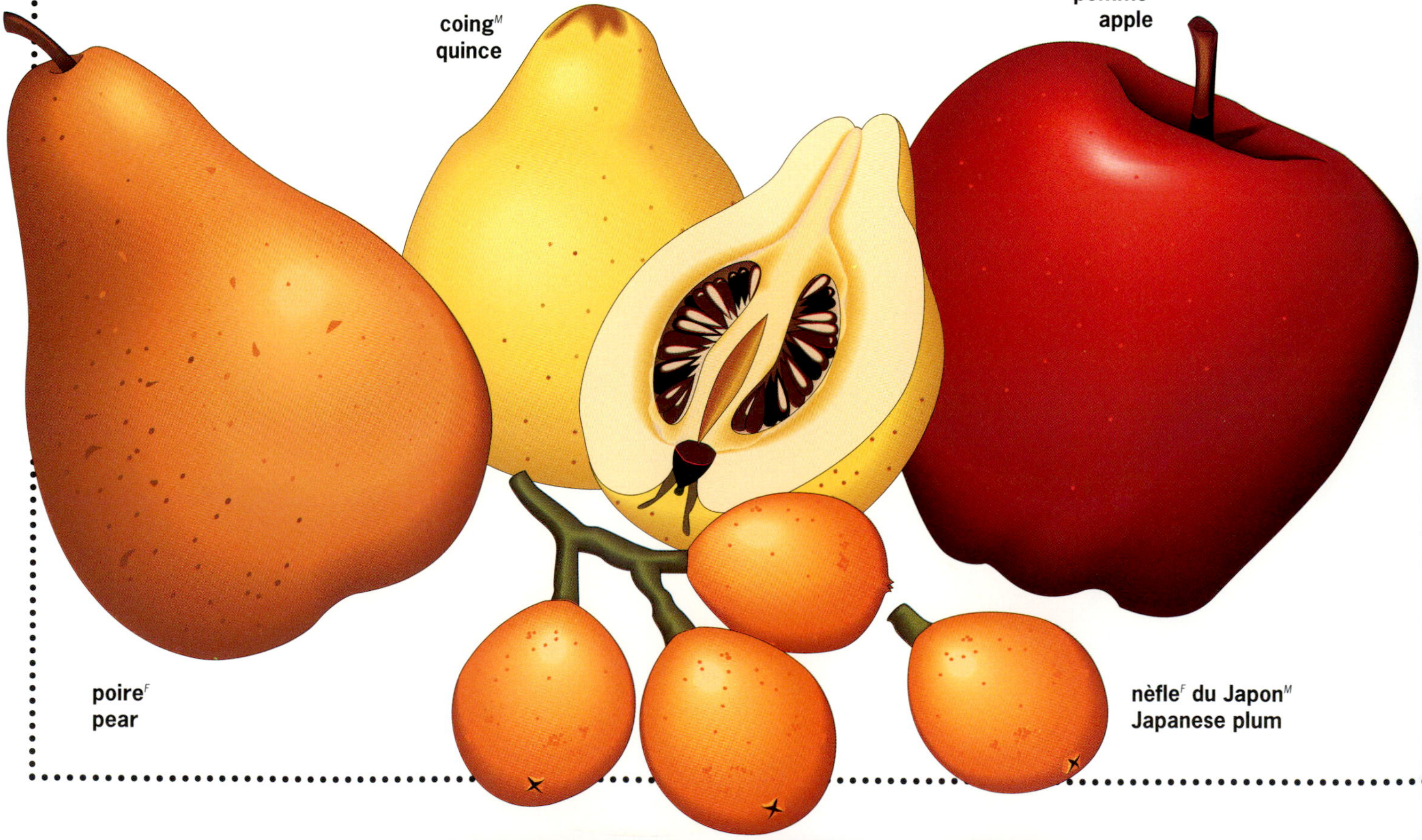

coing[M]
quince

pomme[F]
apple

poire[F]
pear

nèfle[F] du Japon[M]
Japanese plum

LES FRUITS[M] CHARNUS: LES AGRUMES[M]
FLESHY FRUITS: CITRUS FRUITS

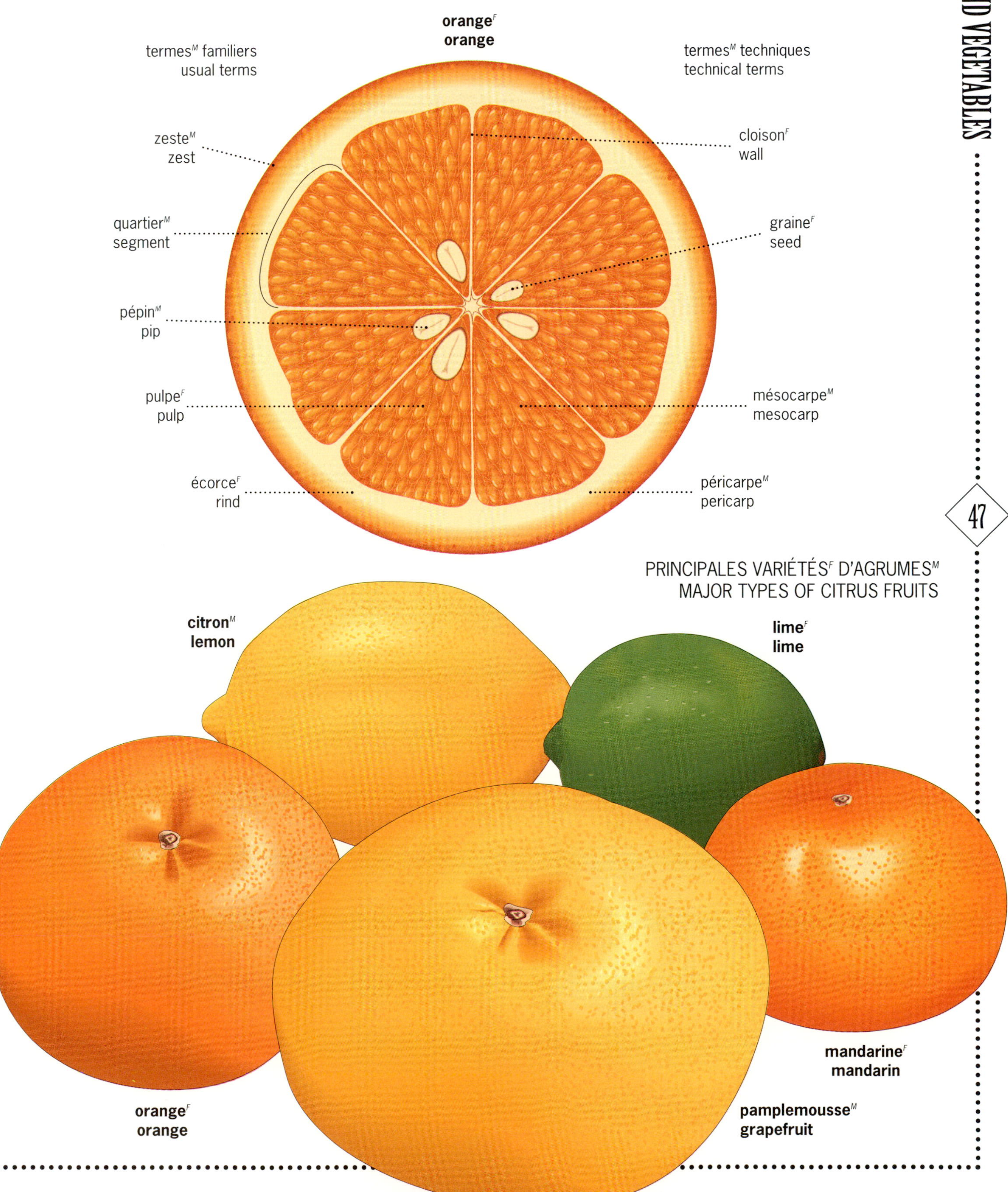

LES FRUITS^M TROPICAUX
TROPICAL FRUITS

PRINCIPAUX FRUITS^M TROPICAUX
MAJOR TYPES OF TROPICAL FRUITS

LES LÉGUMES[M]
VEGETABLES
LÉGUMES[M] FLEURS[F]
INFLORESCENT VEGETABLES
chou[M]-fleur[F]
cauliflower
brocoli[M]
broccoli
artichaut[M]
artichoke
LÉGUMES[M] FRUITS[M]
FRUIT VEGETABLES
pastèque[F]
watermelon
potiron[M]
autumn squash
citrouille[F]
pumpkin
cantaloup[M]
cantaloupe
melon[M] brodé
muskmelon
aubergine[F]
eggplant
courge[F]
summer squash
concombre[M]
cucumber
courgette[F]
zucchini
gombo[M]
okra
haricot[M] vert
green bean
poivron[M]
sweet pepper; green pepper
tomate[F]
tomato
piment[M]
hot pepper; chilli

LES LÉGUMES[M]
VEGETABLES

coupe[F] d'un bulbe[M]
section of a bulb

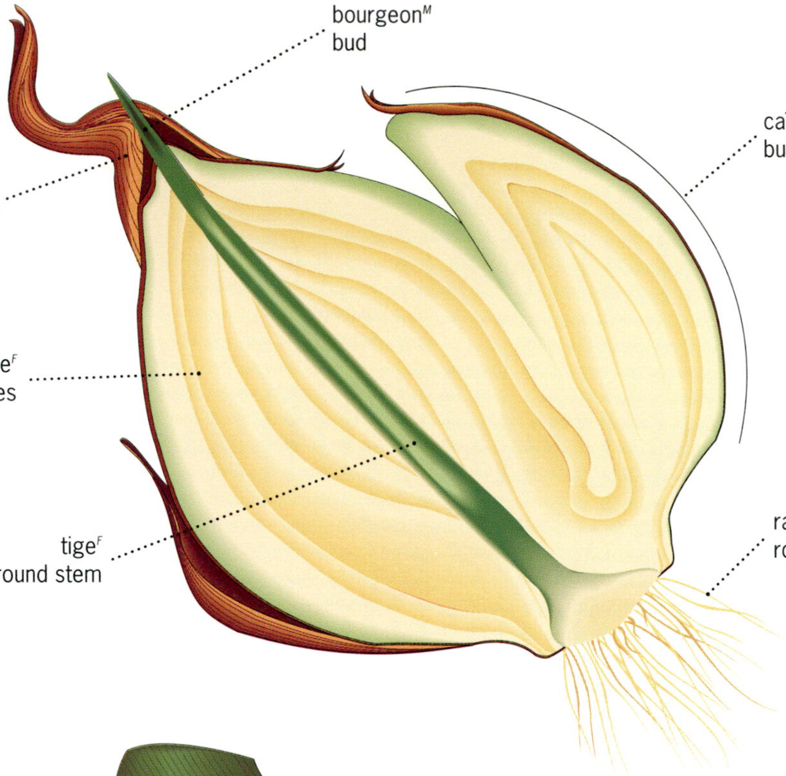

bourgeon[M]
bud

caïeu[M]
bulbil

tunique[F]
scale leaf

écaille[F]
fleshy leaves

racine[F]
root

tige[F]
underground stem

LÉGUMES[M] BULBES[M]
BULB VEGETABLES

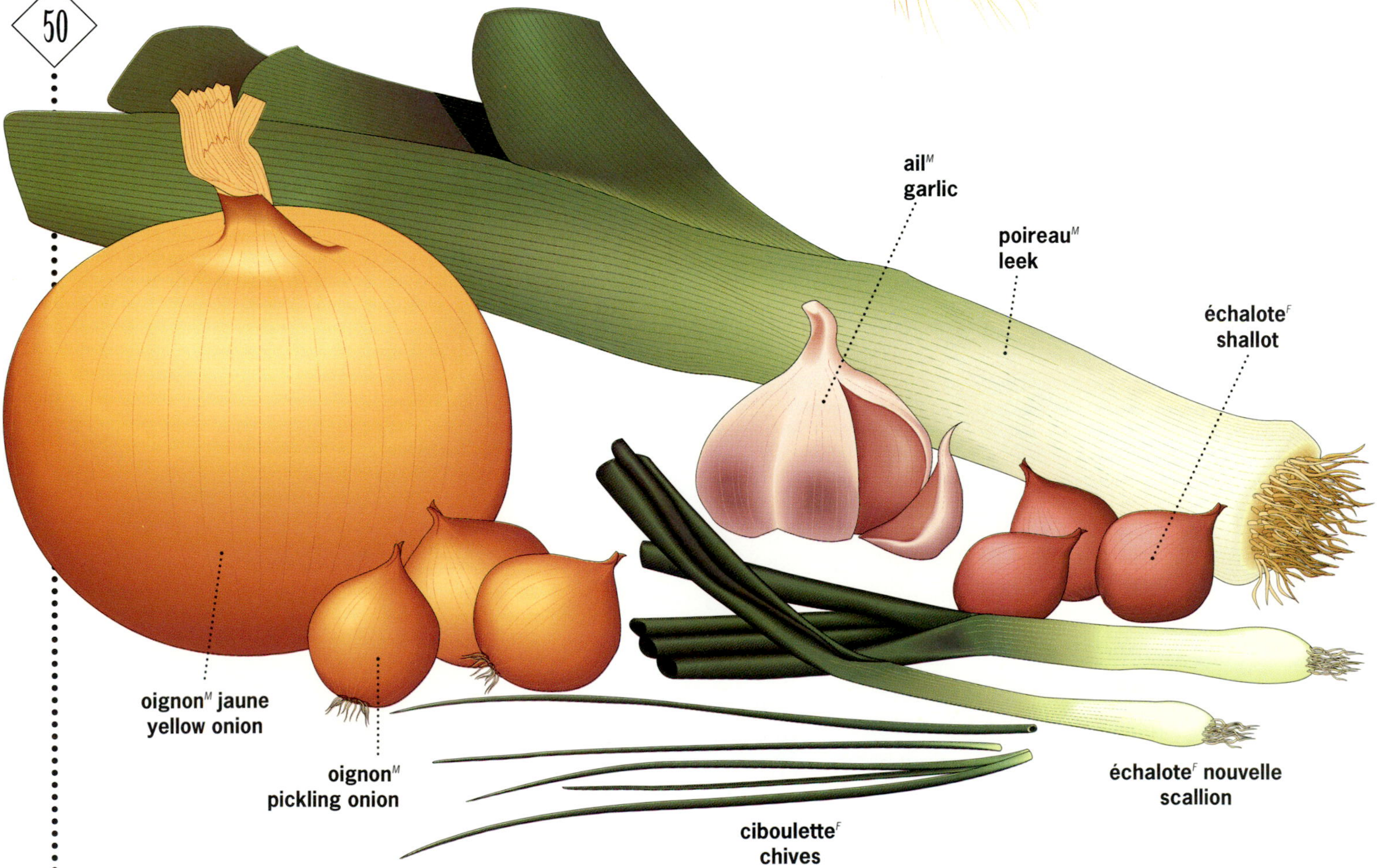

ail[M]
garlic

poireau[M]
leek

échalote[F]
shallot

oignon[M] jaune
yellow onion

oignon[M]
pickling onion

échalote[F] nouvelle
scallion

ciboulette[F]
chives

LÉGUMES[M] TUBERCULES[M]
TUBER VEGETABLES

pomme[F] de terre[F]
potato

patate[F]
sweet potato

topinambour[M]
Jerusalem artichoke

LÉGUMES[M] RACINES[F]
ROOT VEGETABLES

betterave[F]
beet

céleri[M]-rave[F]
celeriac

chou[M]-rave[F]
kohlrabi

rutabaga[M]
swede

navet[M]
turnip

raifort[M]
horseradish

panais[M]
parsnip

carotte[F]
carrot

radis[M]
radish

salsifis[M]
salsify

LES LÉGUMES^M
VEGETABLES
LÉGUMES^M TIGES^F
STALK VEGETABLES
cardon^M
cardoon
rhubarbe^F
rhubarb
bette^F à carde^F
Swiss chard
fenouil^M
fennel
céleri^M
celery
asperge^F
asparagus
LÉGUMES^M GRAINES^F
SEED VEGETABLES
maïs^M
sweet corn
barbe^F
silk
épi^M
cob
feuille^F
husk
grain^M
kernel
fèves^F
broad beans
pois^M mange-tout^M
sweet peas
petits pois^M
green peas
lentilles^F
lentils
pois^M chiches
chick peas
graines^F de soja^M
soybeans
germes^M de soja^M
bean sprouts

LÉGUMES[M] FEUILLES[F]
LEAF VEGETABLES

chou[M] pommé vert
green cabbage

laitue[F] pommée
cabbage lettuce

chicorée[F]
curly endive

épinard[M]
spinach

chou[M] pommé blanc
white cabbage

romaine[F]
romaine lettuce

endive[F]
chicory

scarole[F]
broad-leaved endive

chou[M] chinois
Chinese cabbage

pissenlit[M]
dandelion

chou[M] frisé
curly kale

choux[M] de Bruxelles
Brussels sprouts

oseille[F]
garden sorrel

mâche[F]
corn salad

cresson[M] de fontaine[F]
watercress

feuille[F] de vigne[F]
vine leaf

LE JARDINAGE[F]
GARDENING

transplantoir[M]
trowel

fourche[F] à fleurs[F]
hand fork

griffe[F] à fleurs[F]
hand cultivator

sécateur[M]
pruning shears

tondeuse[F] à gazon[M]
lawnmower

sélecteur[M] de régime[M]
speed control

clé[F] de contact[M]
ignition key

guidon[M]
handle

poignée[F] de sécurité[F]
safety handle

bac[M] de ramassage[M]
grassbox

démarreur[M] manuel
starter

moteur[M]
motor

déflecteur[M]
deflector

carter[M]
casing

arrosoir[M]
watering can

râteauM
rake
fourcheF à bêcher
fork
bêcheF
spade
pelleF
shovel
balaiM à feuillesF
lawn rake
brouetteF
wheelbarrow
bacM à compostM
compost bin

LES INSECTES[M] ET L'ARAIGNÉE[F]
INSECTS AND SPIDER

LE PAPILLON[M] BUTTERFLY

chenille[F]
caterpillar

tête[F]
head

œil[M] simple
simple eye

mandibule[F]
mandible

patte[F] ambulatoire
walking leg

patte[F] ventouse
proleg

aile[F] antérieure
forewing

chrysalide[F]
chrysalis

nervure[F]
wing vein

cellule[F]
cell

aile[F] postérieure
hind wing

thorax[M]
thorax

tête[F]
head

antenne[F]
antenna

palpe[M] labial
labial palp

œil[M] composé
compound eye

trompe[F]
proboscis

patte[F] antérieure
foreleg

patte[F] médiane
middle leg

griffe[F]
claw

abdomen[M]
abdomen

patte[F] postérieure
hind leg

L'ABEILLE[F]
HONEYBEE

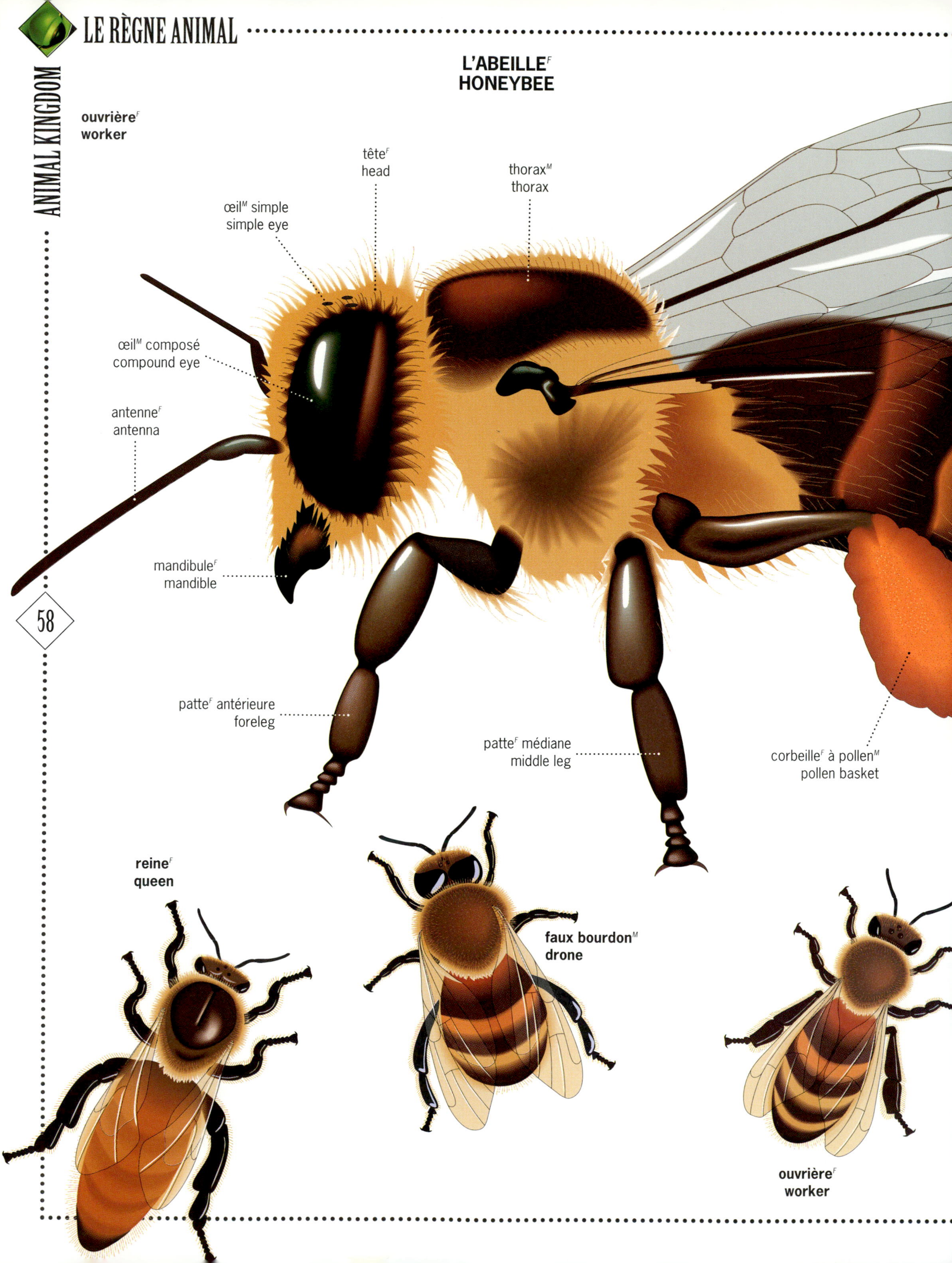

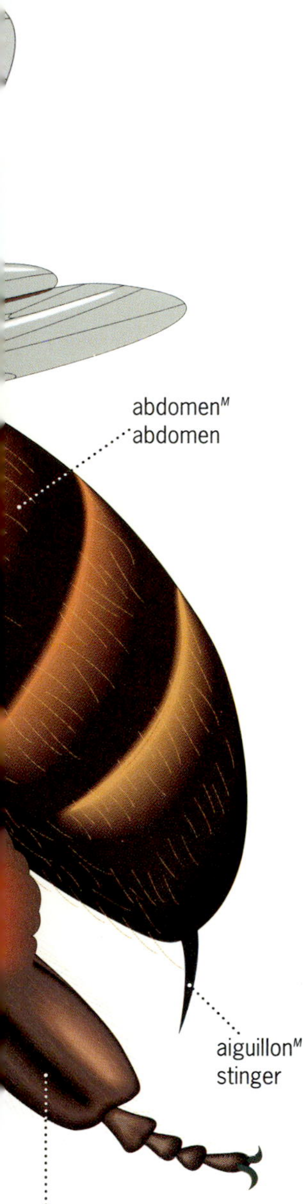

ruche[F]
hive

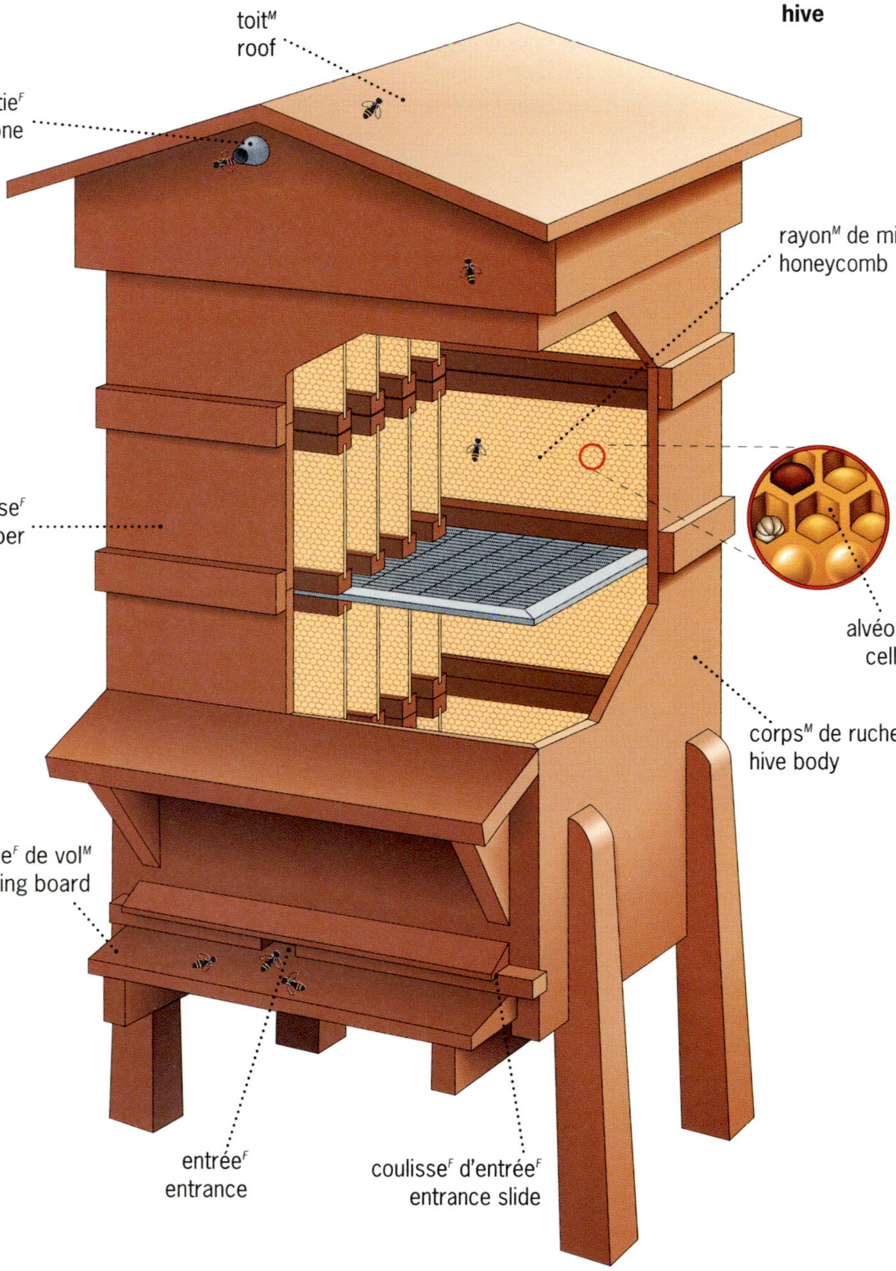

toit[M]
roof

sortie[F]
exit cone

rayon[M] de miel[M]
honeycomb

hausse[F]
super

alvéole[F]
cell

corps[M] de ruche[F]
hive body

planche[F] de vol[M]
alighting board

entrée[F]
entrance

coulisse[F] d'entrée[F]
entrance slide

abdomen[M]
abdomen

aiguillon[M]
stinger

patte[F] postérieure
hind leg

coupe[F] d'un rayon[M] de miel[M]
honeycomb section

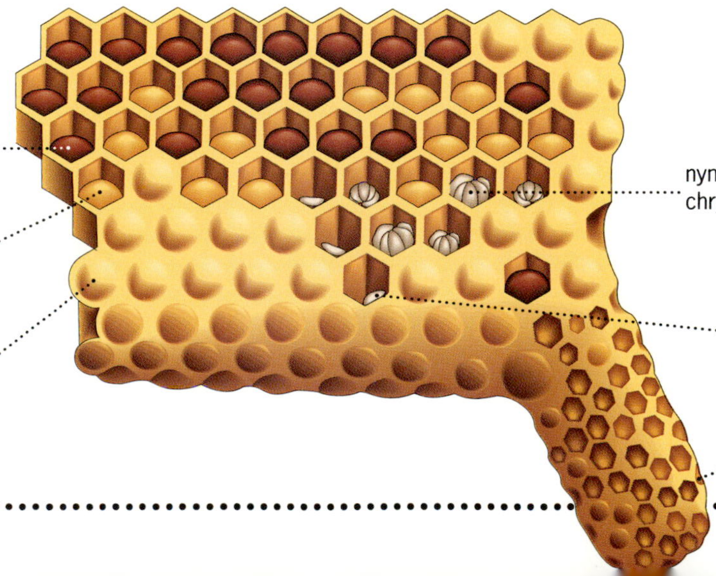

alvéole[F] à miel[M]
honey cell

alvéole[F] à pollen[M]
pollen cell

alvéole[F] operculée
sealed cell

nymphe[F]
chrysalis

œuf[M]
egg

cellule[F] royale
queen cell

LES AMPHIBIENS[M]
AMPHIBIANS

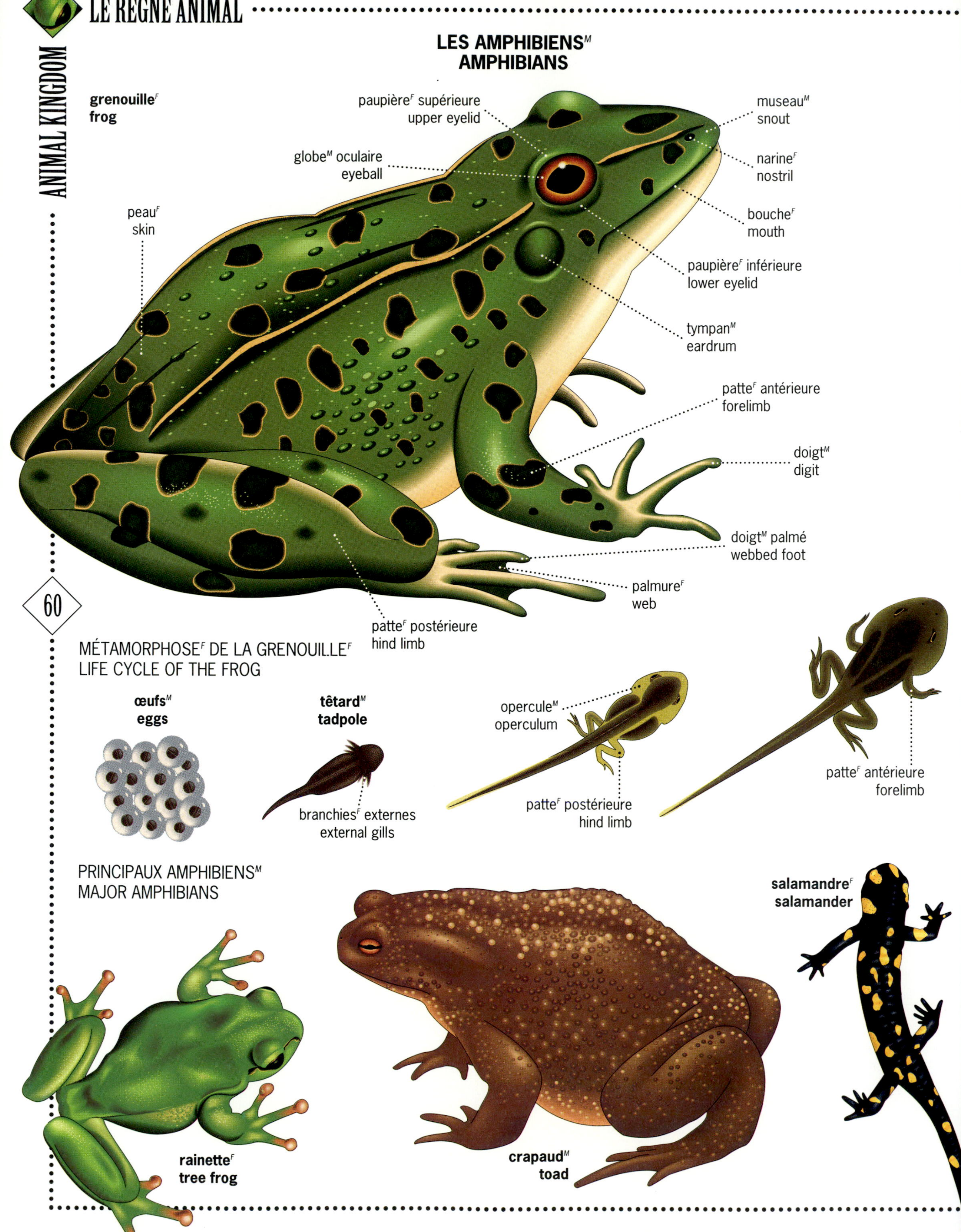

LES CRUSTACÉS[M]
CRUSTACEANS

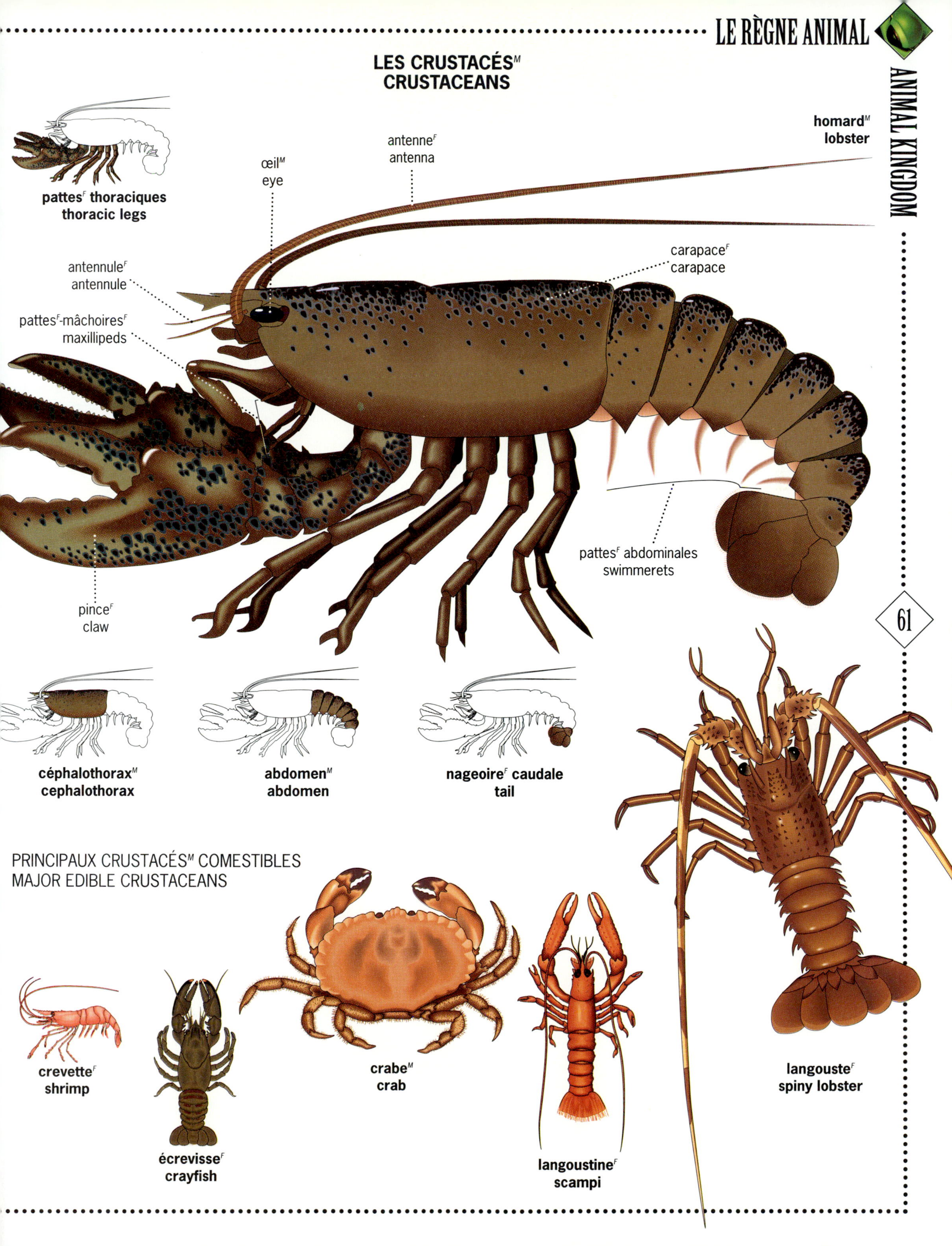

LES POISSONS[M]
FISHES

MORPHOLOGIE[F]
MORPHOLOGY

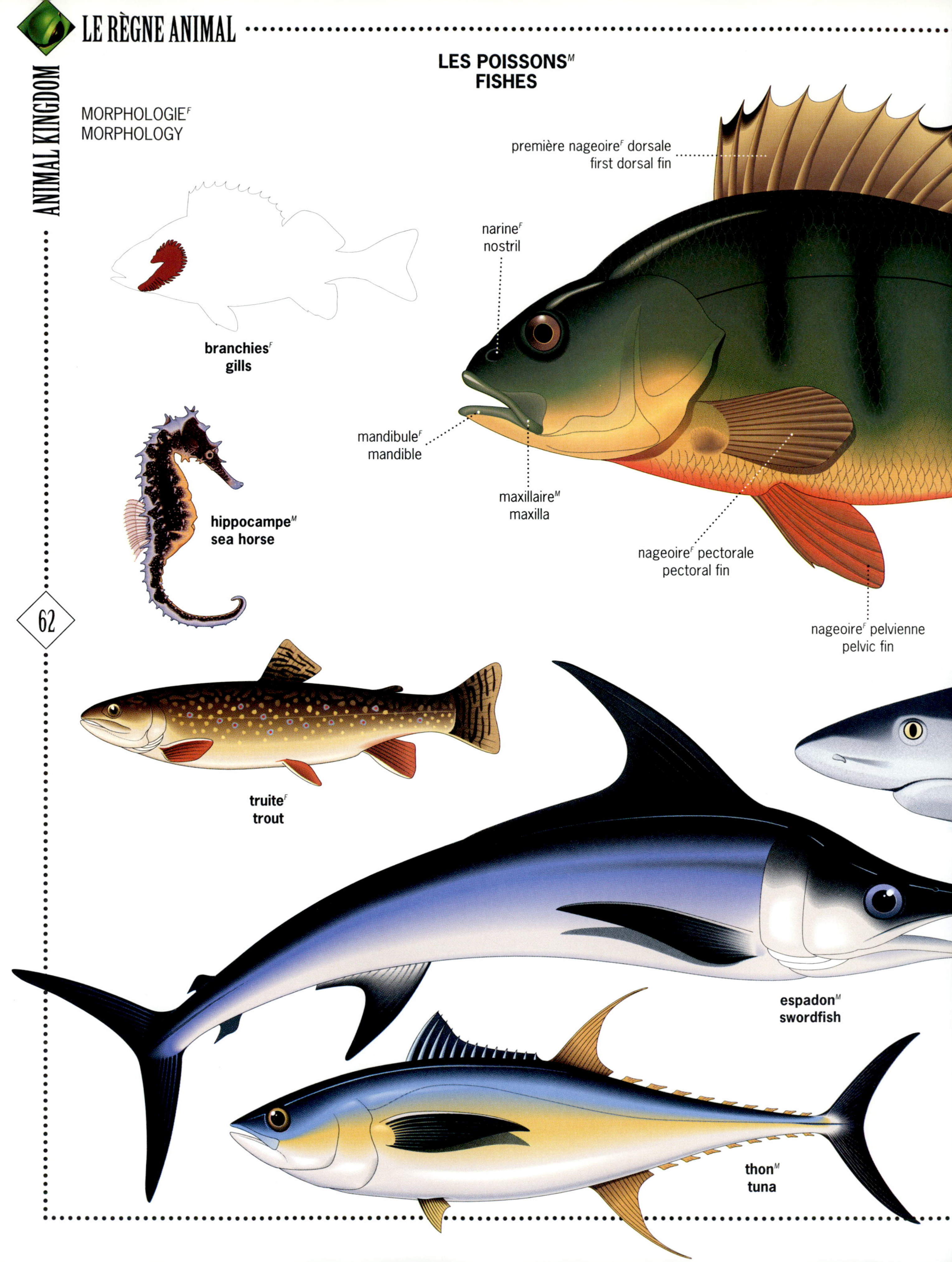

anguille[F]
eel

seconde nageoire[F] dorsale
second dorsal fin

achigan[M]
black bass

nageoire[F] caudale
caudal fin

nageoire[F] anale
anal fin

écaille[F]
scale

plie[F]
flounder

requin[M]
shark

brochet[M]
pike

morue[F]
cod

LES REPTILES[M]
REPTILES

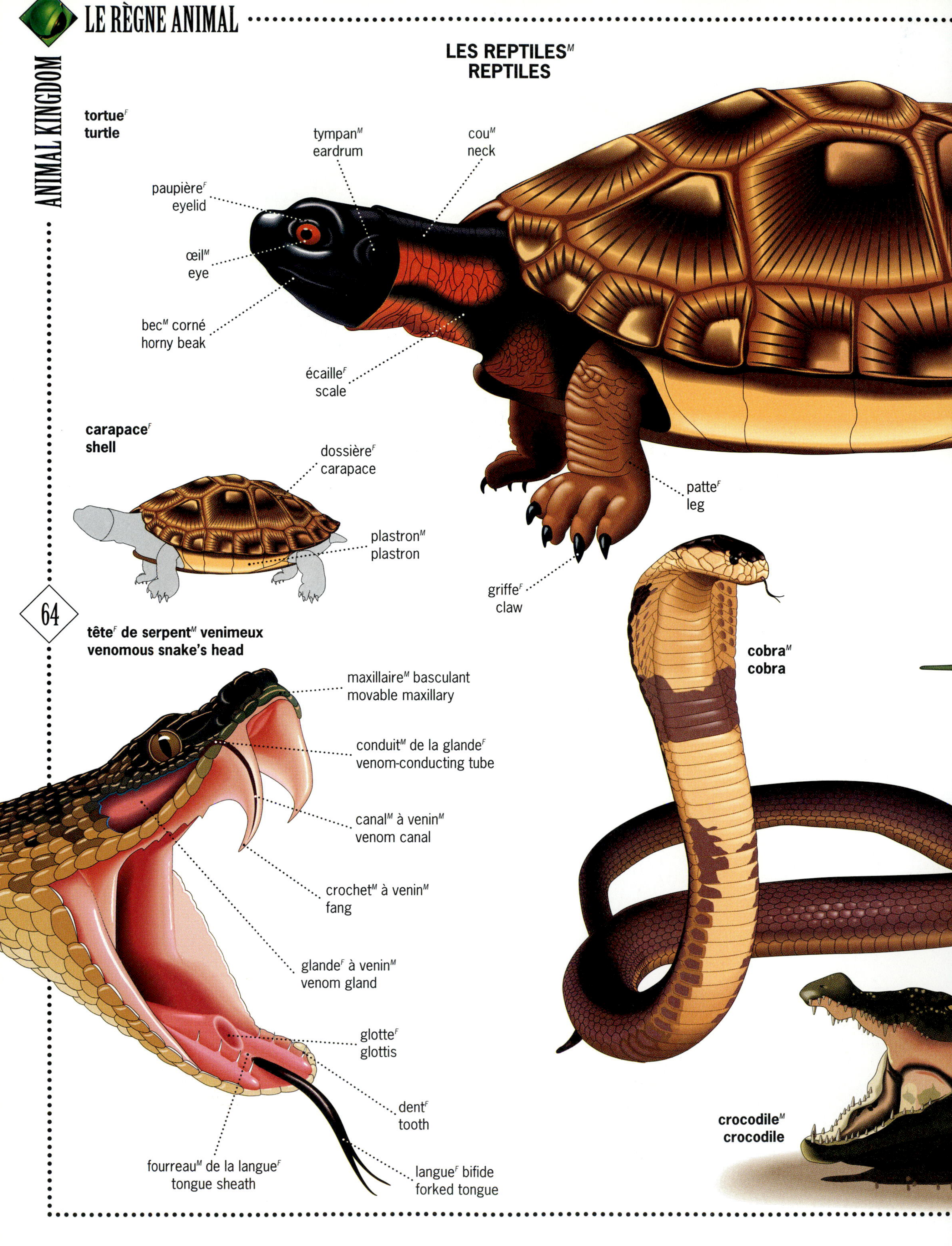

plaque[F]
shield
caméléon[M]
chameleon
queue[F]
tail
lézard[M]
lizard
serpent[M] à sonnette[F]
rattlesnake

LE CHAT^M^ CAT

LE CHIEN^M^ DOG

MORPHOLOGIE^F
MORPHOLOGY

patte^F antérieure
dog's forepaw

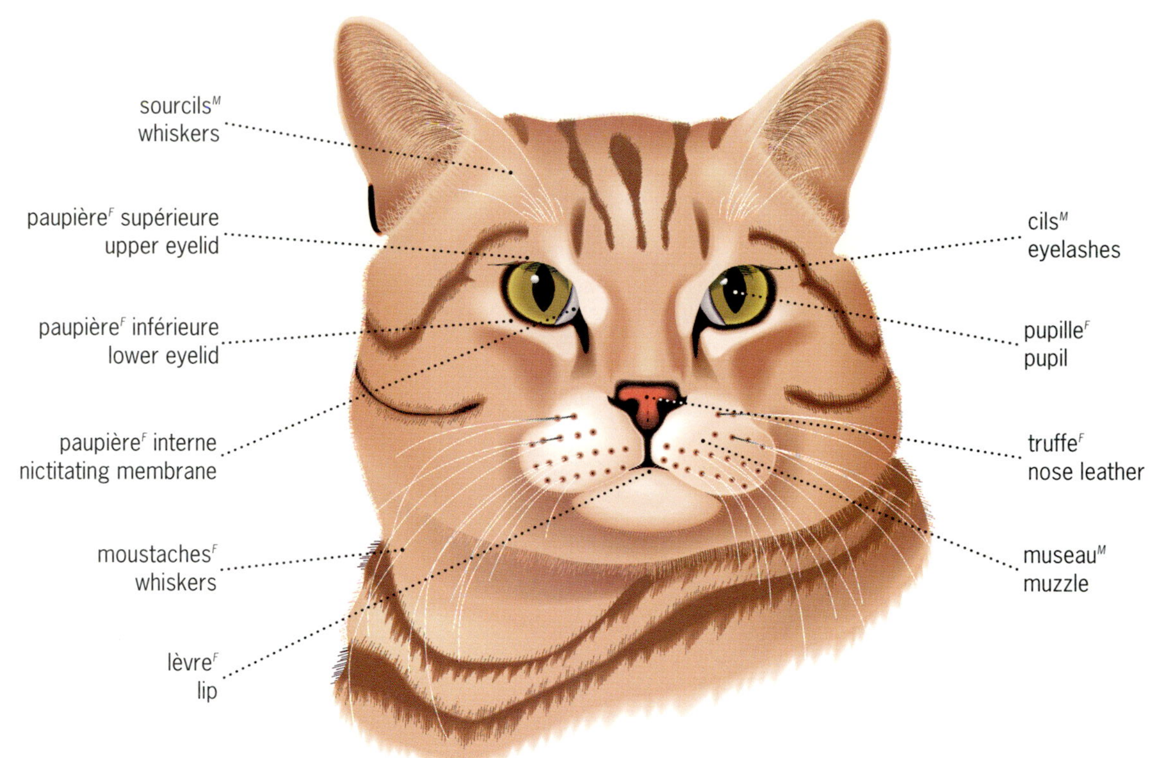

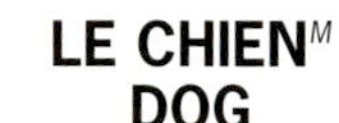

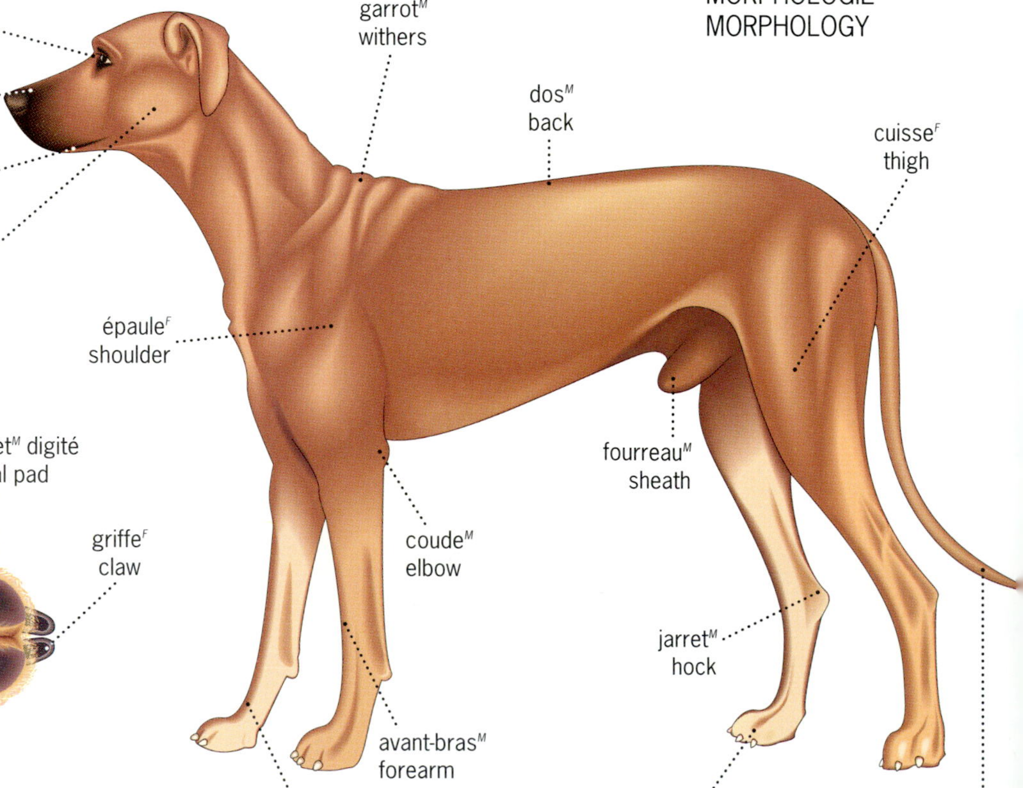

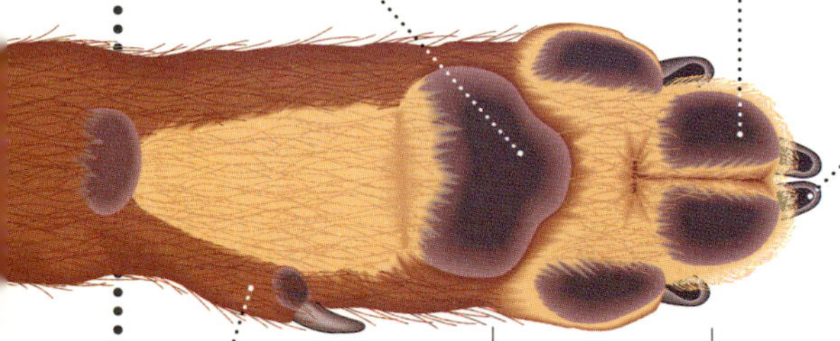

LE CHEVAL[M]
HORSE

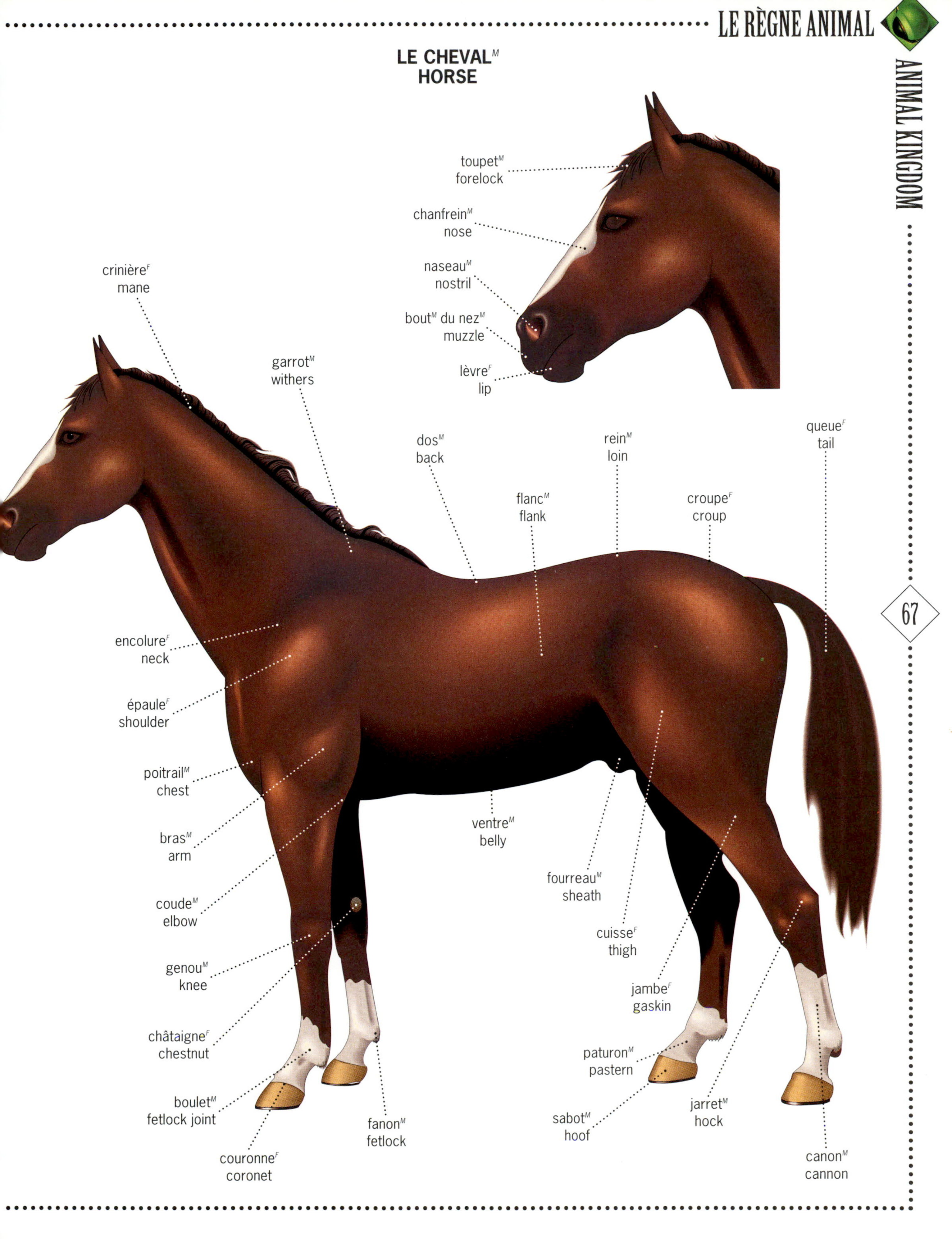

LES ANIMAUX[M] DE LA FERME[F]
FARM ANIMALS

poule[F]
hen

poussin[M]
chick

coq[M]
rooster; cock

oie[F]
goose

canard[M]
duck

dindon[M]
turkey

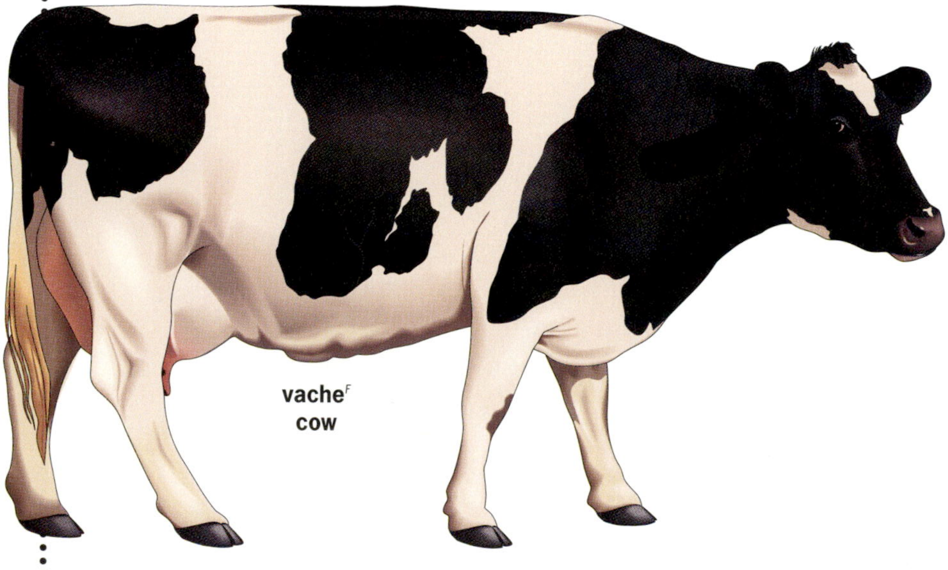

vache[F]
cow

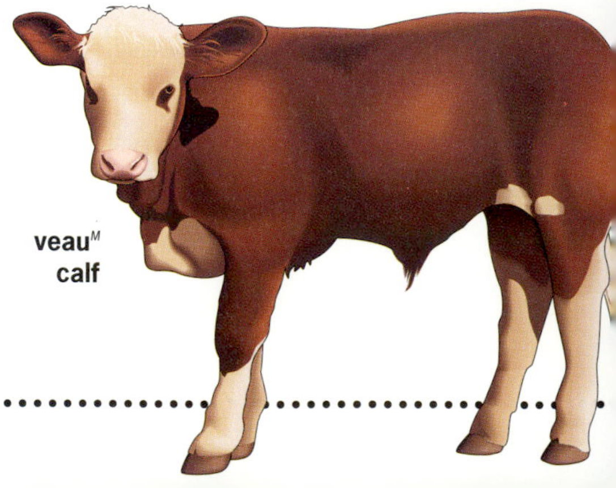

veau[M]
calf

agneau[M]
lamb

mouton[M]
sheep

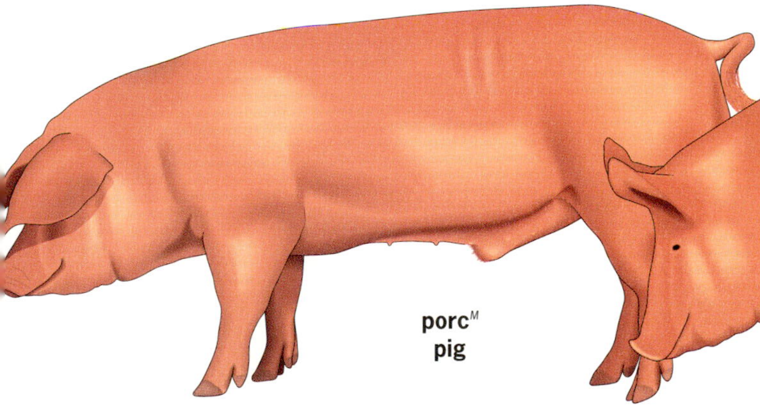

chèvre[F]
goat

porc[M]
pig

truie[F]
sow

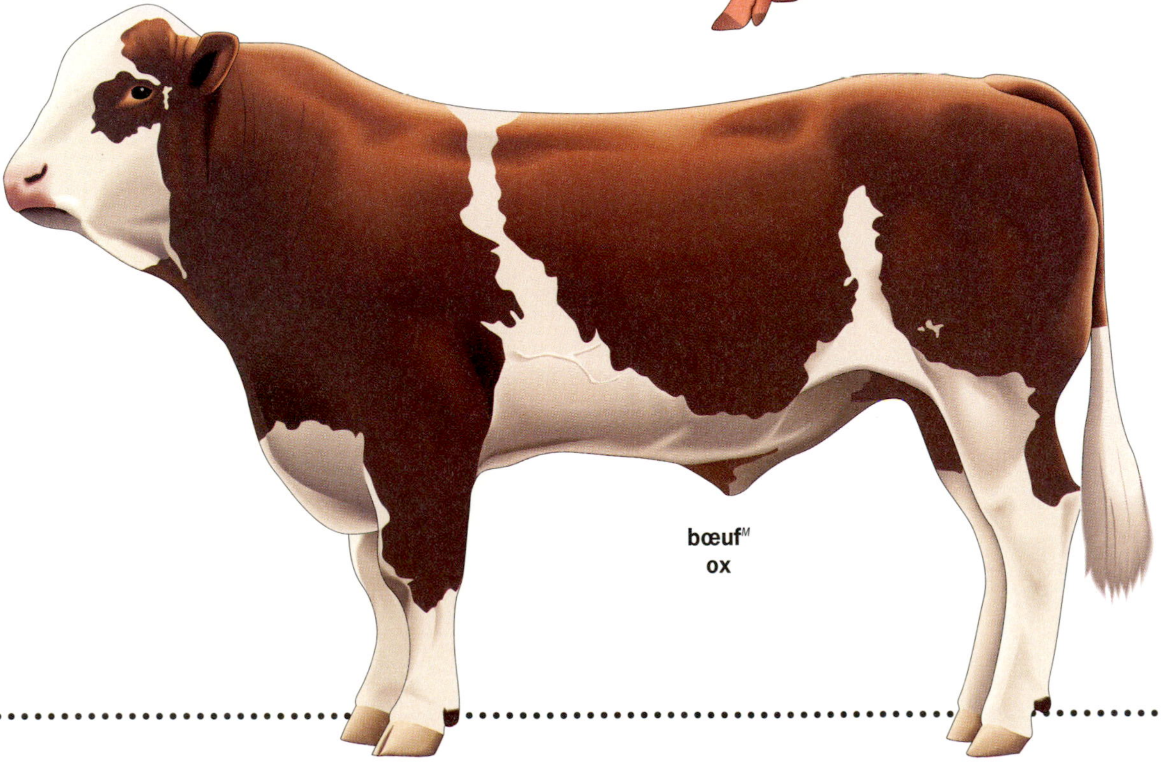

bœuf[M]
ox

LES TYPES[M] DE MÂCHOIRES[F]
TYPES OF JAWS

mâchoire[F] de rongeur[M]
rodent's jaw

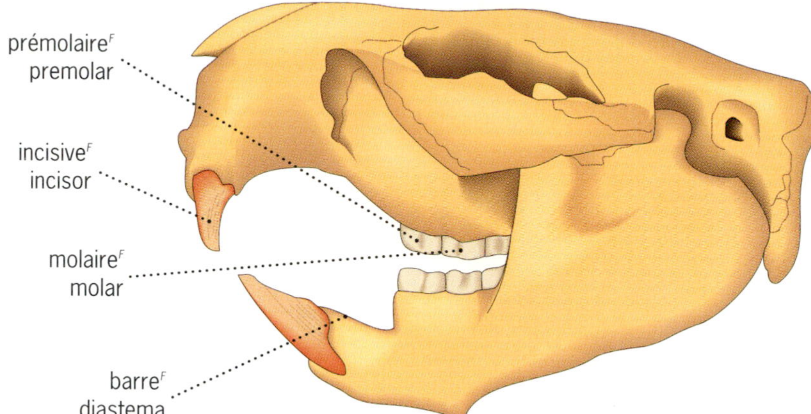

castor[M]
beaver

mâchoire[F] de carnivore[M]
carnivore's jaw

lion[M]
lion

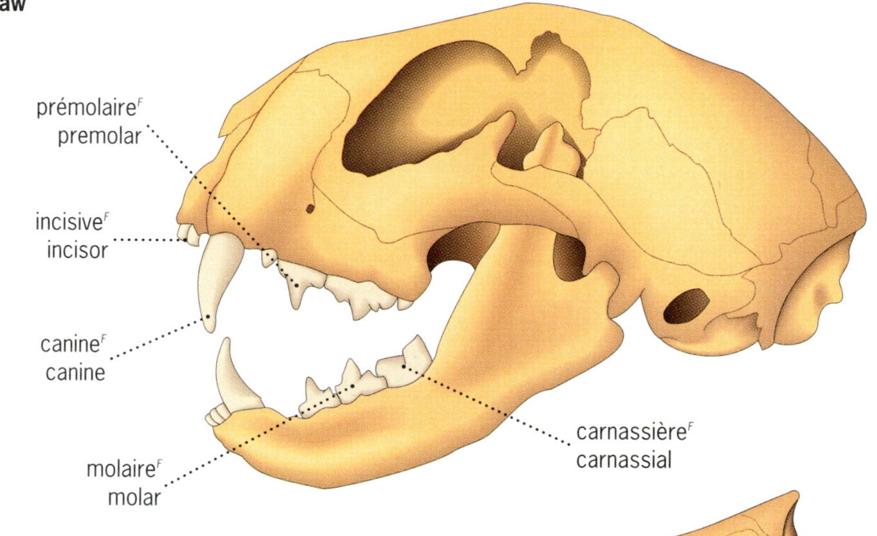

mâchoire[F] d'herbivore[M]
herbivore's jaw

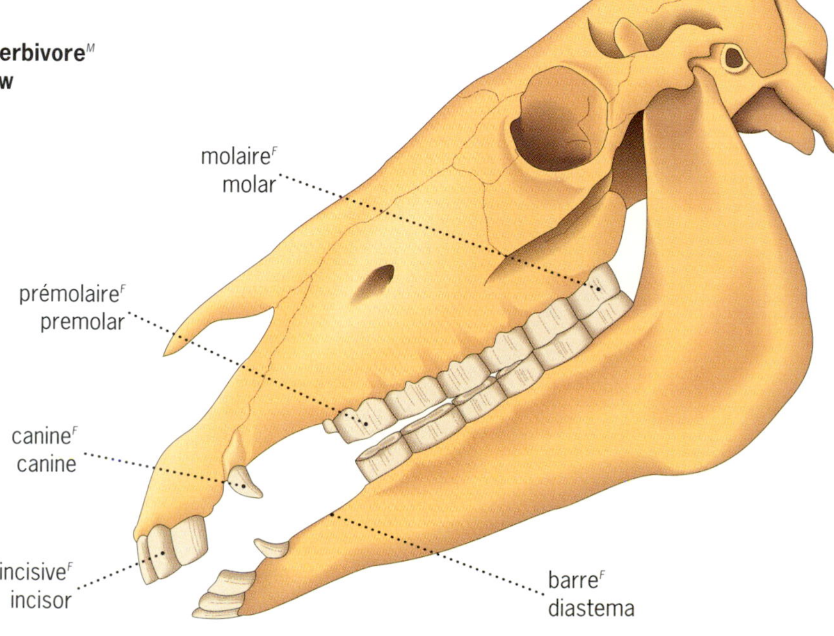

cheval[M]
horse

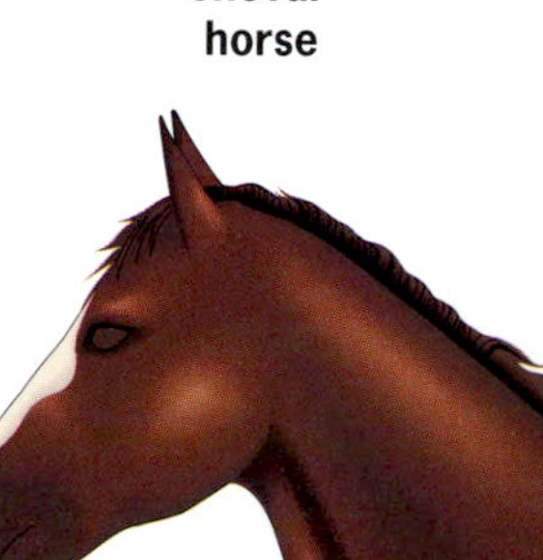

LES PRINCIPAUX TYPES[M] DE CORNES[F]
MAJOR TYPES OF HORNS

cornes[F] de mouflon[M]
horns of mouflon

cornes[F] de girafe[F]
horns of giraffe

cornes[F] de rhinocéros[M]
horns of rhinoceros

LES PRINCIPAUX TYPES[M] DE DÉFENSES[F]
MAJOR TYPES OF TUSKS

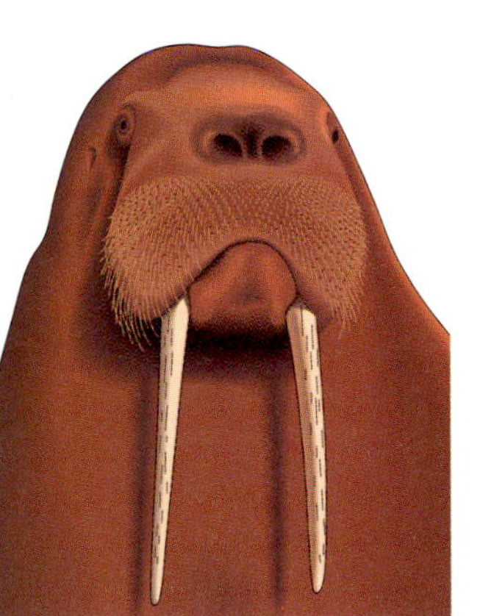

défenses[F] de morse[M]
tusks of walrus

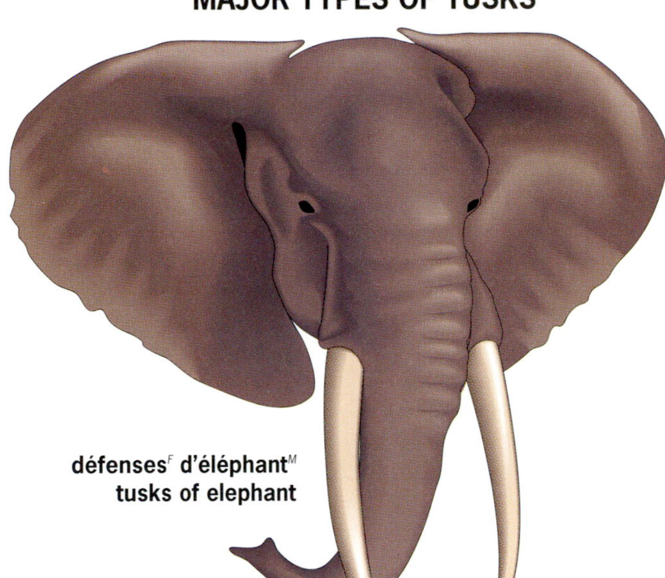

défenses[F] d'éléphant[M]
tusks of elephant

défenses[F] de phacochère[M]
tusks of wart hog

LES TYPES[M] DE SABOTS[M]
TYPES OF HOOFS

sabot[M] à 1 doigt[M]
one-toe hoof

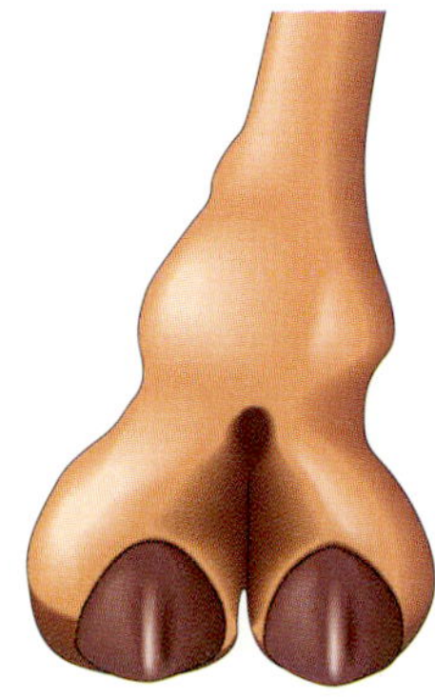

sabot[M] à 2 doigts[M]
two-toed hoof

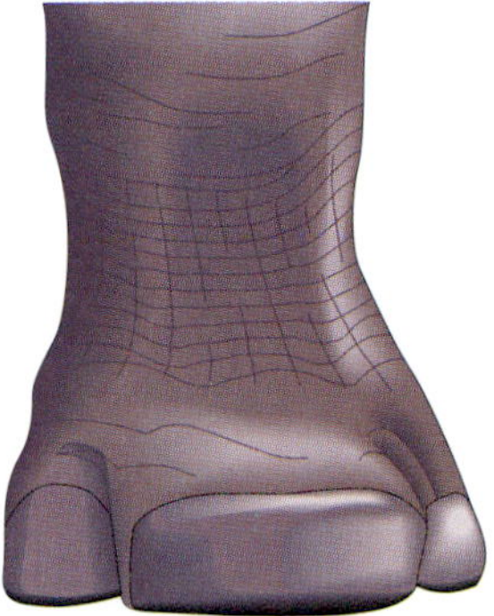

sabot[M] à 3 doigts[M]
three-toed hoof

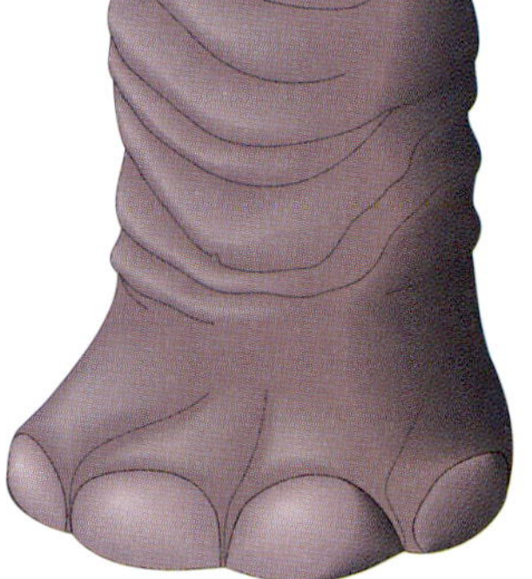

sabot[M] à 4 doigts[M]
four-toed hoof

LES ANIMAUX[M] SAUVAGES
WILD ANIMALS

kangourou[M]
kangaroo

éléphant[M]
elephant

dromadaire[M]
dromedary; Arabian camel

zèbre[M]
zebra

chevreuil[M]
white-tailed deer

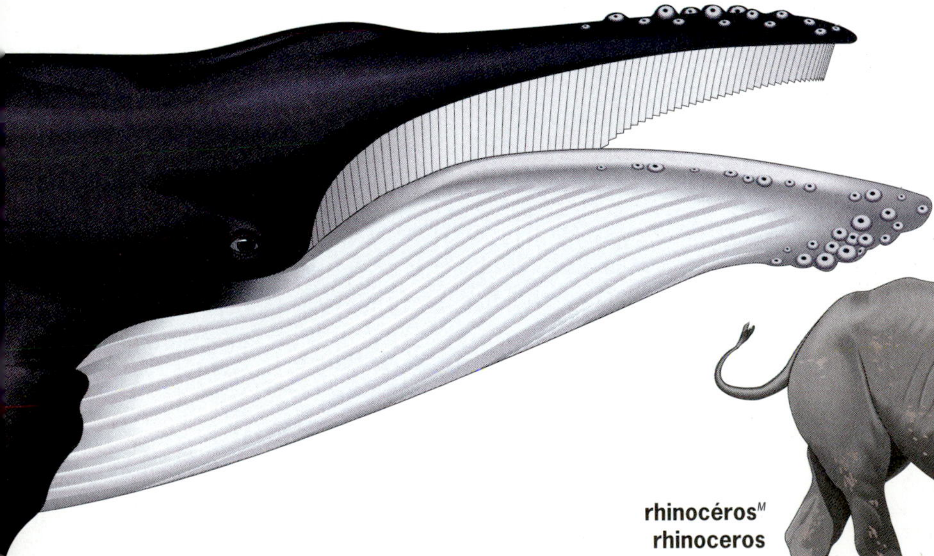

rhinocéros[M]
rhinoceros

L'OISEAU[M]
BIRD

PRINCIPAUX TYPES[M] DE BECS[M]
PRINCIPAL TYPES OF BILLS

oiseau[M] aquatique
aquatic bird

oiseau[M] insectivore
insectivorous bird

oiseau[M] échassier
wading bird

oiseau[M] granivore
granivorous bird

oiseau[M] de proie[F]
bird of prey

PRINCIPAUX TYPES[M] DE PATTES[F]
PRINCIPAL TYPES OF FEET

oiseau[M] de proie[F]
bird of prey

serre[F]
talon

écaille[F]
scale

oiseau[M] aquatique
aquatic bird

doigt[M] palmé
webbed toe

palmure[F]
web

oiseau[M] aquatique
aquatic bird

lobe[M]
lobe

doigt[M] lobé
lobate toe

oiseau[M] percheur
perching bird

doigt[M]
toe

MORPHOLOGIE[F]
MORPHOLOGY

couronne[F]
crown

front[M]
forehead

bec[M]
bill

œil[M]
eye

menton[M]
chin

gorge[F]
throat

poitrine[F]
breast

abdomen[M]
abdomen

doigt[M] médian
middle toe

doigt[M] externe
outer toe

nid[M]
bird's nest

maison[F] d'oiseau[M]
birdhouse

mangeoire[F]
bird feeder

tube[M]
cylinder

graines[F]
seeds

perchoir[M]
perch

nuque[F]
nape

dos[M]
back

aile[F]
wing

croupion[M]
rump

queue[F]
tail

tectrice[F] sous-caudale
under tail covert

tectrice[F] sus-caudale
upper tail covert

flanc[M]
flank

patte[F]
foot

doigt[M] postérieur
hind toe

griffe[F]
claw

œuf[M]
egg

germe[M]
blastodisc

chambre[F] à air[M]
air space

jaune[M]
yolk

coquille[F]
shell

albumen[M]
albumen

EXEMPLES[M] D'OISEAUX[M]
EXAMPLES OF BIRDS

rouge-gorge[M]
robin
geai[M]
blue jay
colibri[M]
hummingbird
hibou[M]
owl
rossignol[M]
nightingale
paon[M]
peacock

LE CORPS[M], VUE[F] DE FACE[F]
HUMAN BODY, ANTERIOR VIEW

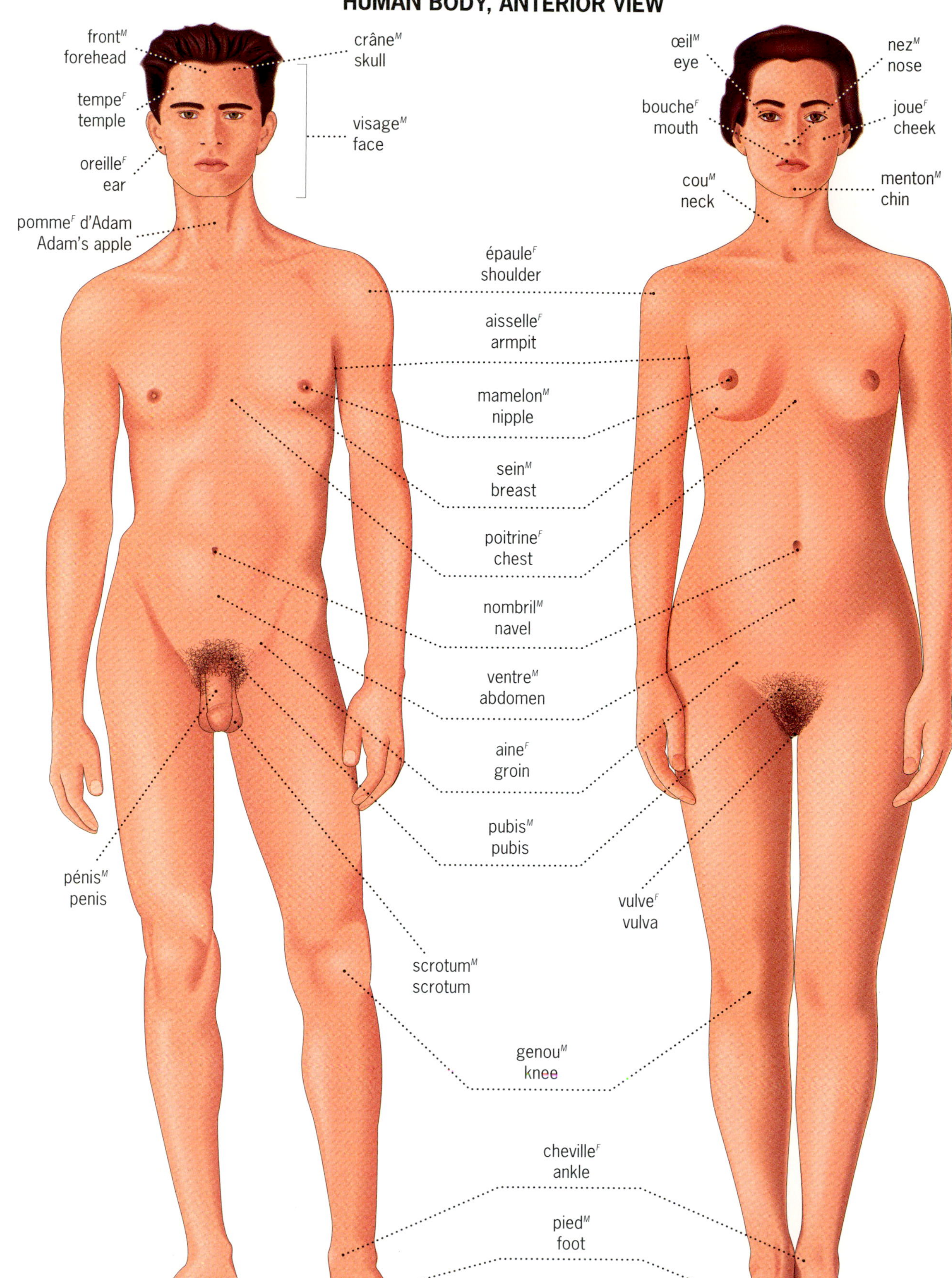

LE CORPS^M, VUE^F DE DOS^M
HUMAN BODY, POSTERIOR VIEW

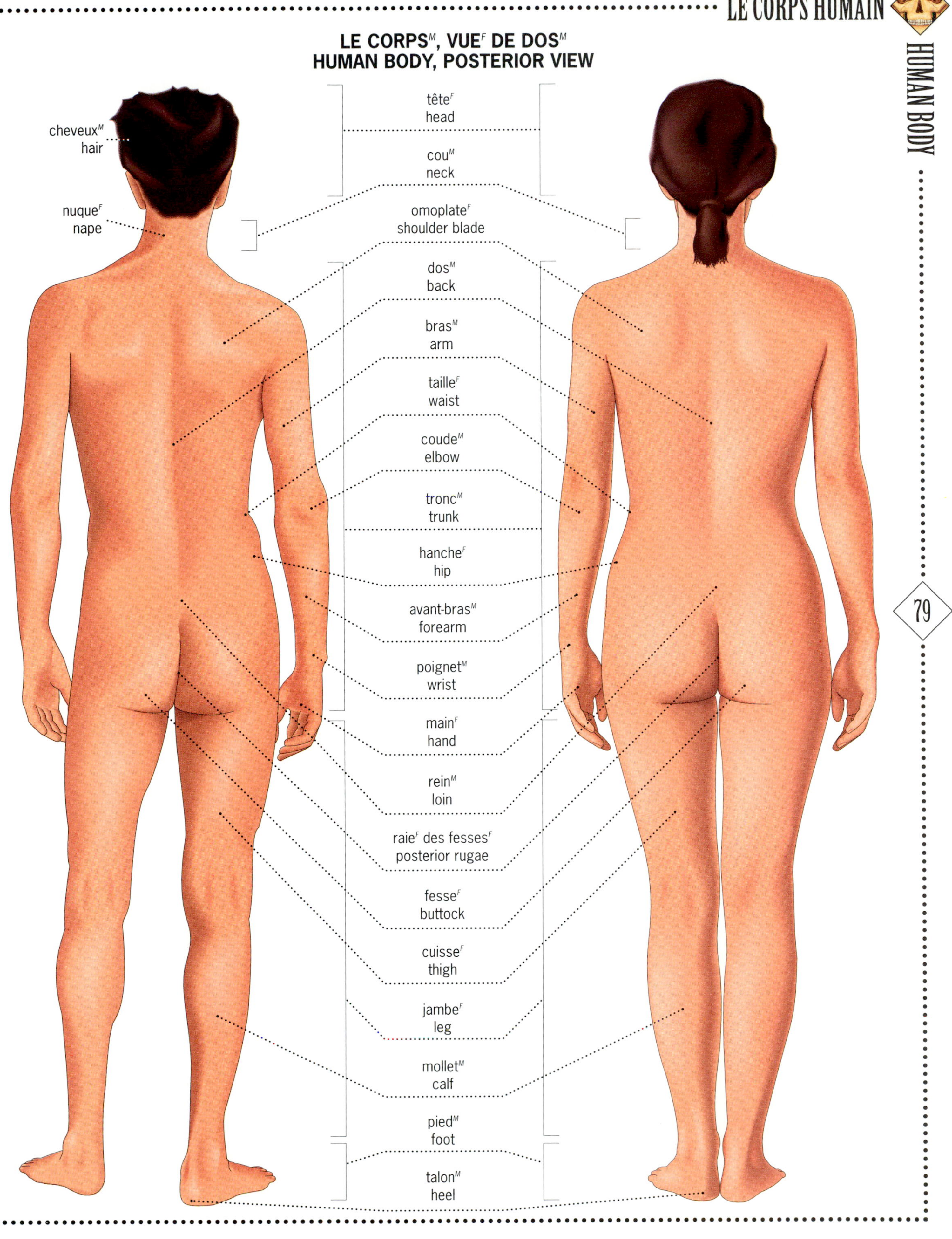

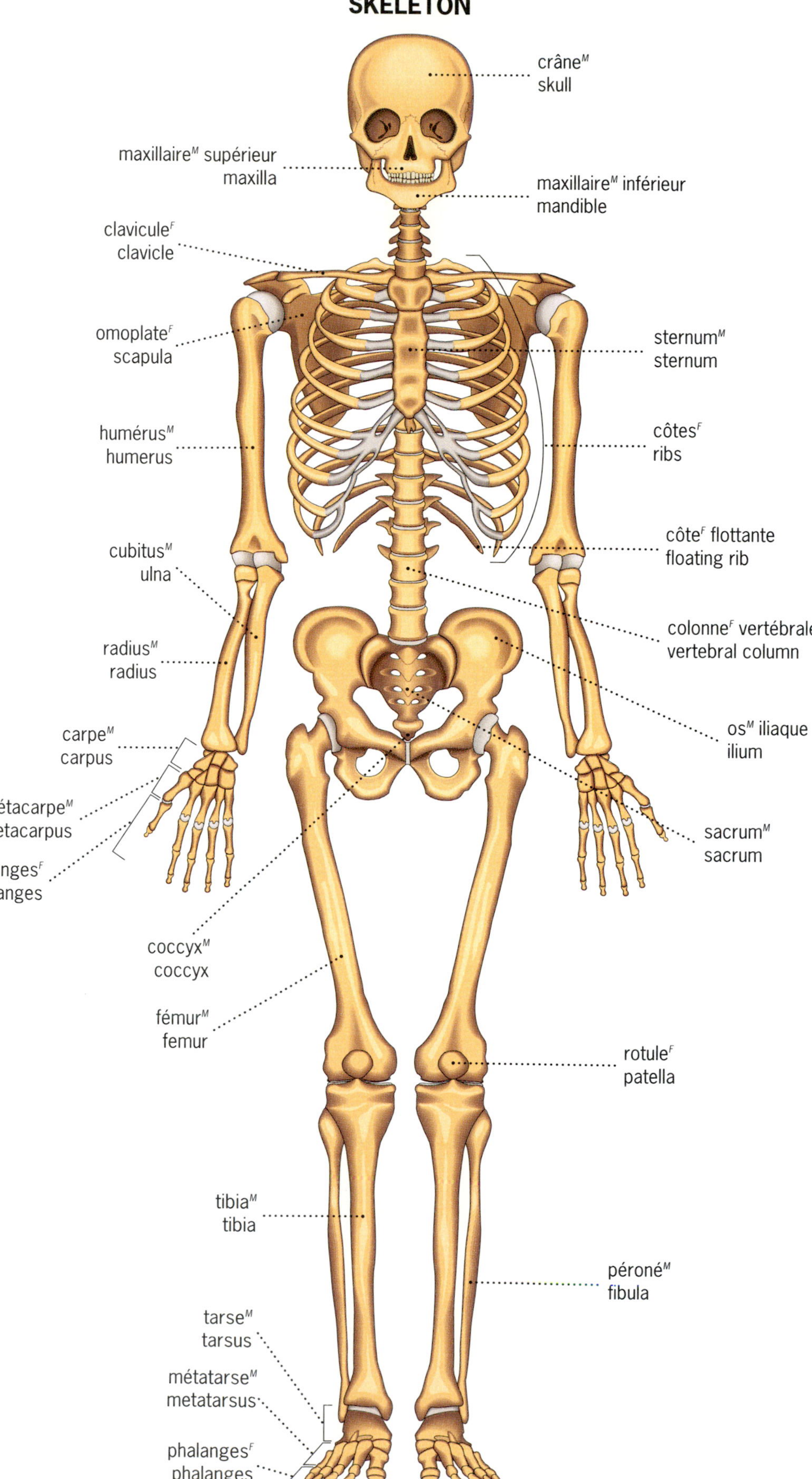
LE SQUELETTE^M
SKELETON
crâne^M
skull
maxillaire^M supérieur
maxilla
maxillaire^M inférieur
mandible
clavicule^F
clavicle
omoplate^F
scapula
sternum^M
sternum
humérus^M
humerus
côtes^F
ribs
cubitus^M
ulna
côte^F flottante
floating rib
colonne^F vertébrale
vertebral column
radius^M
radius
os^M iliaque
ilium
carpe^M
carpus
métacarpe^M
metacarpus
sacrum^M
sacrum
phalanges^F
phalanges
coccyx^M
coccyx
fémur^M
femur
rotule^F
patella
tibia^M
tibia
péroné^M
fibula
tarse^M
tarsus
métatarse^M
metatarsus
phalanges^F
phalanges

L'ANATOMIE[F] HUMAINE
HUMAN ANATOMY

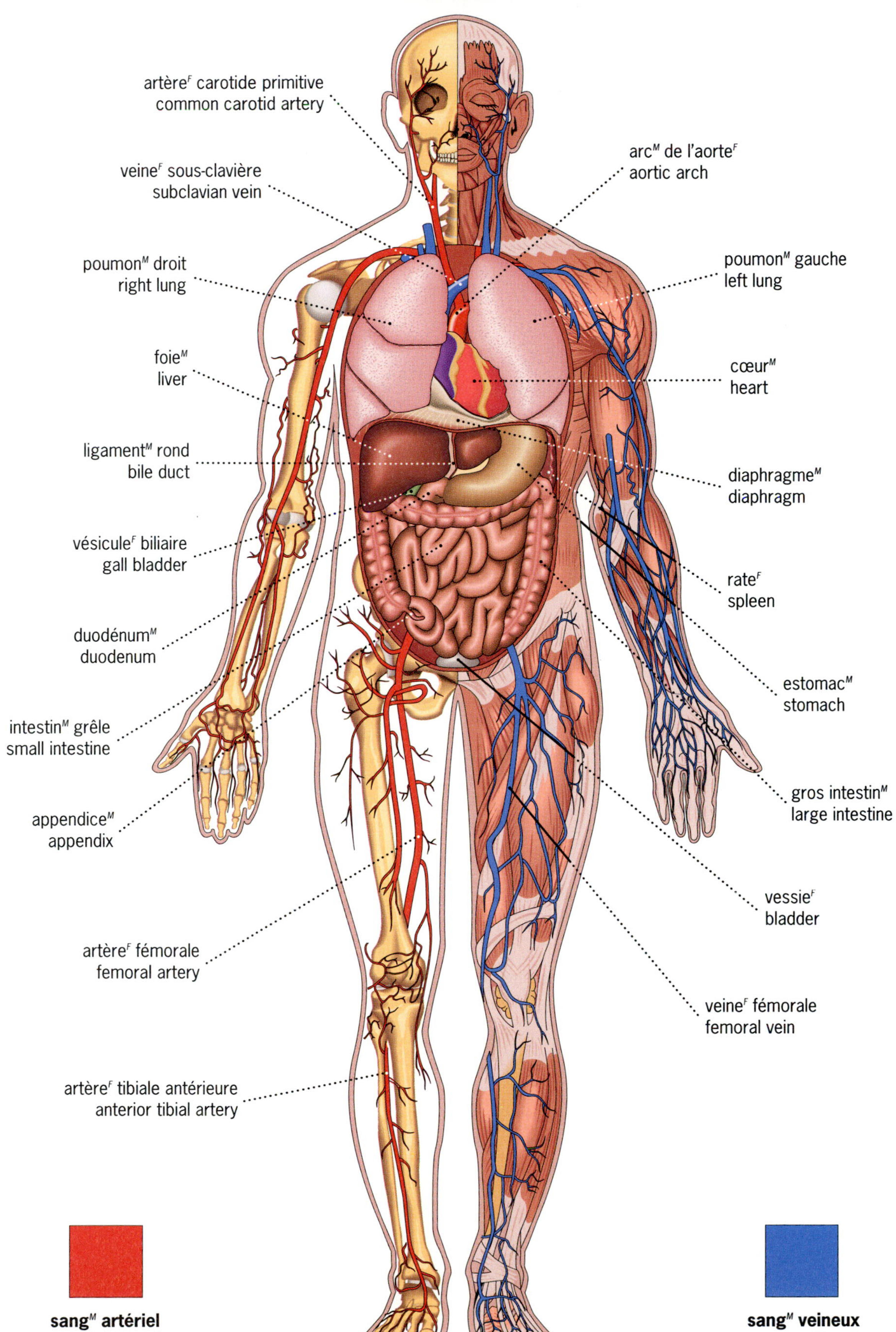

LE SENS^M DE LA VUE^F: L'ŒIL^M
EYE: THE ORGAN OF SIGHT

sourcil^M
eyebrow
paupière^F supérieure
upper eyelid
cil^M
eyelash
blanc^M de l'œil^M
white of eye; sclera
paupière^F inférieure
lower eyelid
pupille^F
pupil
iris^M
iris

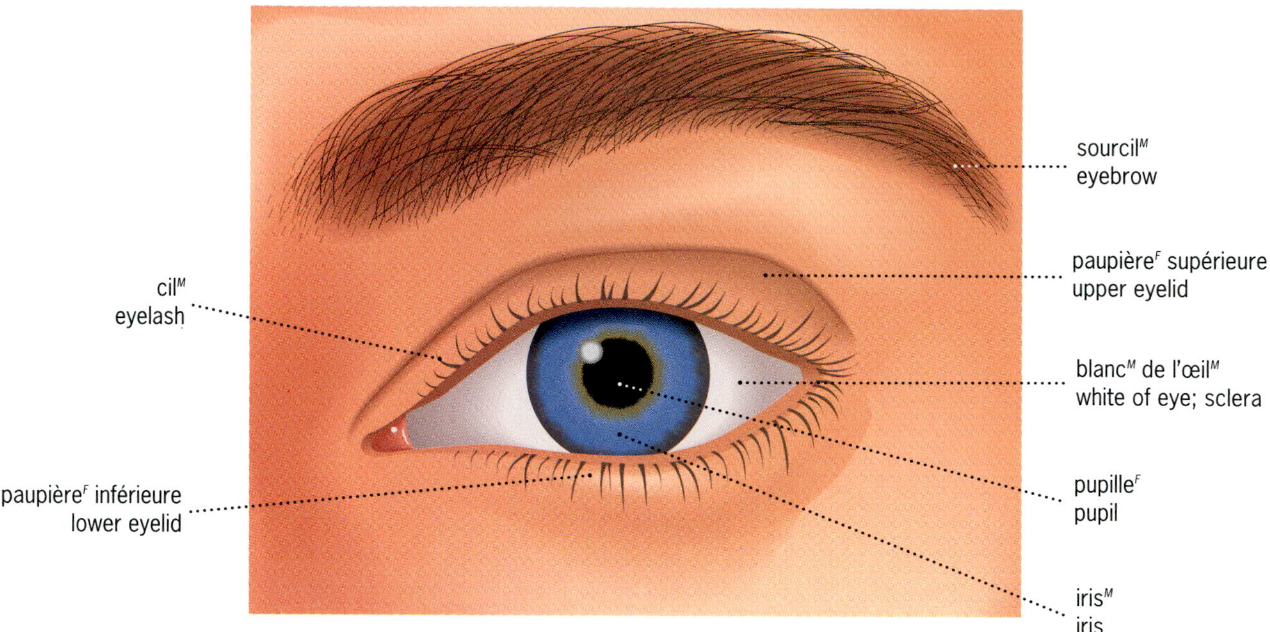

LE SENS^M DU TOUCHER^M: LA MAIN^F
HAND: THE ORGAN OF TOUCH

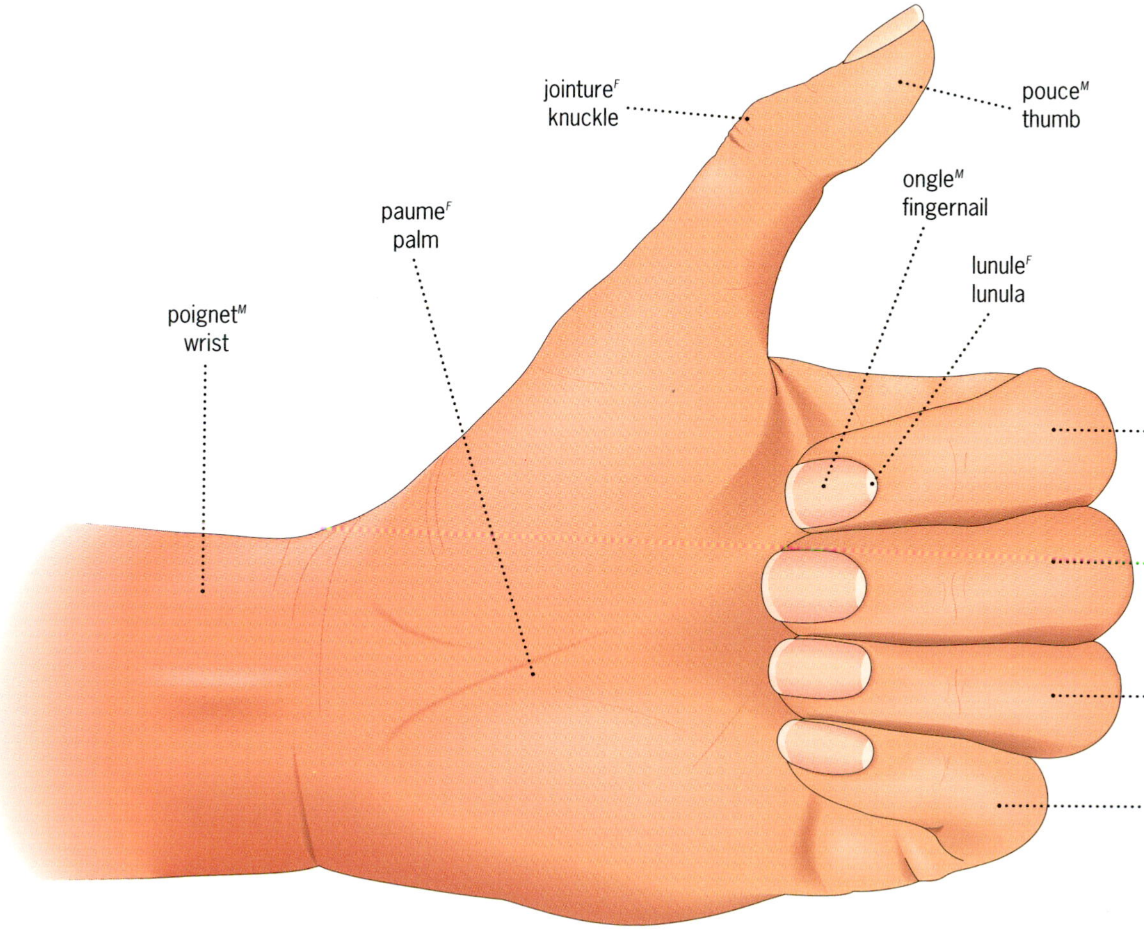

jointure^F
knuckle
pouce^M
thumb
ongle^M
fingernail
paume^F
palm
lunule^F
lunula
poignet^M
wrist
index^M
index finger
majeur^M
middle finger
annulaire^M
third finger
auriculaire^M
little finger

LE SENS[M] DE L'OUÏE[F]: L'OREILLE[F]
EAR: THE ORGAN OF HEARING

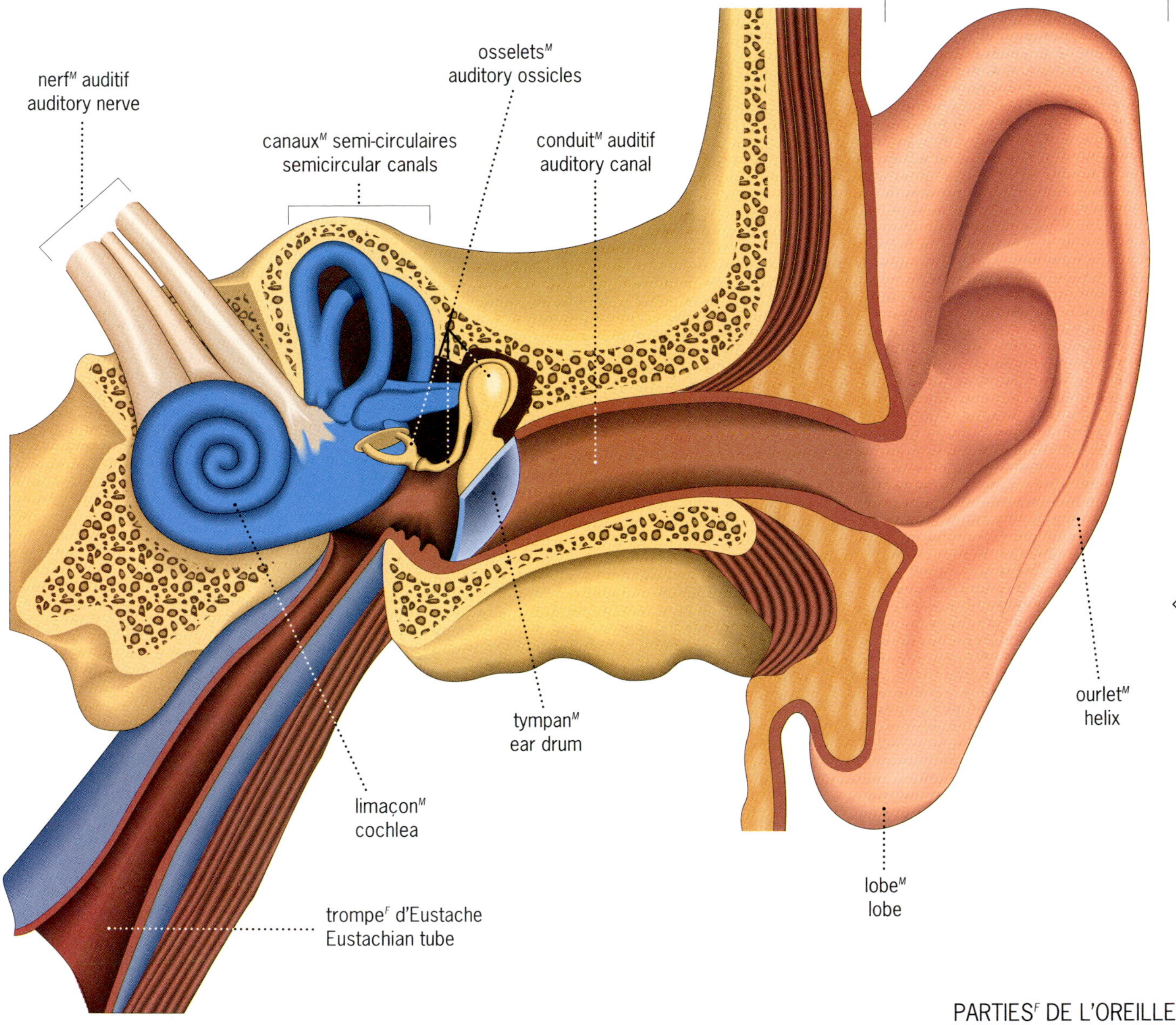

pavillon[M]
auricle

nerf[M] auditif
auditory nerve

osselets[M]
auditory ossicles

canaux[M] semi-circulaires
semicircular canals

conduit[M] auditif
auditory canal

tympan[M]
ear drum

ourlet[M]
helix

limaçon[M]
cochlea

lobe[M]
lobe

trompe[F] d'Eustache
Eustachian tube

PARTIES[F] DE L'OREILLE[F]
PARTS OF THE EAR

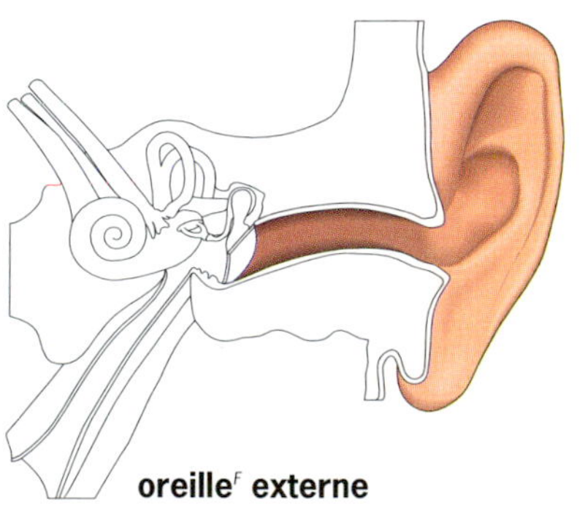

oreille[F] externe
external ear

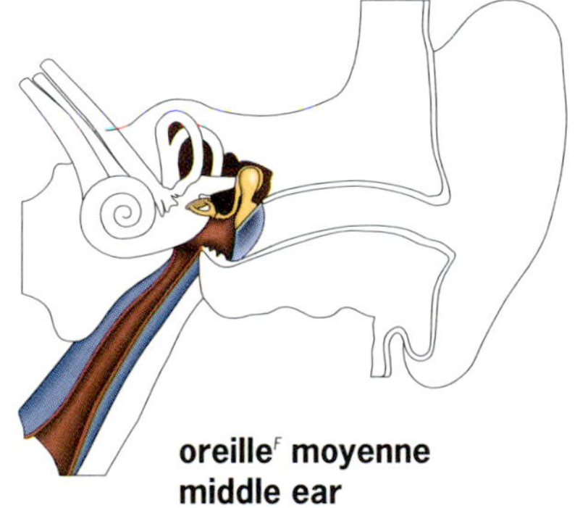

oreille[F] moyenne
middle ear

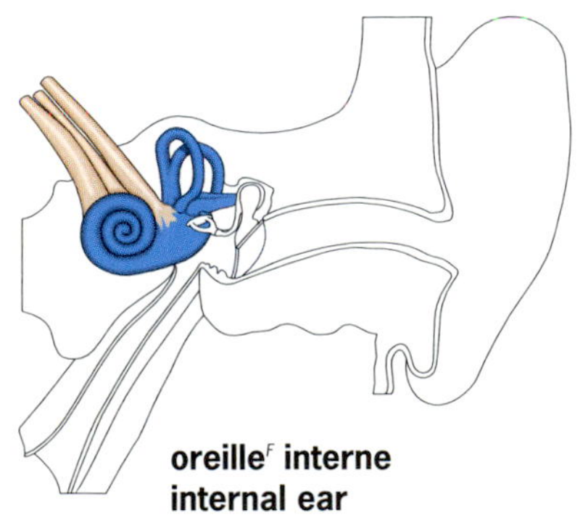

oreille[F] interne
internal ear

LE SENS^M DE L'ODORAT^M: LE NEZ^M
NOSE: THE ORGAN OF SMELL

racine^F du nez^M
root of nose
dos^M du nez^M
dorsum of nose
lobe^M du nez^M
tip of nose
cloison^F
nasal septum
aile^F du nez^M
ala
narine^F
nostril
sillon^M
philtrum

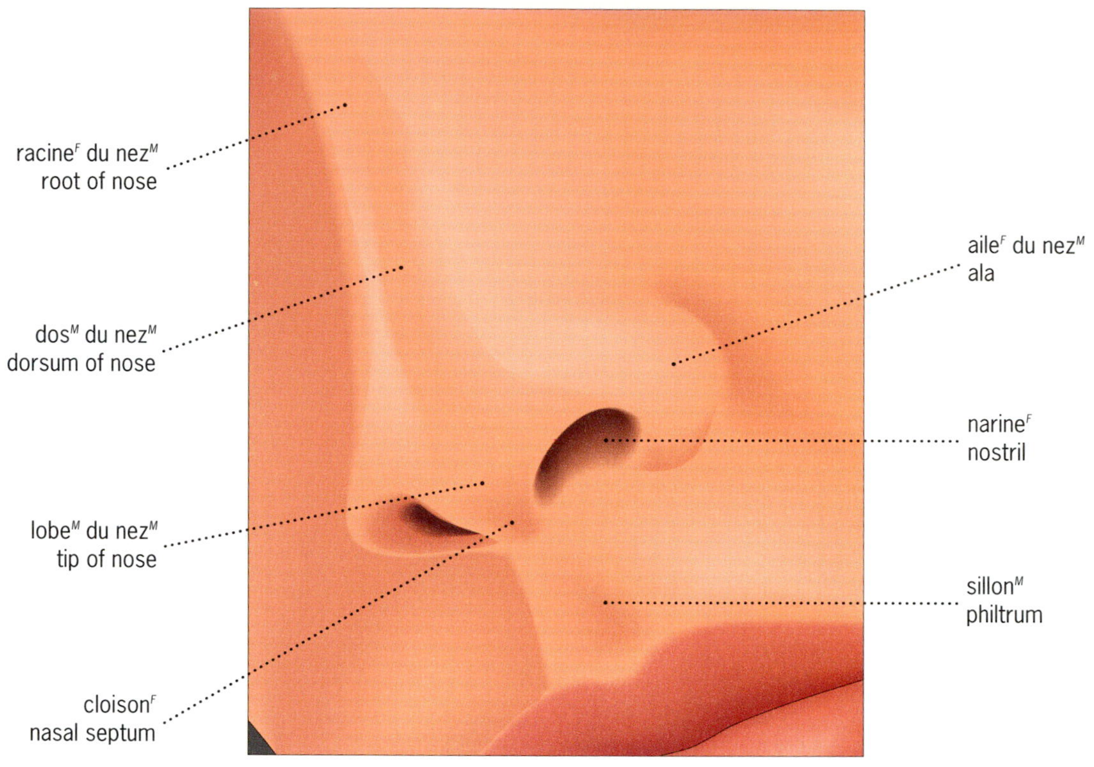

LE SENS^M DU GOÛT^M: LA BOUCHE^F
MOUTH: THE ORGAN OF TASTE

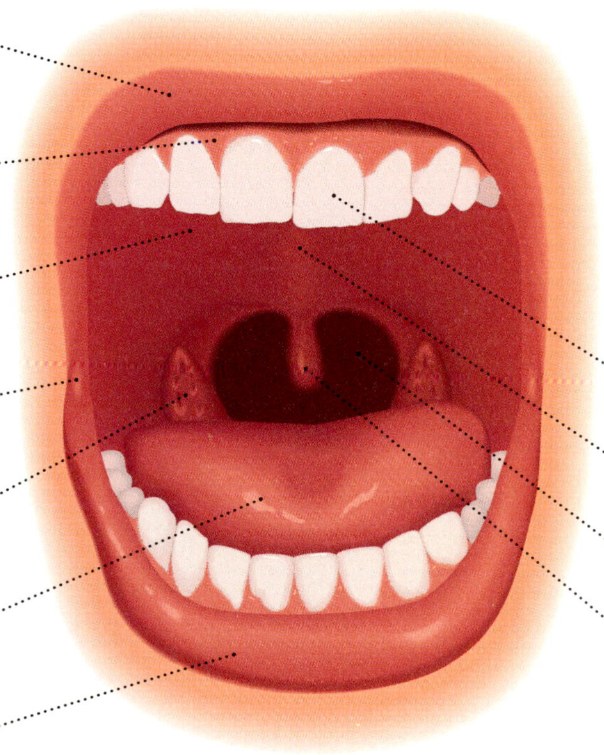

lèvre^F supérieure
upper lip
gencive^F
gum
voûte^F du palais^M
hard palate
commissure^F des lèvres^F
commissure of lips
amygdale^F
tonsil
langue^F
tongue
lèvre^F inférieure
lower lip
dent^F
tooth
voile^M du palais^M
soft palate
orifice^M du gosier^M
fauces
luette^F
uvula

perception^F des saveurs^F
taste sensations

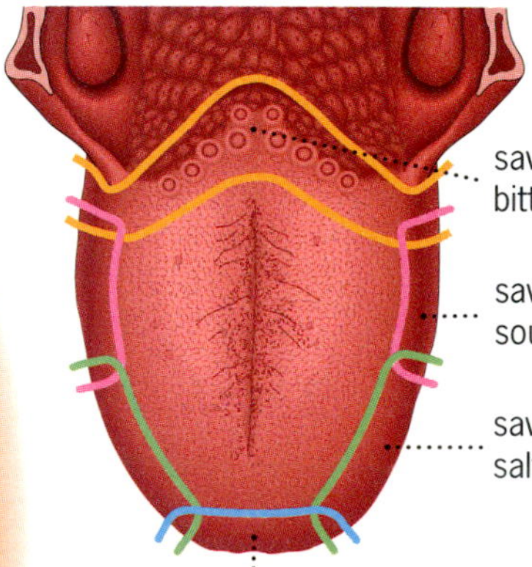

saveur^F amère
bitter taste
saveur^F acide
sour taste
saveur^F salée
salty taste
saveur^F sucrée
sweet taste

LA DENTURE[F] HUMAINE
HUMAN DENTURE

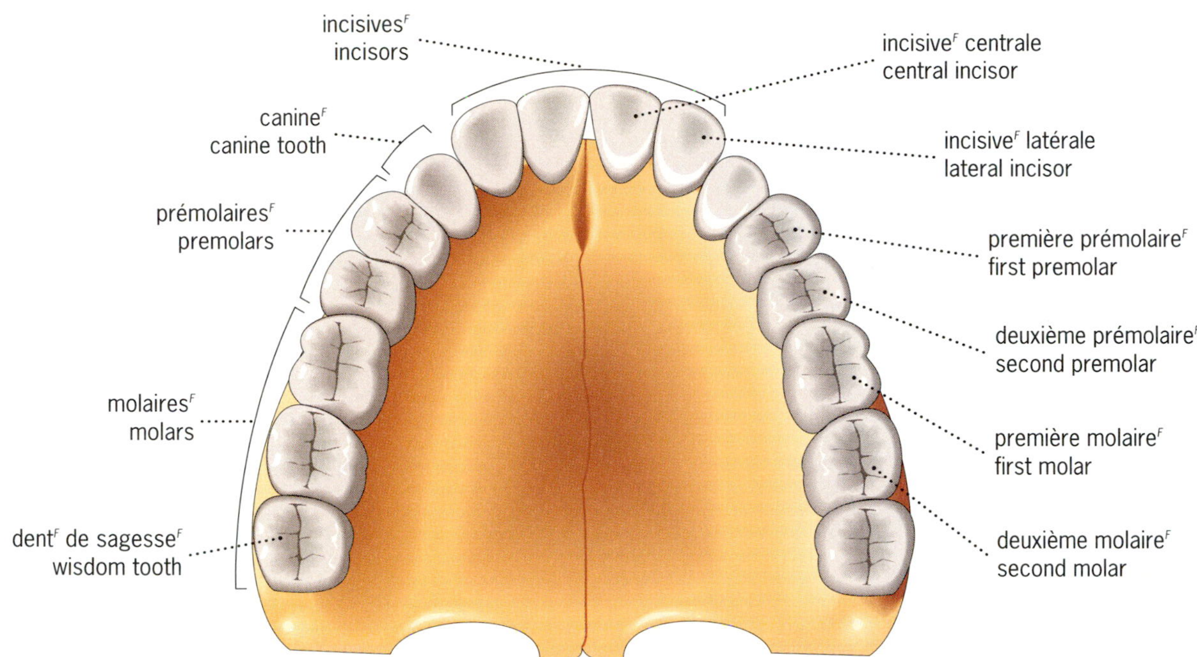

coupe[F] d'une molaire[F]
cross section of a molar

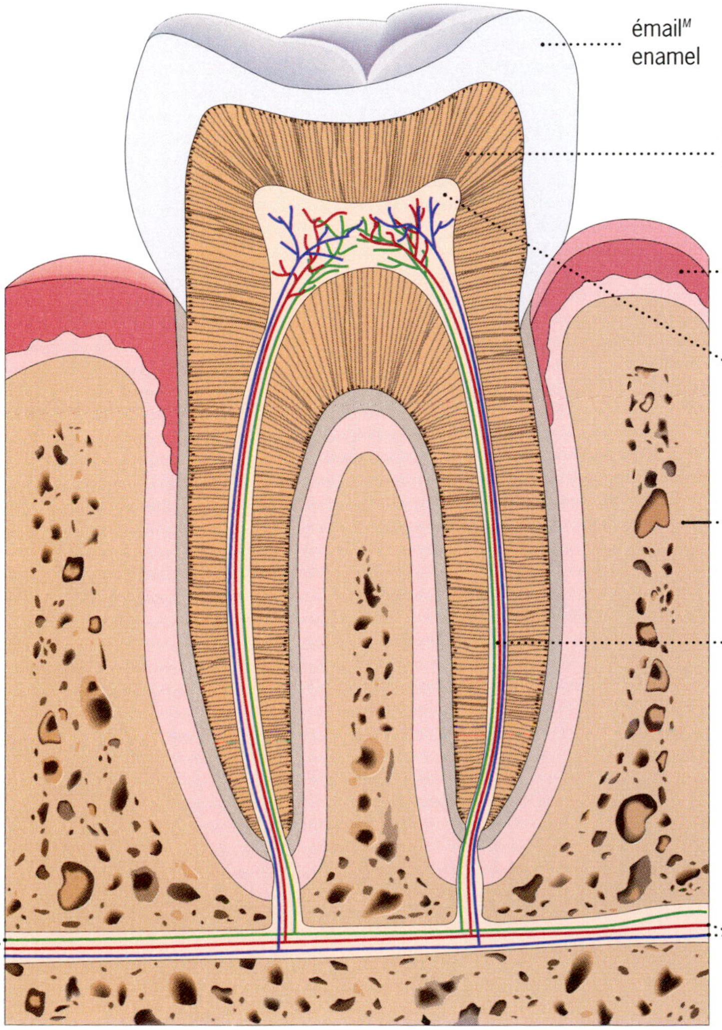

couronne[F]
crown

émail[M]
enamel

ivoire[M]
dentin

gencive[F]
gum

collet[M]
neck

pulpe[F]
pulp

os[M] maxillaire
maxillary bone

racine[F]
root

canal[M]
root canal

réseau[M] sanguin
plexus of blood vessels

réseau[M] nerveux
plexus of nerves

LES MAISONS[F] TRADITIONNELLES
TRADITIONAL HOUSES

hutte^F
hut

yourte^F
yurt

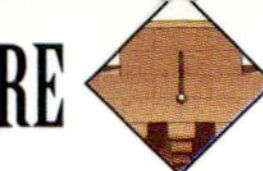

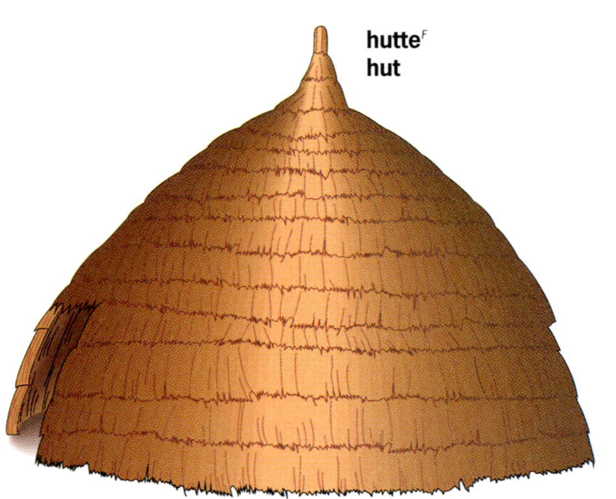

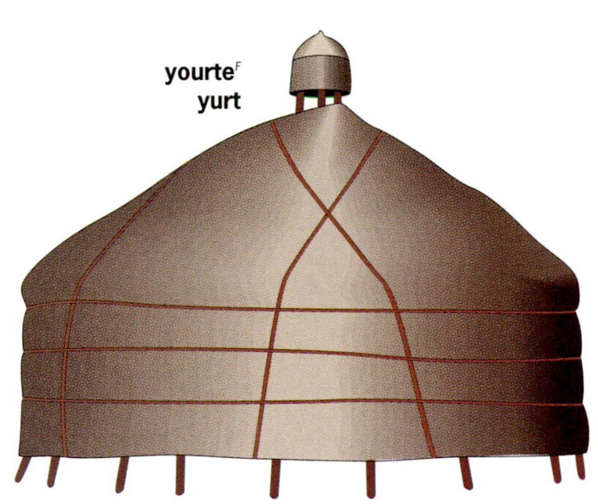

LA MOSQUÉE^F
MOSQUE

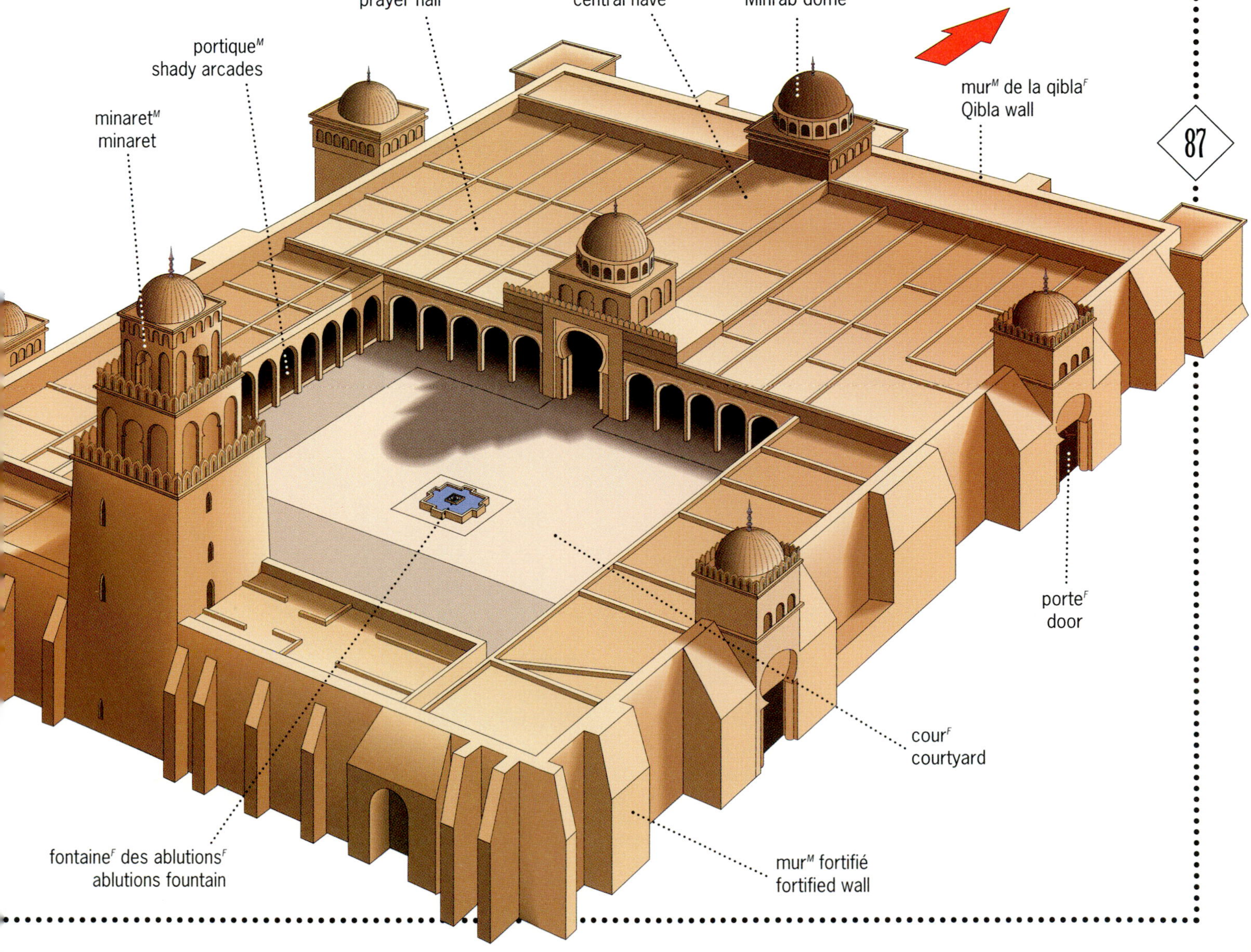

salle^F de prière^F
prayer hall
nef^F centrale
central nave
coupole^F du mihrab^M
Mihrab dome
direction^F de la Mecque^F
direction of Mecca
portique^M
shady arcades
minaret^M
minaret
mur^M de la qibla^F
Qibla wall
porte^F
door
cour^F
courtyard
fontaine^F des ablutions^F
ablutions fountain
mur^M fortifié
fortified wall

LE CHÂTEAU[M] FORT
CASTLE

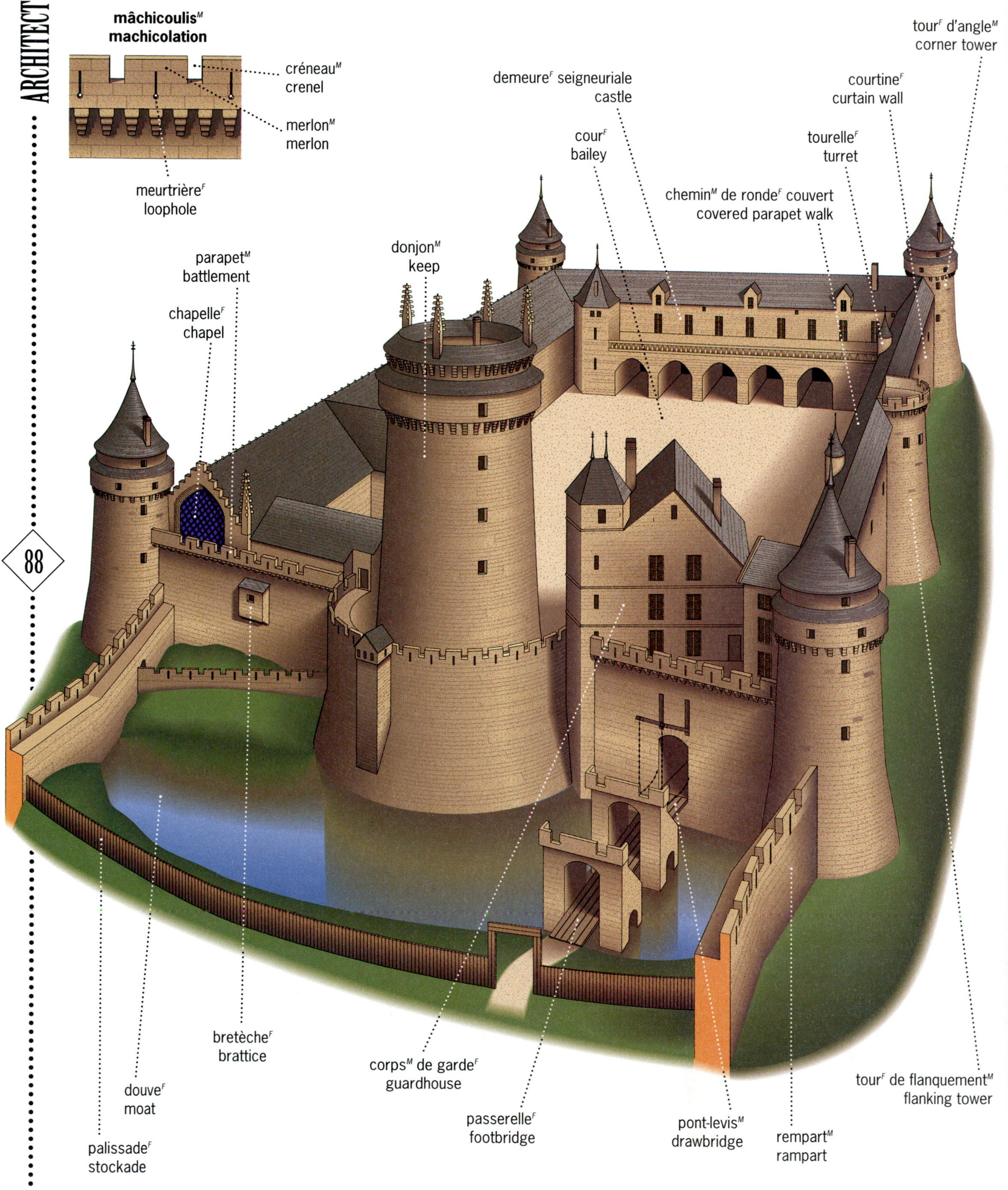

LA CATHÉDRALE[F] GOTHIQUE
GOTHIC CATHEDRAL

façade[F]
façade

clocher[M]
bell tower

abat-son[M]
louver-board

galerie[F]
gallery

flèche[F]
spire

rose[F]
rose window

tympan[M]
tympanum

portail[M]
portal

clocheton[M]
belfry

tour[F]
tower

nef[F]
nave

flèche[F] de transept[M]
transept spire

transept[M]
transept

chevet[M]
chevet

arc-boutant[M]
flying buttress

chapelle[F] latérale
side chapel

croisée[F]
crossing

pilier[M]
pillar

chœur[M]
choir

déambulatoire[M]
ambulatory

chapelle[F] de la Vierge[F]
Lady chapel

LE CENTRE-VILLE[M]
DOWNTOWN

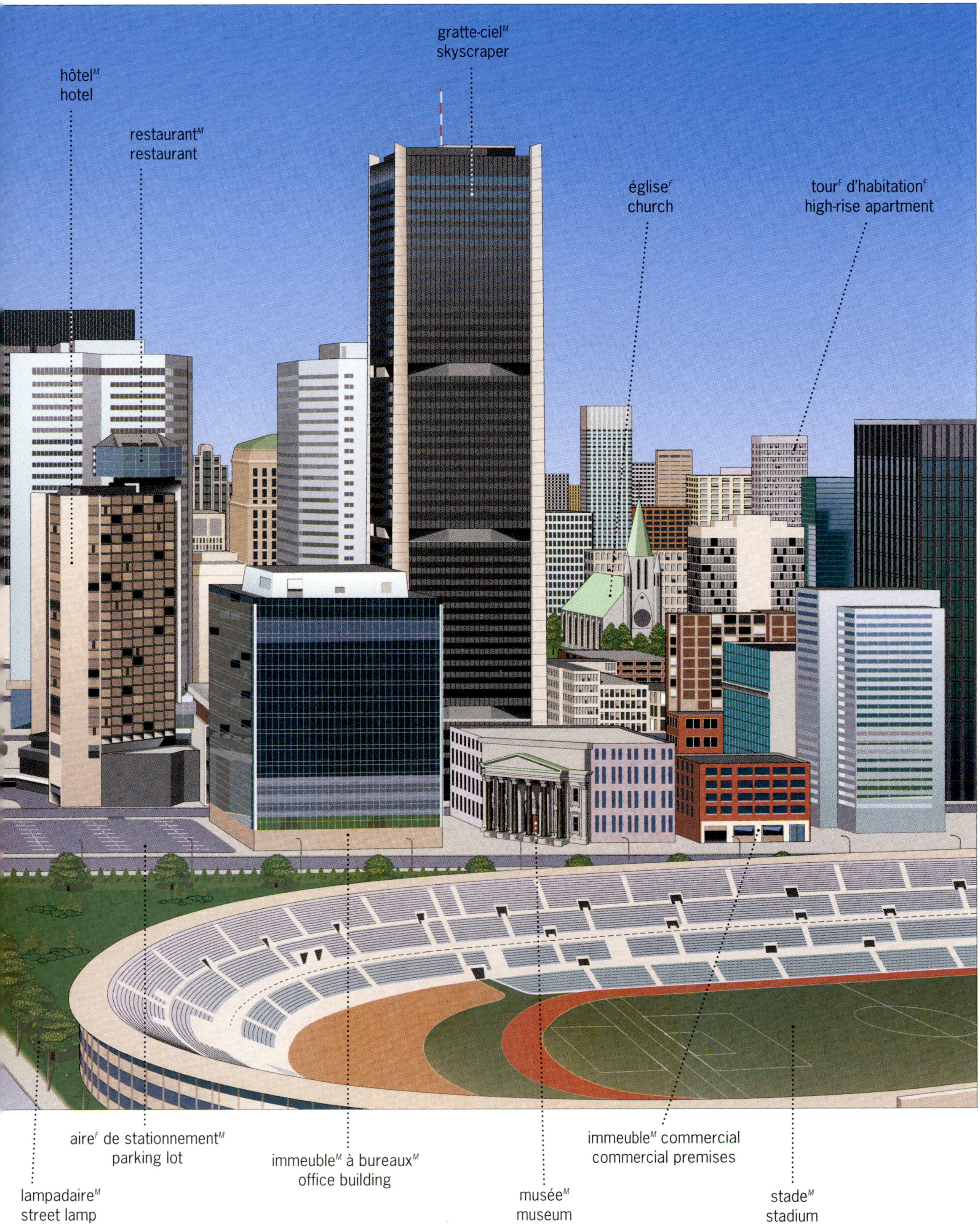

gratte-ciel[M]
skyscraper

hôtel[M]
hotel

restaurant[M]
restaurant

église[F]
church

tour[F] d'habitation[F]
high-rise apartment

aire[F] de stationnement[M]
parking lot

immeuble[M] à bureaux[M]
office building

immeuble[M] commercial
commercial premises

lampadaire[M]
street lamp

musée[M]
museum

stade[M]
stadium

LA MAISON[F]
HOUSE

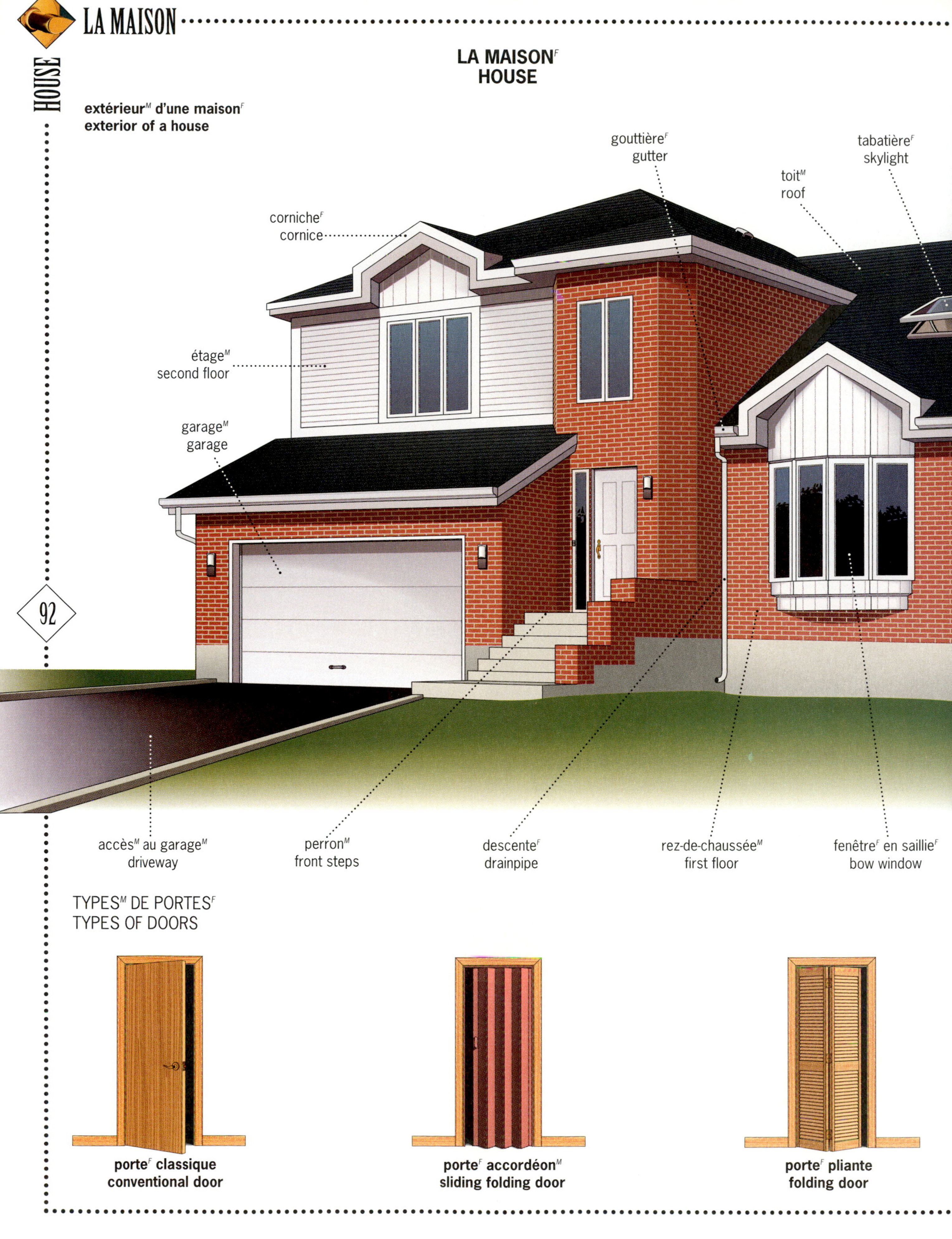

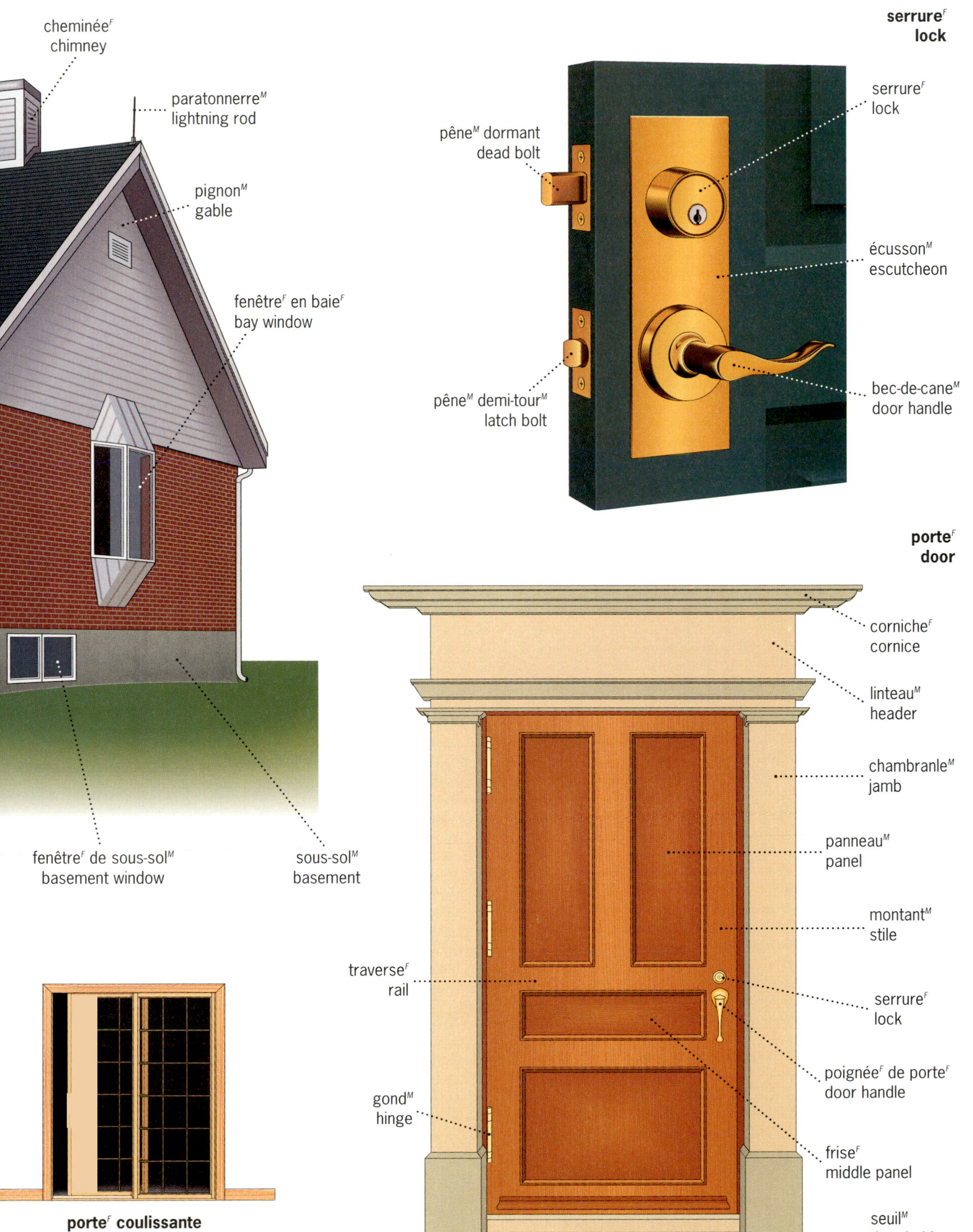
cheminéeF
chimney
paratonnerreM
lightning rod
pignonM
gable
fenêtreF en baieF
bay window
fenêtreF de sous-solM
basement window
sous-solM
basement
serrureF
lock
pêneM dormant
dead bolt
serrureF
lock
écussonM
escutcheon
pêneM demi-tourM
latch bolt
bec-de-caneM
door handle
porteF
door
cornicheF
cornice
linteauM
header
chambranleM
jamb
panneauM
panel
montantM
stile
traverseF
rail
serrureF
lock
poignéeF de porteF
door handle
gondM
hinge
friseF
middle panel
seuilM
threshold
porteF coulissante
sliding door

LA FENÊTRE[F]
WINDOW

petit bois[M]
muntin

dormant[M]
frame

traverse[F] supérieure
top rail

carreau[M]
pane

persienne[F]
jalousie; slatted shutter

contrevent[M]
shutter

crochet[M]
latch

TYPES[M] DE FENÊTRES[F]
TYPES OF WINDOWS

fenêtre[F] à la française[F]
casement window (inward opening)

fenêtre[F] à l'anglaise[F]
casement window (outward opening)

fenêtre[F] basculante
horizontal pivoting window

fenêtre[F] coulissante
sliding window

fenêtre[F] en accordéon[M]
sliding folding window

fenêtre[F] pivotante
vertical pivoting window

fenêtre[F] à guillotine[F]
sash window

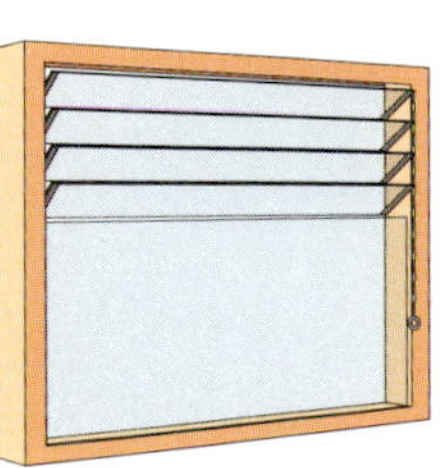

fenêtre[F] à jalousies[F]
louvred window

LE LIT[M]
BED

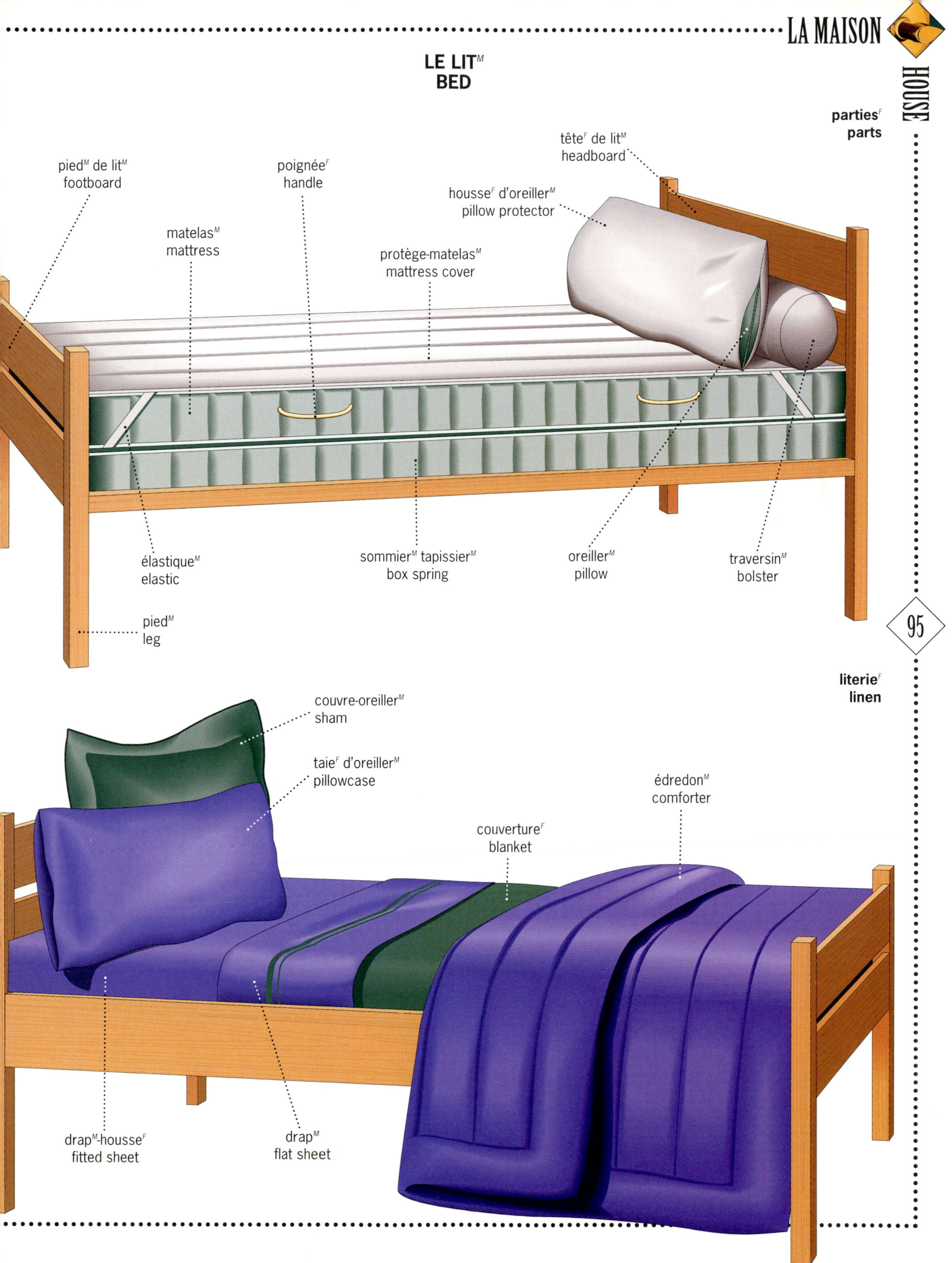
parties[F]
parts
pied[M] de lit[M]
footboard
poignée[F]
handle
matelas[M]
mattress
protège-matelas[M]
mattress cover
tête[F] de lit[M]
headboard
housse[F] d'oreiller[M]
pillow protector
élastique[M]
elastic
sommier[M] tapissier[M]
box spring
oreiller[M]
pillow
traversin[M]
bolster
pied[M]
leg
literie[F]
linen
couvre-oreiller[M]
sham
taie[F] d'oreiller[M]
pillowcase
édredon[M]
comforter
couverture[F]
blanket
drap[M]-housse[F]
fitted sheet
drap[M]
flat sheet

LES SIÈGES[M]
SEATS

LES SIÈGES[M] ET LA TABLE[F]
TABLE AND CHAIRS

LES LUMINAIRES[M]
LIGHTS

L'ÉCLAIRAGE[M]
LIGHTING

lampe[F] à incandescence[F]
incandescent lamp

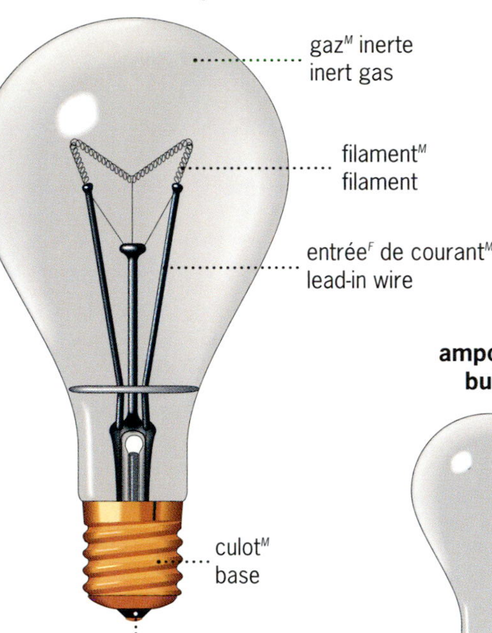

ampoule[F]
bulb

culot[M] à vis[F]
screw base

culot[M] à baïonnette[F]
bayonet base

lampe[F] à économie[F] d'énergie[F]
energy saving bulb

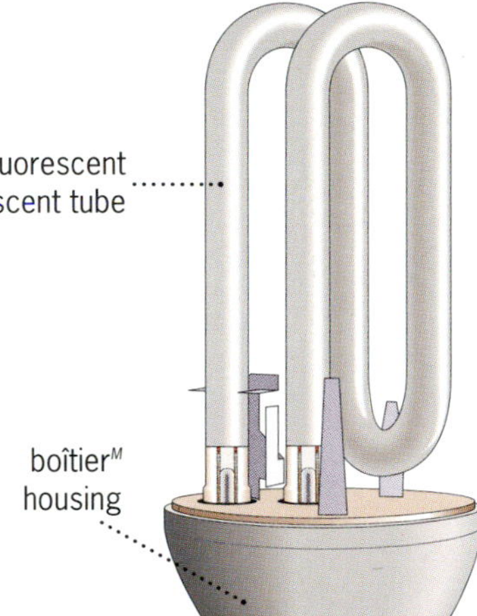

lampe[F] à halogène[M]
tungsten-halogen lamp

tube[M] fluorescent
fluorescent tube

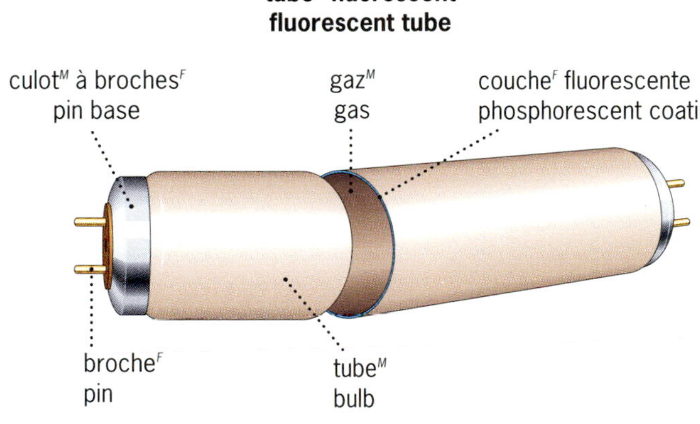
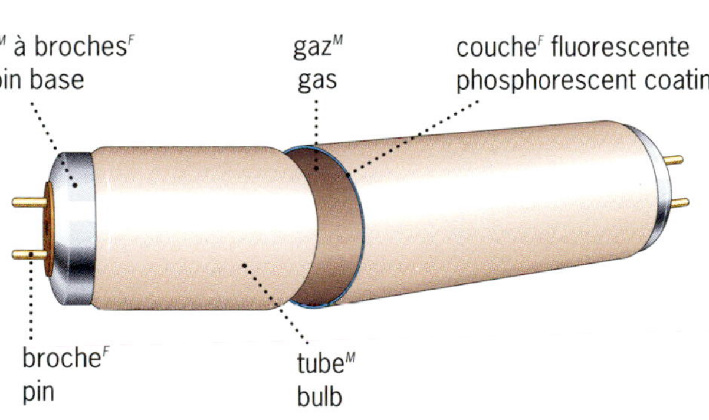

fiche[F] européenne
European plug

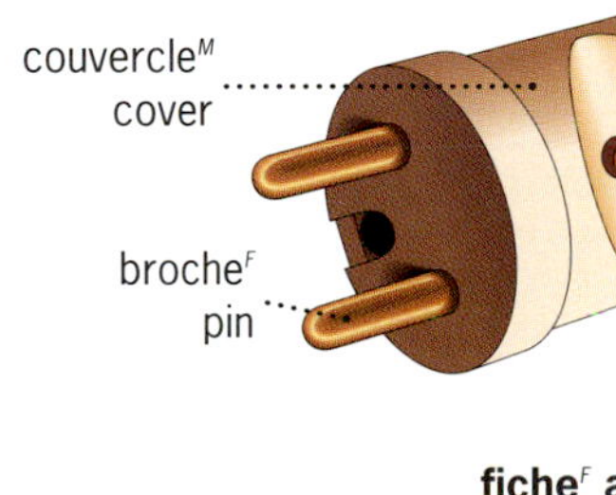

fiche[F] américaine
American plug

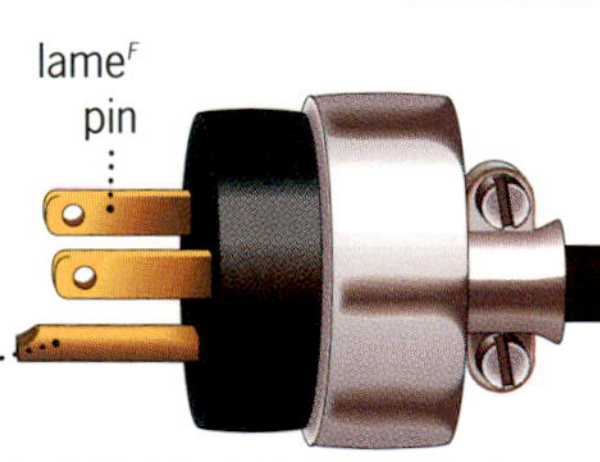

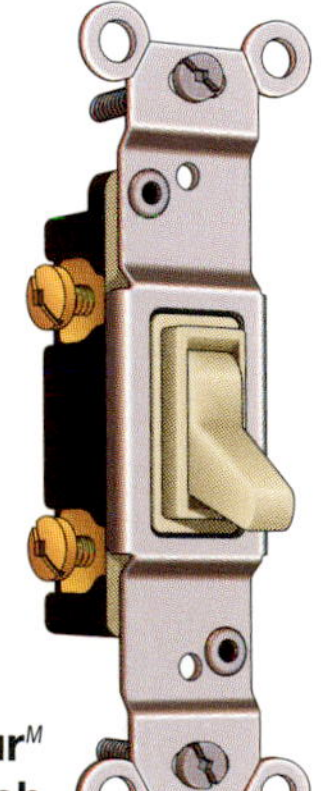

interrupteur[M]
switch

prise[F] de courant[M]
outlet

LES VERRES[M]
GLASSWARE
coupe[F]
champagne glass
verre[M] à vin[M] blanc
white wine glass
verre[M] à vin[M] rouge
red wine glass
flûte[F]
champagne flute
verre[M] ordinaire
tumbler; glass
chope[F]
beer mug
carafon[M]
carafe
carafe[F]
decanter
LA VAISSELLE[F]
DINNERWARE
tasse[F] à café[M]
coffee cup
tasse[F] à thé[M]
cup
chope[F] à café[M]
mug
crémier[M]
creamer
sucrier[M]
sugar bowl
poivrière[F]
pepper shaker
salière[F]
salt shaker
beurrier[M]
butter dish
bol[M]
cereal bowl
assiette[F] creuse
soup bowl
bol[M] à salade[F]
salad dish
assiette[F] plate
dinner plate
assiette[F] à salade[F]
salad plate
assiette[F] à dessert[M]
bread and butter plate; side plate
saladier[M]
salad bowl
théière[F]
teapot
cafetière[F] à piston[M]
coffee plunger
soupière[F]
soup tureen
pichet[M]
water pitcher

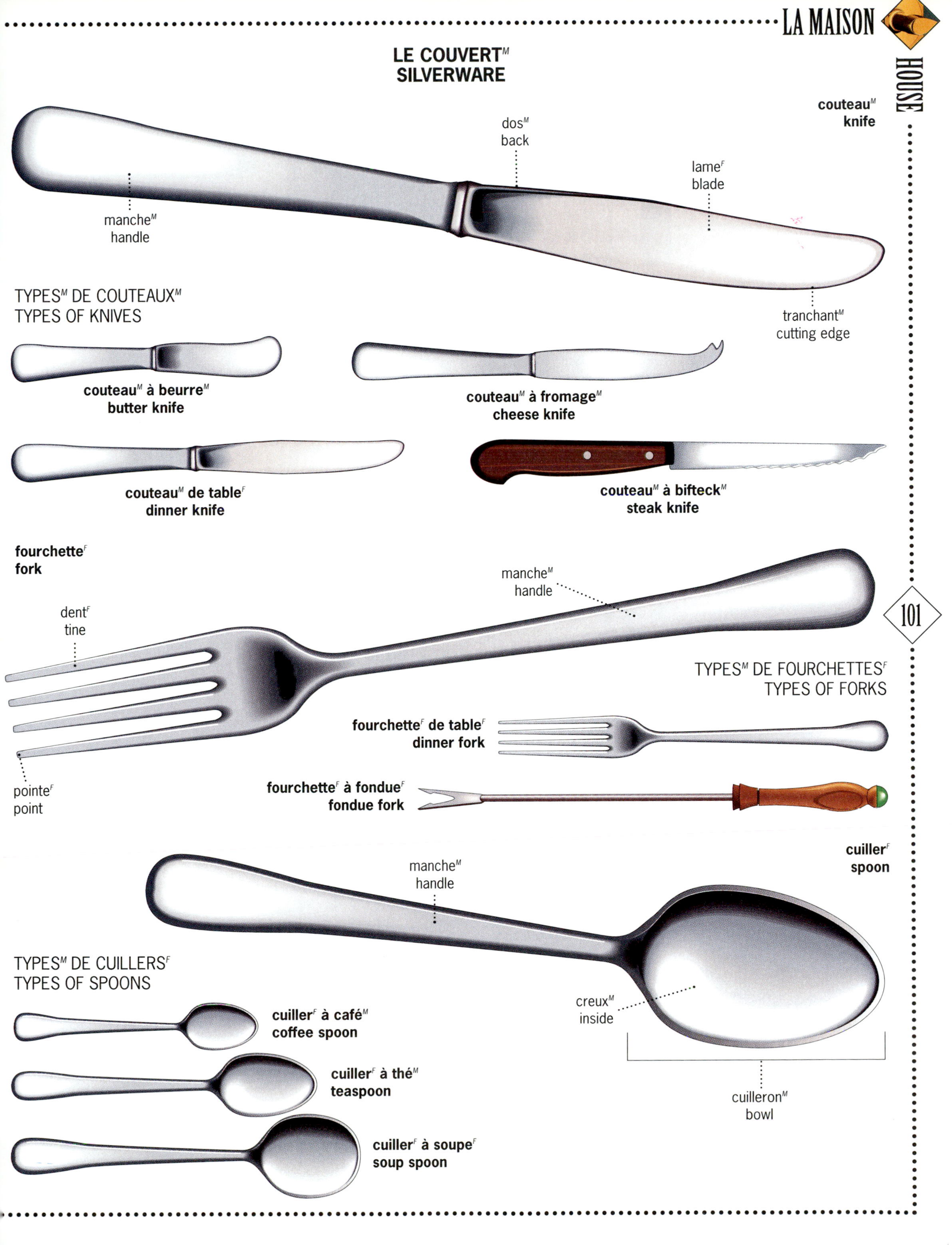
LE COUVERT[M]
SILVERWARE
couteau[M]
knife
dos[M]
back
lame[F]
blade
manche[M]
handle
tranchant[M]
cutting edge
TYPES[M] DE COUTEAUX[M]
TYPES OF KNIVES
couteau[M] à beurre[M]
butter knife
couteau[M] à fromage[M]
cheese knife
couteau[M] de table[F]
dinner knife
couteau[M] à bifteck[M]
steak knife
fourchette[F]
fork
manche[M]
handle
dent[F]
tine
pointe[F]
point
TYPES[M] DE FOURCHETTES[F]
TYPES OF FORKS
fourchette[F] de table[F]
dinner fork
fourchette[F] à fondue[F]
fondue fork
cuiller[F]
spoon
manche[M]
handle
TYPES[M] DE CUILLERS[F]
TYPES OF SPOONS
creux[M]
inside
cuiller[F] à café[M]
coffee spoon
cuiller[F] à thé[M]
teaspoon
cuilleron[M]
bowl
cuiller[F] à soupe[F]
soup spoon

LES USTENSILES[M] DE CUISINE[F]
KITCHEN UTENSILS

pince^F à spaghettis^M
spaghetti tongs
entonnoir^M
funnel
cuiller^F à glace^F
ice-cream scoop
passoire^F
colander
presse-agrumes^M
lemon squeezer
essoreuse^F à salade^F
salad spinner
passoire^F
strainer
râpe^F
grater

LA BATTERIE[F] DE CUISINE[F]
COOKING UTENSILS

LES APPAREILS[M] ÉLECTROMÉNAGERS
KITCHEN APPLIANCES
cafetière[F] filtre[M]
automatic drip coffee maker
réservoir[M]
reservoir
panier[M]
basket
verseuse[F]
carafe
plaque[F] chauffante
warming plate
interrupteur[M]
on-off switch
bouilloire[F]
kettle
batteur[M] à main[F]
hand mixer
éjecteur[M] de fouets[M]
beater ejector
commande[F] de vitesse[F]
speed control
fouet[M]
beater
mélangeur[M]
blender
récipient[M]
container
couteau[M]
cutting blade
bouton[M]-poussoir[M]
push button
mélangeur[M] à main[F]
hand blender
grille-pain[M]
toaster
fente[F]
slot
manette[F]
lever
thermostat[M]
temperature control

LE RÉFRIGÉRATEUR[M]
REFRIGERATOR

LES APPAREILS[M] DE CUISSON[F]
COOKING APPLIANCES

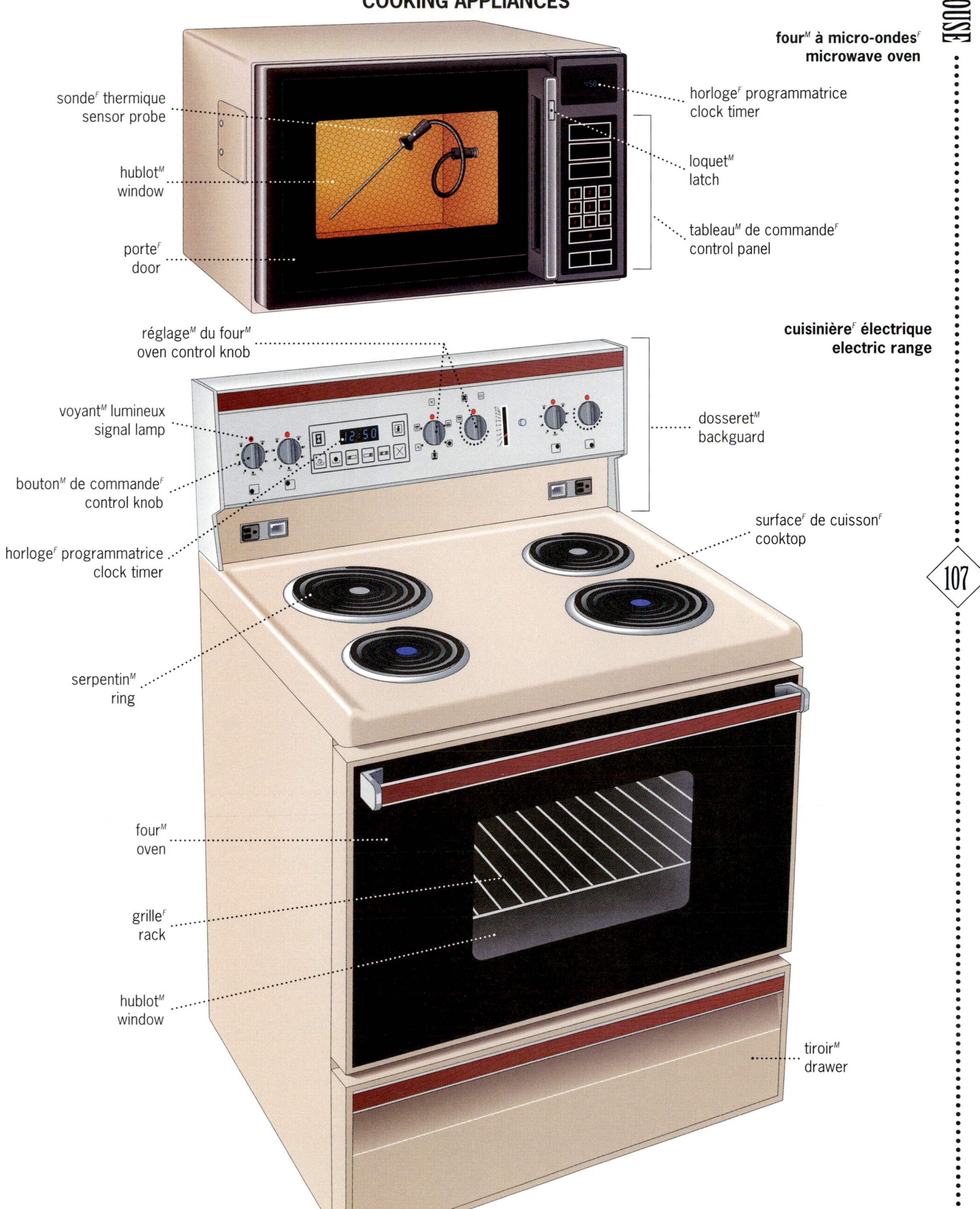

LES OUTILS[M] DE BRICOLAGE[M]
CARPENTRY TOOLS

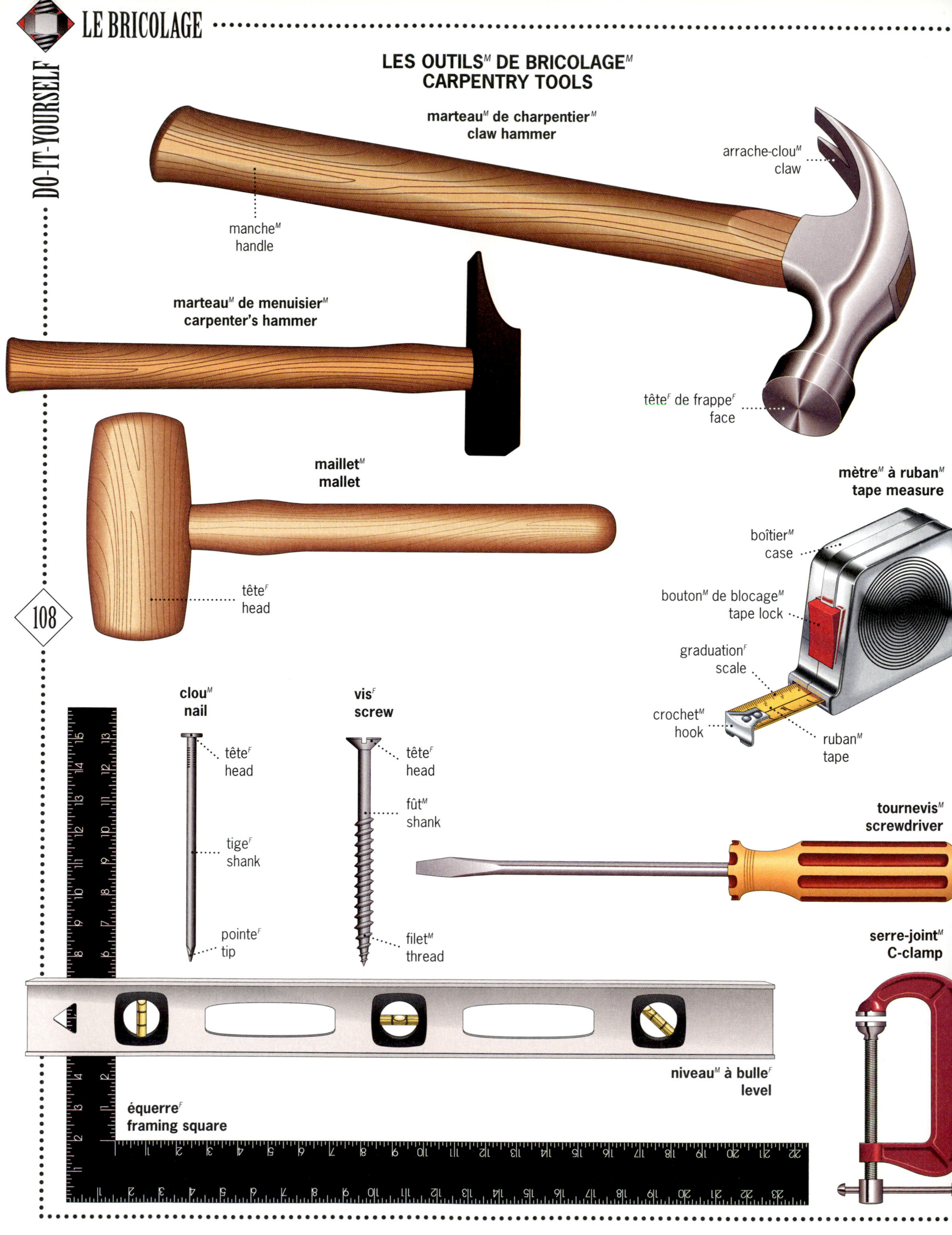

scie[F] égoïne
handsaw

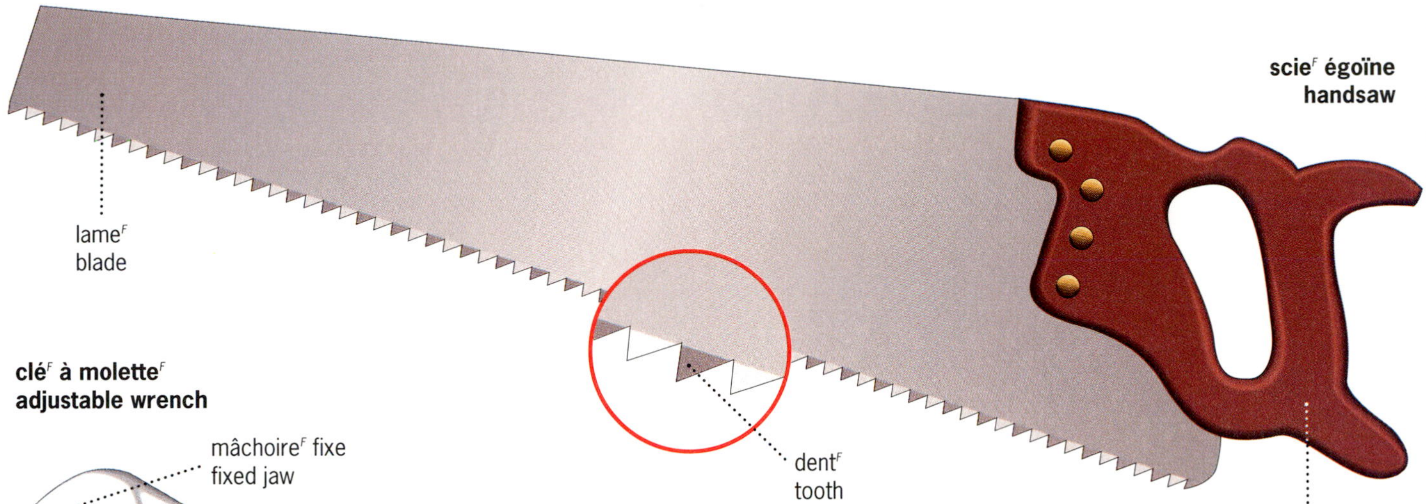

lame[F]
blade

dent[F]
tooth

poignée[F]
handle

clé[F] à molette[F]
adjustable wrench

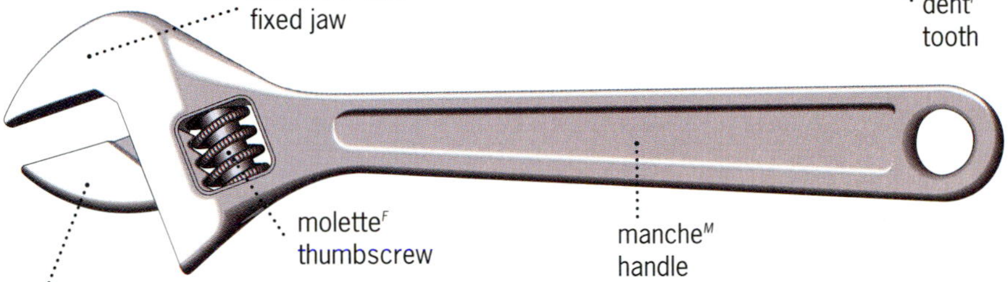

mâchoire[F] fixe
fixed jaw

molette[F]
thumbscrew

manche[M]
handle

mâchoire[F] mobile
movable jaw

pince[F]-étau[M]
locking pliers

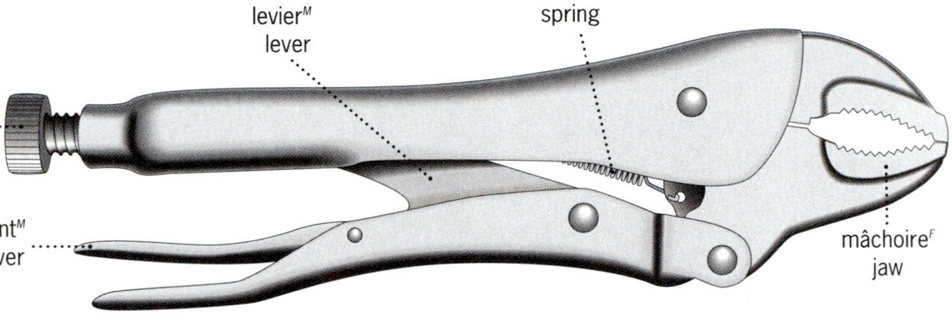

ressort[M]
spring

levier[M]
lever

vis[F] de réglage[M]
adjusting screw

levier[M] de dégagement[M]
release lever

mâchoire[F]
jaw

pince[F] multiprise
rib joint pliers

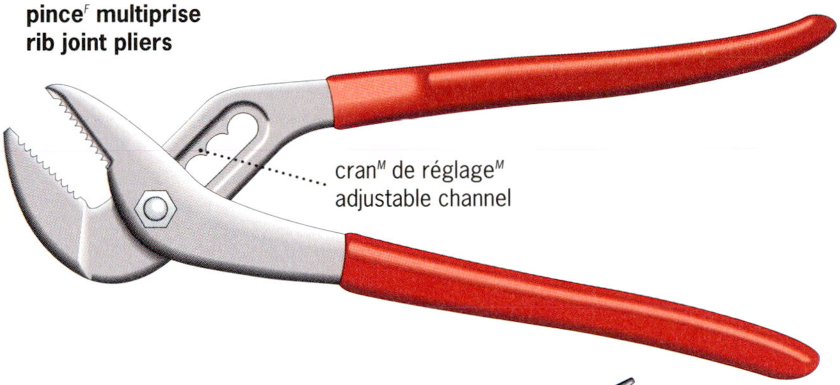

cran[M] de réglage[M]
adjustable channel

boulon[M]
bolt

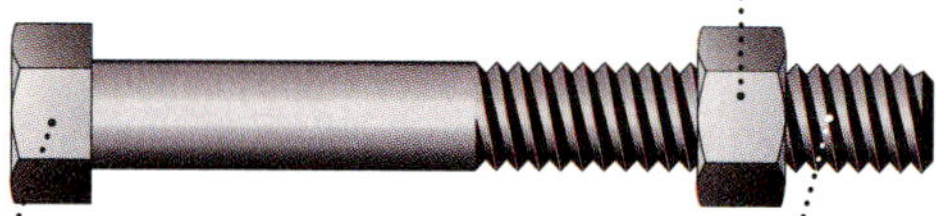

écrou[M]
nut

tête[F]
head

tige[F] filetée
threaded rod

pince[F] à long bec[M]
long-nose pliers

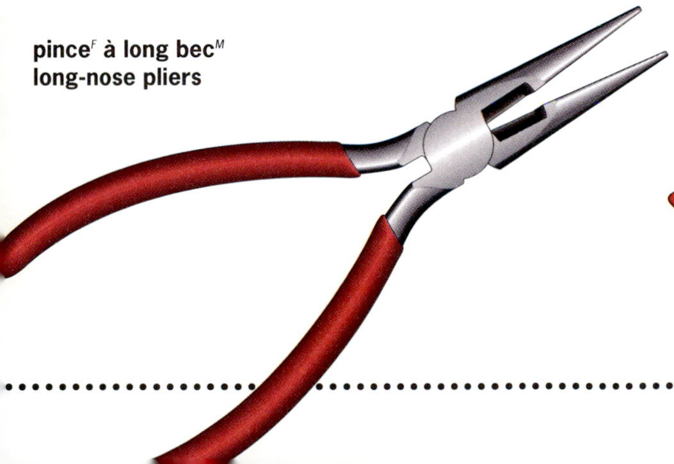

pince[F] motoriste
slip joint pliers

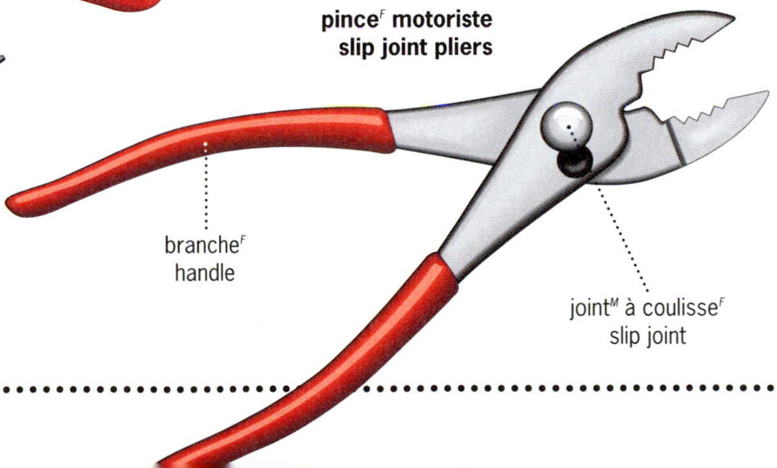

branche[F]
handle

joint[M] à coulisse[F]
slip joint

LES OUTILS[M] ÉLECTRIQUES
ELECTRIC TOOLS

perceuse[F] électrique
electric drill

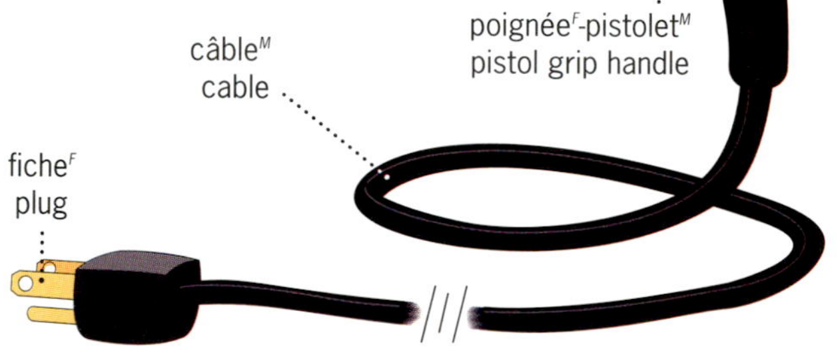

mèche[F] hélicoïdale
auger bit

foret[M] hélicoïdal
twist drill

clé[F] de mandrin[M]
chuck key

scie[F] circulaire
circular saw

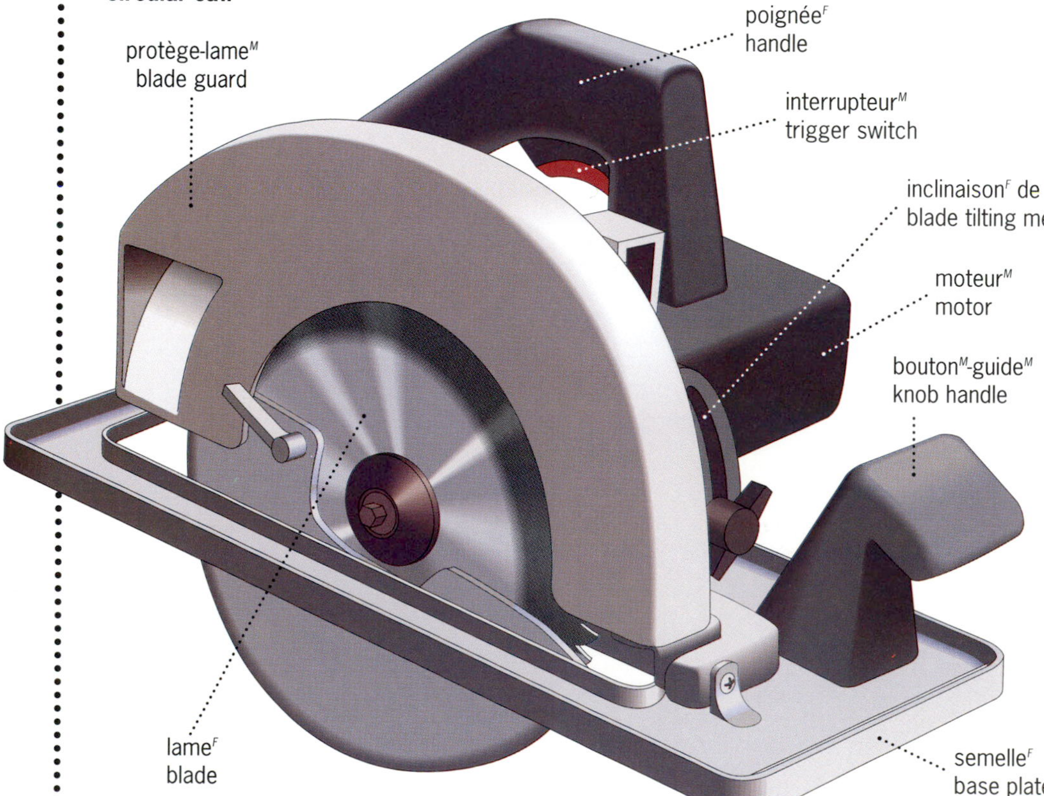

lame[F] de scie[F] circulaire
circular saw blade

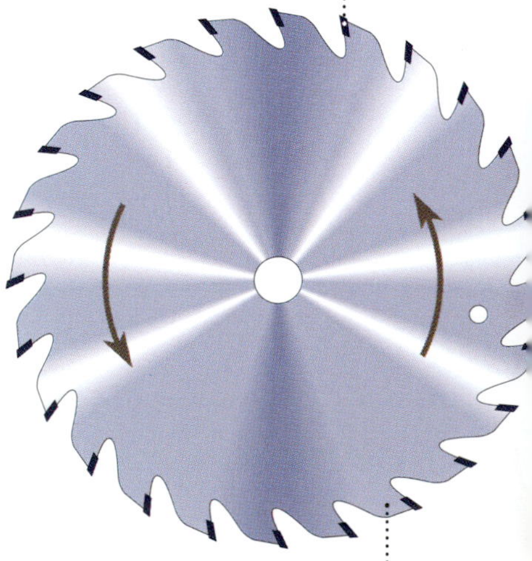

LA PEINTURE[F] D'ENTRETIEN[M]
PAINTING UPKEEP

LES VÊTEMENTS[M] D'HOMME[M]
MEN'S CLOTHING

vestonM croisé
double-breasted jacket
colM
collar
doublureF
lining
pochetteF
breast welt pocket
mancheF
sleeve
rabatM
flap
pocheF-ticketM
concealed pocket
pocheF plaquée
patch pocket
duffle-coatM
duffle coat
capuchonM
hood
brandebourgM
frog
bûchetteF
toggle fastening
casquetteF norvégienne
hunting cap
cache-oreillesM abattant
ear flap
casquetteF
cap
calotteF
crown
visièreF
peak
tuqueF
stocking cap
blousonM court
jacket
bouton-pressionM
snap fastener
ceintureF élastique
elastic waistband
blousonM long
windbreacker
ceintureF montée
waistband
cordonM coulissant
drawstring

LES VÊTEMENTS^M DE FEMME^F
WOMEN'S CLOTHING

jean[M]
jeans
fuseau[M]
ski pants
short[M]
shorts
bermuda[M]
Bermuda shorts
sous-pied[M]
footstrap
jupe[F] droite
straight skirt
jupe[F]-culotte[F]
culottes
jupe[F] plissée
pleated skirt

LES VÊTEMENTS[M] DE FEMME[F]
WOMEN'S CLOTHING

LES TRICOTS[M]
SWEATERS
cardigan[M]
cardigan
col[M] roulé
turtleneck
ras-de-cou[M]
crew neck sweater
polo[M]
polo shirt
gilet[M] de laine[F]
V-neck cardigan
débardeur[M]
slipover
bride[F] de suspension[F]
hanger loop
manche[F]
sleeve
encolure[F] en V
V-neck
bouton[M]
button
poche[F]
pocket
bord[M]-côte[F]
ribbing

LES GANTS[M] ET LES BAS[M]
GLOVES AND STOCKINGS

gants[M]
gloves

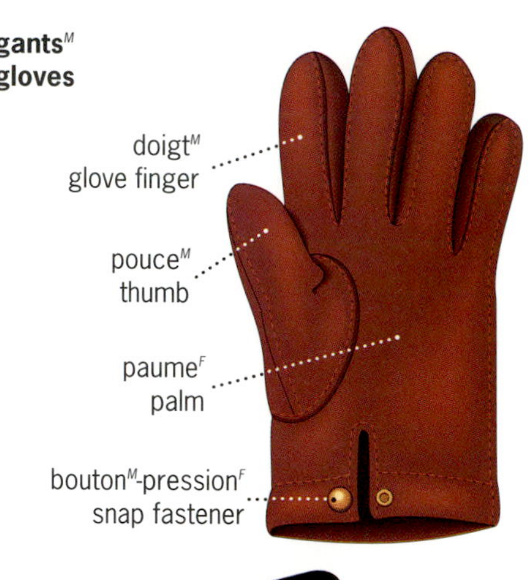

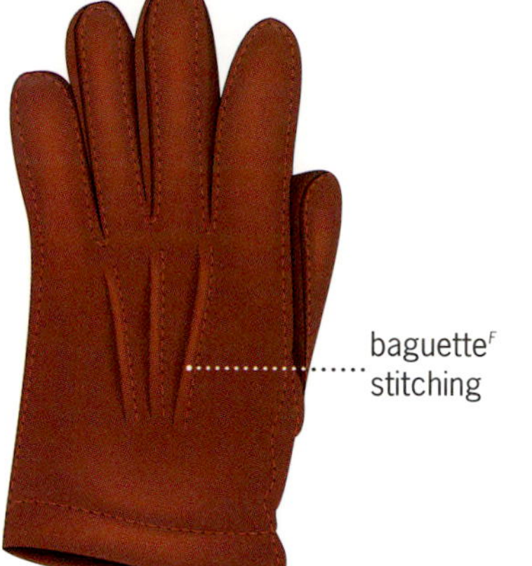

chaussette[F]
sock

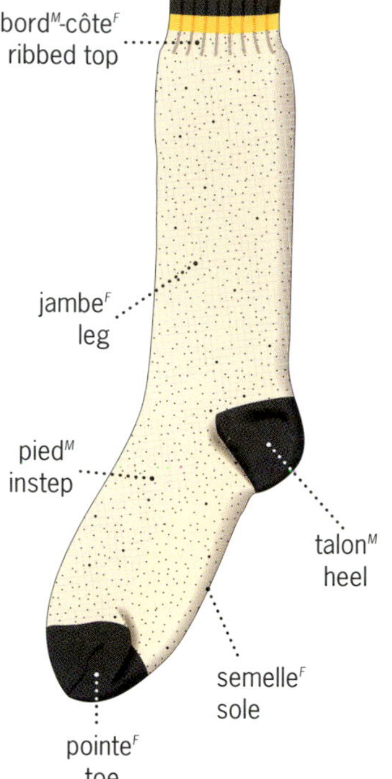

gant[M] de conduite[F]
driving glove

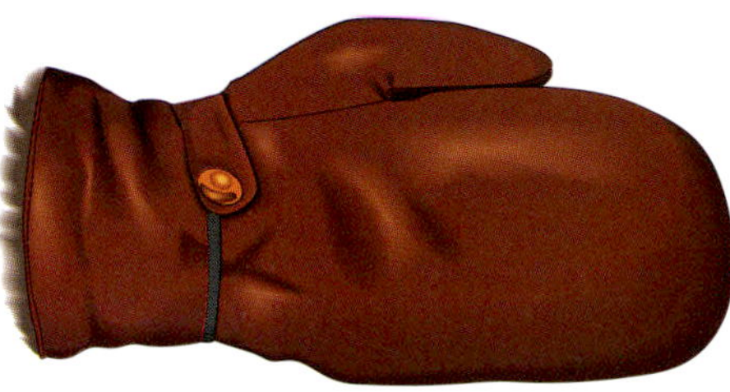
mitaine[F]
mitten

socquette[F]
short sock

chaussette[F]
sock

mi-bas[M]
knee-high sock

bas[M]
stocking

collant[M]
tights

LES CHAUSSURES[F]
SHOES

TENUE^{F} D'EXERCICE^{M}
SPORTSWEAR

VÊTEMENTS^{M} D'EXERCICE^{M}
EXERCISE WEAR

débardeur^{M}
tank top

maillot^{M} de bain^{M}
swimsuit

justaucorps^{M}
leotard

SURVÊTEMENTS^{M}
TRACK SUIT

pull^{M} d'entraînement^{M}
sweatshirt

anorak^{M}
anorak

pull^{M} à capuche^{F}
hooded sweatshirt

pantalon^{M}
pants

pantalon^{M} molleton^{M}
sweatpants

VÊTEMENTS[M] D'EXERCICE[M]
EXERCISE WEAR

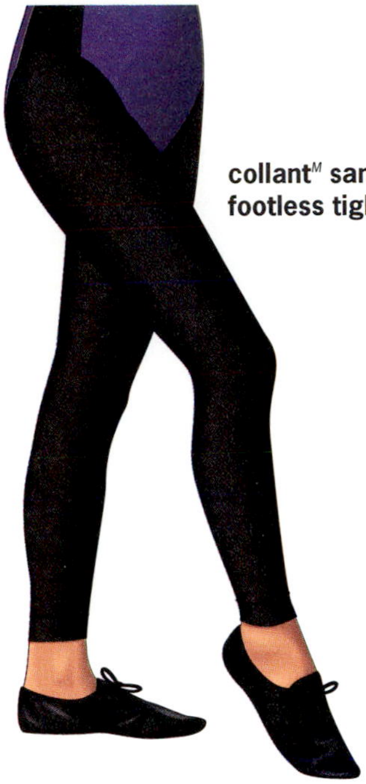

collant[M] sans pied[M]
footless tights

jambière[F]
leg-warmer

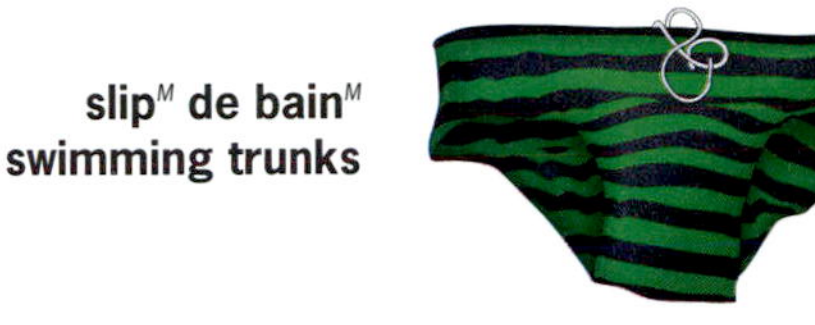

slip[M] de bain[M]
swimming trunks

short[M] boxeur[M]
boxer shorts

chaussure[F] de sport[M]
running shoe

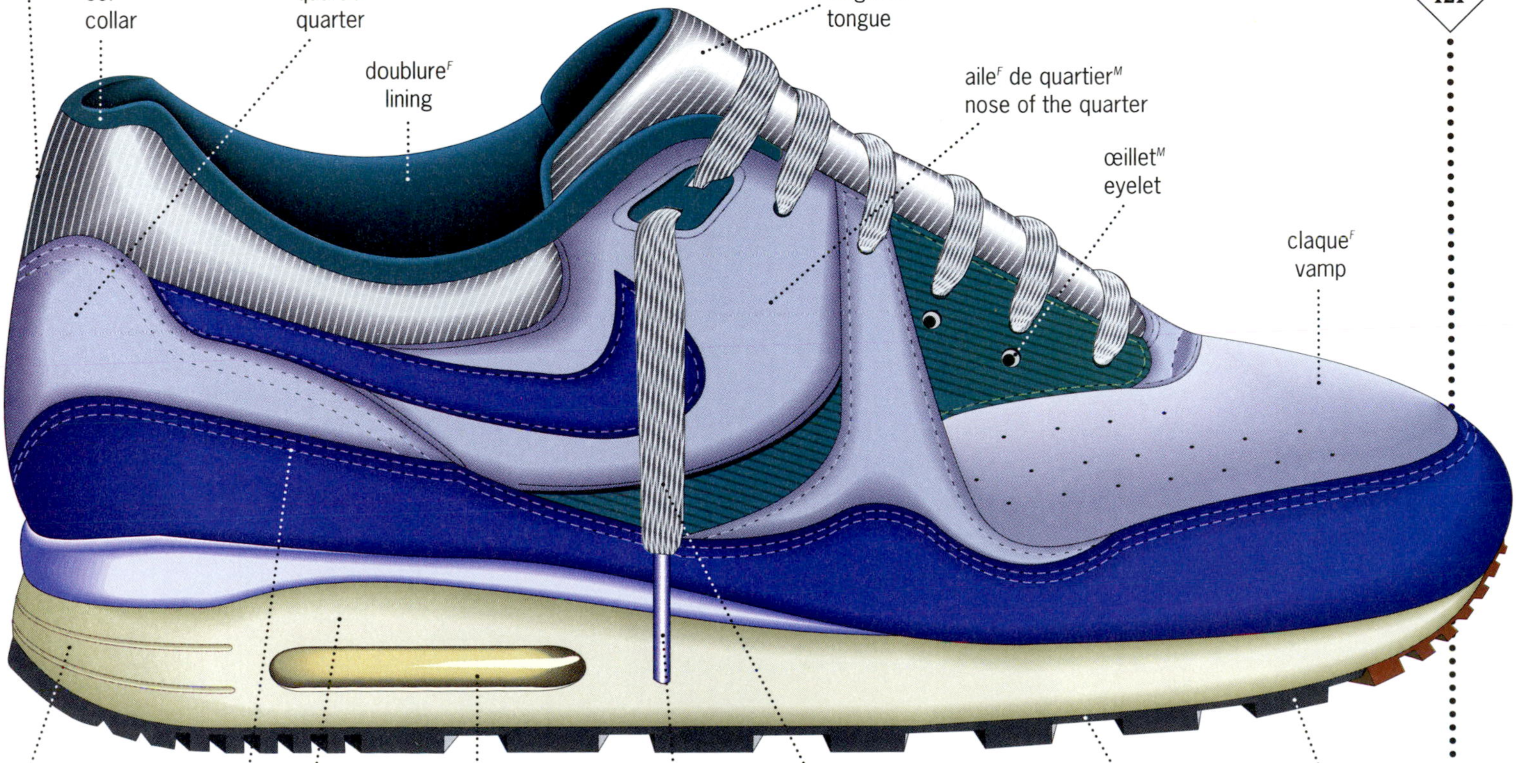

contrefort[M]
counter

col[M]
collar

quartier[M]
quarter

doublure[F]
lining

languette[F]
tongue

aile[F] de quartier[M]
nose of the quarter

œillet[M]
eyelet

claque[F]
vamp

talon[M]
heel

coussin[M] d'air[M]
air unit

crampon[M]
stud

surpiqûre[F]
stitching

semelle[F] intercalaire
midsole

ferret[M]
tag

lacet[M]
shoelace

semelle[F] d'usure[F]
outsole

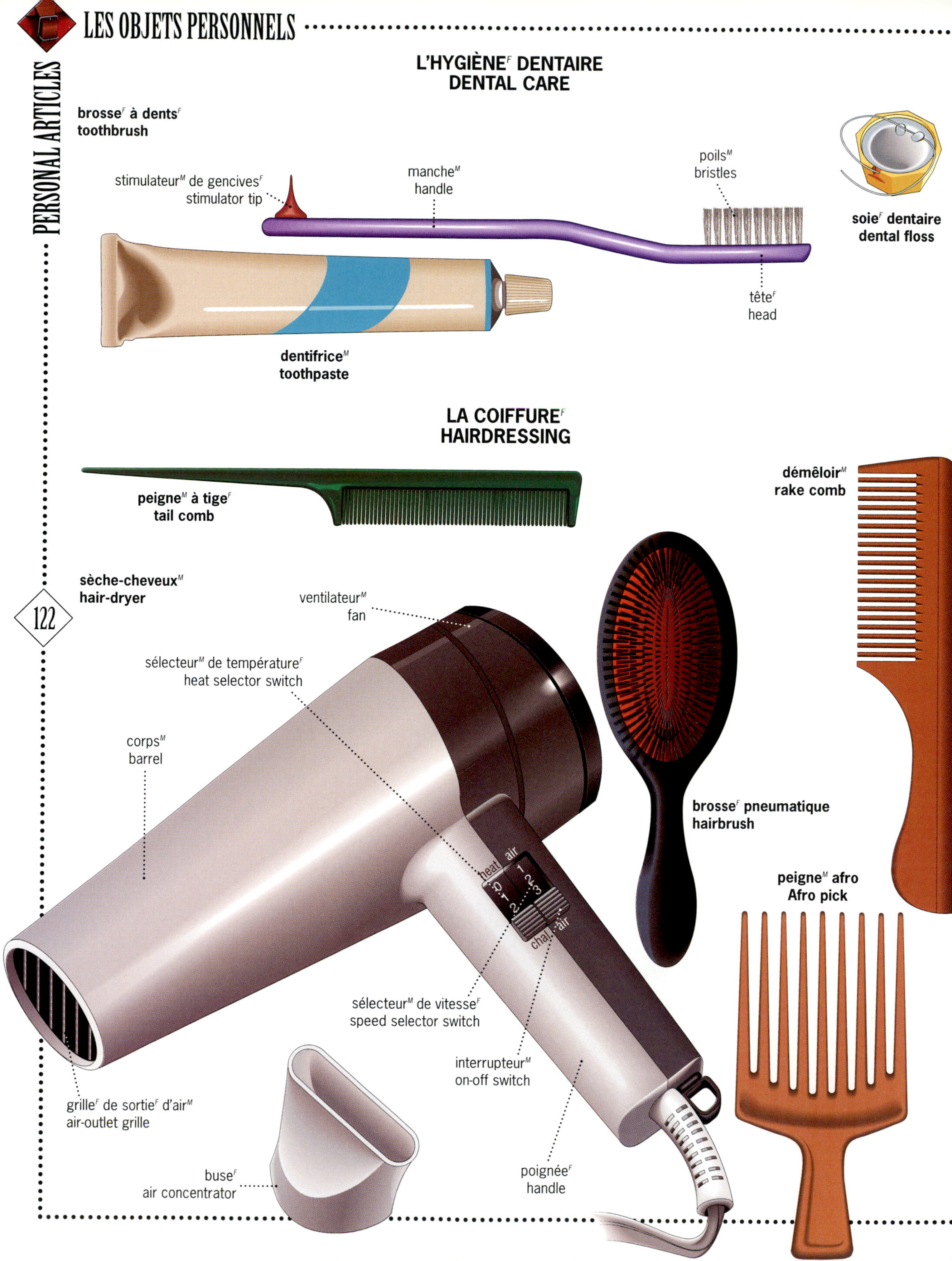
L'HYGIÈNE^F DENTAIRE
DENTAL CARE
brosse^F à dents^F
toothbrush
stimulateur^M de gencives^F
stimulator tip
manche^M
handle
poils^M
bristles
tête^F
head
soie^F dentaire
dental floss
dentifrice^M
toothpaste
LA COIFFURE^F
HAIRDRESSING
peigne^M à tige^F
tail comb
démêloir^M
rake comb
sèche-cheveux^M
hair-dryer
ventilateur^M
fan
sélecteur^M de température^F
heat selector switch
corps^M
barrel
brosse^F pneumatique
hairbrush
peigne^M afro
Afro pick
sélecteur^M de vitesse^F
speed selector switch
interrupteur^M
on-off switch
grille^F de sortie^F d'air^M
air-outlet grille
buse^F
air concentrator
poignée^F
handle

LES ARTICLES[M] DE MAROQUINERIE[F]
LEATHER GOODS

sac[M] seau[M]
drawstring bag

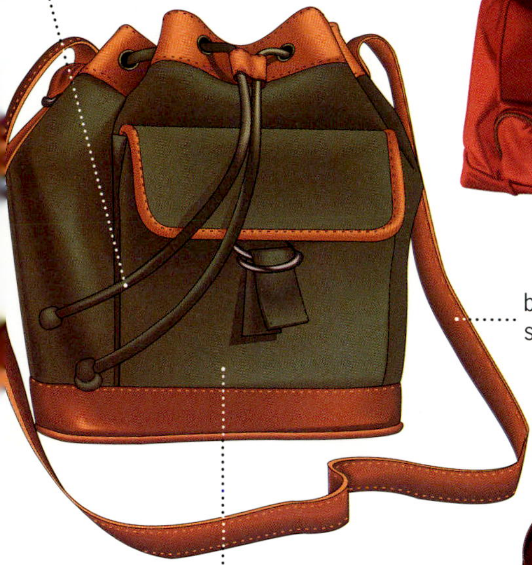

lacet[M] de serrage[M]
drawstring
bandoulière[F]
shoulder strap
poche[F] frontale
front pocket

sac[M] à dos[M]
knapsack

porte-clés[M]
key case

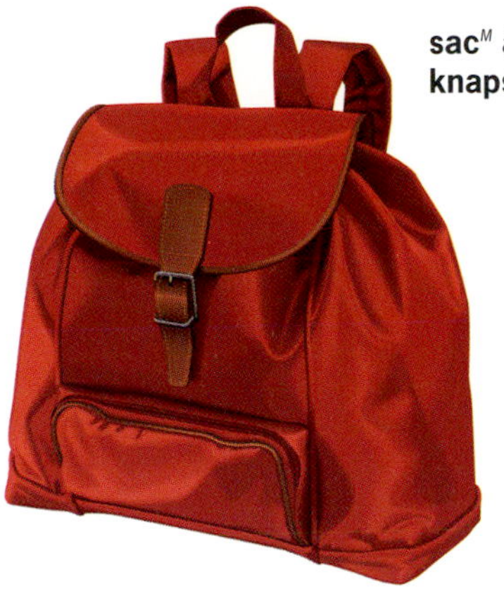

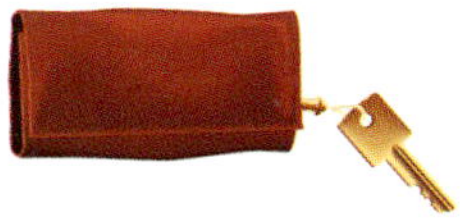

portefeuille[M]
wallet

porte-monnaie[M]
purse

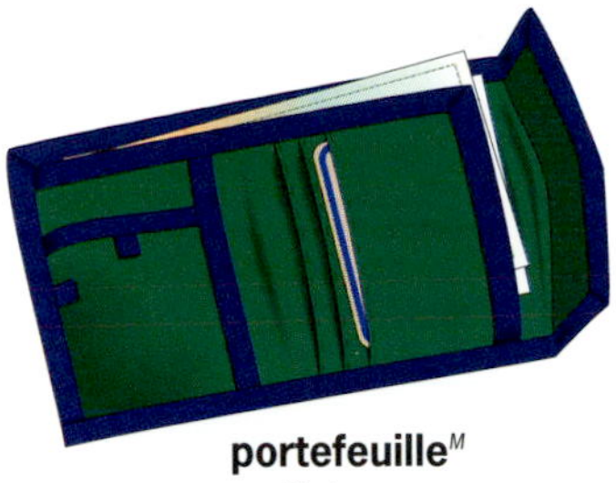

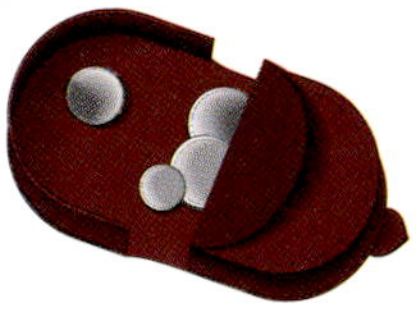

LES LUNETTES[F]

verre[M]
glass lens
pont[M]
bridge
barre[F]
bar
cercle[M]
rim
plaquette[F]
nose pad
branche[F]
temple

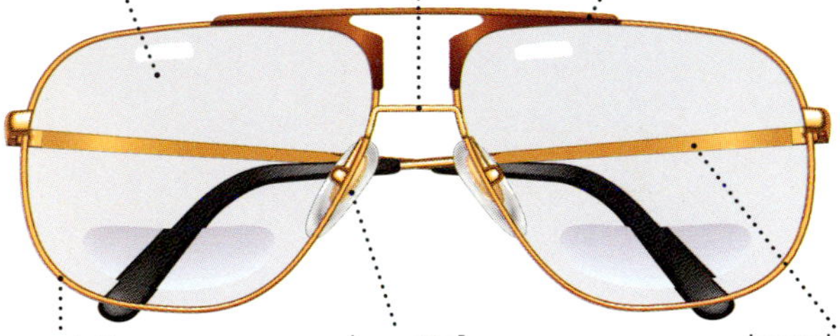

LE PARAPLUIE[M]
UMBRELLA

toile[F]
canopy
embout[M] de baleine[F]
tip
rayon[M]
spreader
coulant[M]
ring
attache[F]
tie
manche[M]
shank
baleine[F]
rib
ferret[M]
tab
poignée[F]
handle

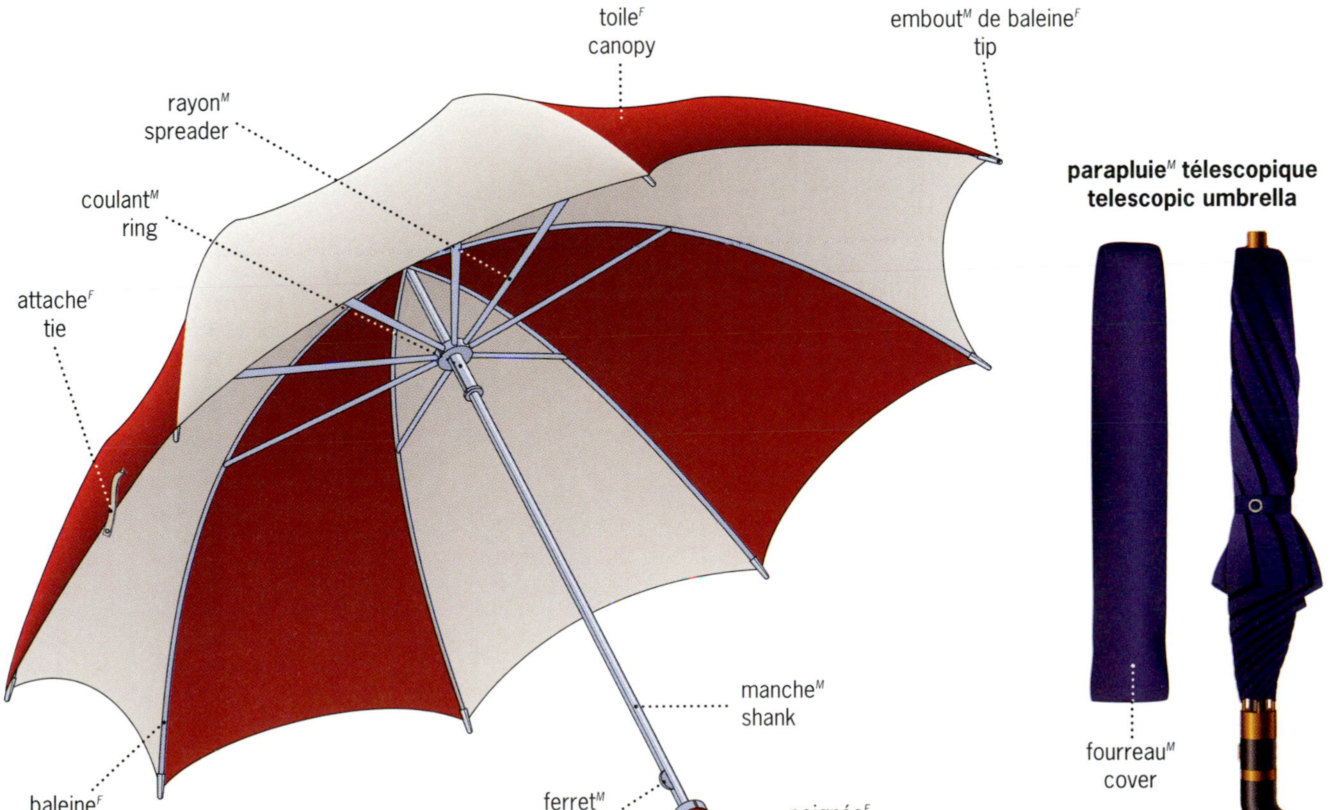

parapluie[M] télescopique
telescopic umbrella

fourreau[M]
cover

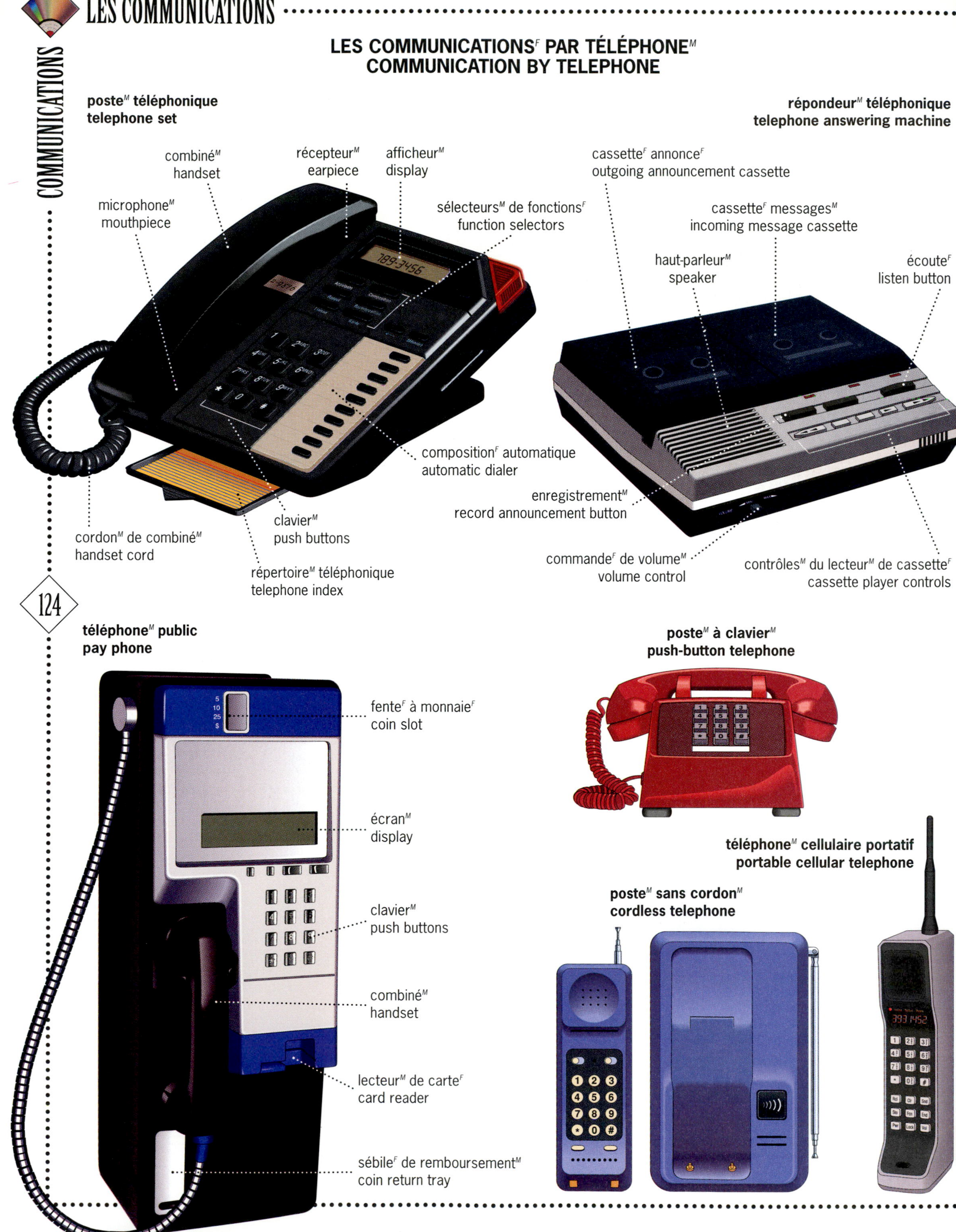

LES COMMUNICATIONS
COMMUNICATIONS
124
LES COMMUNICATIONS[F] PAR TÉLÉPHONE[M]
COMMUNICATION BY TELEPHONE
poste[M] téléphonique
telephone set
combiné[M]
handset
récepteur[M]
earpiece
afficheur[M]
display
microphone[M]
mouthpiece
sélecteurs[M] de fonctions[F]
function selectors
composition[F] automatique
automatic dialer
cordon[M] de combiné[M]
handset cord
clavier[M]
push buttons
répertoire[M] téléphonique
telephone index
répondeur[M] téléphonique
telephone answering machine
cassette[F] annonce[F]
outgoing announcement cassette
cassette[F] messages[M]
incoming message cassette
haut-parleur[M]
speaker
écoute[F]
listen button
enregistrement[M]
record announcement button
commande[F] de volume[M]
volume control
contrôles[M] du lecteur[M] de cassette[F]
cassette player controls
téléphone[M] public
pay phone
fente[F] à monnaie[F]
coin slot
écran[M]
display
clavier[M]
push buttons
combiné[M]
handset
lecteur[M] de carte[F]
card reader
sébile[F] de remboursement[M]
coin return tray
poste[M] à clavier[M]
push-button telephone
téléphone[M] cellulaire portatif
portable cellular telephone
poste[M] sans cordon[M]
cordless telephone

LA PHOTOGRAPHIE^{F} PHOTOGRAPHY

appareil^{M} à visée^{F} reflex mono-objectif^{M}
single lens reflex (slr) camera

griffe^{F} porte-accessoires^{M}
accessory shoe

rebobinage^{M}
film rewind button

contact^{M} électrique
hot-shoe contact

écran^{M} de contrôle^{M}
control panel

sélecteur^{M} de fonctions^{F}
control dial

mode^{M} d'entraînement^{M} du film^{M}
film advance button

mode^{M} d'exposition^{F}
exposure button

sensibilité^{F} du film^{M}
film speed

prise^{F} de télécommande^{F}
remote control terminal

boîtier^{M}
camera body

bague^{F} de mise^{F} au point^{M}
focus setting ring

déclencheur^{M}
shutter release button

objectif^{M}
objective lens

appareil^{M} à télémètre^{M} couplé
rangefinder; compact camera

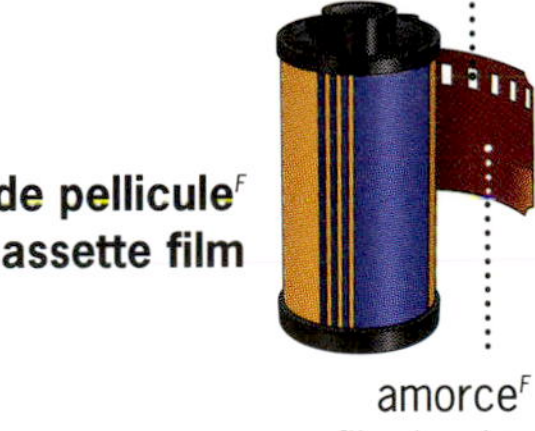

flash^{M} électronique
electronic flash

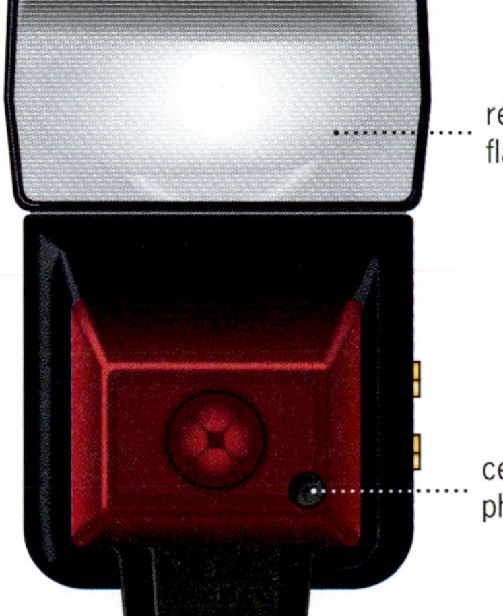

réflecteur^{M}
flashtube

cellule^{F} photoélectrique
photoelectric cell

pied^{M} de fixation^{F}
mounting foot

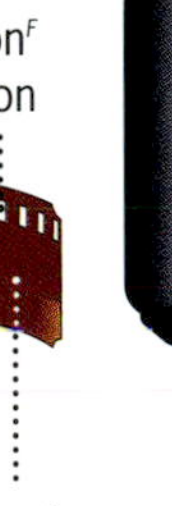

perforation^{F}
perforation

cassette^{F} de pellicule^{F}
cassette film

amorce^{F}
film leader

Polaroid®^{M}
Polaroid® Land camera

appareil^{M} petit-format
pocket camera

cartouche^{F} de pellicule^{F}
cartridge film

film^{M}-pack^{M}
film pack

LA TÉLÉVISION[F]
TELEVISION

téléviseur[M]
television set

coffret[M]
cabinet

écran[M]
screen

capteur[M] de télécommande[F]
remote control sensor

interrupteur[M] d'alimentation[F]
on/off button

lampes[F] témoins[M]
indicators

boutons[M] de réglage[M]
tuning controls

télécommande[F]
remote control

mode[M] télévision[F]
TV mode

mode[M] magnétoscope[M]
VCR mode

sélection[F] des canaux[M]
channel selector controls

commandes[F] de préréglage[M]
preset buttons

commandes[F] du magnétoscope[M]
VCR controls

ralenti[M]
slow-motion

enregistrement[M]
record

pause[F]/arrêt[M] sur l'image[F]
pause

réglage[M] du volume[M]
volume control

sélecteur[M] télé[F]/vidéo[F]
TV/video button

interrupteur[M] du téléviseur[M]
TV on/off button

recherche[F] des canaux[M]
channel scan buttons

interrupteur[M] du magnétoscope[M]
VCR on/off button

rebobinage[M]
rewind

avance[F] rapide
fast forward

lecture[F]
play

arrêt[M]
stop

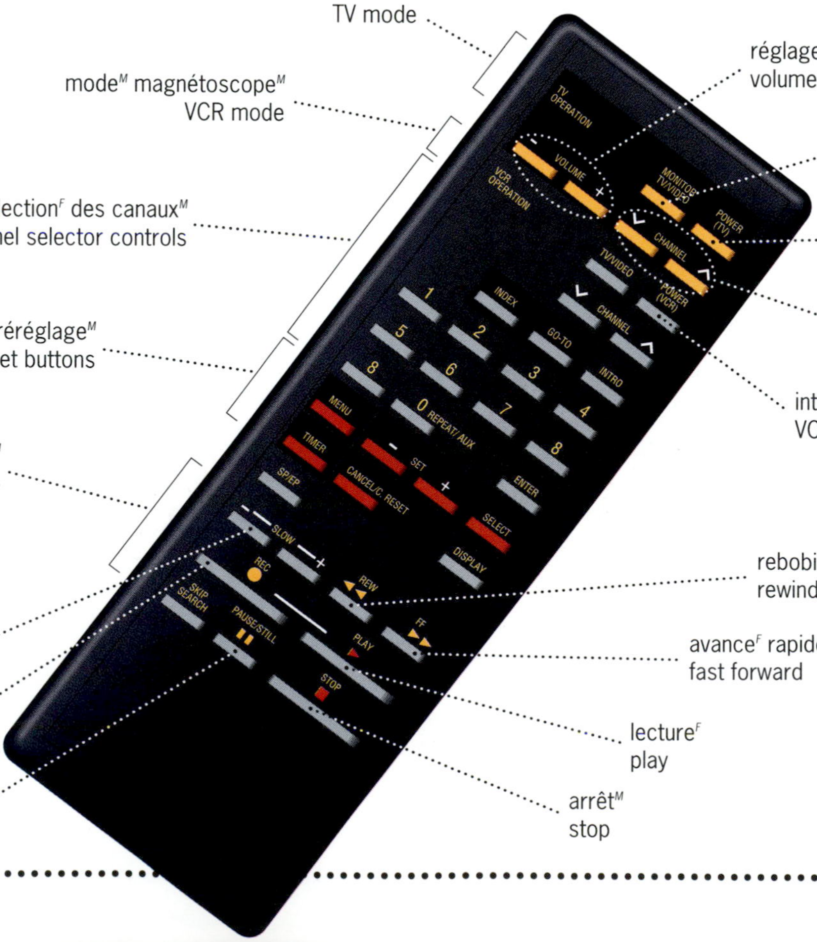

LA VIDÉO[F]
VIDEO

magnétoscope[M]
videocassette recorder

interrupteur[M] d'alimentation[F]
on/off button

affichage[M] des données[F]
data display

commandes[F] de préréglage[M]
preset buttons

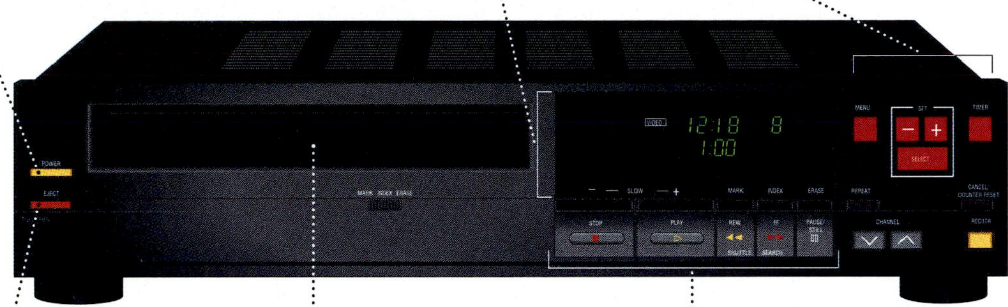

commande[F] d'éjection[F] de la cassette[F]
cassette eject switch

commandes[F] de fonctions[F]
controls

logement[M] de la cassette[F]
cassette compartment

caméra[F] vidéo
video camera

griffe[F] porte-accessoires[M]
accessory shoe

oculaire[M]
eyepiece

commande[F] électrique du zoom[M]
power zoom button

viseur[M] électronique
electronic viewfinder

commande[F] d'éjection[F] de la cassette[F]
cassette eject switch

commandes[F] de la bande[F] vidéo
videotape operation controls

réglage[M] du viseur[M]
viewfinder adjustment keys

microphone[M] incorporé
built-in microphone

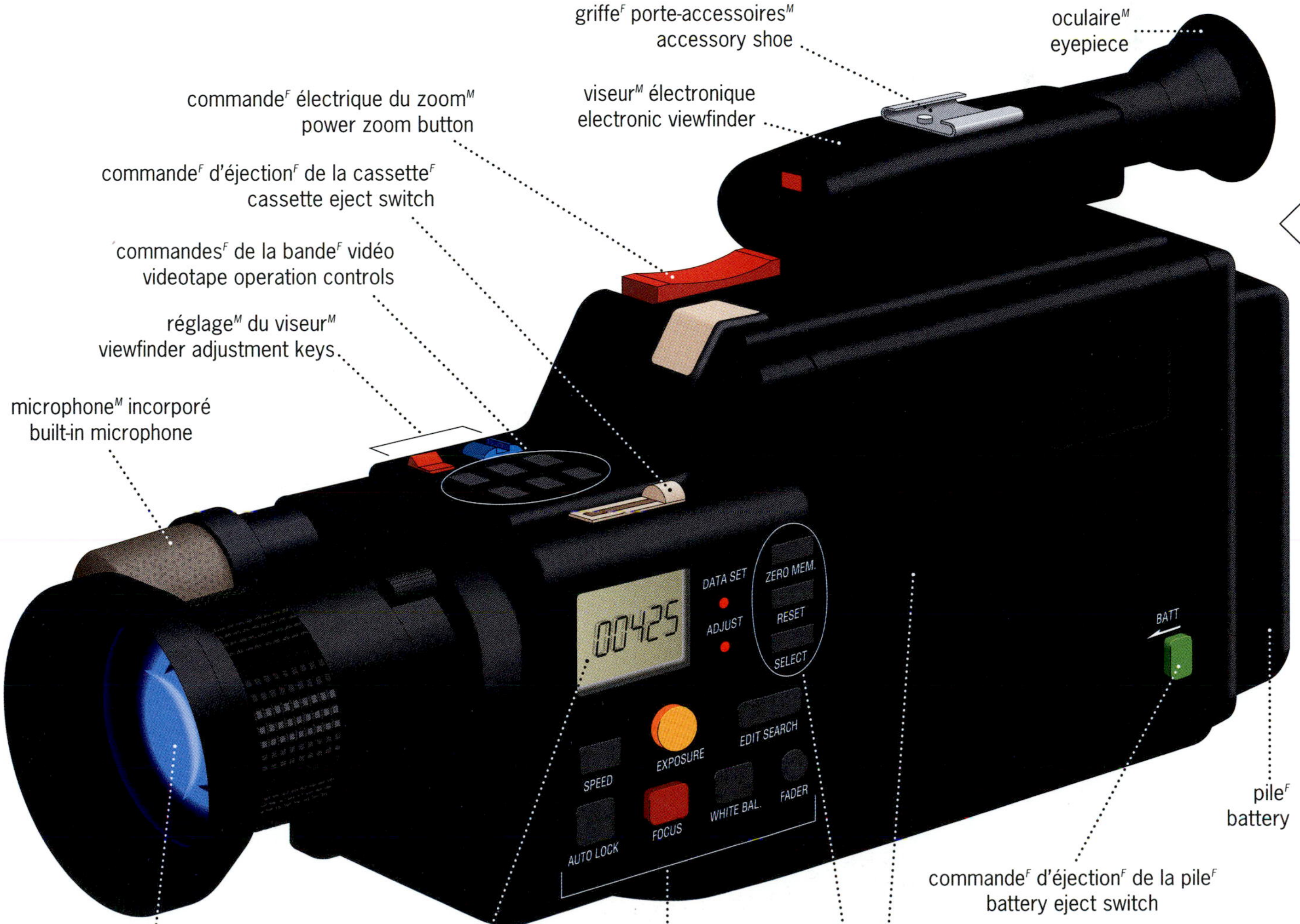

pile[F]
battery

commande[F] d'éjection[F] de la pile[F]
battery eject switch

objectif[M] zoom[M]
zoom lens

commandes[F] de prise[F] de vue[F]
shooting adjustment keys

logement[M] de la cassette[F]
cassette compartment

affichage[M] des données[F]
data display

commandes[F] de montage[M]
edit/search buttons

LA CHAÎNE^F STÉRÉO
STEREO SYSTEM

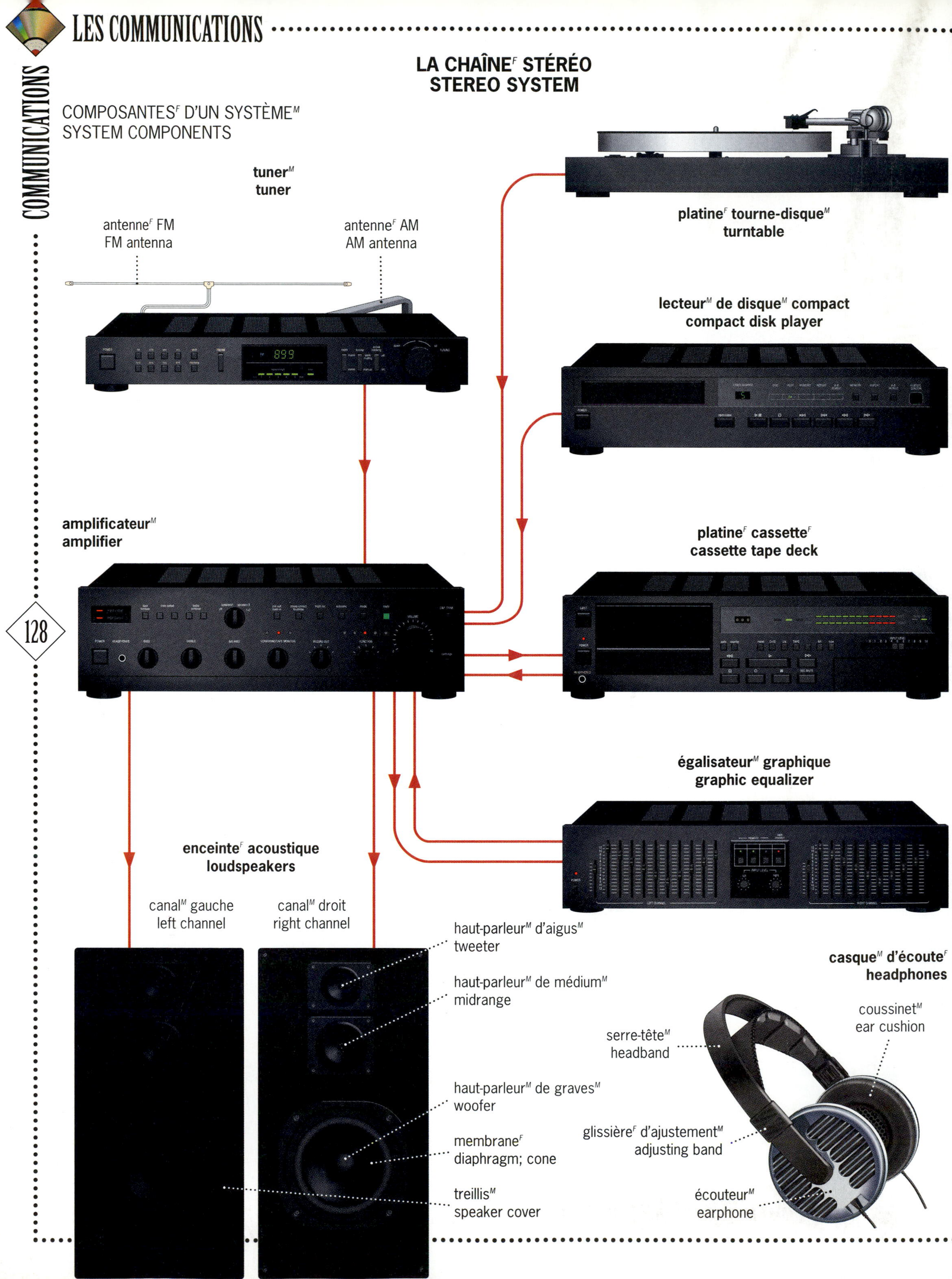

LES APPAREILS[M] DE SON[M] PORTATIFS
PORTABLE SOUND SYSTEMS

radiocassette[F]
portable CD AM/FM cassette recorder

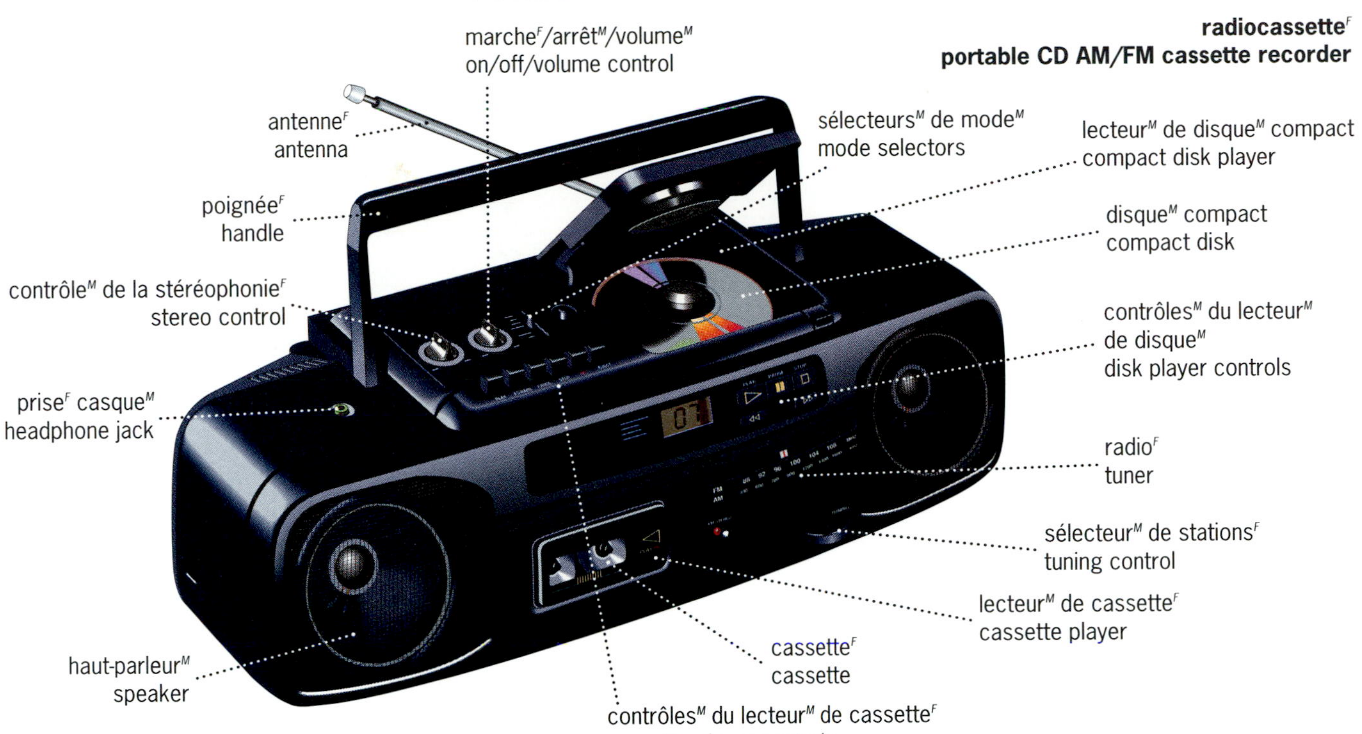

baladeur[M]
personal AM/FM cassette player; Walkman®

cordon[M]
cable

prise[F] casque[M]
headphone plug

serre-tête[M]
headband

marche[F]/arrêt[M]
on/off button

réglage[M] du volume[M]
volume control

rebobinage[M]
rewind button

sélecteur[M] de stations[F]
tuning control

avance[F]
play button

casque[M] d'écoute[F]
headphones

avance[F] rapide
fast-forward button

cassette[F]
cassette

auto-inversion[F]
auto reverse

lecteur[M] de cassette[F]
cassette player

radio[F]
tuner

disque[M] compact
compact disk

surface[F] pressée
pressed area

début[M] de lecture[F]
reading start

bande[F] d'identification[F] technique
technical identification band

cassette[F]
cassette

boîtier[M]
housing

bobine[F] réceptrice
take-up reel

bande[F] magnétique
recording tape

guide-bande[M]
tape guide

galet[M]
guide roller

fenêtre[F] de lecture[F]
playing window

disque[M]
record

sillon[M] de départ[M]
spiral-in groove

plage[F] de séparation[F]
spiral

surface[F] gravée
band

sillon[M] de sortie[F]
tail-out groove

étiquette[F]
label

trou[M] central
center hole

L'AUTOMOBILE[F]
CAR

carrosserie[F]
body

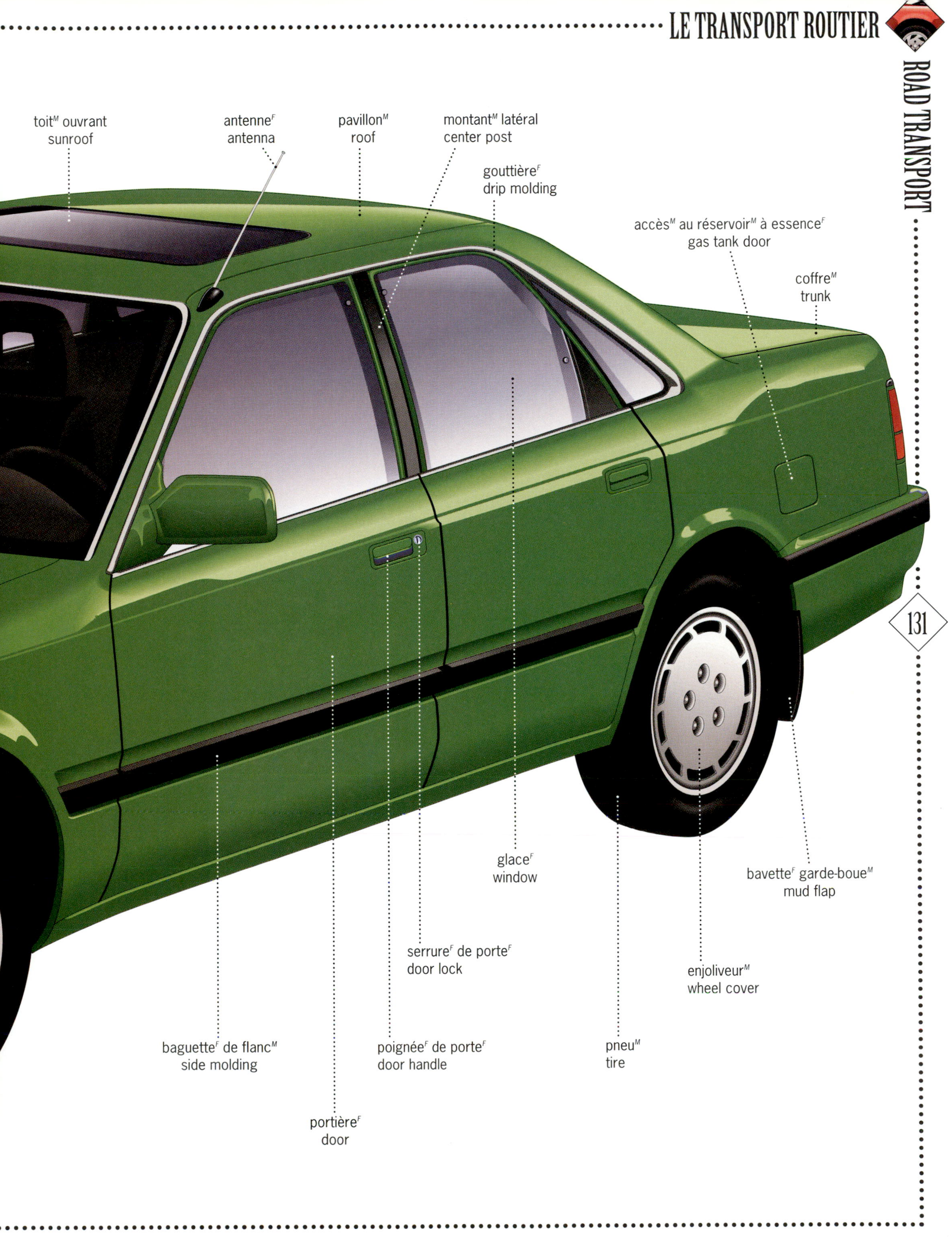
toitM ouvrant
sunroof
antenneF
antenna
pavillonM
roof
montantM latéral
center post
gouttièreF
drip molding
accèsM au réservoirM à essenceF
gas tank door
coffreM
trunk
glaceF
window
bavetteF garde-boueM
mud flap
serrureF de porteF
door lock
enjoliveurM
wheel cover
baguetteF de flancM
side molding
poignéeF de porteF
door handle
pneuM
tire
portièreF
door

L'AUTOMOBILE[F]
CAR

tableau[M] de bord[M]
dashboard

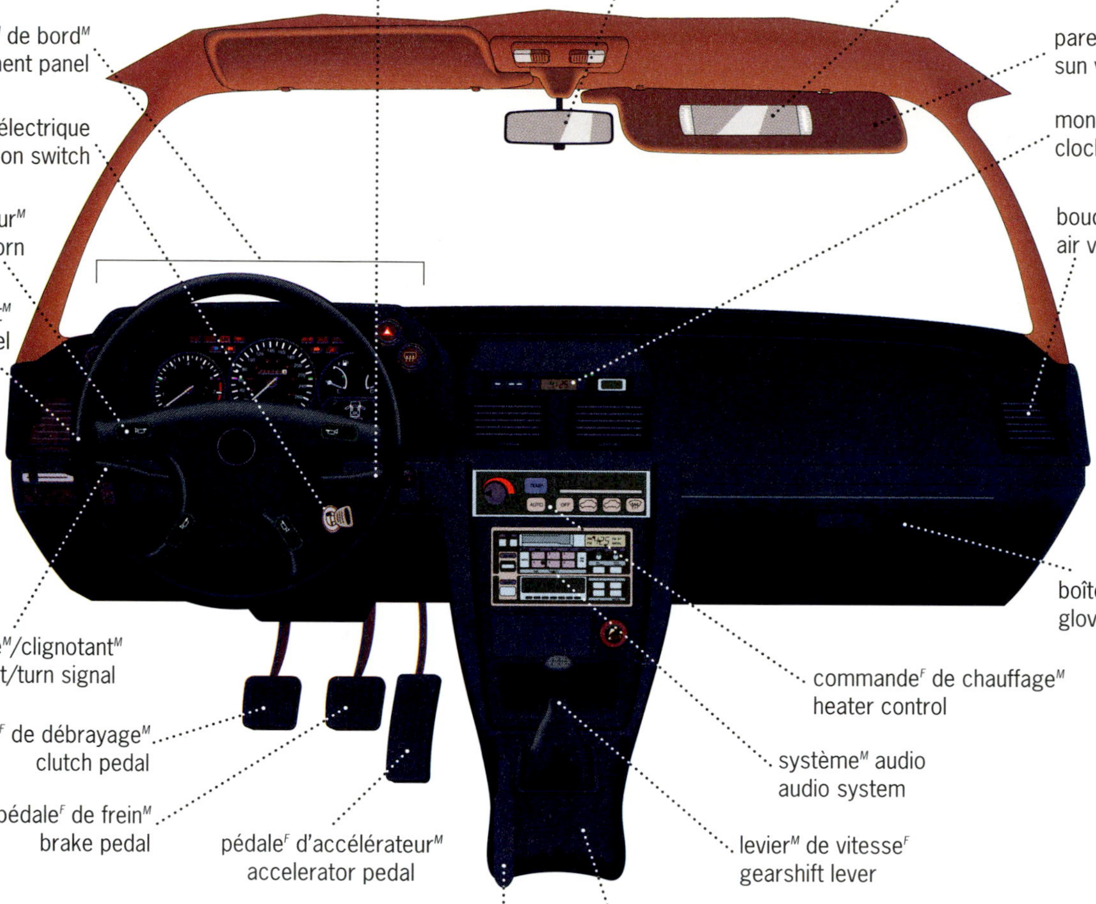

commande[F] d'essuie-glace[M]
wiper switch
rétroviseur[M]
rearview mirror
miroir[M] de courtoisie[F]
vanity mirror
instruments[M] de bord[M]
instrument panel
pare-soleil[M]
sun visor
démarreur[M] électrique
ignition switch
montre[F]
clock
avertisseur[M]
horn
bouche[F] d'air[M]
air vent
volant[M]
steering wheel
boîte[F] à gants[M]
glove compartment
éclairage[M]/clignotant[M]
headlight/turn signal
commande[F] de chauffage[M]
heater control
pédale[F] de débrayage[M]
clutch pedal
système[M] audio
audio system
pédale[F] de frein[M]
brake pedal
pédale[F] d'accélérateur[M]
accelerator pedal
levier[M] de vitesse[F]
gearshift lever
levier[M] de frein[M] à main[F]
handbrake
console[F] centrale
center console

instruments[M] de bord[M]
instrument panel

lampes[F] témoins[M]
warning lights
témoin[M] de clignotants[M]
turn signal indicator
indicateur[M] de niveau[M] de carburant[M]
fuel gauge
témoin[M] des feux[M] de route[F]
high beam indicator light
indicateur[M] de température[F]
temperature gauge
ENGINE
MOTEUR
ALB
CRUISE
CONTROL
compte-tours[M]
rev(olution) counter
compteur[M] kilométrique
odometer
totalisateur[M] journalier
trip odometer
indicateur[M] de vitesse[F]
speedometer

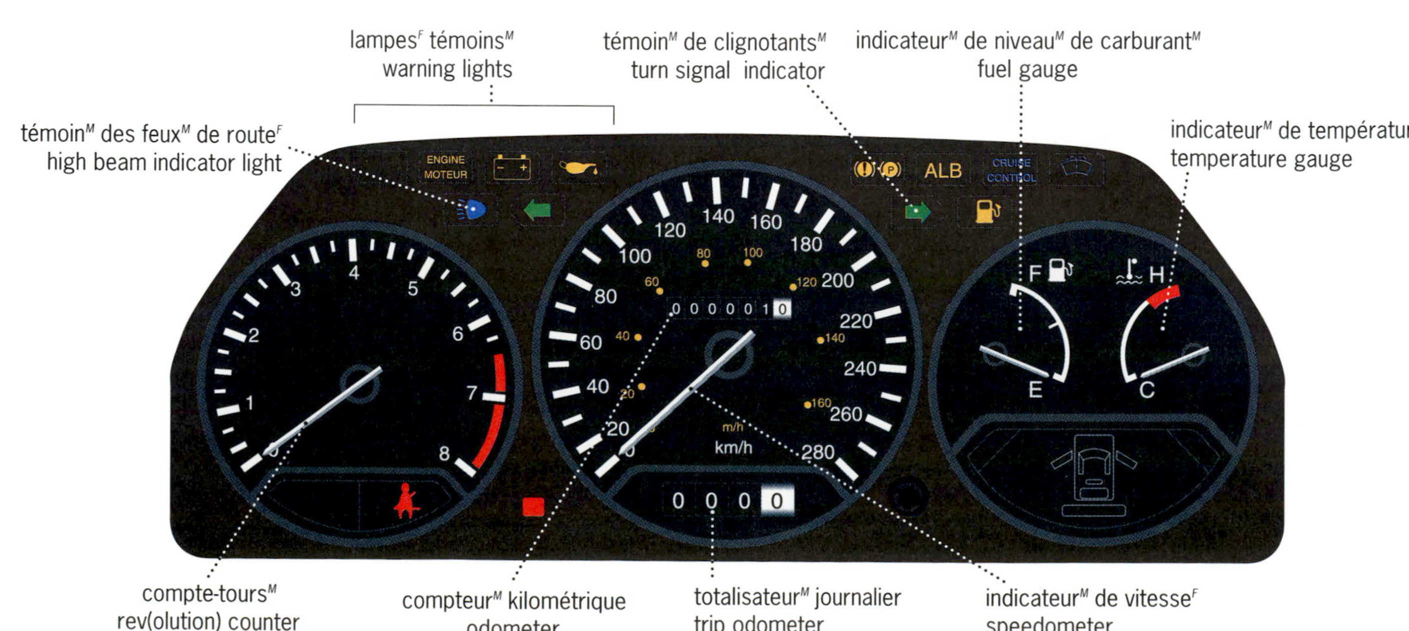

LES FEUX[M]
CAR LIGHTS

feux[M] avant
front lights

feux[M] de croisement[M]
low beam

feux[M] clignotants
turn signal

feux[M] de gabarit[M]
side light

feux[M] de route[F]
high beam

feux[M] de brouillard[M]
fog light

feux[M] arrière
rear lights

feux[M] clignotants
turn signal

feux[M] rouges arrière
tail light

feux[M] de gabarit[M]
side light

feux[M] stop[M]
brake light

feux[M] de recul[M]
backup light

feu[M] de plaque[F]
license plate light

feu[M] stop[M]
brake light

LES TYPES[M] DE CARROSSERIES[F]
TYPES OF CAR BODIES

voiture[F] sport[M]
sports car

coach[M]
two-door sedan

trois-portes[F]
hatchback

camionnette[F]
pickup truck

cabriolet[M]
convertible

familiale[F]
station wagon

berline[F]
four-door sedan

fourgonnette[F]
minivan

véhicule[M] tout-terrain[M]
multipurpose vehicle

limousine[F]
limousine

LE CAMIONNAGE[M]
TRUCKING

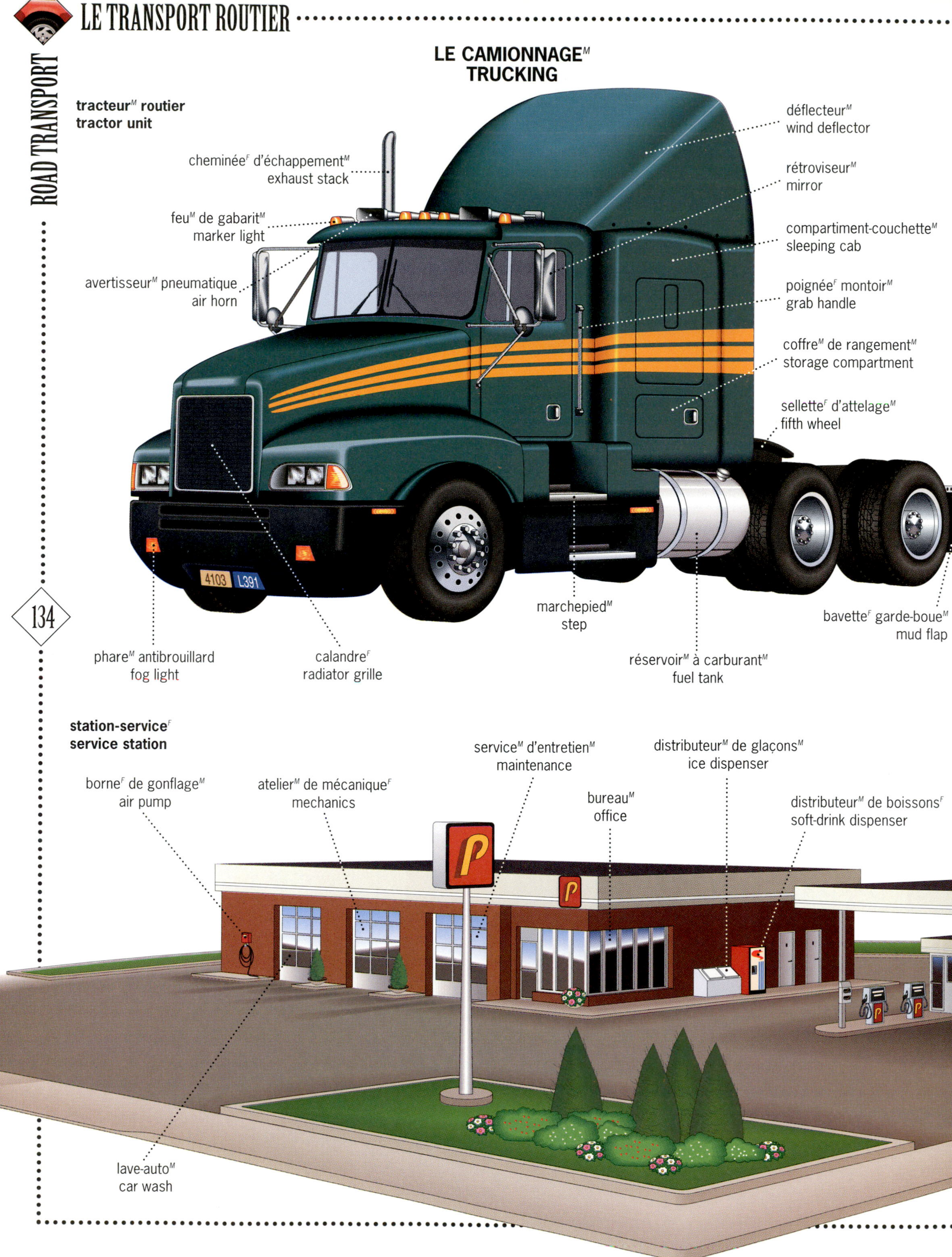

LA MOTO[F]
MOTORCYCLE

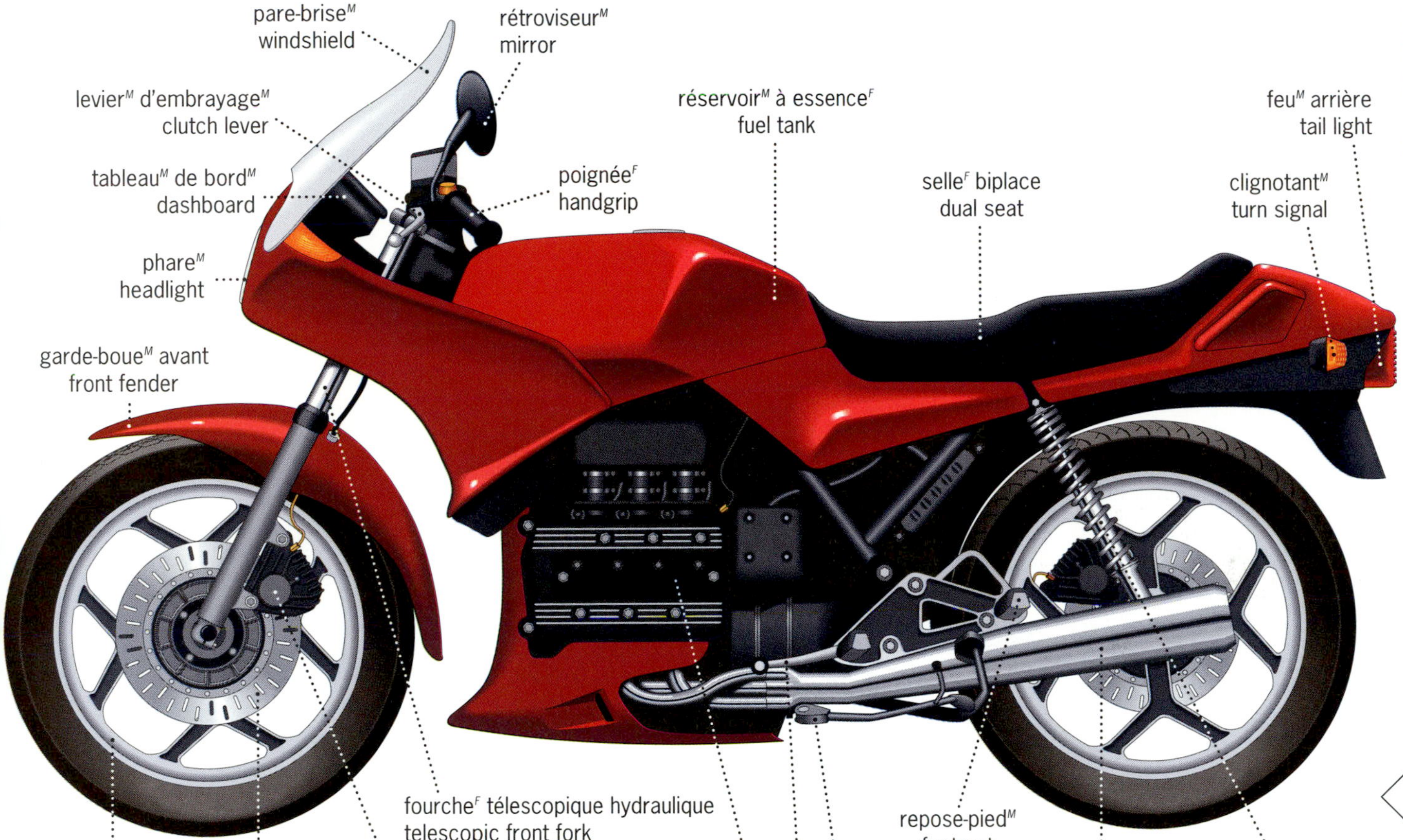

pare-brise[M]
windshield
rétroviseur[M]
mirror
levier[M] d'embrayage[M]
clutch lever
réservoir[M] à essence[F]
fuel tank
feu[M] arrière
tail light
tableau[M] de bord[M]
dashboard
poignée[F]
handgrip
selle[F] biplace
dual seat
clignotant[M]
turn signal
phare[M]
headlight
garde-boue[M] avant
front fender
fourche[F] télescopique hydraulique
telescopic front fork
repose-pied[M]
footrest
amortisseur[M] arrière
rear shock absorber
jante[F]
rim
étrier[M]
brake caliper
moteur[M]
engine
béquille[F]
stand
frein[M] à disque[M]
disk brake
sélecteur[M] de vitesses[F]
gearchange pedal
pot[M] d'échappement[M]
exhaust pipe

kiosque[M]
kiosk
distributeur[M] d'essence[F]
gasoline pump
aire[F] de ravitaillement[M]
pump island

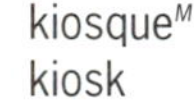

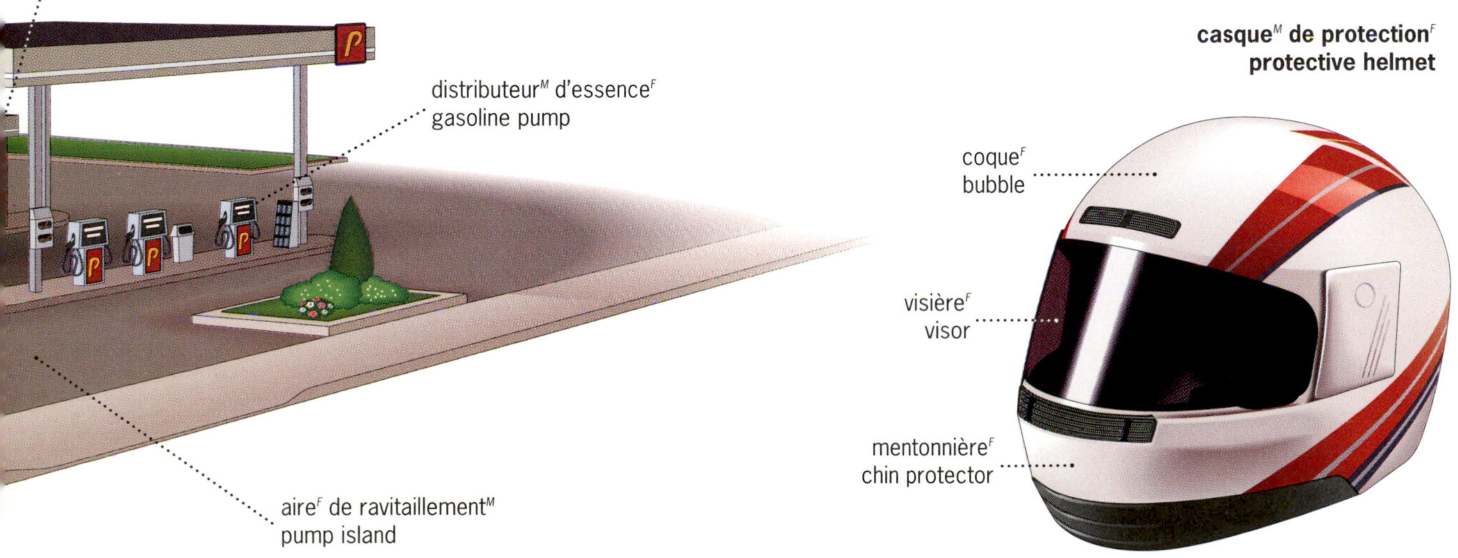

casque[M] de protection[F]
protective helmet

coque[F]
bubble
visière[F]
visor
mentonnière[F]
chin protector

LA BICYCLETTE^F
BICYCLE
selle^F
saddle
tige^F de selle^F
seat post
pompe^F
tire pump
cadre^M
frame
porte-bagages^M
carrier
frein^M arrière
rear brake
dynamo^F
generator
catadioptre^M
reflector
porte-bidon^M
water bottle clip
feu^M arrière
rear light
dérailleur^M avant
front derailleur
bidon^M
water bottle
plateau^M
chain wheel
manivelle^F
crank
garde-boue^M
mudguard
guide-chaîne^M
chain guide
cale-pied^M
toe clip
pédale^F
pedal
dérailleur^M arrière
rear derailleur
chaîne^F
drive chain
sacoche^F
bicycle bag
cadenas^M
lock

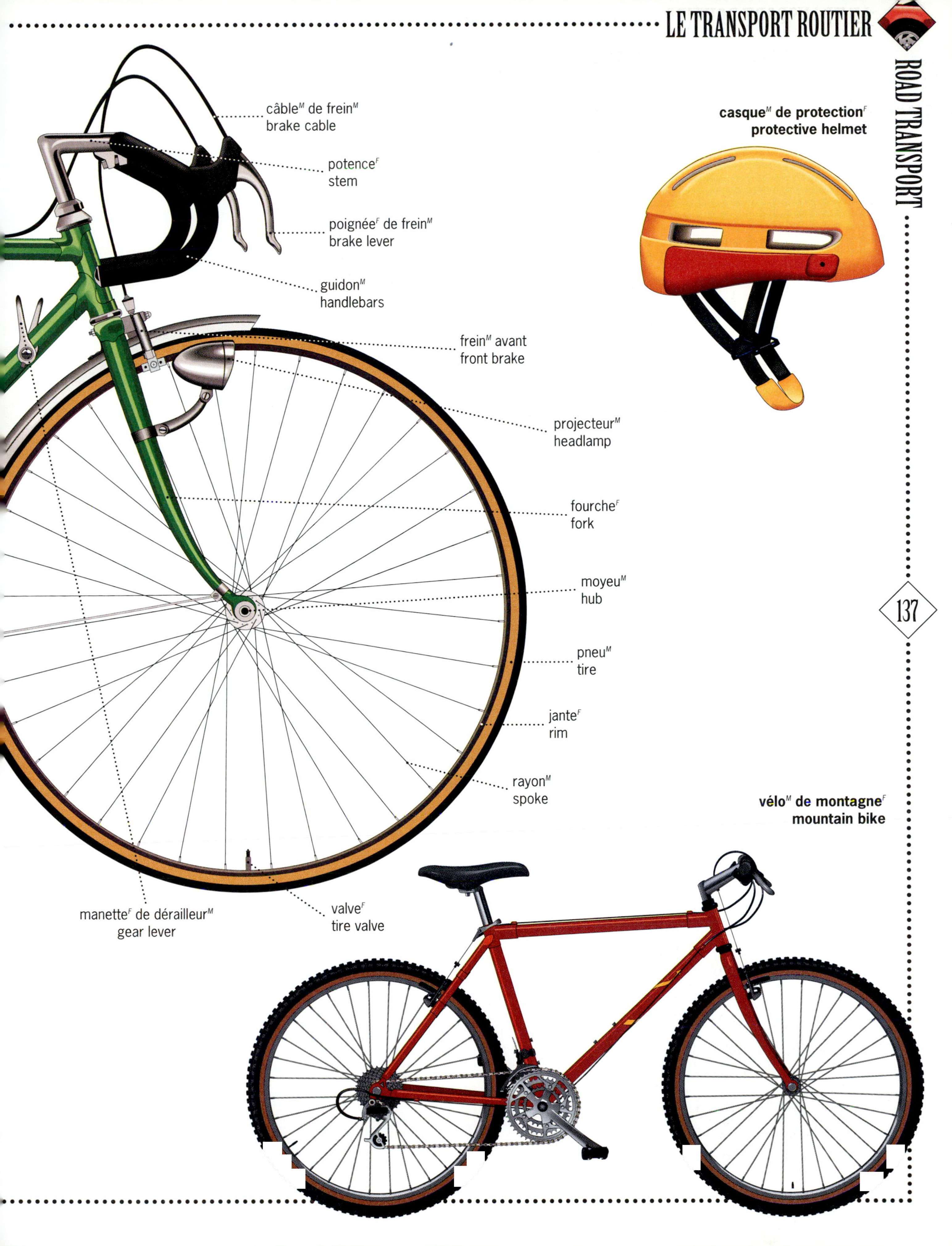
câble[M] de frein[M]
brake cable
potence[F]
stem
poignée[F] de frein[M]
brake lever
guidon[M]
handlebars
frein[M] avant
front brake
projecteur[M]
headlamp
fourche[F]
fork
moyeu[M]
hub
pneu[M]
tire
jante[F]
rim
rayon[M]
spoke
valve[F]
tire valve
manette[F] de dérailleur[M]
gear lever
casque[M] de protection[F]
protective helmet
vélo[M] de montagne[F]
mountain bike

LA LOCOMOTIVE[F] DIESEL-ÉLECTRIQUE
DIESEL-ELECTRIC LOCOMOTIVE

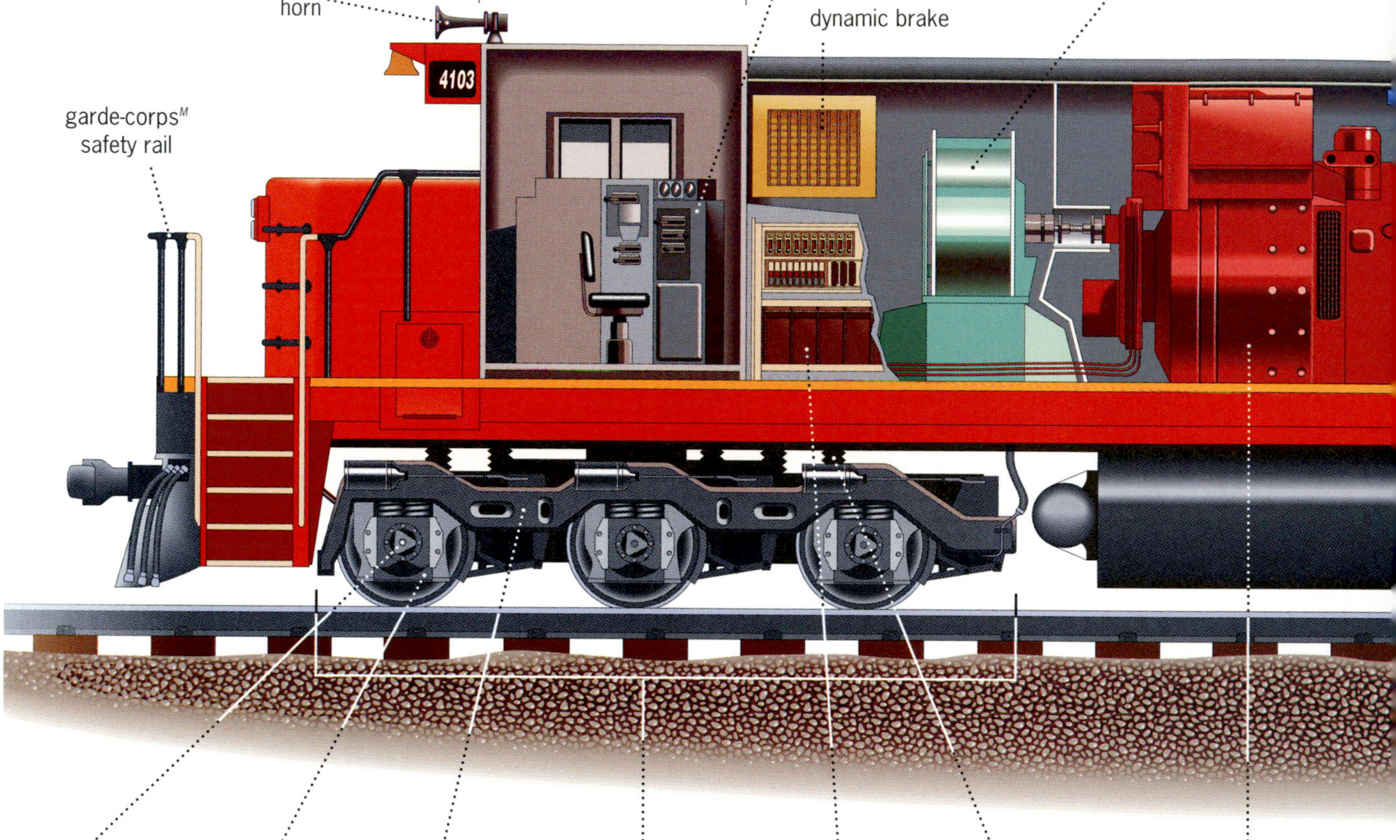

cabine[F] de conduite[F]
driver's cab

pupitre[M] de conduite[F]
control stand

ventilateur[M] de moteur[M] diesel
diesel engine ventilator

avertisseur[M]
horn

frein[M] direct
dynamic brake

garde-corps[M]
safety rail

4103

essieu[M]
axle

châssis[M] de bogie[M]
truck frame

batterie[F]
battery

alternateur[M]
alternator

boîte[F] d'essieu[M]
journal box

bogie[M]
truck

ressort[M] de suspension[F]
suspension spring

LES TYPES[M] DE WAGONS[M]
TYPES OF FREIGHT CARS

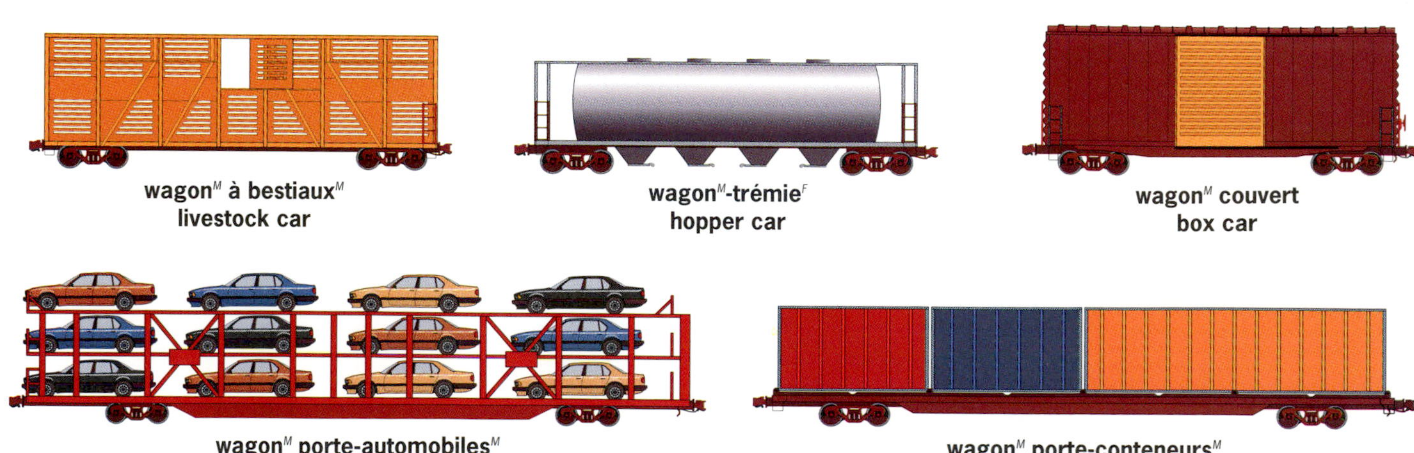

wagon[M] à bestiaux[M]
livestock car

wagon[M]-trémie[F]
hopper car

wagon[M] couvert
box car

wagon[M] porte-automobiles[M]
automobile car

wagon[M] porte-conteneurs[M]
container car

moteur[M] diesel
diesel engine

soute[F] à eau[F]
water tank

compresseur[M] d'air[M]
air compressor

ventilateur[M] des radiateurs[M]
ventilating fan

filtre[M] à air[M]
air filter

radiateur[M]
radiator

phare[M]
headlight

tête[F] d'attelage[M]
coupler head

chasse-pierres[M]
pilot

réservoir[M] à carburant[M]
fuel tank

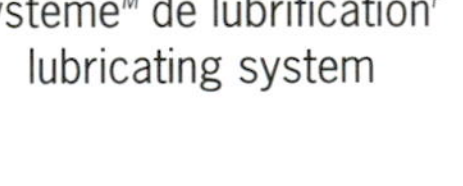

système[M] de lubrification[F]
lubricating system

réservoir[M] d'air[M] comprimé
compressed air reservoir

marchepied[M] latéral
side footboard

sablière[F]
sandbox

wagon[M] plat à parois[F] de bout[M]
bulkhead flat car

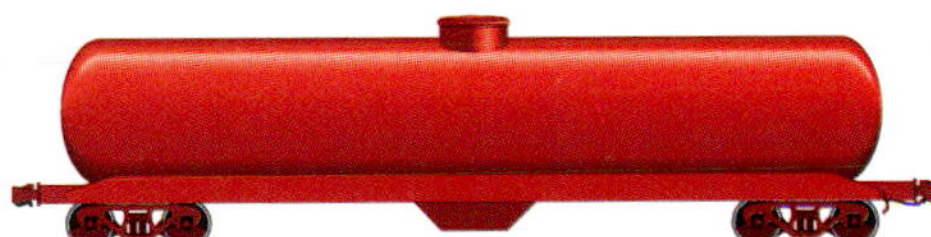

wagon[M]-citerne[F]
tank car

wagon[M] plat
flat car

wagon[M] plat surbaissé
depressed center flat car

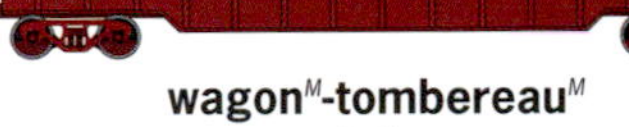

wagon[M]-tombereau[M]
gondola car

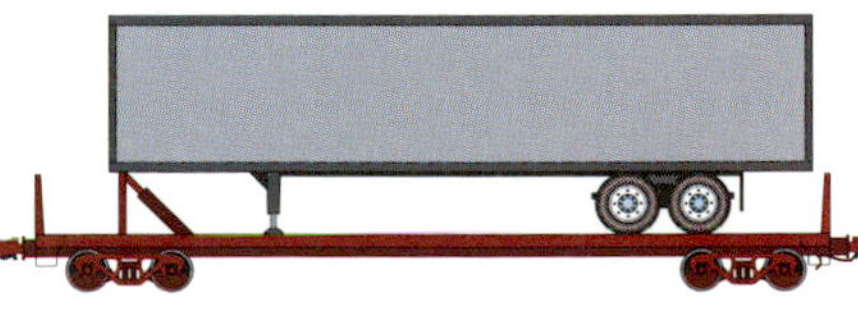

wagon[M] rail[M]-route[F]
piggyback car

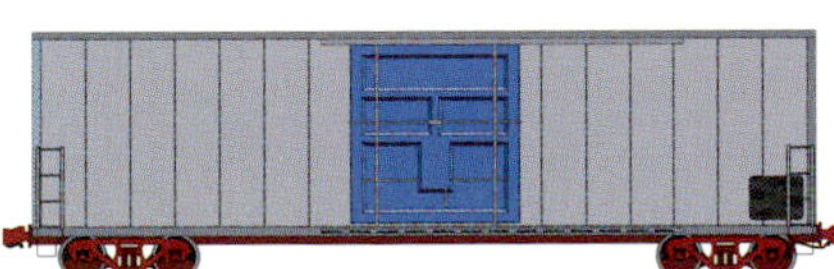

wagon[M] réfrigérant
refrigerator car

wagon[M] de queue[F]
caboose

LE PASSAGE[M] À NIVEAU[M]
HIGHWAY CROSSING

sonnerie[F] de passage[M] à niveau[M]
highway crossing bell

croix[F] de Saint-André
crossbuck sign

mât[M]
mast

visière[F]
visor

feu[M] clignotant
flashing light; warning light

écran[M] de visibilité[F]
signal background plate

2

panneau[M] nombre[M] de voies[F]
number of tracks sign

feu[M] de lisse[F]
gate arm lamp

contrepoids[M]
counterweight

lisse[F]
gate arm

support[M] de lisse[F]
gate arm support

commande[F] de barrières[F]
crossing gate mechanism

base[F]
base

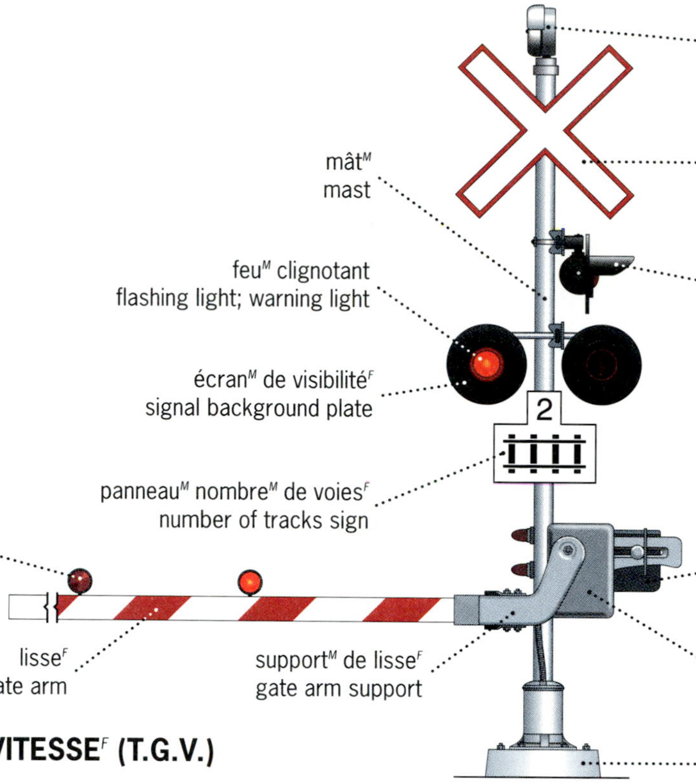

LE TRAIN[M] À GRANDE VITESSE[F] (T.G.V.)
HIGH-SPEED TRAIN

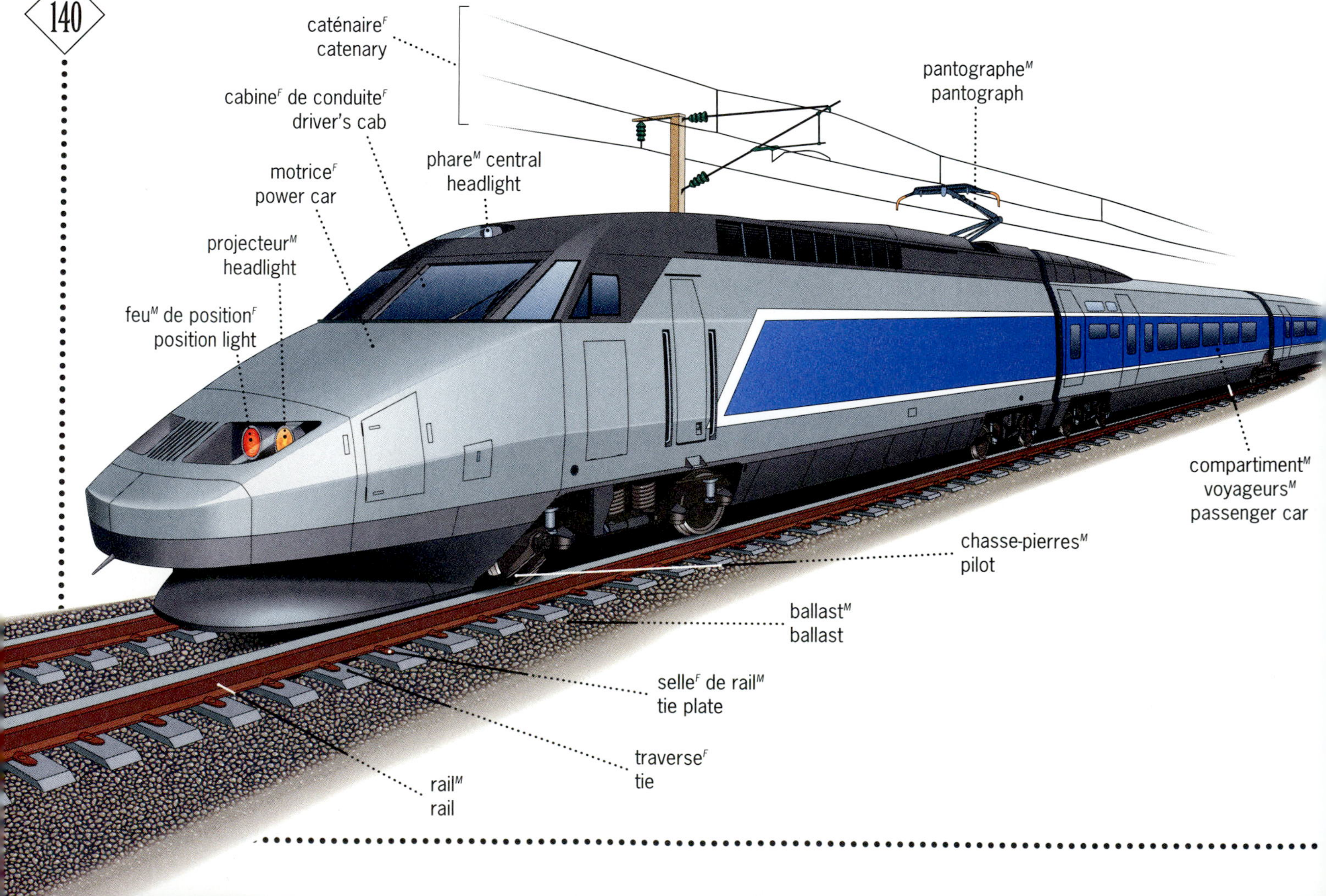

caténaire[F]
catenary

cabine[F] de conduite[F]
driver's cab

pantographe[M]
pantograph

phare[M] central
headlight

motrice[F]
power car

projecteur[M]
headlight

feu[M] de position[F]
position light

compartiment[M]
voyageurs[M]
passenger car

chasse-pierres[M]
pilot

ballast[M]
ballast

selle[F] de rail[M]
tie plate

traverse[F]
tie

rail[M]
rail

LE QUATRE-MÂTS[M] BARQUE[F]
FOUR-MASTED BARK

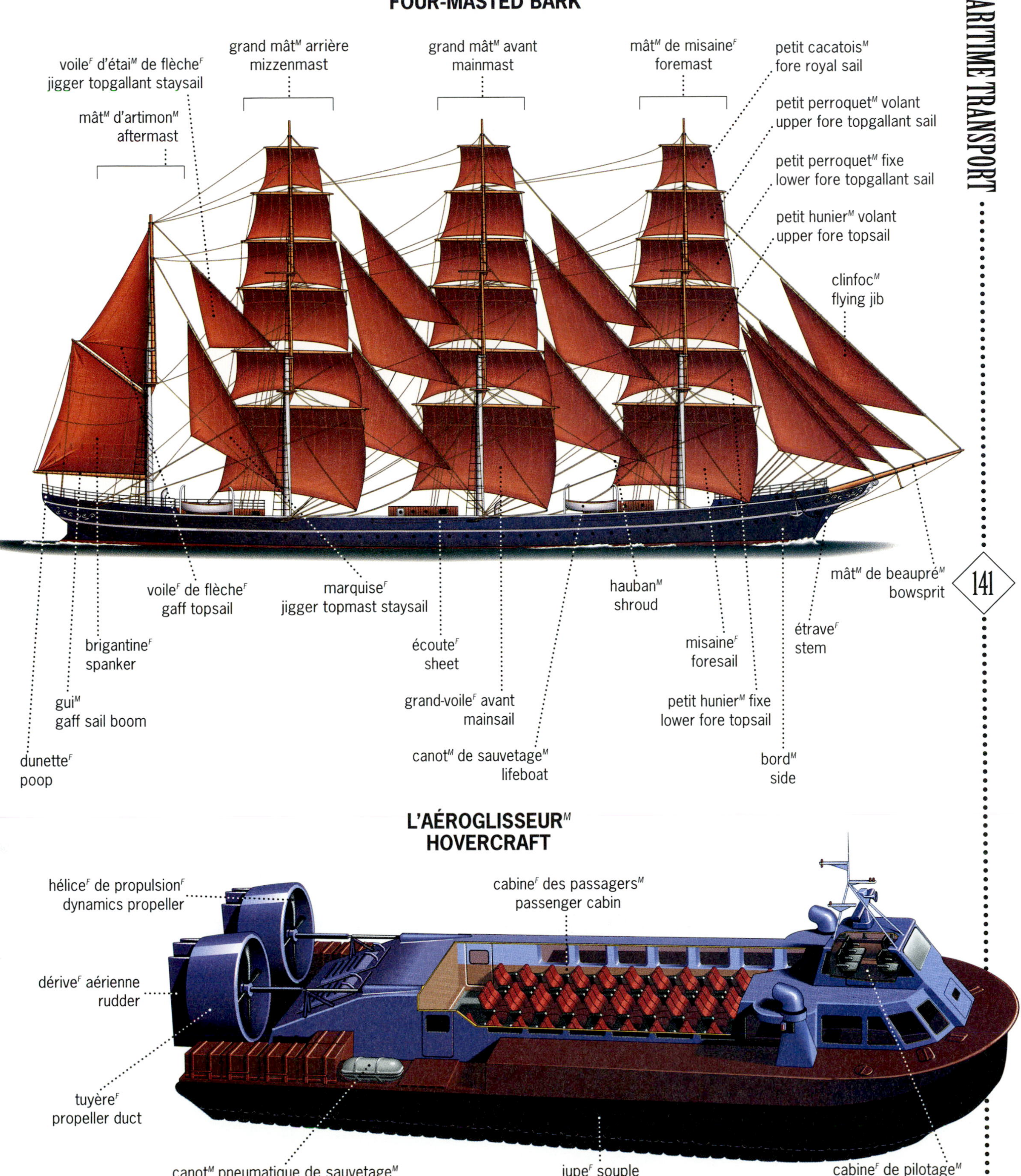

L'AÉROGLISSEUR[M]
HOVERCRAFT

LE PAQUEBOT[M]
CRUISE LINER

antenne[F] radio[F]
radio antenna
antenne[F] de télécommunication[F]
telecommunication antenna
radar[M]
radar
pont[M] bain[M] de soleil[M]
sundeck
plage[F] avant
forecastle
tribord[M]
starboard hand
proue[F]
bow
écubier[M]
anchor-windlass room
bulbe[M] d'étrave[F]
stem bulb
bâbord[M]
port hand
propulseur[M] d'étrave[F]
bow thruster
salle[F] à manger
dining room

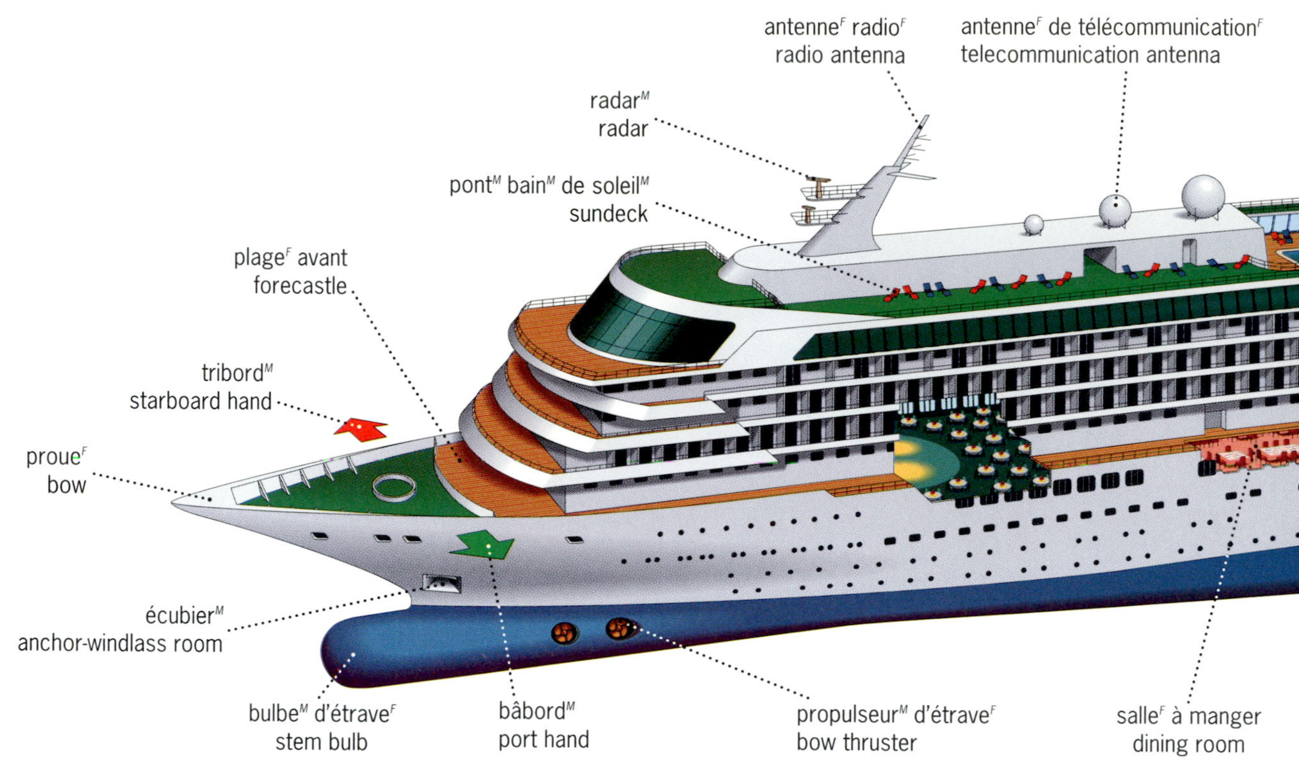

LE PORT[M] MARITIME
HARBOR

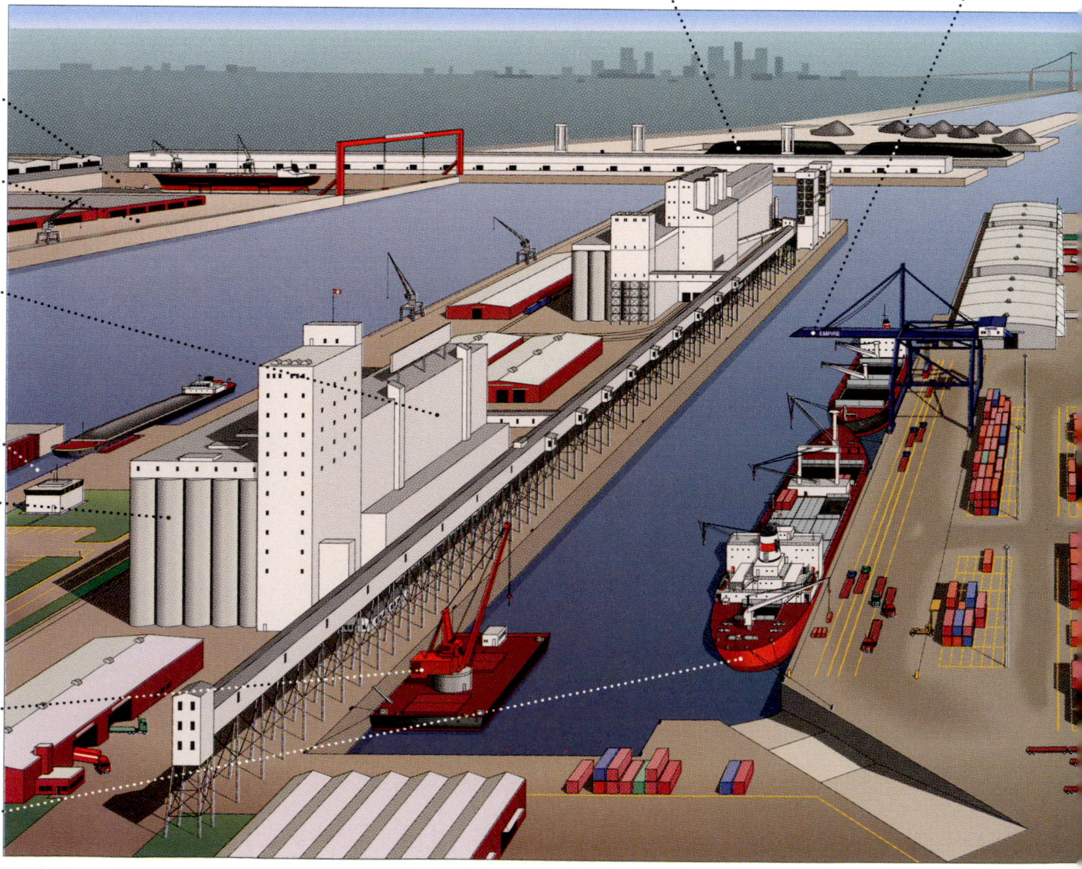

terminal[M] de vrac[M]
bulk terminal
portique[M] de chargement[M]
de conteneurs[M]
container-loading bridge
bassin[M] de radoub[M]
dry dock
quai[M]
quay
terminal[M] à céréales[F]
grain terminal
écluse[F]
canal lock
silos[M]
silos
grue[F] sur ponton[M]
floating crane
navire[M] porte-conteneurs[M]
container ship

cabineF
cabin
cheminéeF anti-suie
funnel
pontM-promenadeF
promenade deck
aireF de jeuxM
playing area
hublotM
porthole
plageF arrière
quarter-deck
poupeF
stern
gouvernailM
rudder
héliceF
propeller
salleF des machinesF
engine room
chaloupeF de sauvetageM
lifeboat
stabilisateurM de roulisM
stabilizer fin
piscineF
swimming pool

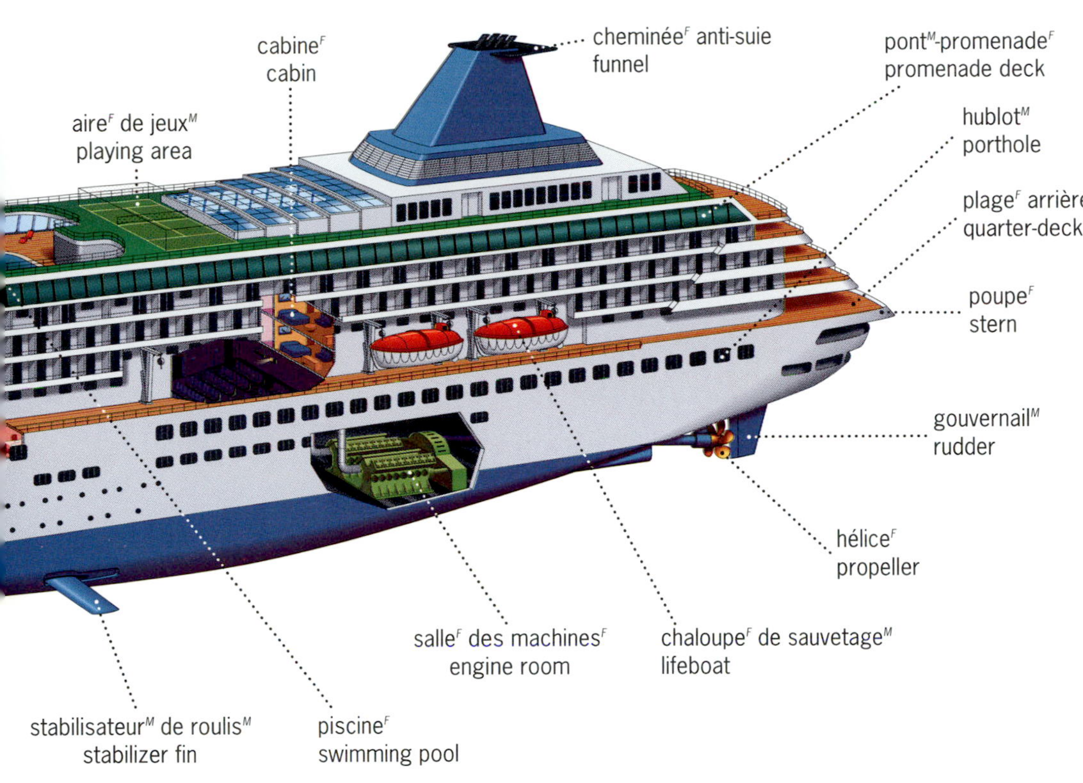

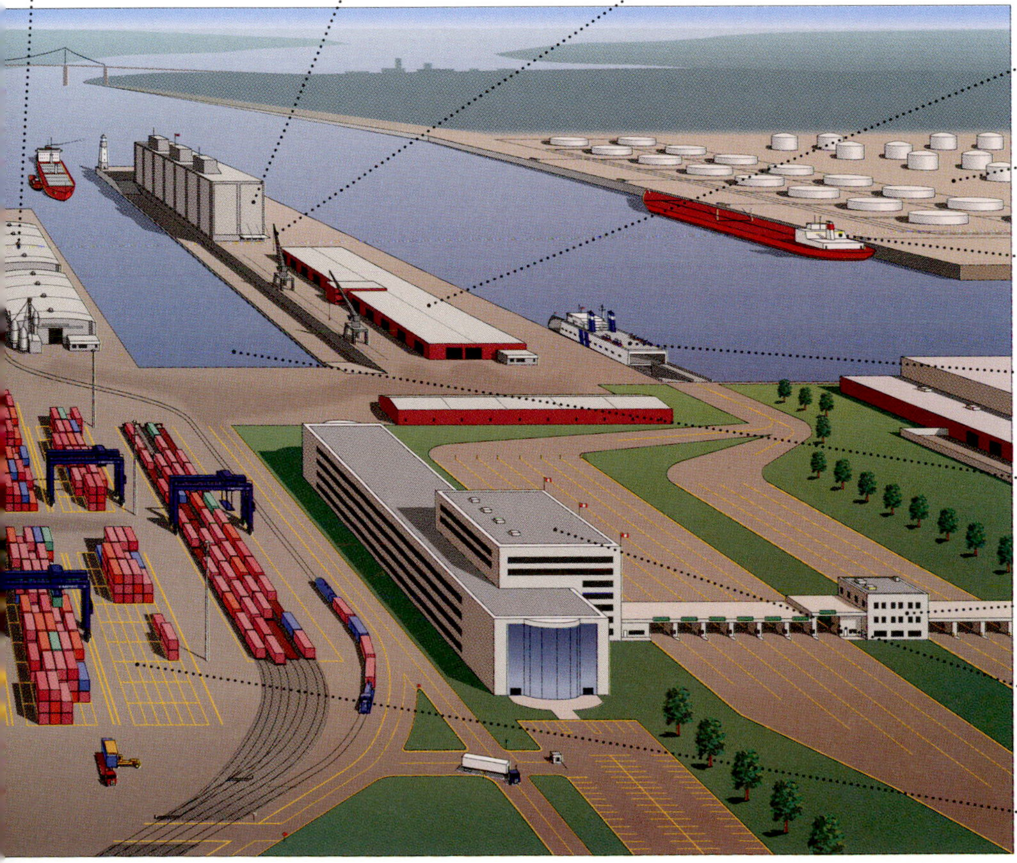

hangarM de transitM
transit shed
entrepôtM frigorifique
cold shed
grueF à flècheF
quayside crane
gareF maritime
passenger terminal
terminalM pétrolier
oil terminal
pétrolierM
oil tanker
transbordeurM
ferryboat
bassinM
dock
bureauM des douanesF
customs house
bâtimentM administratif
office building
terminalM à conteneursM
container terminal

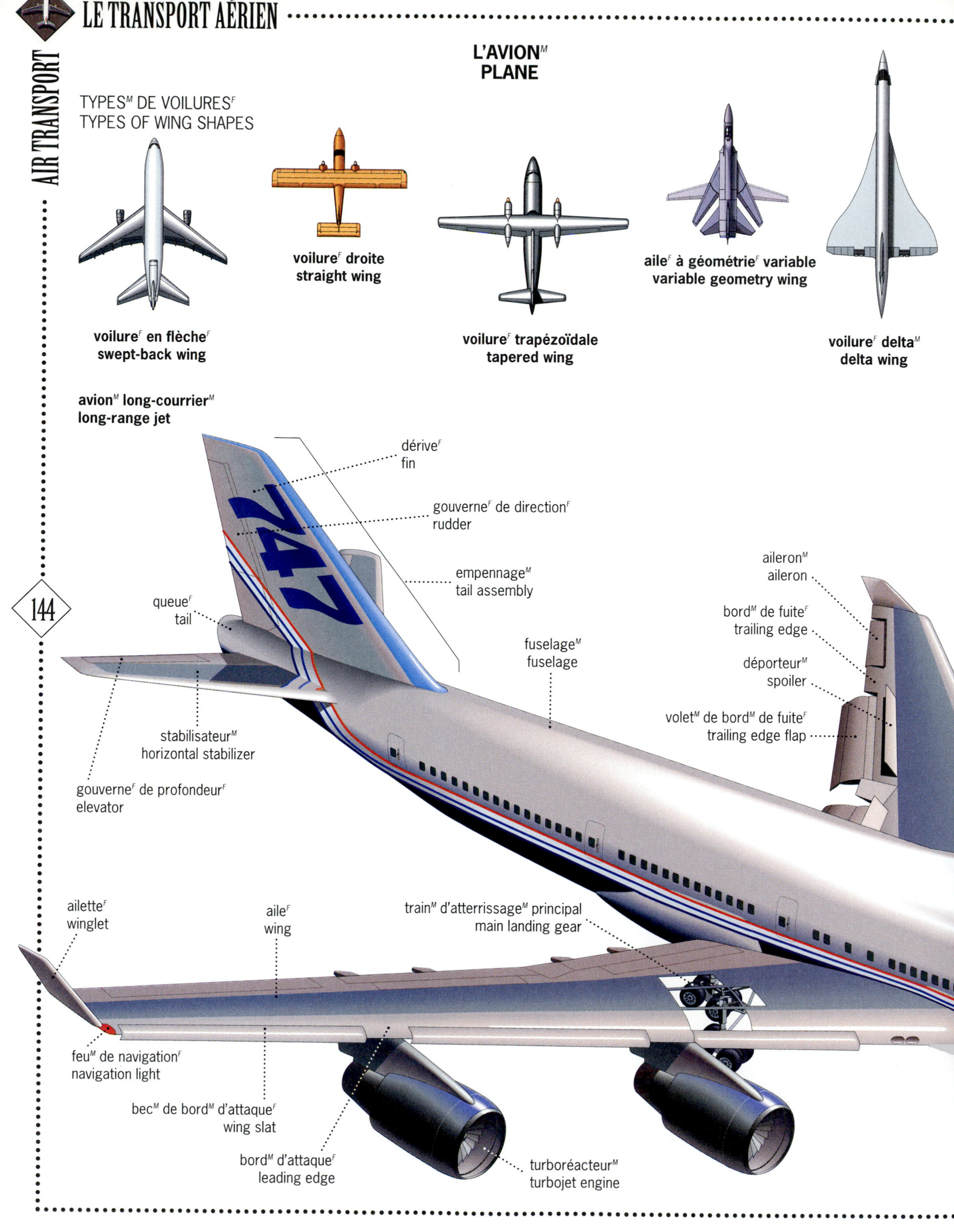
L'AVION^M
PLANE
TYPES^M DE VOILURES^F
TYPES OF WING SHAPES
voilure^F en flèche^F
swept-back wing
voilure^F droite
straight wing
voilure^F trapézoïdale
tapered wing
aile^F à géométrie^F variable
variable geometry wing
voilure^F delta^M
delta wing
avion^M long-courrier^M
long-range jet
dérive^F
fin
gouverne^F de direction^F
rudder
empennage^M
tail assembly
queue^F
tail
stabilisateur^M
horizontal stabilizer
gouverne^F de profondeur^F
elevator
fuselage^M
fuselage
aileron^M
aileron
bord^M de fuite^F
trailing edge
déporteur^M
spoiler
volet^M de bord^M de fuite^F
trailing edge flap
ailette^F
winglet
aile^F
wing
train^M d'atterrissage^M principal
main landing gear
feu^M de navigation^F
navigation light
bec^M de bord^M d'attaque^F
wing slat
bord^M d'attaque^F
leading edge
turboréacteur^M
turbojet engine

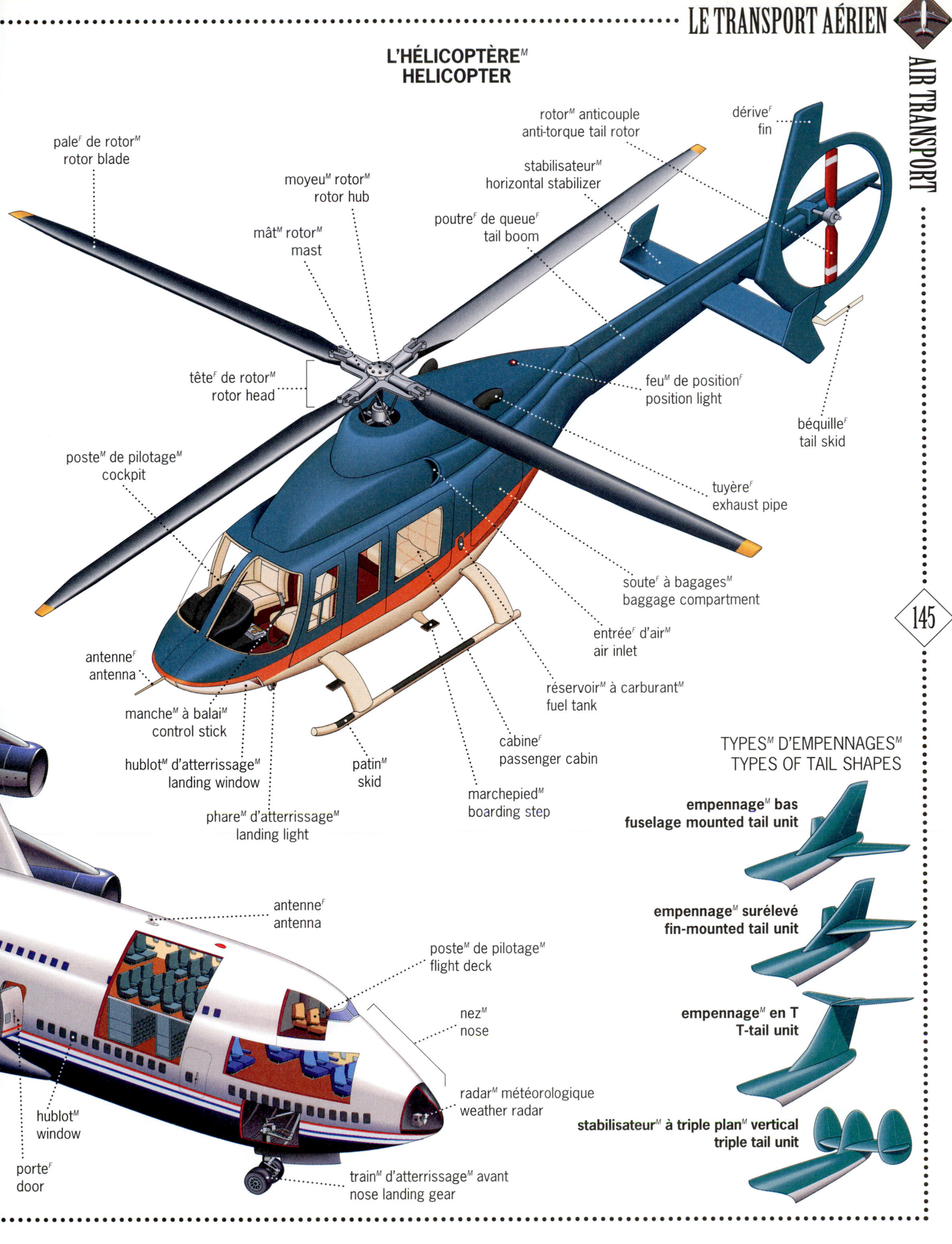
L'HÉLICOPTÈRE[M]
HELICOPTER
pale[F] de rotor[M]
rotor blade
moyeu[M] rotor[M]
rotor hub
mât[M] rotor[M]
mast
rotor[M] anticouple
anti-torque tail rotor
stabilisateur[M]
horizontal stabilizer
poutre[F] de queue[F]
tail boom
dérive[F]
fin
tête[F] de rotor[M]
rotor head
feu[M] de position[F]
position light
béquille[F]
tail skid
poste[M] de pilotage[M]
cockpit
tuyère[F]
exhaust pipe
soute[F] à bagages[M]
baggage compartment
entrée[F] d'air[M]
air inlet
antenne[F]
antenna
réservoir[M] à carburant[M]
fuel tank
manche[M] à balai[M]
control stick
cabine[F]
passenger cabin
hublot[M] d'atterrissage[M]
landing window
patin[M]
skid
marchepied[M]
boarding step
phare[M] d'atterrissage[M]
landing light
TYPES[M] D'EMPENNAGES[M]
TYPES OF TAIL SHAPES
empennage[M] bas
fuselage mounted tail unit
empennage[M] surélevé
fin-mounted tail unit
empennage[M] en T
T-tail unit
stabilisateur[M] à triple plan[M] vertical
triple tail unit
antenne[F]
antenna
poste[M] de pilotage[M]
flight deck
nez[M]
nose
radar[M] météorologique
weather radar
hublot[M]
window
porte[F]
door
train[M] d'atterrissage[M] avant
nose landing gear

L'AÉROPORT[M]
AIRPORT

tour[F] de contrôle[M]
control tower

vigie[F]
control tower cab

route[F] d'accès[M]
access road

sortie[F] de piste[F] à grande vitesse[F]
high-speed exit runway

bretelle[F]
by-pass runway

aire[F] de trafic[M]
apron

aire[F] de manœuvre[F]
apron

voie[F] de service[M]
service road

voie[F] de circulation[F]
runway

ÉQUIPEMENTS[M] AÉROPORTUAIRES
AIRPORT GROUND EQUIPMENT

barre[F] de tractage[M]
tow bar

tracteur[M] de piste[F]
tow tractor

plate-forme[F] élévatrice automotrice
container/pallet loader

escalier[M] d'accès[M]
universal step

convoyeur[M] à bagages[M]
baggage conveyor

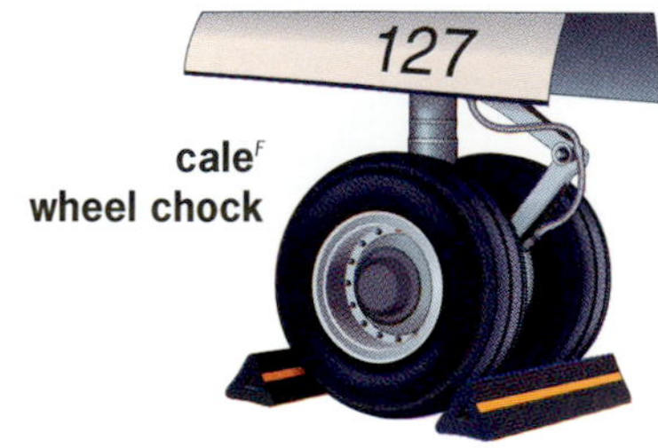

cale[F]
wheel chock

hangar[M]
maintenance hangar

aire[F] de stationnement[M]
parking area

aérogare[F] de passagers[M]
passenger terminal

quai[M] d'embarquement[M]
boarding walkway

aérogare[F] satellite[M]
radial passenger loading area

passerelle[F] télescopique
telescopic corridor

aire[F] de service[M]
service area

marques[F] de circulation[F]
runway line

remorque[F] à bagages[M]
baggage trailer

tracteur[M]
tow tractor

camion[M] commissariat[M]
catering vehicle

transbordeur[M]
passenger transfer vehicle

LA NAVETTE[F] SPATIALE
SPACE SHUTTLE

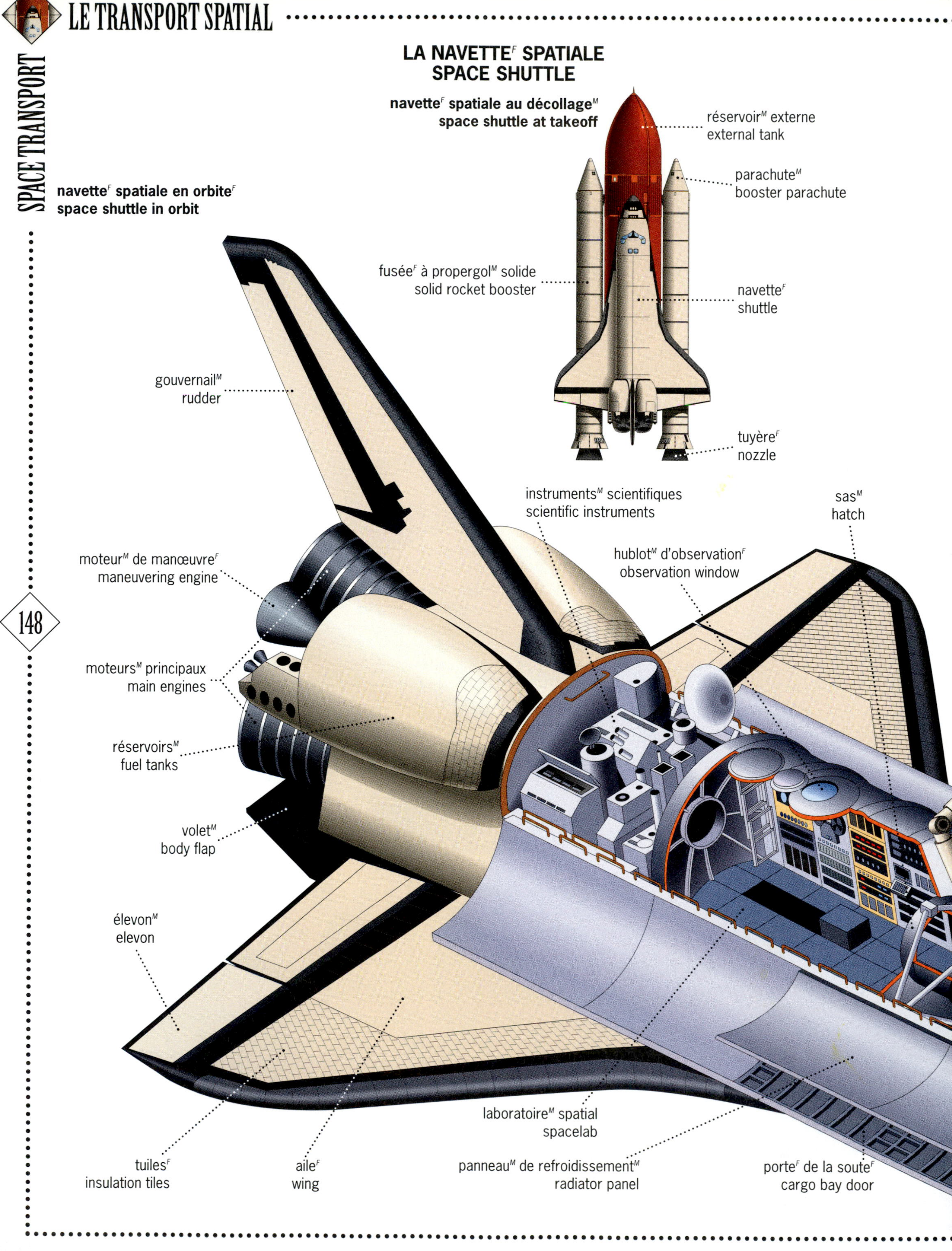

LE SCAPHANDRE[M] SPATIAL
SPACESUIT

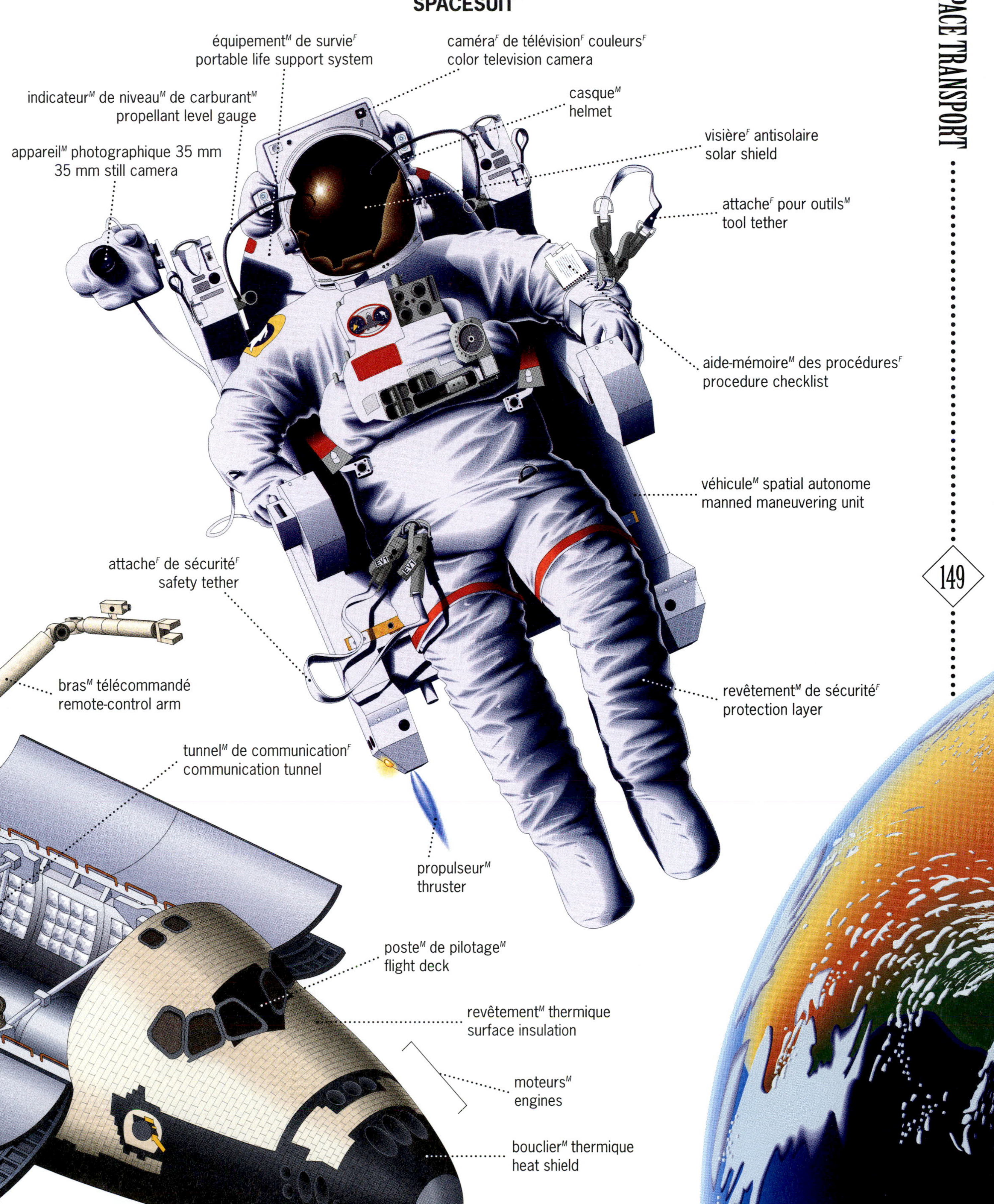

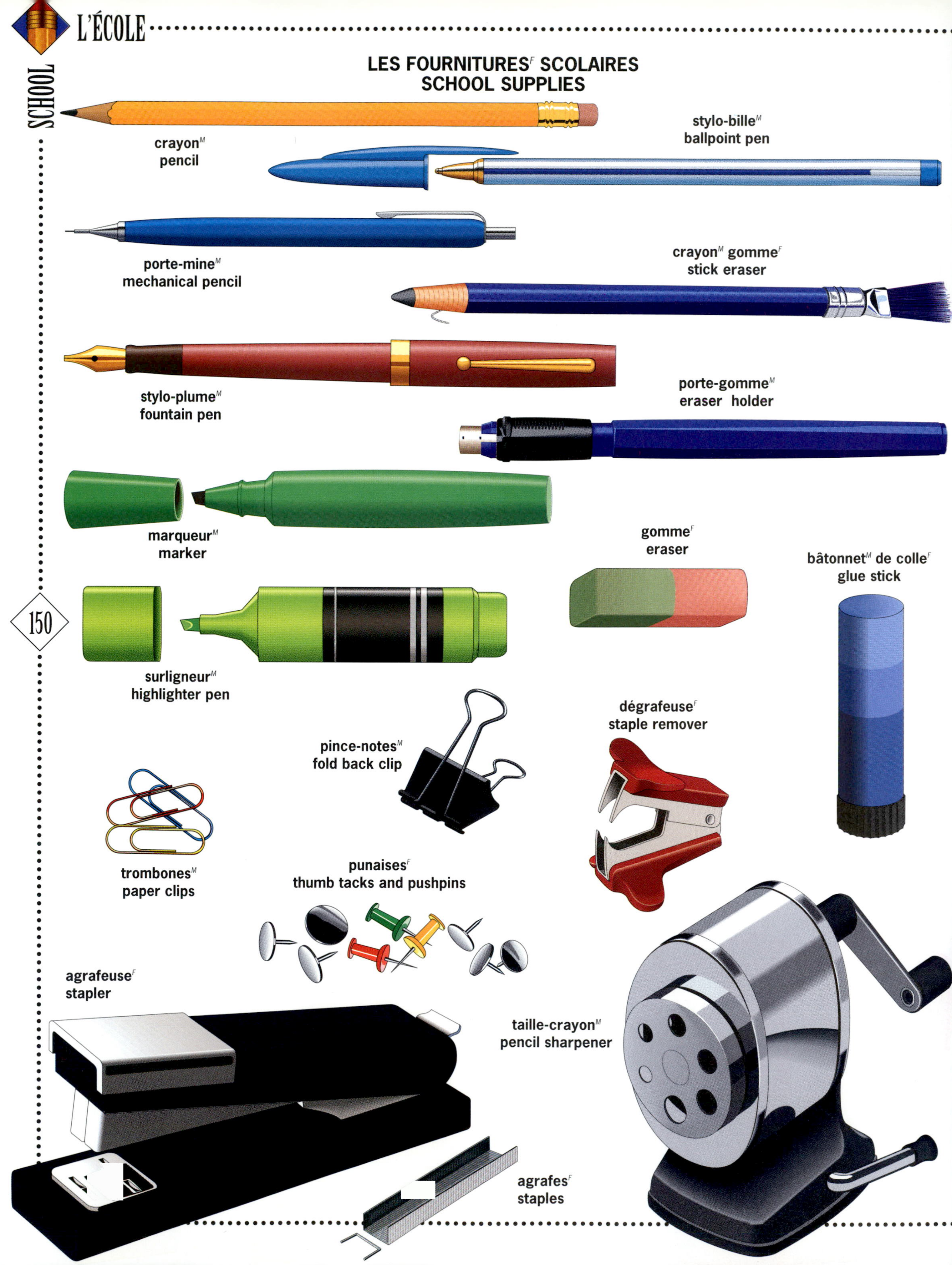
LES FOURNITURES[F] SCOLAIRES
SCHOOL SUPPLIES
crayon[M]
pencil
stylo-bille[M]
ballpoint pen
porte-mine[M]
mechanical pencil
crayon[M] gomme[F]
stick eraser
stylo-plume[M]
fountain pen
porte-gomme[M]
eraser holder
marqueur[M]
marker
gomme[F]
eraser
bâtonnet[M] de colle[F]
glue stick
surligneur[M]
highlighter pen
dégrafeuse[F]
staple remover
pince-notes[M]
fold back clip
trombones[M]
paper clips
punaises[F]
thumb tacks and pushpins
agrafeuse[F]
stapler
taille-crayon[M]
pencil sharpener
agrafes[F]
staples

règle[F] graduée
ruler

rapporteur[M] d'angles[M]
protractor

reliure[F] à anneaux[M]
ring binder

équerre[F]
set square

dévidoir[M] de ruban[M] adhésif
tape dispenser

reliure[F] spirale[F]
spiral bound notebook

feuilles[F] mobiles
loose-leaf paper

cahier[M]
notebook

bloc-notes[M]
notepad

serviette[F]
briefcase

sac[M]
satchel

LE MATÉRIEL[M] SCOLAIRE
SCHOOL EQUIPMENT

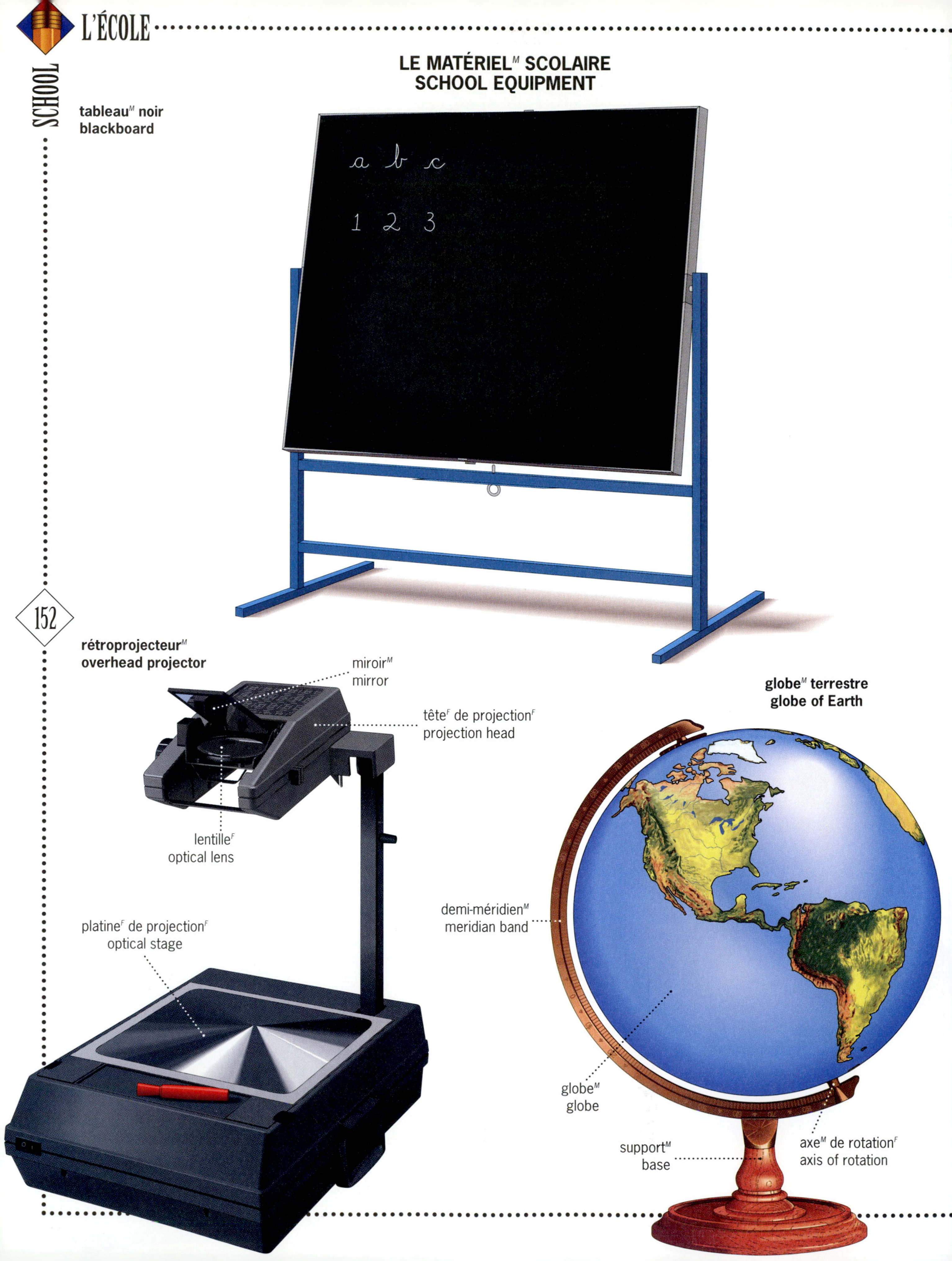

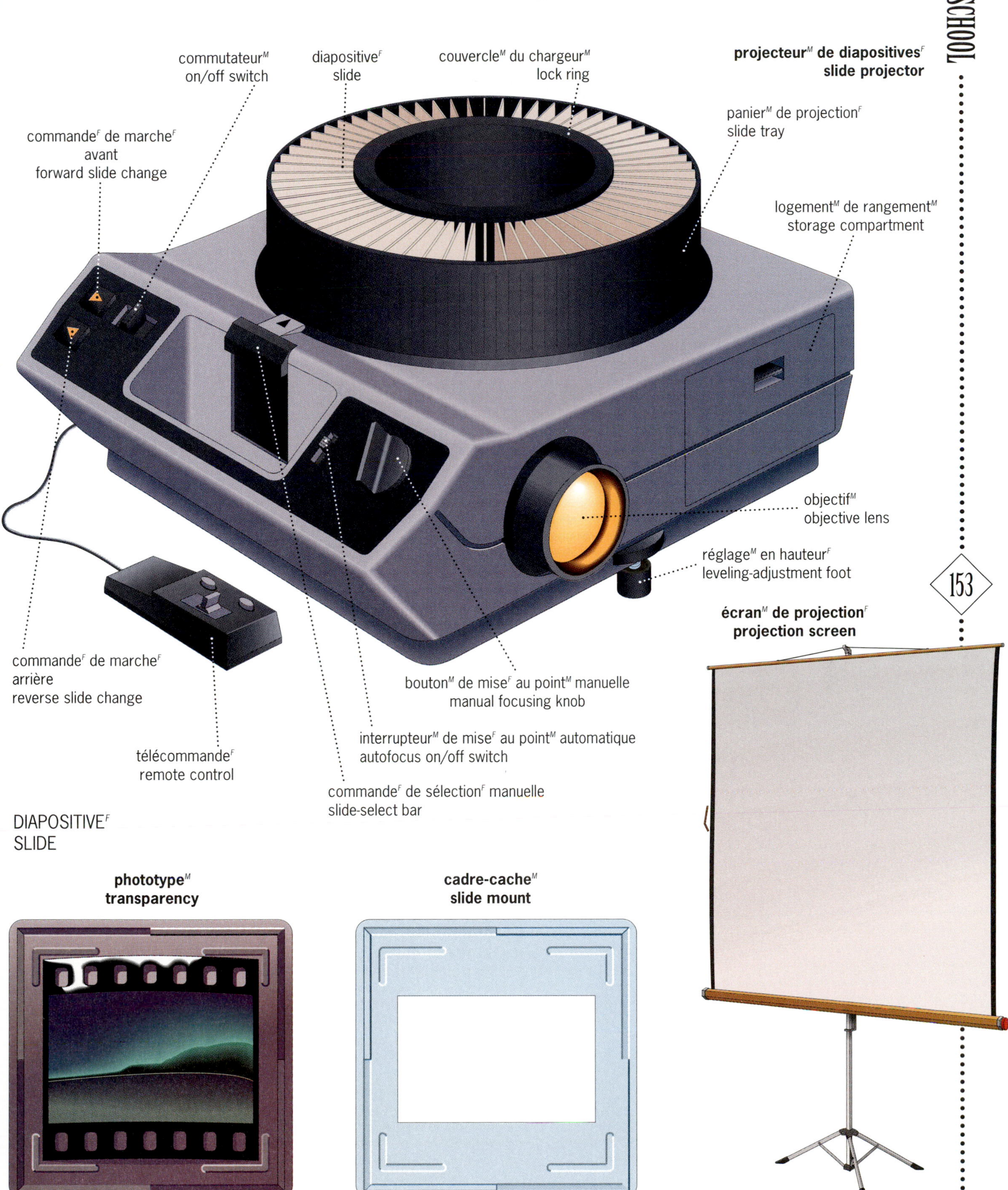
projecteur^M de diapositives^F
slide projector
commutateur^M
on/off switch
diapositive^F
slide
couvercle^M du chargeur^M
lock ring
panier^M de projection^F
slide tray
commande^F de marche^F
avant
forward slide change
logement^M de rangement^M
storage compartment
objectif^M
objective lens
réglage^M en hauteur^F
leveling-adjustment foot
écran^M de projection^F
projection screen
commande^F de marche^F
arrière
reverse slide change
bouton^M de mise^F au point^M manuelle
manual focusing knob
interrupteur^M de mise^F au point^M automatique
autofocus on/off switch
télécommande^F
remote control
commande^F de sélection^F manuelle
slide-select bar
DIAPOSITIVE^F
SLIDE
phototype^M
transparency
cadre-cache^M
slide mount

LE MATÉRIEL[M] SCOLAIRE
SCHOOL EQUIPMENT

calculette[F]
pocket calculator

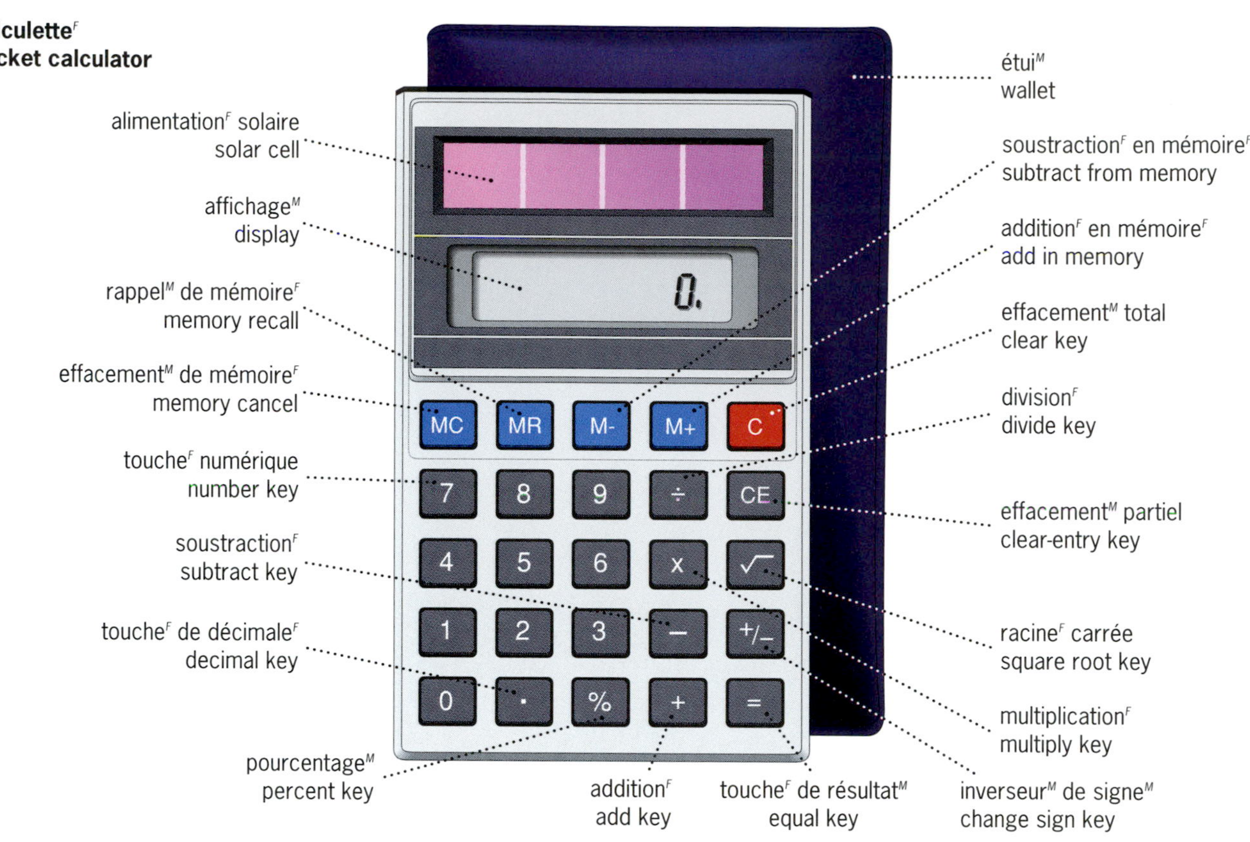

micro-ordinateur[M]
personal computer

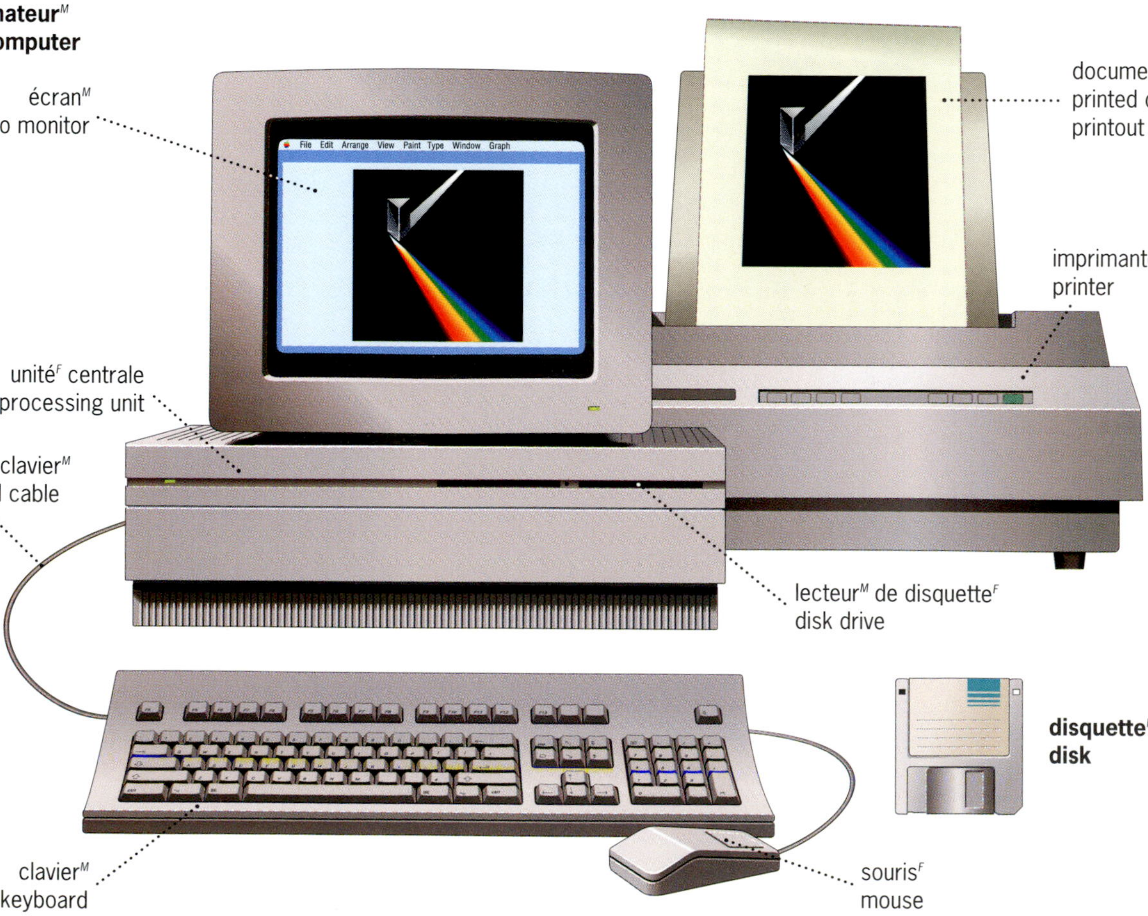

écran[M]
video monitor

document[M] imprimé
printed document;
printout

imprimante[F]
printer

unité[F] centrale
central processing unit

câble[M] du clavier[M]
keyboard cable

lecteur[M] de disquette[F]
disk drive

disquette[F]
disk

clavier[M]
keyboard

souris[F]
mouse

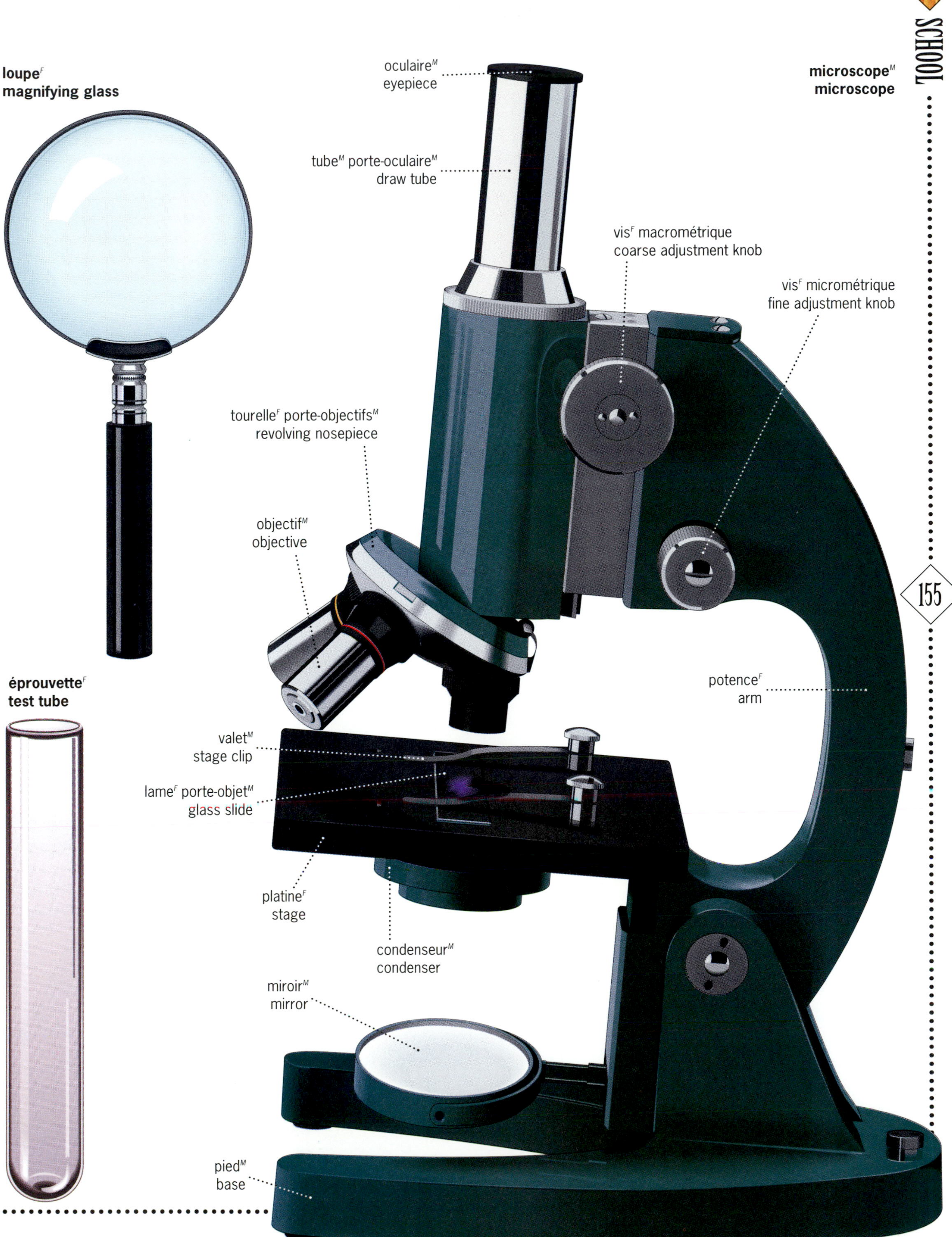
loupe[F]
magnifying glass
éprouvette[F]
test tube
microscope[M]
microscope
oculaire[M]
eyepiece
tube[M] porte-oculaire[M]
draw tube
vis[F] macrométrique
coarse adjustment knob
vis[F] micrométrique
fine adjustment knob
tourelle[F] porte-objectifs[M]
revolving nosepiece
objectif[M]
objective
potence[F]
arm
valet[M]
stage clip
lame[F] porte-objet[M]
glass slide
platine[F]
stage
condenseur[M]
condenser
miroir[M]
mirror
pied[M]
base

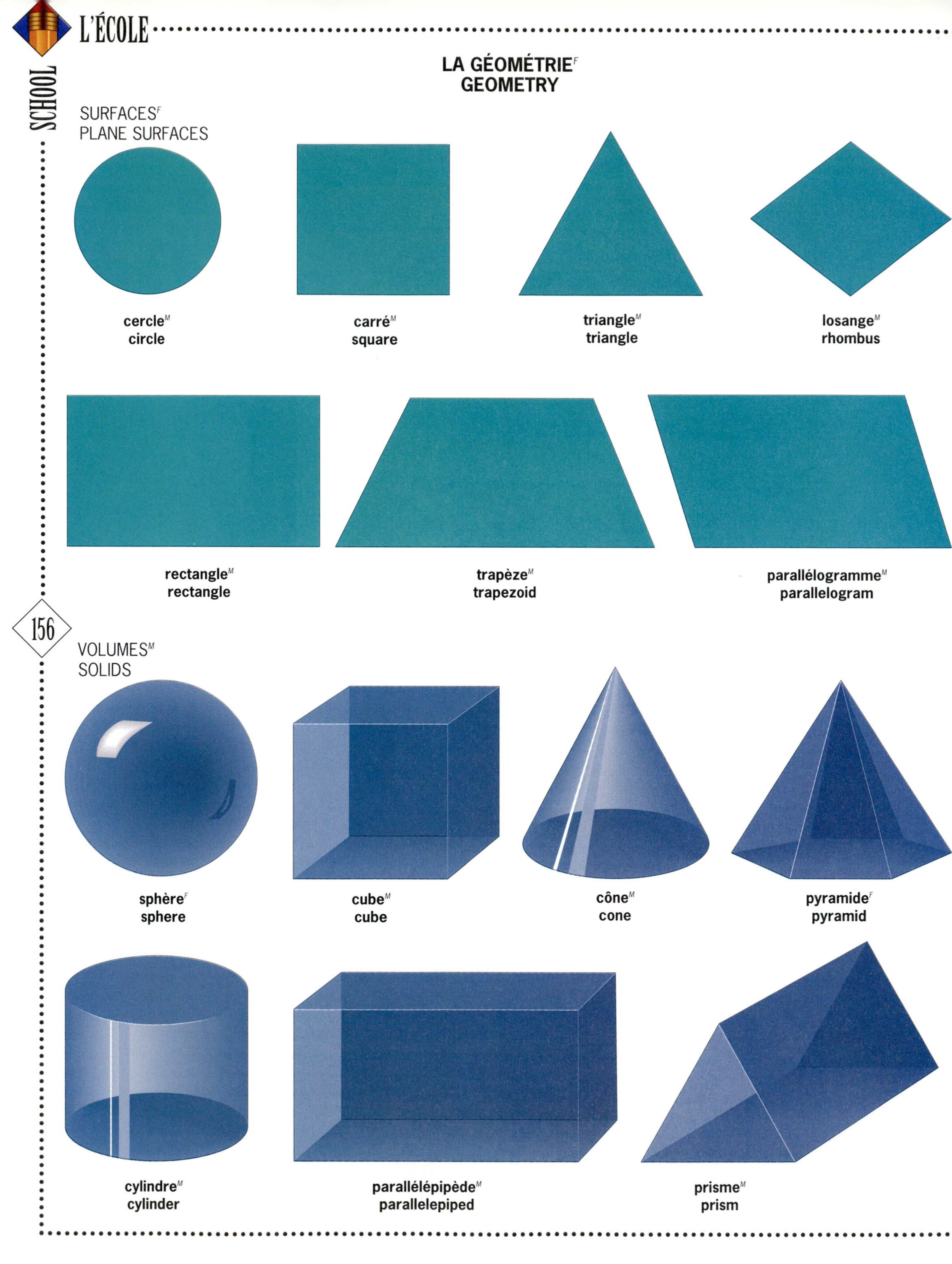
L'ÉCOLE
SCHOOL
LA GÉOMÉTRIE[F]
GEOMETRY
SURFACES[F]
PLANE SURFACES
cercle[M]
circle
carré[M]
square
triangle[M]
triangle
losange[M]
rhombus
rectangle[M]
rectangle
trapèze[M]
trapezoid
parallélogramme[M]
parallelogram
156
VOLUMES[M]
SOLIDS
sphère[F]
sphere
cube[M]
cube
cône[M]
cone
pyramide[F]
pyramid
cylindre[M]
cylinder
parallélépipède[M]
parallelepiped
prisme[M]
prism

LE DESSIN[M]
DRAWING

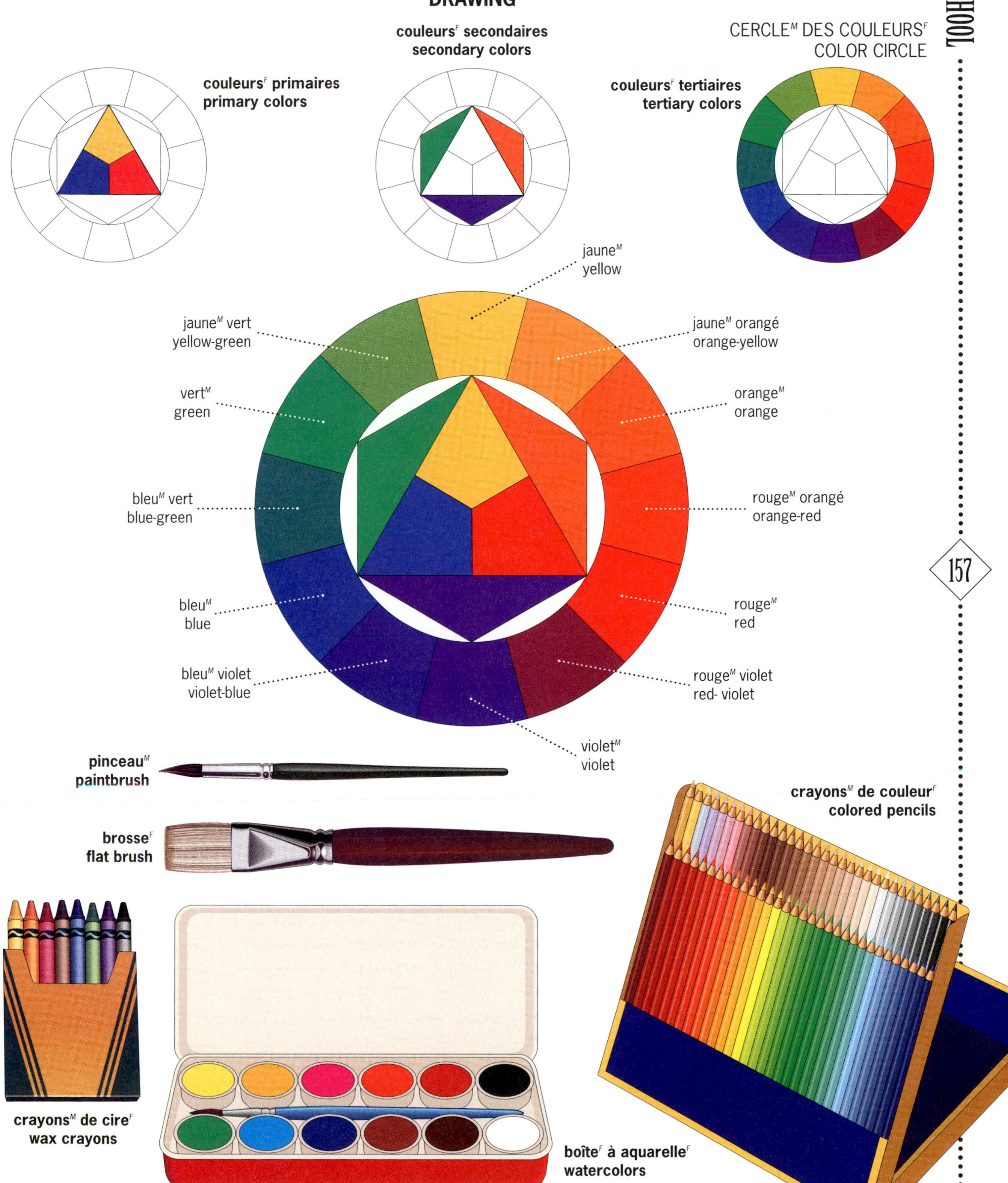

LES INSTRUMENTS[M] TRADITIONNELS
TRADITIONAL MUSICAL INSTRUMENTS

LES INSTRUMENTS[M] À CLAVIER[M]
KEYBOARD INSTRUMENTS

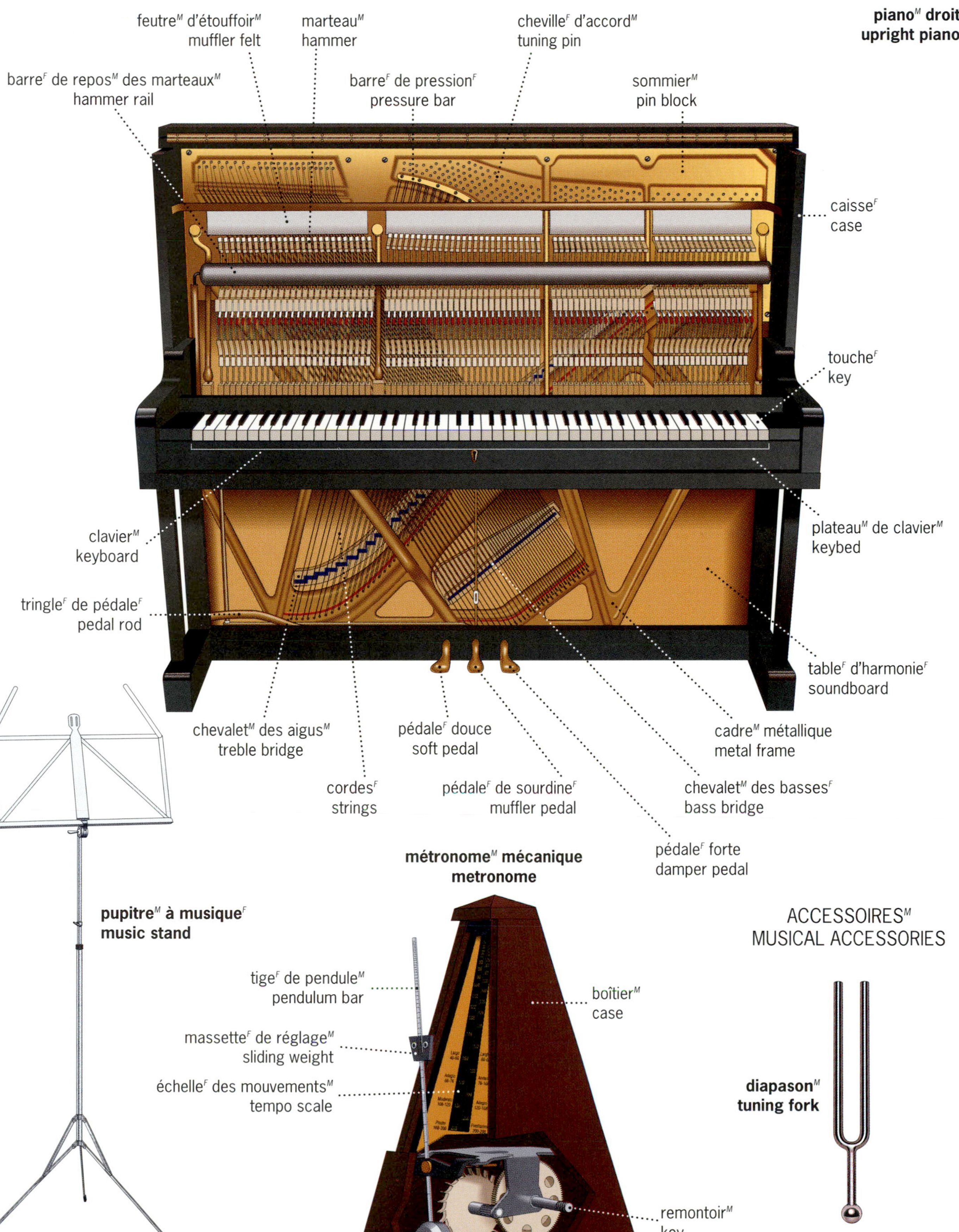

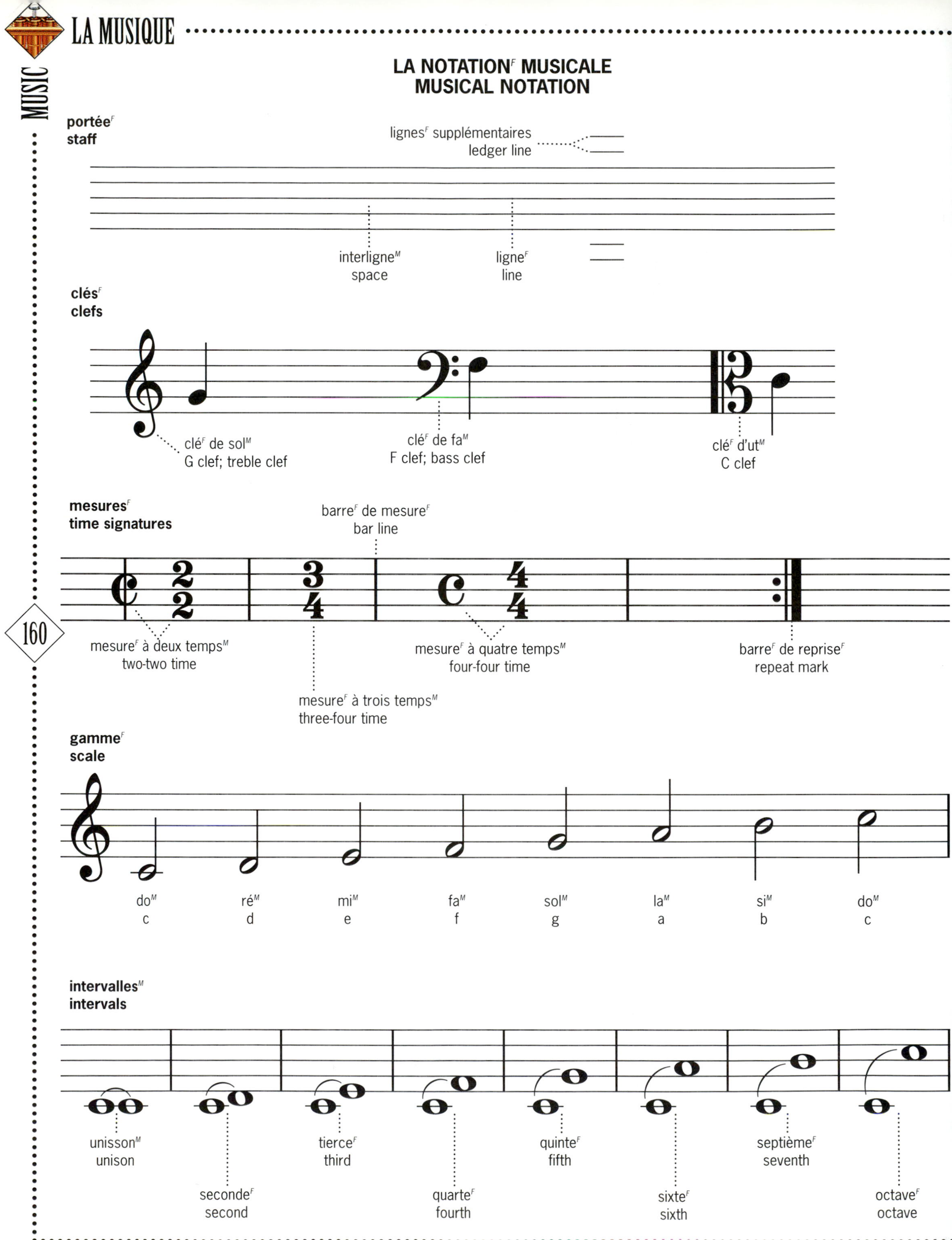
LA NOTATION[F] MUSICALE
MUSICAL NOTATION
portée[F]
staff
lignes[F] supplémentaires
ledger line
interligne[M]
space
ligne[F]
line
clés[F]
clefs
clé[F] de sol[M]
G clef; treble clef
clé[F] de fa[M]
F clef; bass clef
clé[F] d'ut[M]
C clef
mesures[F]
time signatures
barre[F] de mesure[F]
bar line
mesure[F] à deux temps[M]
two-two time
mesure[F] à trois temps[M]
three-four time
mesure[F] à quatre temps[M]
four-four time
barre[F] de reprise[F]
repeat mark
gamme[F]
scale
do[M]
c
ré[M]
d
mi[M]
e
fa[M]
f
sol[M]
g
la[M]
a
si[M]
b
do[M]
c
intervalles[M]
intervals
unisson[M]
unison
seconde[F]
second
tierce[F]
third
quarte[F]
fourth
quinte[F]
fifth
sixte[F]
sixth
septième[F]
seventh
octave[F]
octave

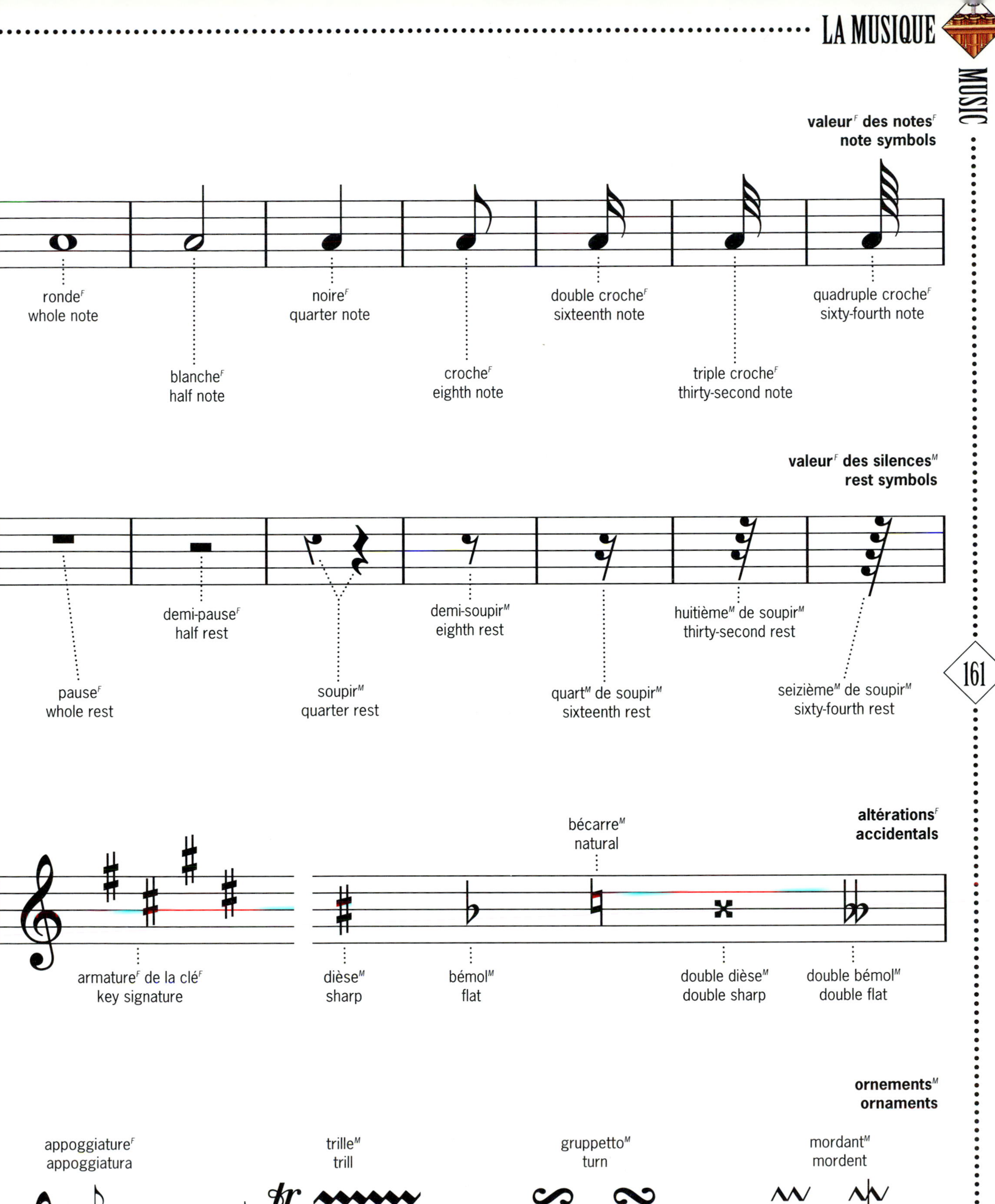
valeurF des notesF
note symbols
rondeF
whole note
blancheF
half note
noireF
quarter note
crocheF
eighth note
double crocheF
sixteenth note
triple crocheF
thirty-second note
quadruple crocheF
sixty-fourth note
valeurF des silencesM
rest symbols
pauseF
whole rest
demi-pauseF
half rest
soupirM
quarter rest
demi-soupirM
eighth rest
quartM de soupirM
sixteenth rest
huitièmeM de soupirM
thirty-second rest
seizièmeM de soupirM
sixty-fourth rest
altérationsF
accidentals
armatureF de la cléF
key signature
dièseM
sharp
bémolM
flat
bécarreM
natural
double dièseM
double sharp
double bémolM
double flat
ornementsM
ornaments
appoggiatureF
appoggiatura
trilleM
trill
tr
gruppettoM
turn
mordantM
mordent

LES INSTRUMENTS[M] À CORDES[F]
STRINGED INSTRUMENTS

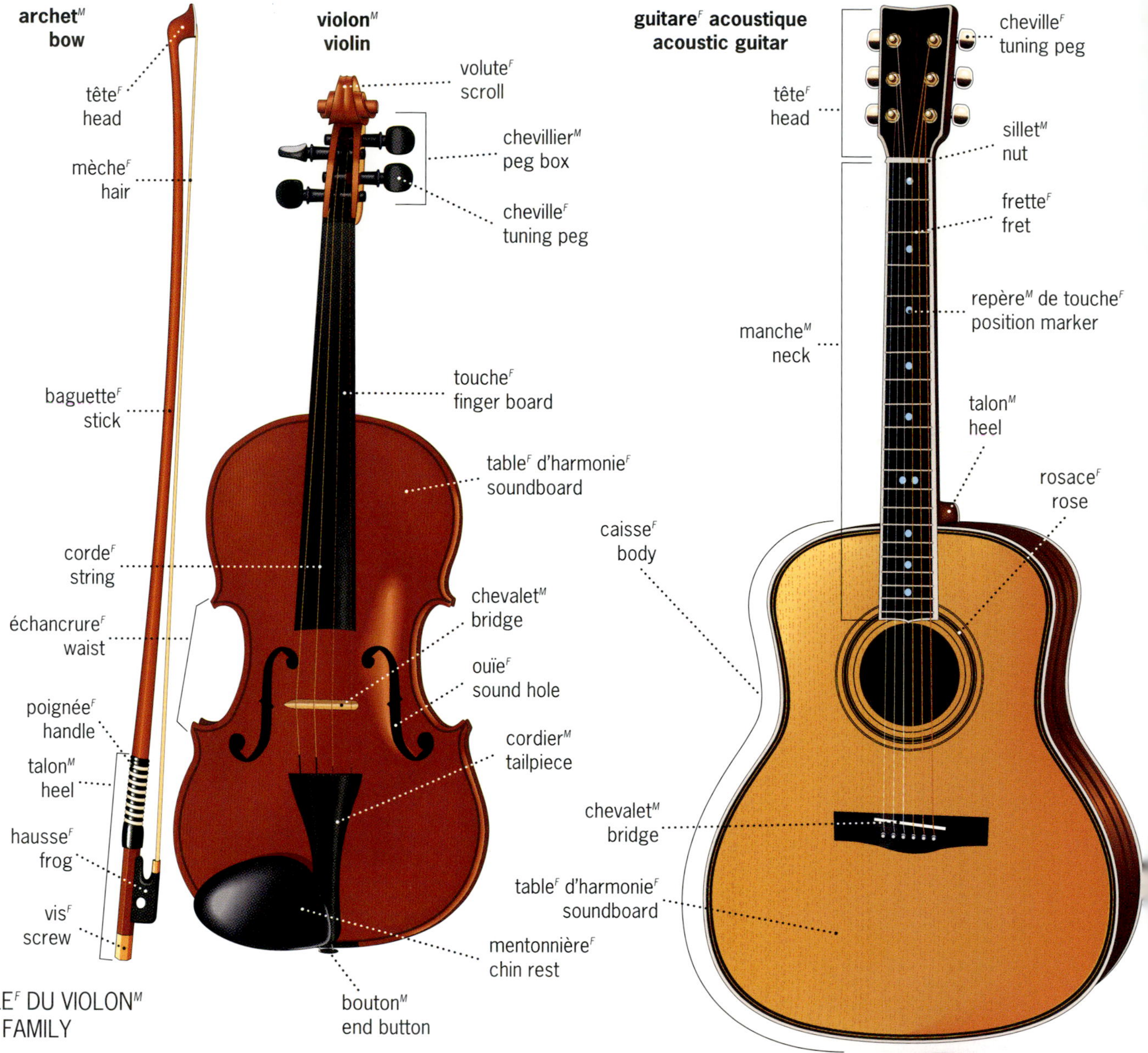

archet[M]
bow

tête[F]
head

mèche[F]
hair

baguette[F]
stick

corde[F]
string

échancrure[F]
waist

poignée[F]
handle

talon[M]
heel

hausse[F]
frog

vis[F]
screw

violon[M]
violin

volute[F]
scroll

chevillier[M]
peg box

cheville[F]
tuning peg

touche[F]
finger board

table[F] d'harmonie[F]
soundboard

chevalet[M]
bridge

ouïe[F]
sound hole

cordier[M]
tailpiece

mentonnière[F]
chin rest

bouton[M]
end button

guitare[F] acoustique
acoustic guitar

cheville[F]
tuning peg

tête[F]
head

sillet[M]
nut

frette[F]
fret

repère[M] de touche[F]
position marker

manche[M]
neck

talon[M]
heel

rosace[F]
rose

caisse[F]
body

chevalet[M]
bridge

table[F] d'harmonie[F]
soundboard

FAMILLE[F] DU VIOLON[M]
VIOLIN FAMILY

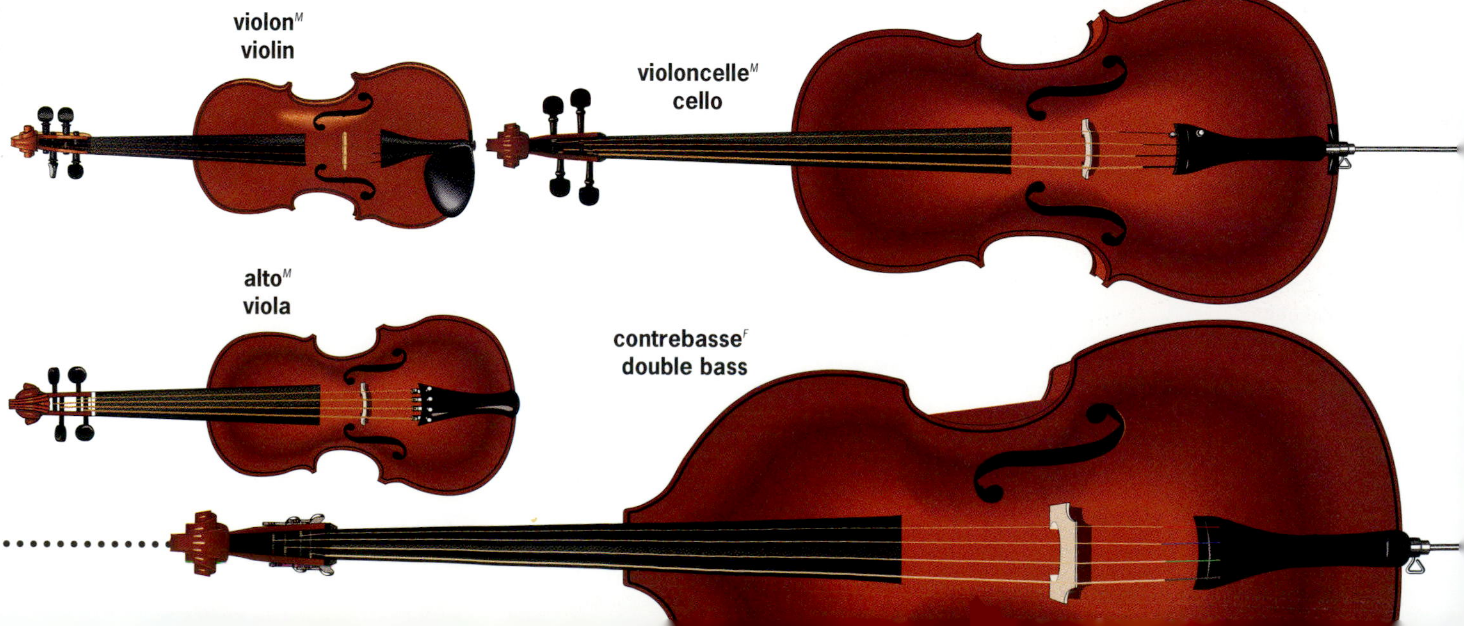

violon[M]
violin

violoncelle[M]
cello

alto[M]
viola

contrebasse[F]
double bass

guitare[F] électrique
electric guitar

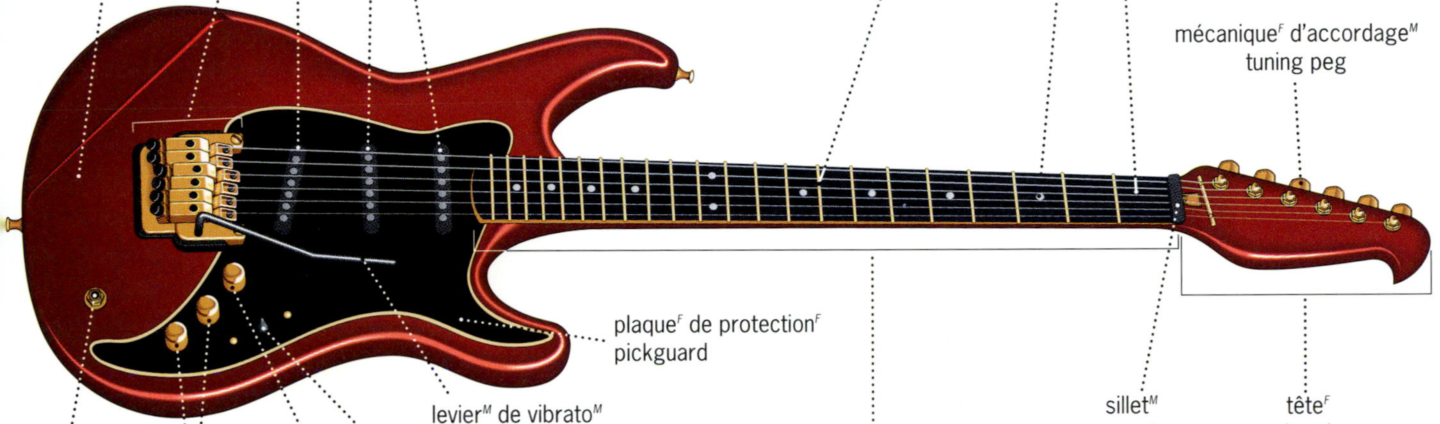

micro[M] de fréquences[F] aiguës
treble pickup

ensemble[M] du chevalet[M]
bridge assembly

micro[M] de fréquences[F] moyennes
midrange pickup

repère[M] de touche[F]
position marker

caisse[F] pleine
solid body

micro[M] de fréquences[F] graves
bass pickup

frette[F]
fret

touche[F]
finger board

mécanique[F] d'accordage[M]
tuning peg

plaque[F] de protection[F]
pickguard

levier[M] de vibrato[M]
vibrato arm

sillet[M]
nut

tête[F]
head

manche[M]
neck

sélecteur[M] de micro[M]
pickup selector

réglage[M] de la tonalité[F]
tone controls

réglage[M] du volume[M]
volume control

jack[M] de sortie[F]
output jack

guitare[F] basse
bass guitar

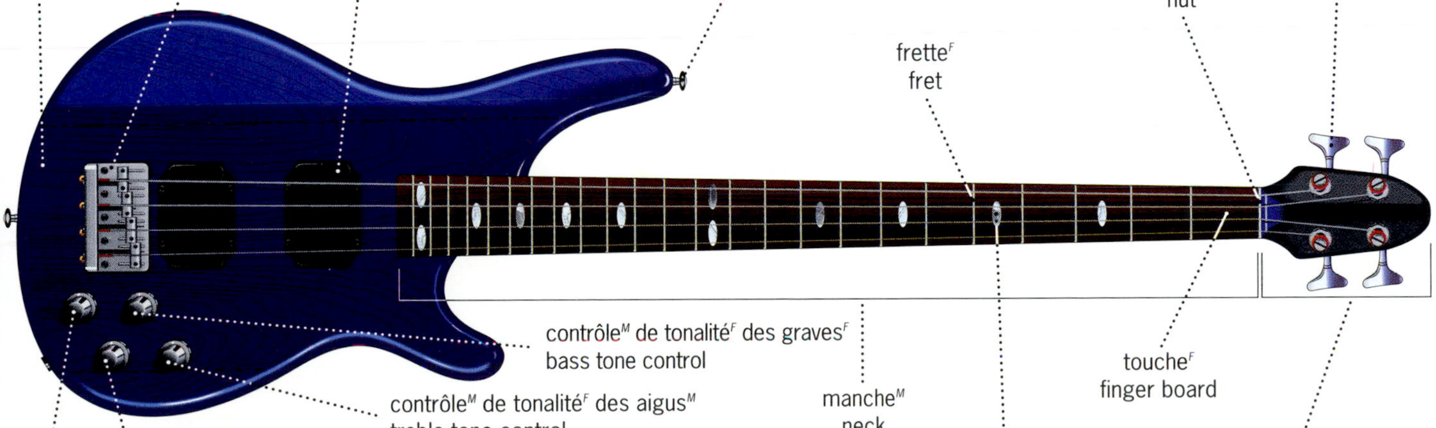

caisse[F]
body

micro[M]
pickups

bouton[M] fixe-courroie
strap system

mécanique[F] d'accordage[M]
tuning peg

chevalet[M]
bridge

sillet[M]
nut

frette[F]
fret

contrôle[M] de tonalité[F] des graves[F]
bass tone control

touche[F]
finger board

manche[M]
neck

contrôle[M] de tonalité[F] des aigus[M]
treble tone control

tête[F]
head

réglage[M] de la balance[F]
balancer

repère[M] de touche[F]
position marker

réglage[M] du volume[M]
volume control

LES INSTRUMENTS[M] À VENT[M]
WIND INSTRUMENTS

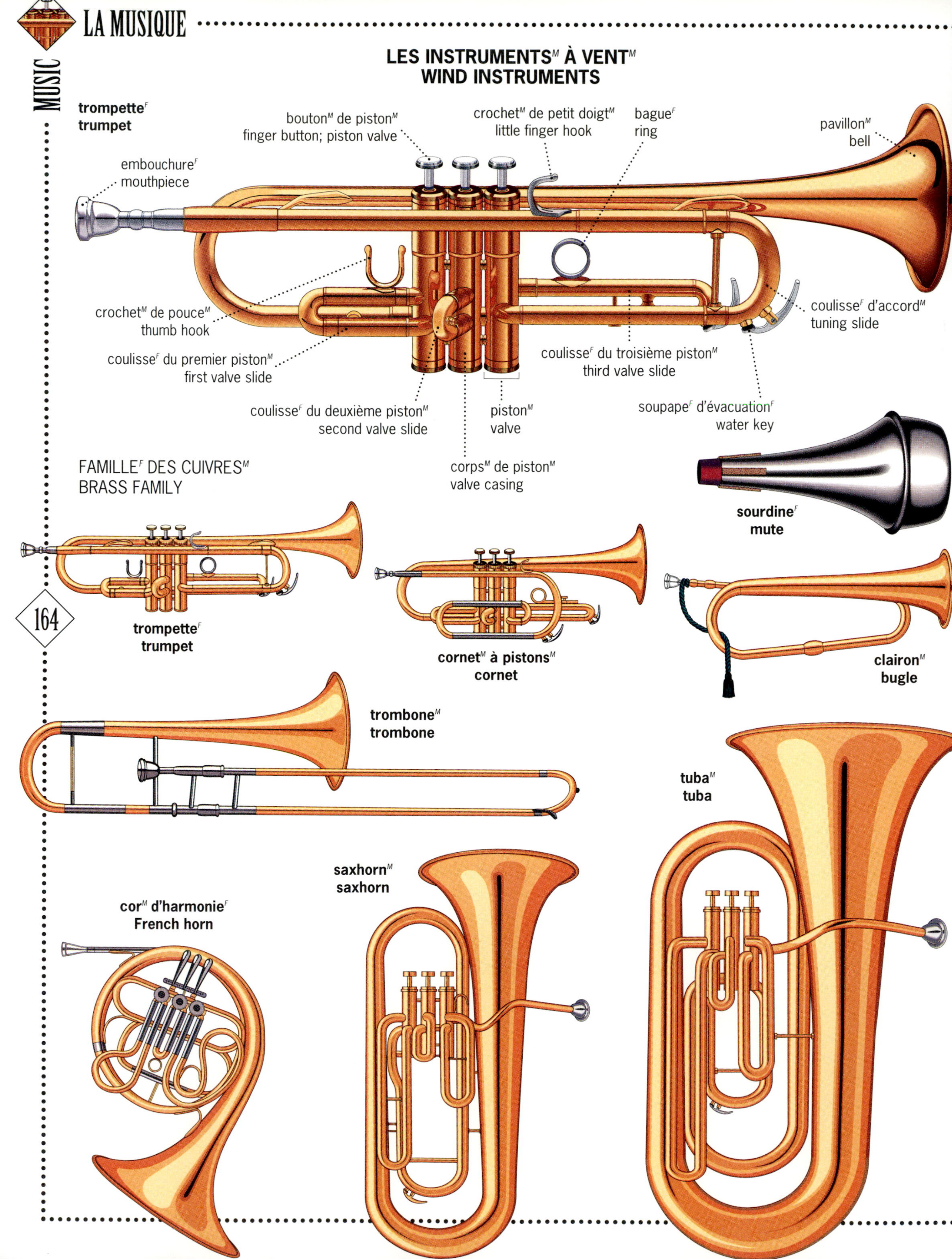

bocal[M]
crook
bague[F] de serrage[M]
ligature
anche[F]
reed
bec[M]
mouthpiece
mécanisme[M] d'octave[F]
octave mechanism
ANCHES[F]
REEDS
anche[F] double
double reed
anche[F] simple
single reed
saxophone[M]
saxophone
pavillon[M]
bell
attache[F] de pavillon[M]
bell brace
corps[M]
body
support[M] de pouce[M]
thumb rest
clé[F]
key
FAMILLE[F] DES BOIS[M]
WOODWIND FAMILY
saxophone[M]
saxophone
piccolo[M]
piccolo
flûte[F]
flute
flûte[F] à bec[M]
recorder
hautbois[M]
oboe
clarinette[F]
clarinet
cor[M] anglais
English horn
basson[M]
bassoon

LES INSTRUMENTS[M] À PERCUSSION[F]
PERCUSSION INSTRUMENTS

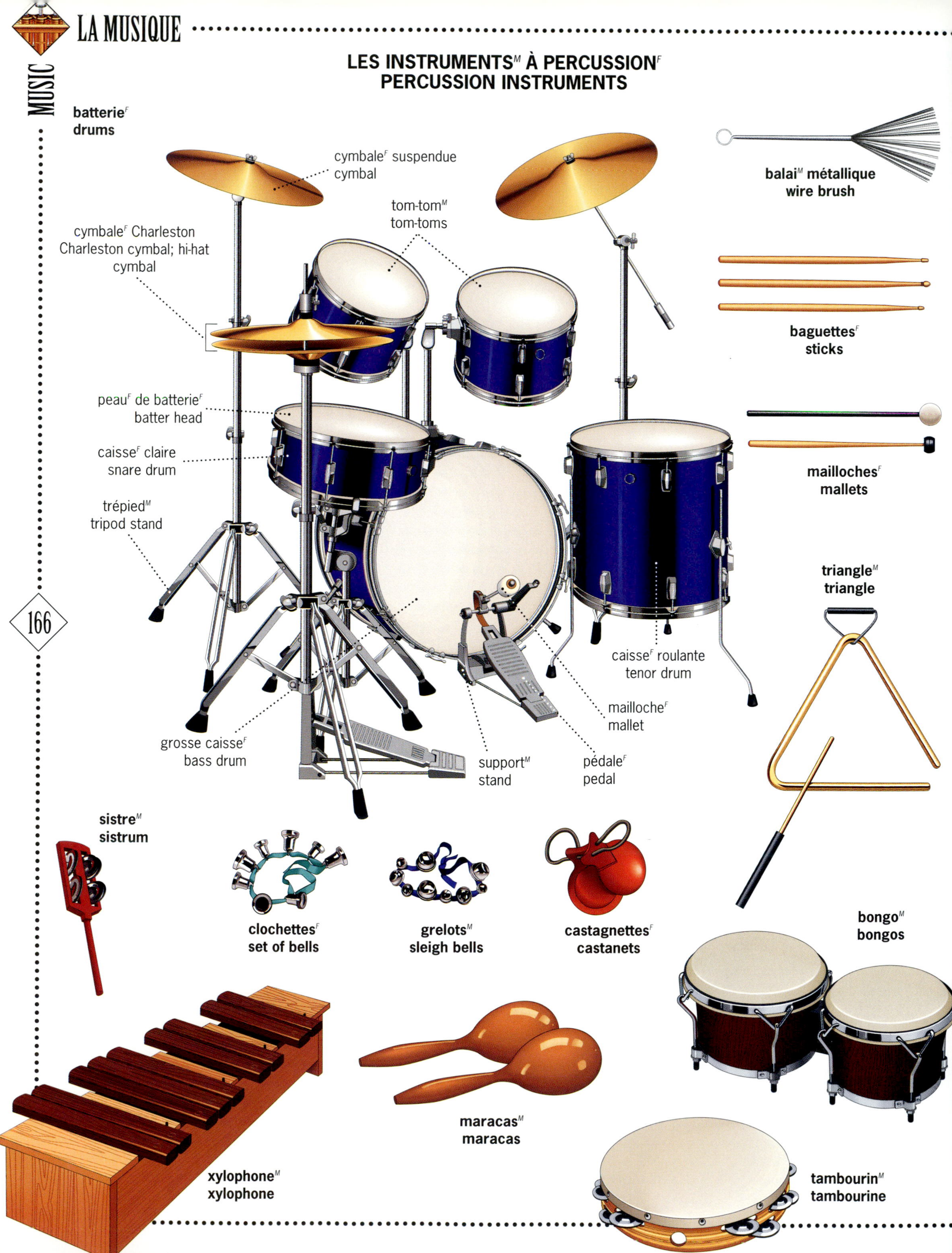

L'ORCHESTRE[M] SYMPHONIQUE
SYMPHONY ORCHESTRA

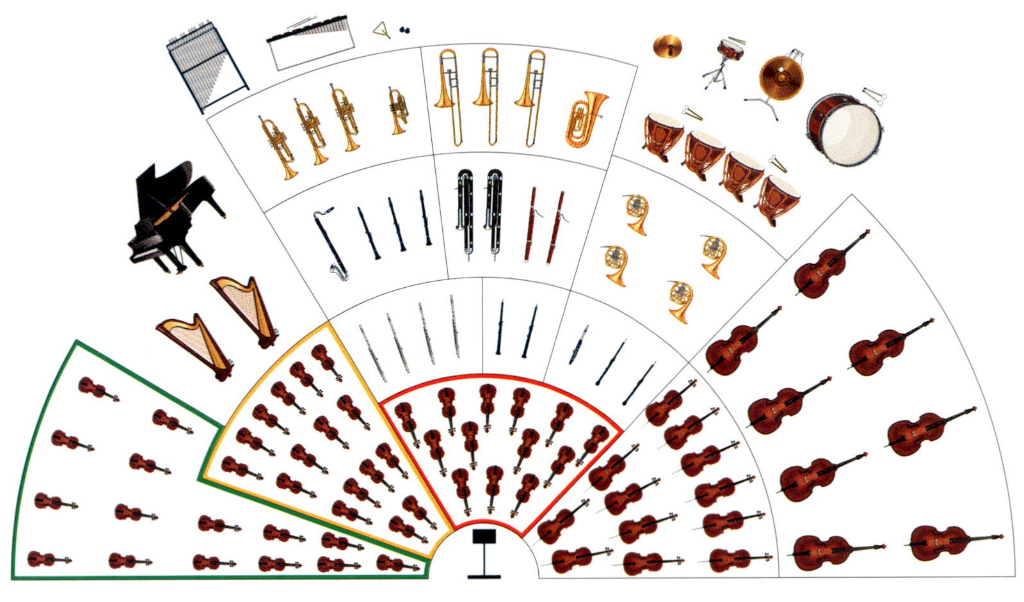

pupitre[M] du chef[M] d'orchestre[M]
conductor's podium

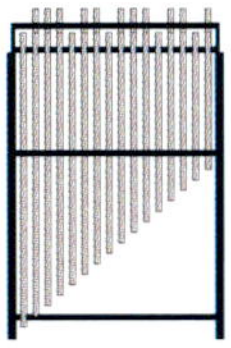

carillon[M] tubulaire
tubular bells

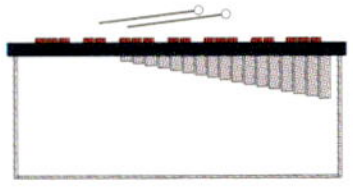

xylophone[M]
xylophone

grosse caisse[F]
bass drum

harpe[F]
harp

piano[M]
piano

flûte[F]
flute

hautbois[M]
oboe

piccolo[M]
piccolo

cor[M] anglais
English horn

premier violon[M]
first violin

second violon[M]
second violin

alto[M]
viola

violoncelle[M]
cello

contrebasse[F]
double bass

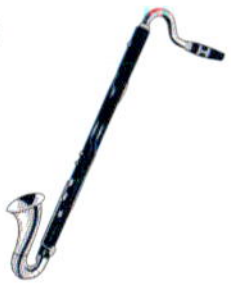

clarinette[F] basse
bass clarinet

clarinette[F]
clarinet

contrebasson[M]
contrabassoon

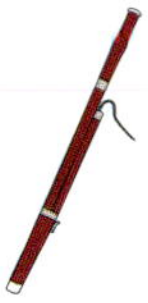

basson[M]
bassoon

cor[M] d'harmonie[F]
French horn

cornet[M] à pistons[M]
cornet

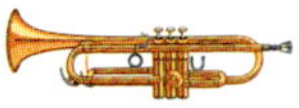

trompette[F]
trumpet

trombone[M]
trombone

tuba[M]
tuba

triangle[M]
triangle

caisse[F] claire
snare drum

cymbales[F]
cymbals

castagnettes[F]
castanets

timbale[F]
kettledrum

gong[M]
gong

LE BASEBALL[M]
BASEBALL

gant[M]
fielder's glove

panier[M]
web

patte[F]
strap

pouce[M]
thumb

doigt[M]
finger

paume[F]
palm

talon[M]
heel

lacet[M]
lace

bâton[M]
bat

pommeau[M]
knob

manche[M]
handle

surface[F] de frappe[F]
hitting area

balle[F] de baseball[M]
baseball

71 – 74 mm

frappeur[M]
batter

casque[M] de frappeur[M]
batter's helmet

chandail[M] d'équipe[F]
team shirt

gant[M] de frappeur[M]
batting glove

chandail[M] de dessous[M]
undershirt

pantalon[M]
pants

chaussette[F]-étrier[M]
stirrup sock

chaussure[F] à crampons[M]
spiked shoe

receveur[M]
catcher

grille[F]
frame

protège-gorge[M]
throat protector

masque[M]
mask

gant[M] de receveur[M]
catcher's glove

protecteur[M] de poitrine[F]
chest protector

protège-tibia[M]
shin guard

protège-orteils[M]
toe guard

genouillère[F]
knee pad

terrain[M]
field

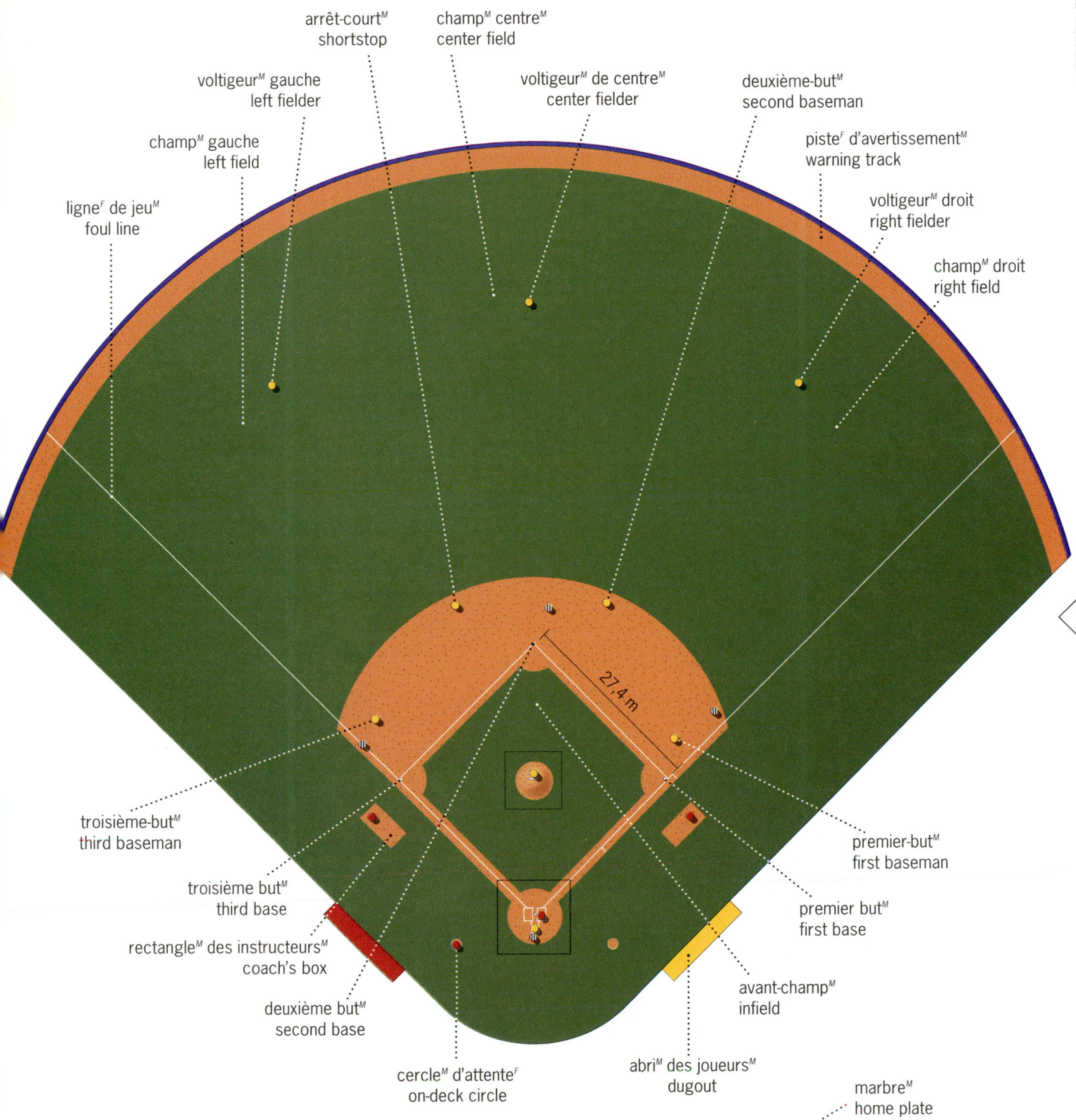

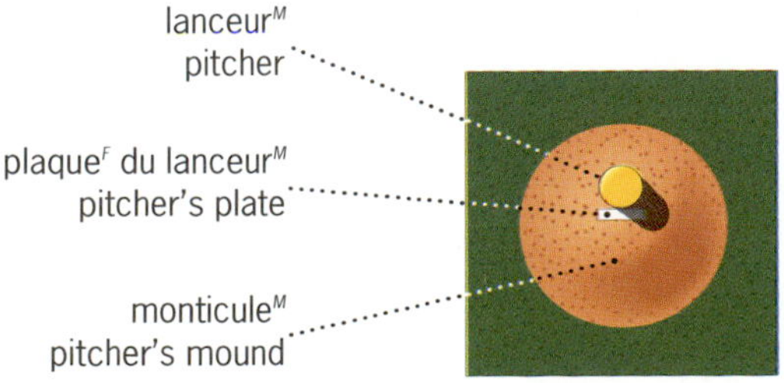

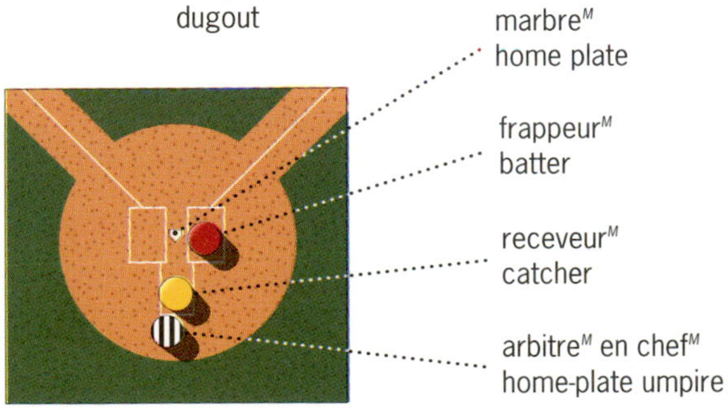

LE FOOTBALL[M] AMÉRICAIN
AMERICAN FOOTBALL

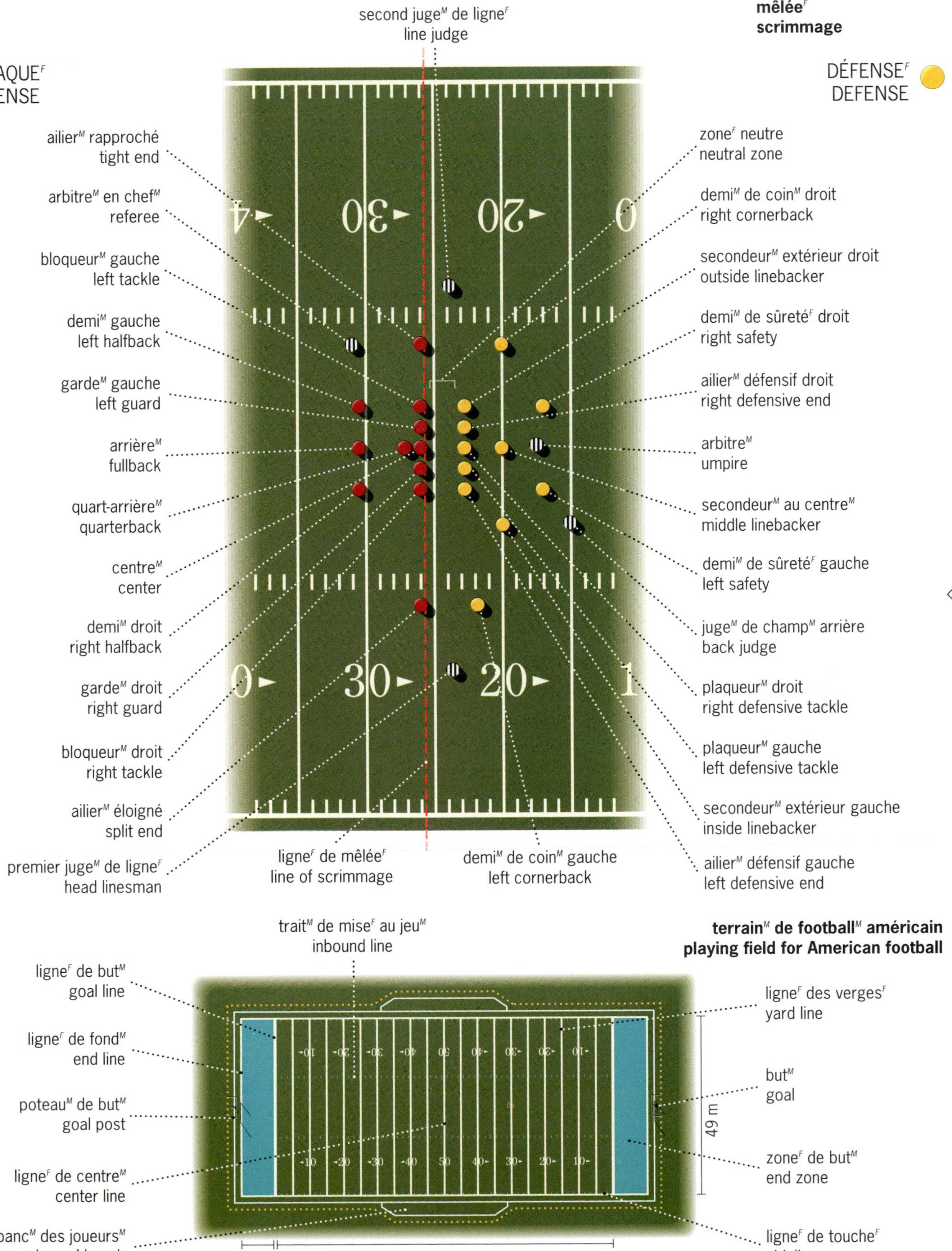
mêlée
scrimmage
second juge de ligne
line judge
ATTAQUE
OFFENSE
DÉFENSE
DEFENSE
ailier rapproché
tight end
arbitre en chef
referee
bloqueur gauche
left tackle
demi gauche
left halfback
garde gauche
left guard
arrière
fullback
quart-arrière
quarterback
centre
center
demi droit
right halfback
garde droit
right guard
bloqueur droit
right tackle
ailier éloigné
split end
premier juge de ligne
head linesman
ligne de mêlée
line of scrimmage
demi de coin gauche
left cornerback
zone neutre
neutral zone
demi de coin droit
right cornerback
secondeur extérieur droit
outside linebacker
demi de sûreté droit
right safety
ailier défensif droit
right defensive end
arbitre
umpire
secondeur au centre
middle linebacker
demi de sûreté gauche
left safety
juge de champ arrière
back judge
plaqueur droit
right defensive tackle
plaqueur gauche
left defensive tackle
secondeur extérieur gauche
inside linebacker
ailier défensif gauche
left defensive end
terrain de football américain
playing field for American football
trait de mise au jeu
inbound line
ligne de but
goal line
ligne de fond
end line
poteau de but
goal post
ligne de centre
center line
banc des joueurs
players' bench
ligne des verges
yard line
but
goal
zone de but
end zone
ligne de touche
sideline
49 m
9,1 m
91,4 m

LE FOOTBALL[M]
SOCCER
footballeur[M]
soccer player
ballon[M] de football[M]
soccer ball
chandail[M] d'équipe[F]
team shirt
218 mm
short[M]
shorts
protège-tibia[M]
shin guard
chaussure[F] de football[M]
soccer shoe
crampons[M] interchangeables
interchangeable studs

terrain^M^
playing field

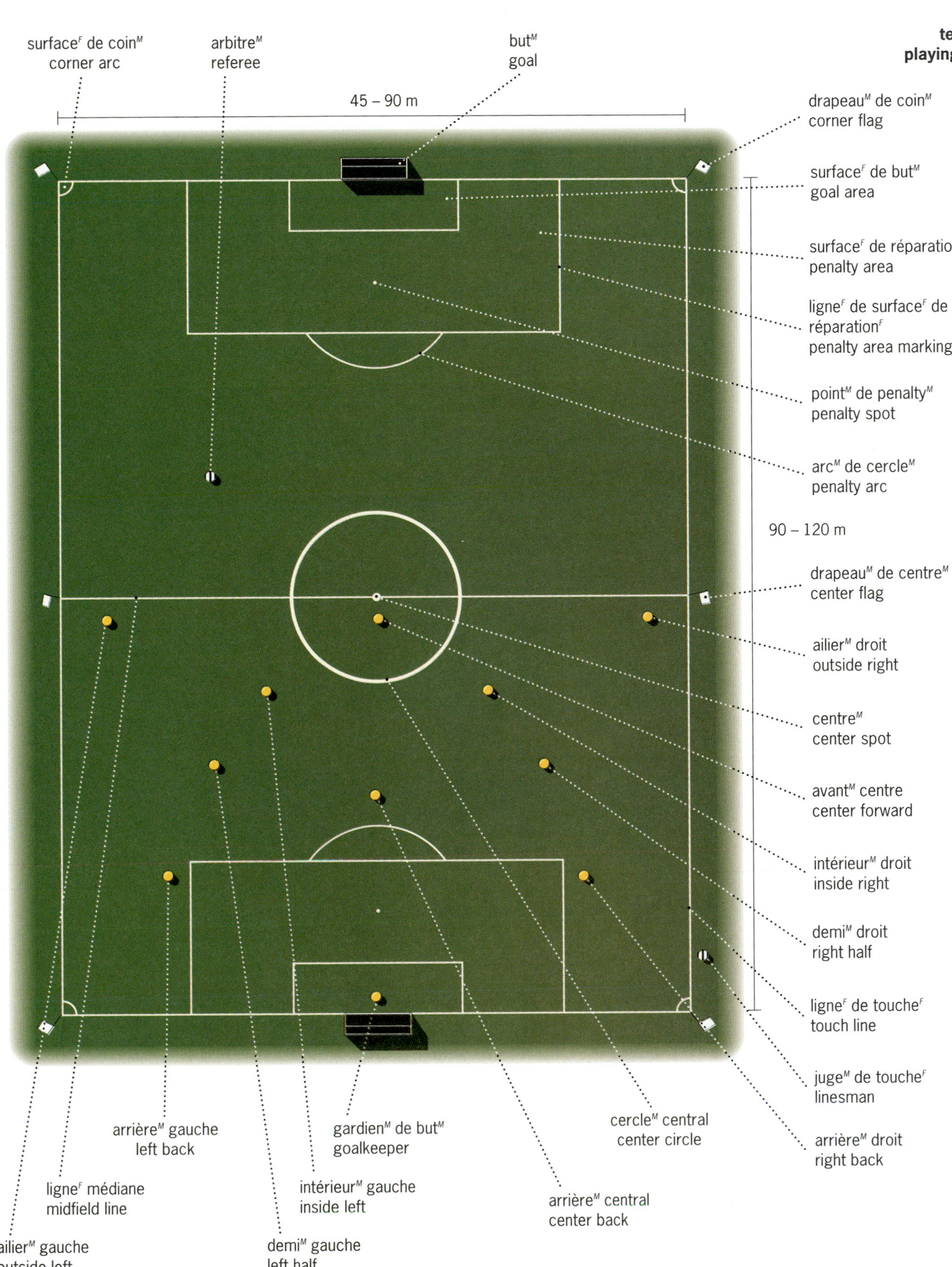

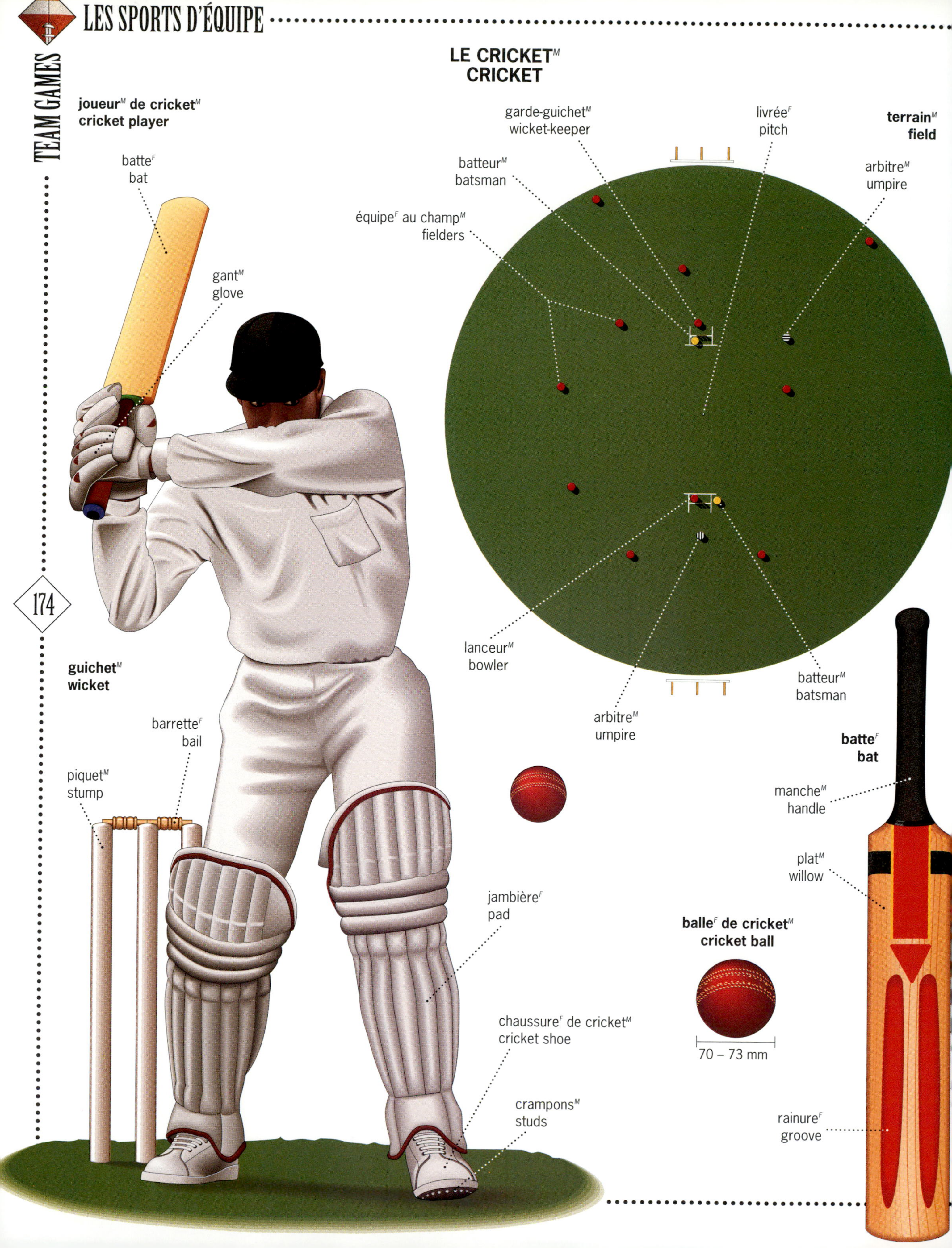
LE CRICKET[M]
CRICKET
joueur[M] de cricket[M]
cricket player
batte[F]
bat
gant[M]
glove
garde-guichet[M]
wicket-keeper
livrée[F]
pitch
terrain[M]
field
batteur[M]
batsman
arbitre[M]
umpire
équipe[F] au champ[M]
fielders
lanceur[M]
bowler
batteur[M]
batsman
arbitre[M]
umpire
guichet[M]
wicket
barrette[F]
bail
piquet[M]
stump
jambière[F]
pad
chaussure[F] de cricket[M]
cricket shoe
crampons[M]
studs
batte[F]
bat
manche[M]
handle
plat[M]
willow
balle[F] de cricket[M]
cricket ball
70 – 73 mm
rainure[F]
groove

LE HOCKEY[M] SUR GAZON[M]
FIELD HOCKEY

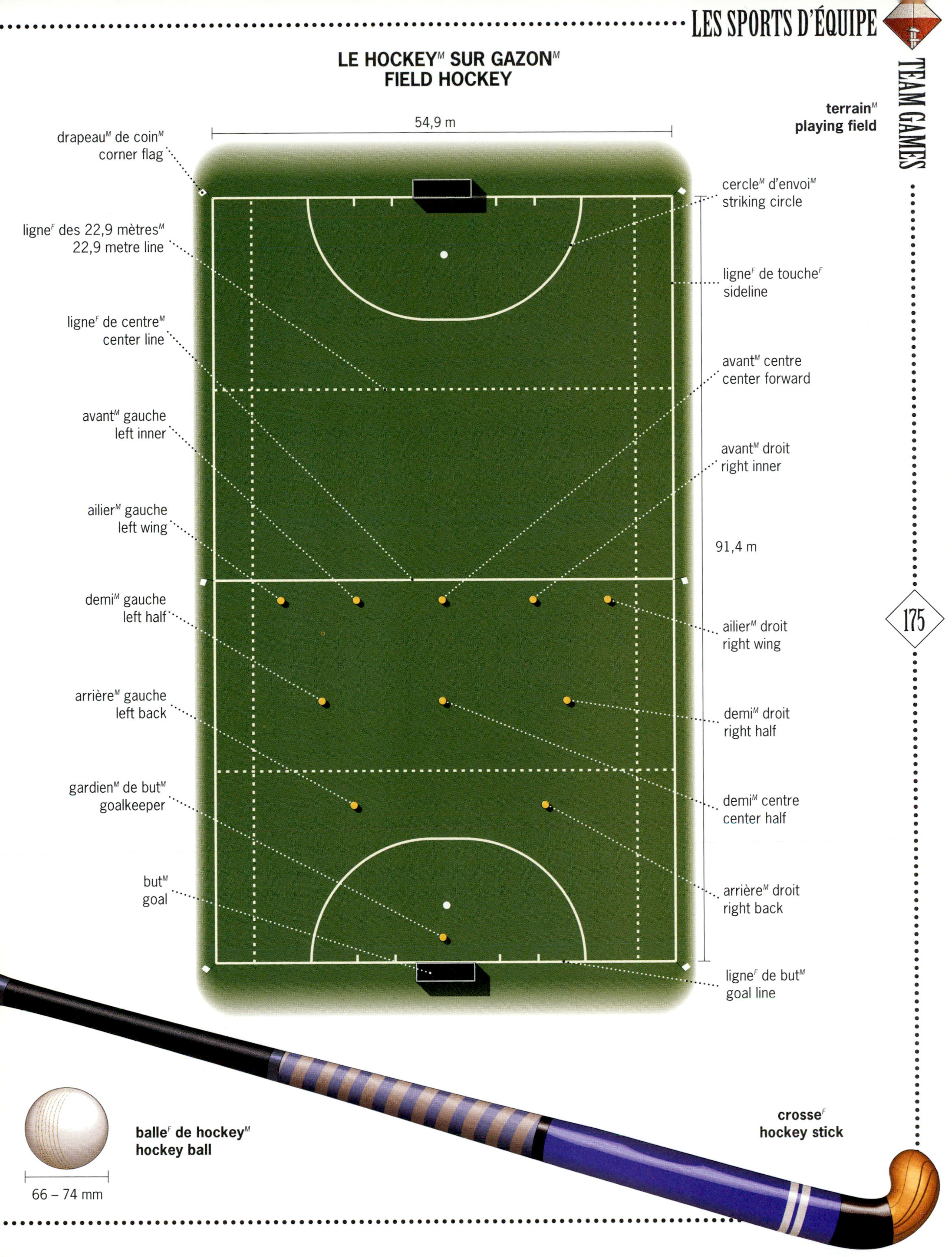

LE HOCKEY[M] SUR GLACE[F]
ICE HOCKEY

patinoire[F]
rink

26 – 30 m

rondelle[F]
puck

25 mm

76 mm

ligne[F] de but[M]
goal line

zone[F] de but[M]
goal crease

but[M]
goal

cercle[M] de mise[F] au jeu[M]
face-off circle

point[M] de mise[F] au jeu[M]
face-off spot

zone[F] d'attaque[F]
attacking zone

ligne[F] bleue
blue line

arbitre[M]
referee

zone[F] neutre
neutral zone

ligne[F] centrale
center line

61 m

banc[M] des pénalités[F]
penalty bench

banc[M] des officiels[M]
officials' bench

banc[M] des joueurs[M]
players' bench

ailier[M] gauche
left wing

ailier[M] droit
right wing

centre[M]
center

juge[M] de ligne[F]
linesman

cercle[M] central
center face-off circle

défenseur[M] gauche
left defense

zone[F] de défense[F]
defending zone

défenseur[M] droit
right defense

bande[F]
boards

gardien[M] de but[M]
goalkeeper

juge[M] de but[M]
goal judge

coin[M] de patinoire[F]
rink corner

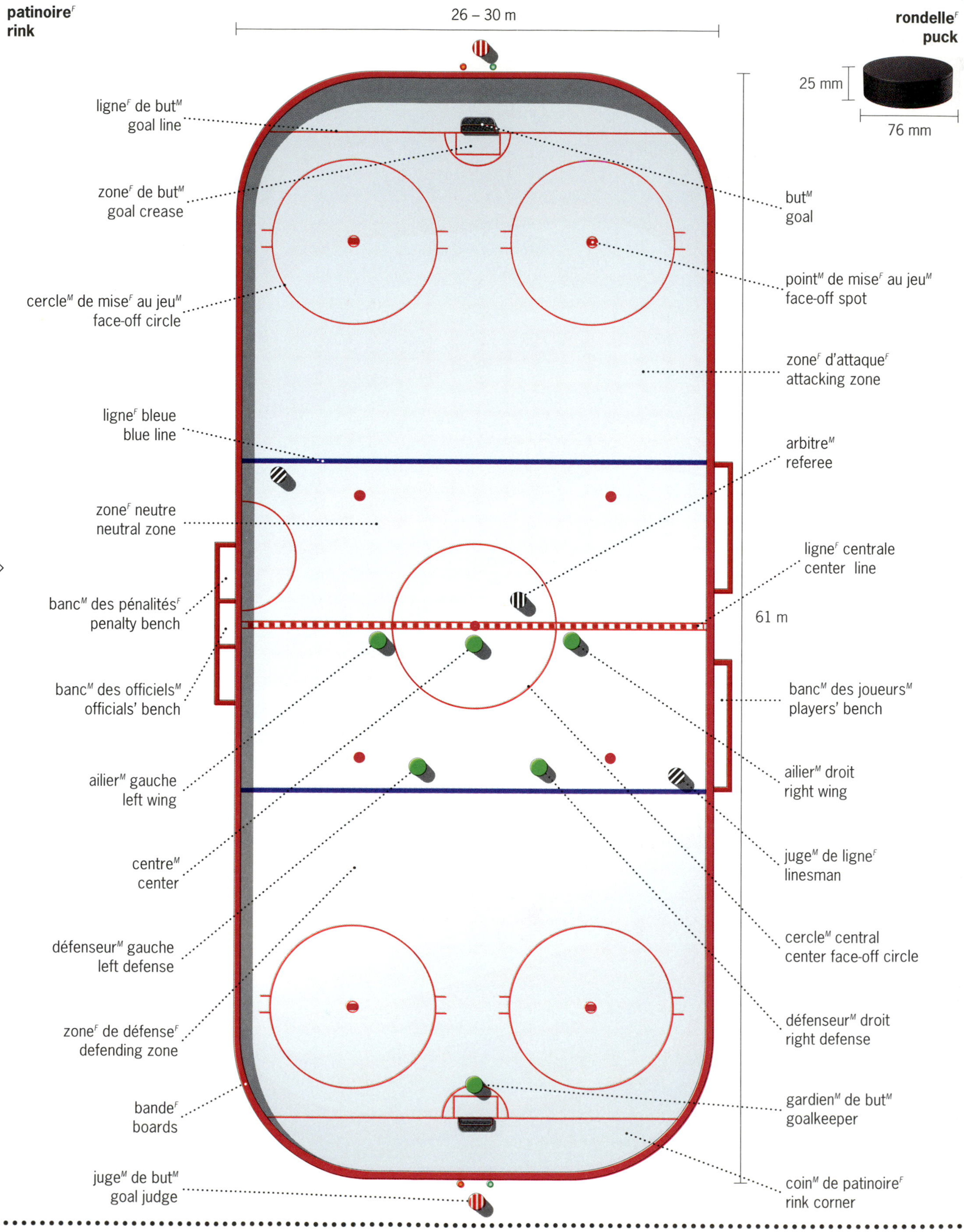

bâton[M] de joueur[M]
player's stick

embout[M]
butt end

manche[M]
shaft

lame[F]
blade

talon[M]
heel

hockeyeur[M]
ice hockey player

casque[M]
helmet

épaulière[F]
shoulder pad

protège-coude[M]
elbow pad

manchette[F]
cuff

gaine[F] de protection[F]
protective girdle

gant[M]
glove

coquille[F]
protective cup

genouillère[F]
knee pad

protège-tibia[M]
shin pad

patin[M]
skate

gardien[M] de but[M]
goalkeeper

masque[M]
face mask

protège-gorge[M]
throat protector

brassard[M]
arm pad

plastron[M]
body pad

bouclier[M]
back pad

culotte[F]
pants

gant[M] attrape-rondelle[M]
catch glove

jambière[F] de gardien[M] de but[M]
goalkeeper's pad

patin[M]
skate

bâton[M] de gardien[M] de but[M]
goalkeeper's stick

lame[F]
blade

LE BASKETBALL[M]
BASKETBALL

terrain[M]
court

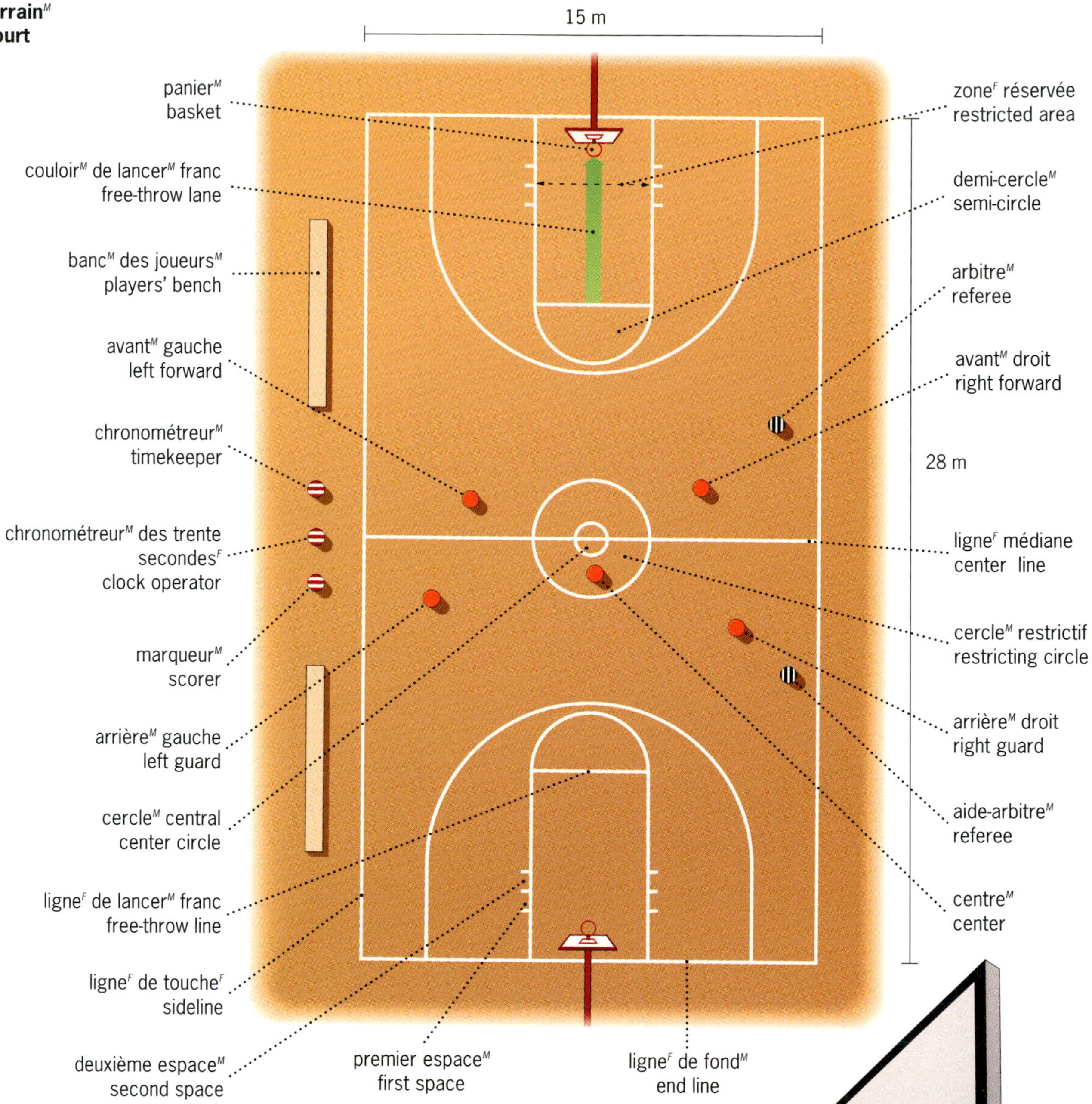

15 m

28 m

panier[M]
basket

couloir[M] de lancer[M] franc
free-throw lane

banc[M] des joueurs[M]
players' bench

avant[M] gauche
left forward

chronométreur[M]
timekeeper

chronométreur[M] des trente secondes[F]
clock operator

marqueur[M]
scorer

arrière[M] gauche
left guard

cercle[M] central
center circle

ligne[F] de lancer[M] franc
free-throw line

ligne[F] de touche[F]
sideline

deuxième espace[M]
second space

premier espace[M]
first space

ligne[F] de fond[M]
end line

zone[F] réservée
restricted area

demi-cercle[M]
semi-circle

arbitre[M]
referee

avant[M] droit
right forward

ligne[F] médiane
center line

cercle[M] restrictif
restricting circle

arrière[M] droit
right guard

aide-arbitre[M]
referee

centre[M]
center

ballon[M] de basket[M]
basketball

244 mm

panier[M]
basket

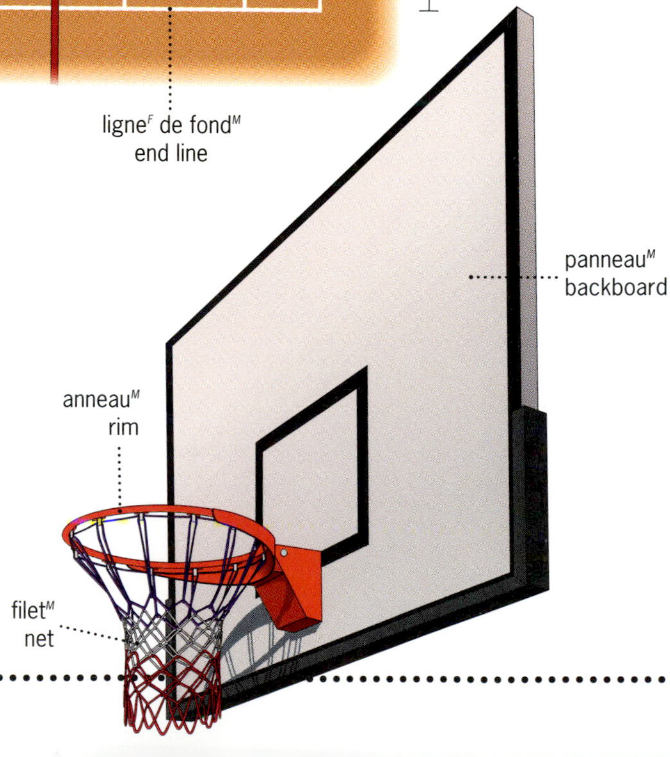

panneau[M]
backboard

anneau[M]
rim

filet[M]
net

LE VOLLEYBALL[M]
VOLLEYBALL

terrain[M]
court

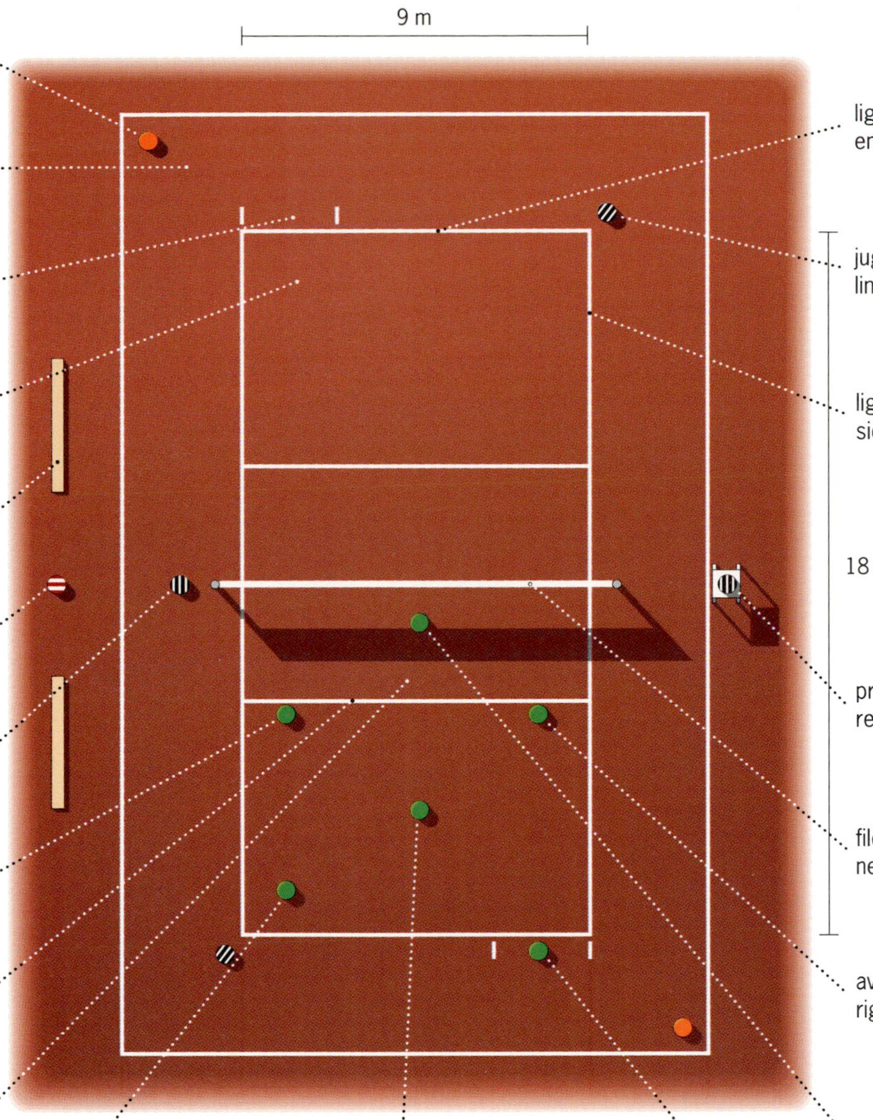

9 m
18 m

ramasseur[M]
retriever

zone[F] libre
clear space

zone[F] de service[M]
service area

zone[F] de défense[F]
back zone

banc[M] des joueurs[M]
players' bench

marqueur[M]
scorer

second arbitre[M]
umpire

avant[M] gauche
left forward

ligne[F] d'attaque[F]
attack line

zone[F] d'attaque[F]
attack zone

arrière[M] gauche
left back

arrière[M] centre
center back

serveur[M]
server

ligne[F] de fond[M]
end line

juge[M] de ligne[F]
linesman

ligne[F] de côté[M]
sideline

premier arbitre[M]
referee

filet[M]
net

avant[M] droit
right forward

avant[M] centre
center forward

ballon[M] de volleyball[M]
volleyball

206 – 213 mm

filet[M]
net

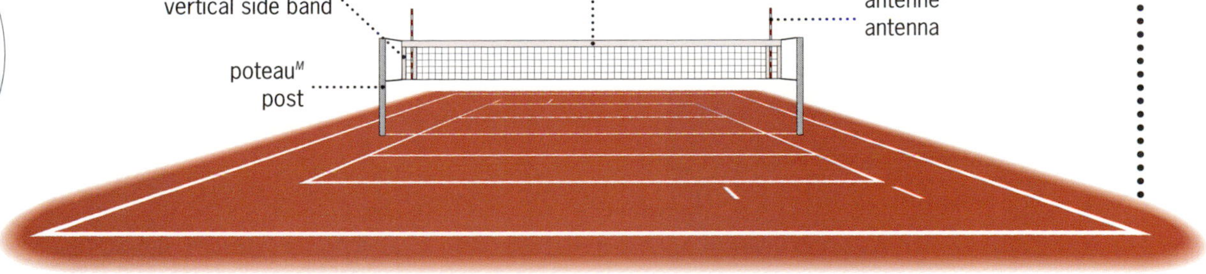

bande[F] horizontale
tape

bande[F] verticale de côté[M]
vertical side band

antenne[F]
antenna

poteau[M]
post

LE TENNIS[M]
TENNIS

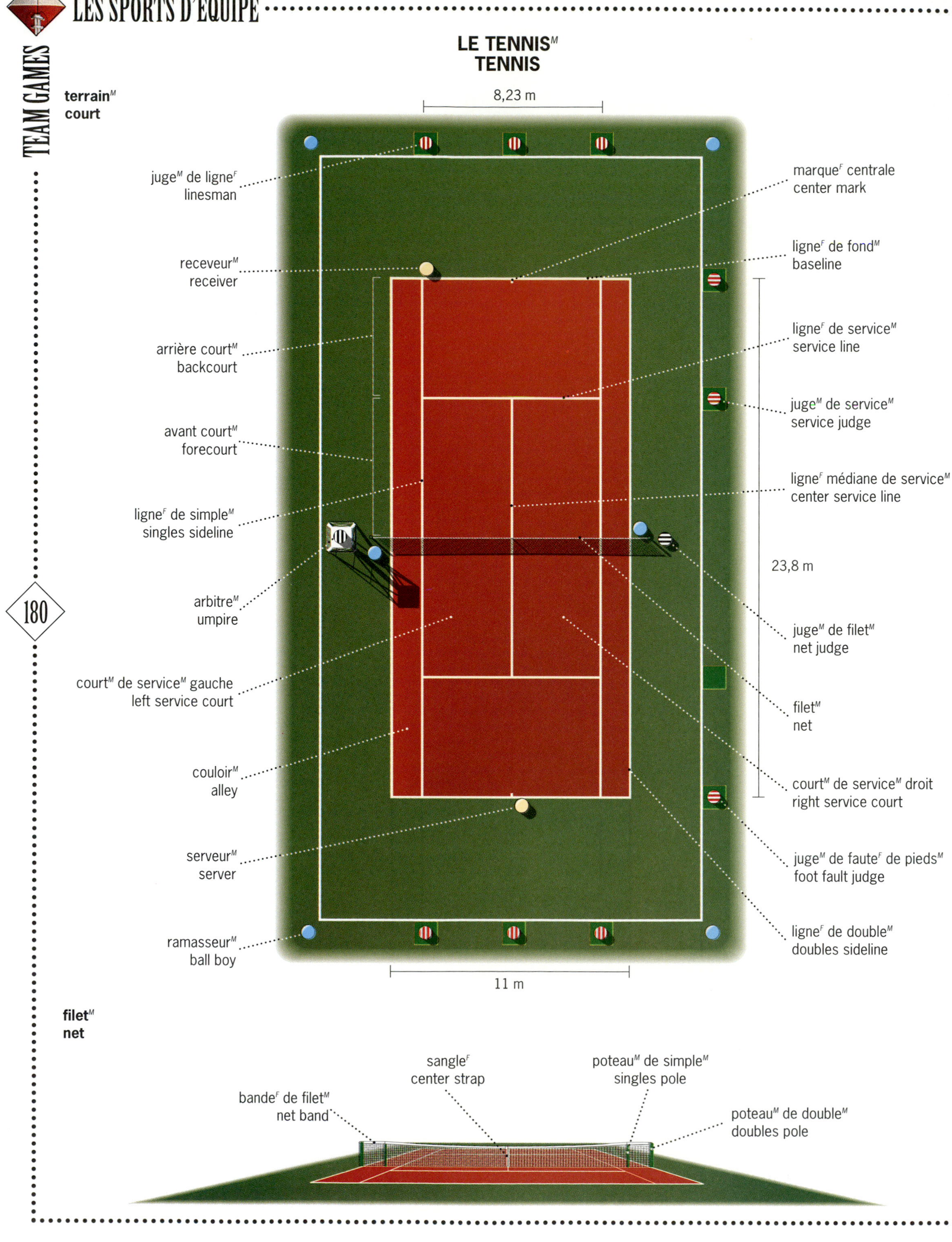

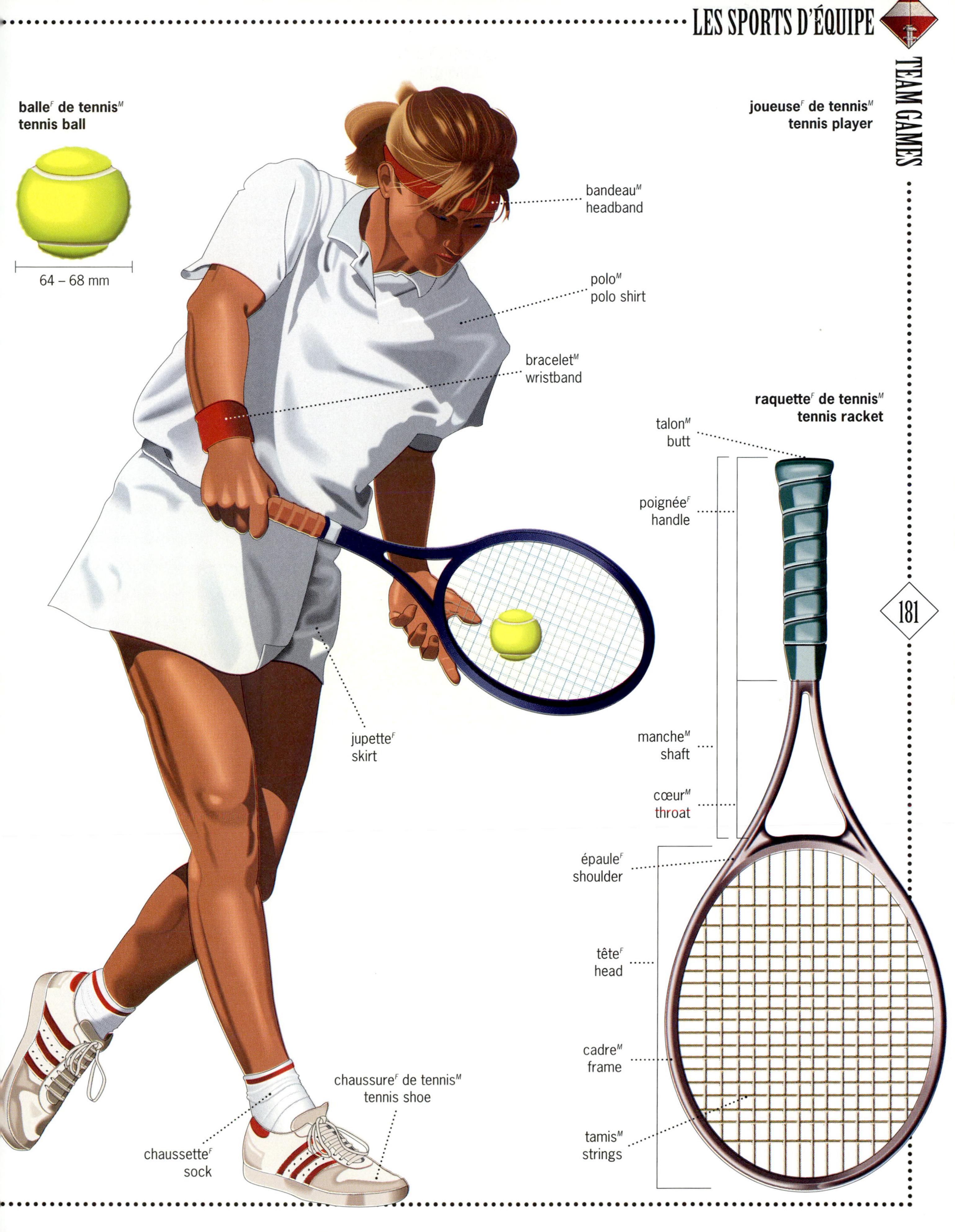
balle[F] de tennis[M]
tennis ball
64 – 68 mm
joueuse[F] de tennis[M]
tennis player
bandeau[M]
headband
polo[M]
polo shirt
bracelet[M]
wristband
jupette[F]
skirt
chaussure[F] de tennis[M]
tennis shoe
chaussette[F]
sock
raquette[F] de tennis[M]
tennis racket
talon[M]
butt
poignée[F]
handle
manche[M]
shaft
cœur[M]
throat
épaule[F]
shoulder
tête[F]
head
cadre[M]
frame
tamis[M]
strings

LA NATATION[F]
SWIMMING

bassin[M] de compétition[F]
competitive course

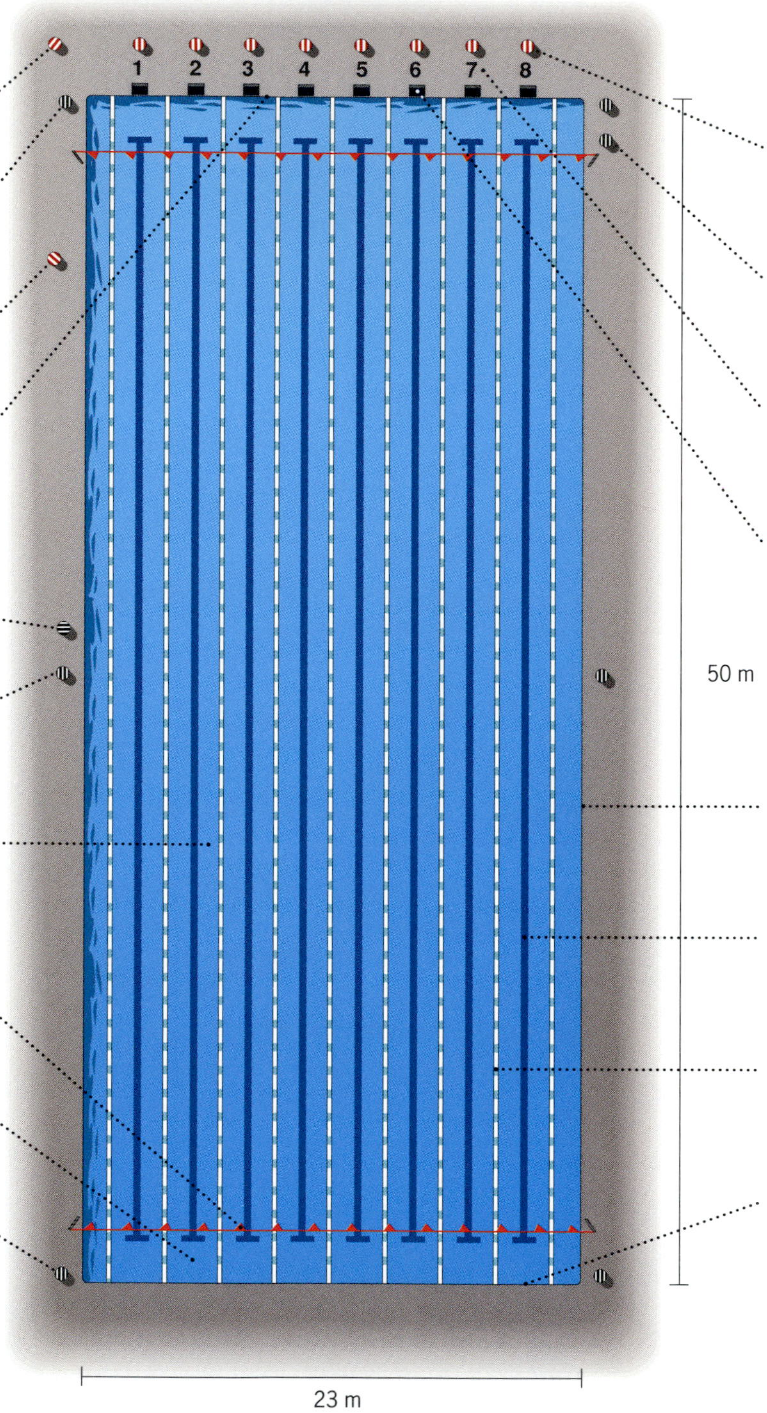

plot[M] de départ[M]
starting block

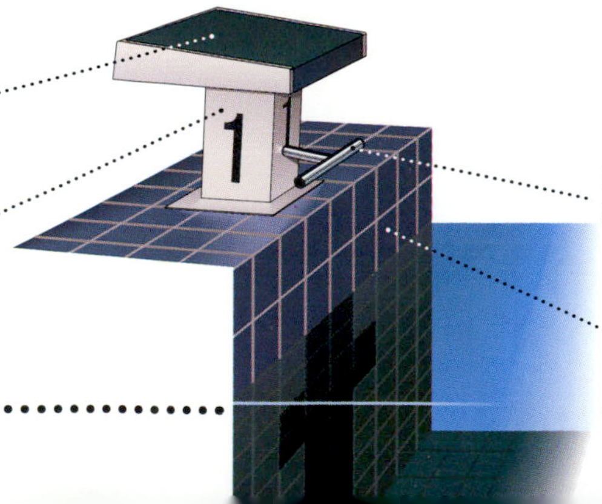

TYPES[M] DE NAGES[F]
TYPES OF STROKES

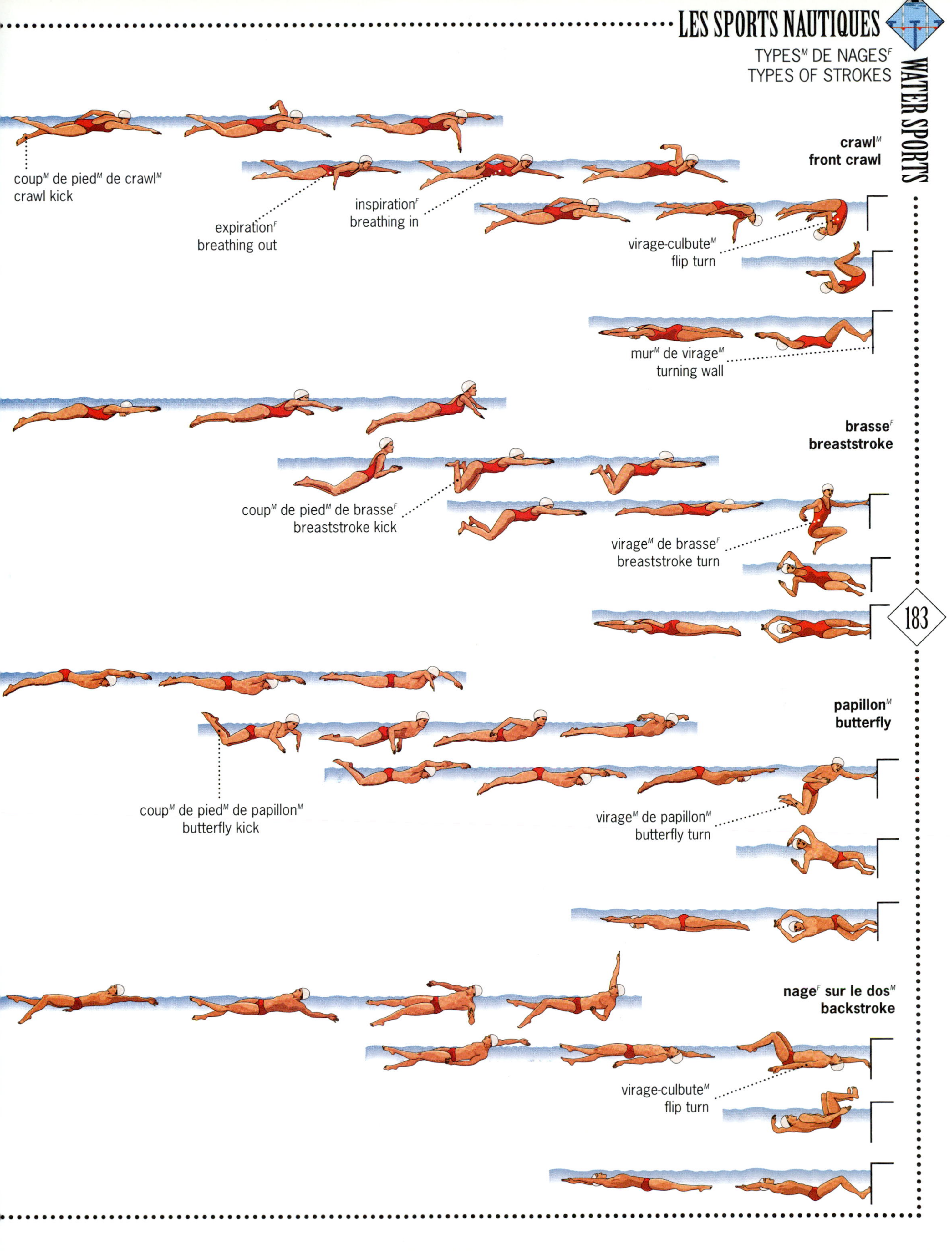

LA PLANCHE[F] À VOILE[F]
SAILBOARD

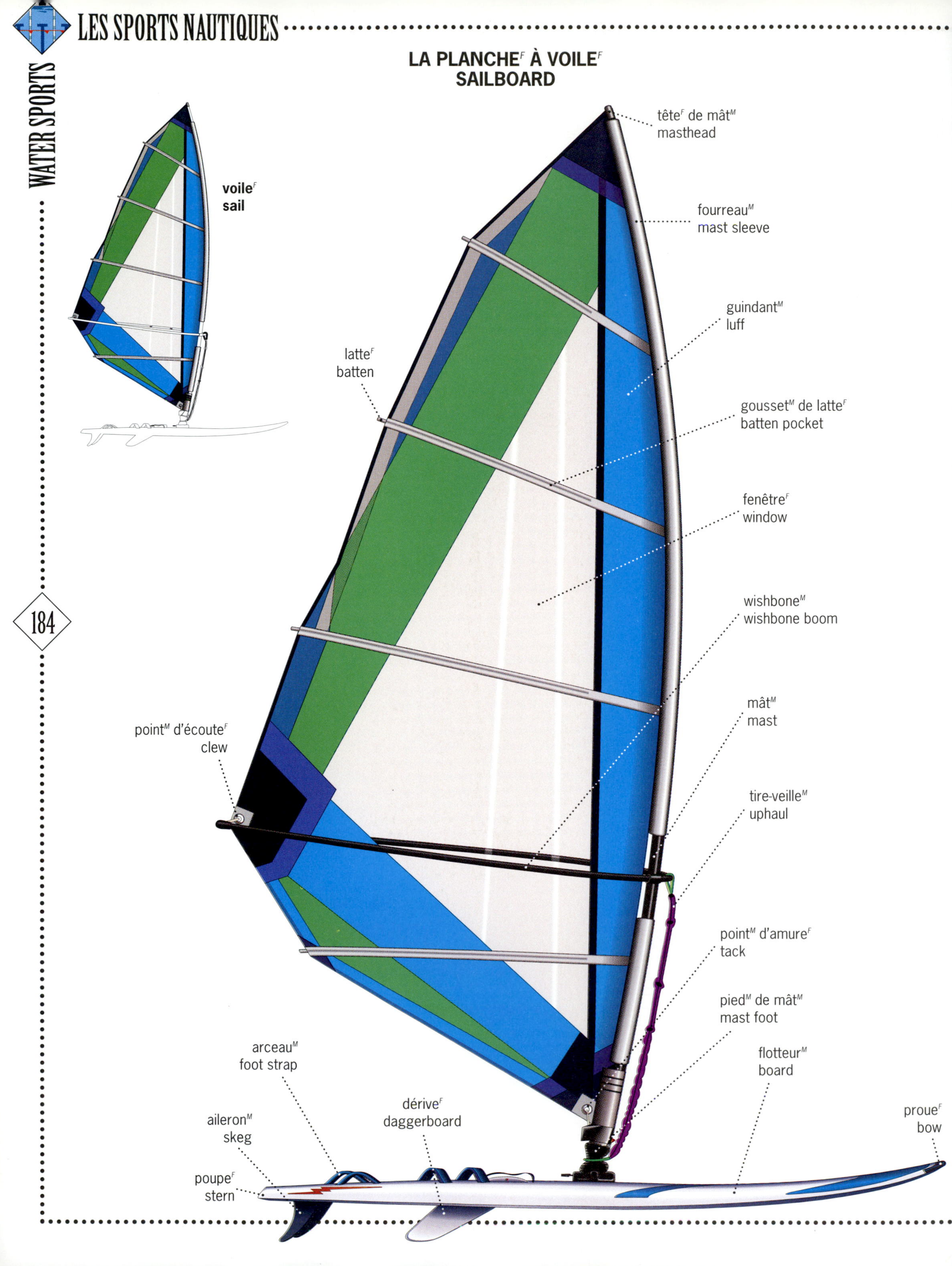

LE PATINAGE[M]
SKATING

LE SKI[M]
SKIING

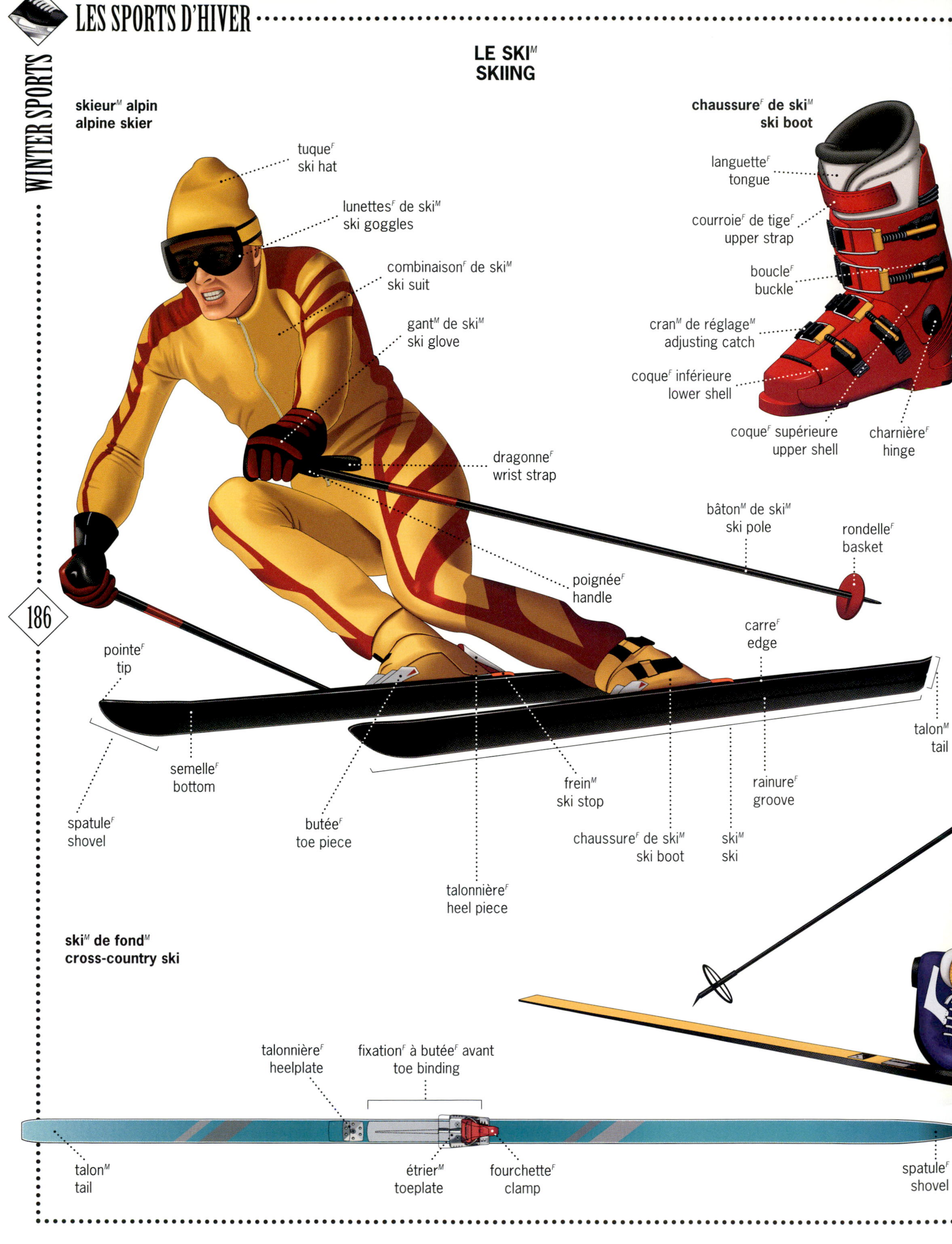

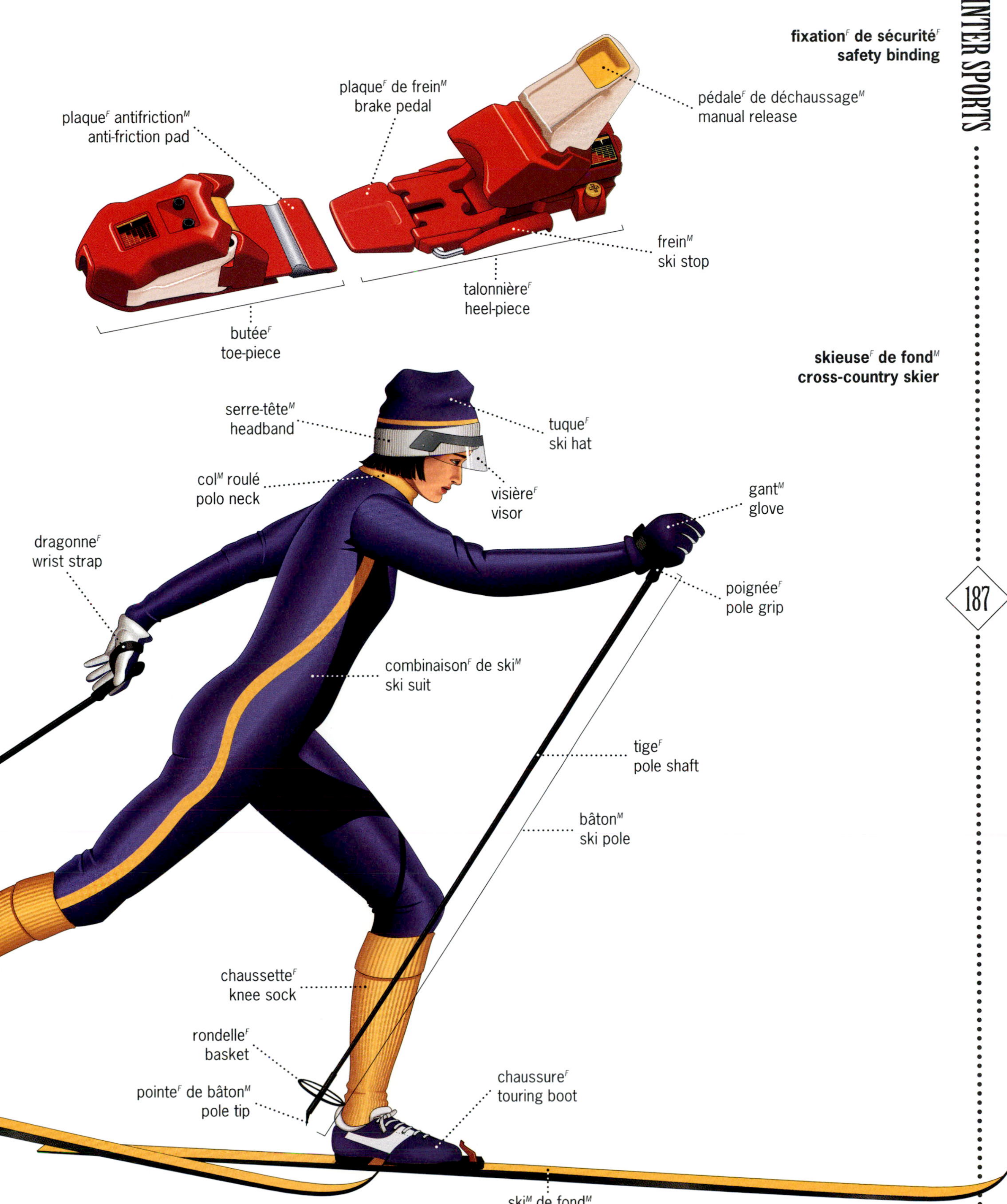
fixationF de sécuritéF
safety binding
plaqueF de freinM
brake pedal
plaqueF antifrictionM
anti-friction pad
pédaleF de déchaussageM
manual release
freinM
ski stop
talonnièreF
heel-piece
butéeF
toe-piece
skieuseF de fondM
cross-country skier
serre-têteM
headband
tuqueF
ski hat
colM roulé
polo neck
visièreF
visor
gantM
glove
dragonneF
wrist strap
poignéeF
pole grip
combinaisonF de skiM
ski suit
tigeF
pole shaft
bâtonM
ski pole
chaussetteF
knee sock
rondelleF
basket
pointeF de bâtonM
pole tip
chaussureF
touring boot
skiM de fondM
cross-country ski

LA GYMNASTIQUE[F]
GYMNASTICS

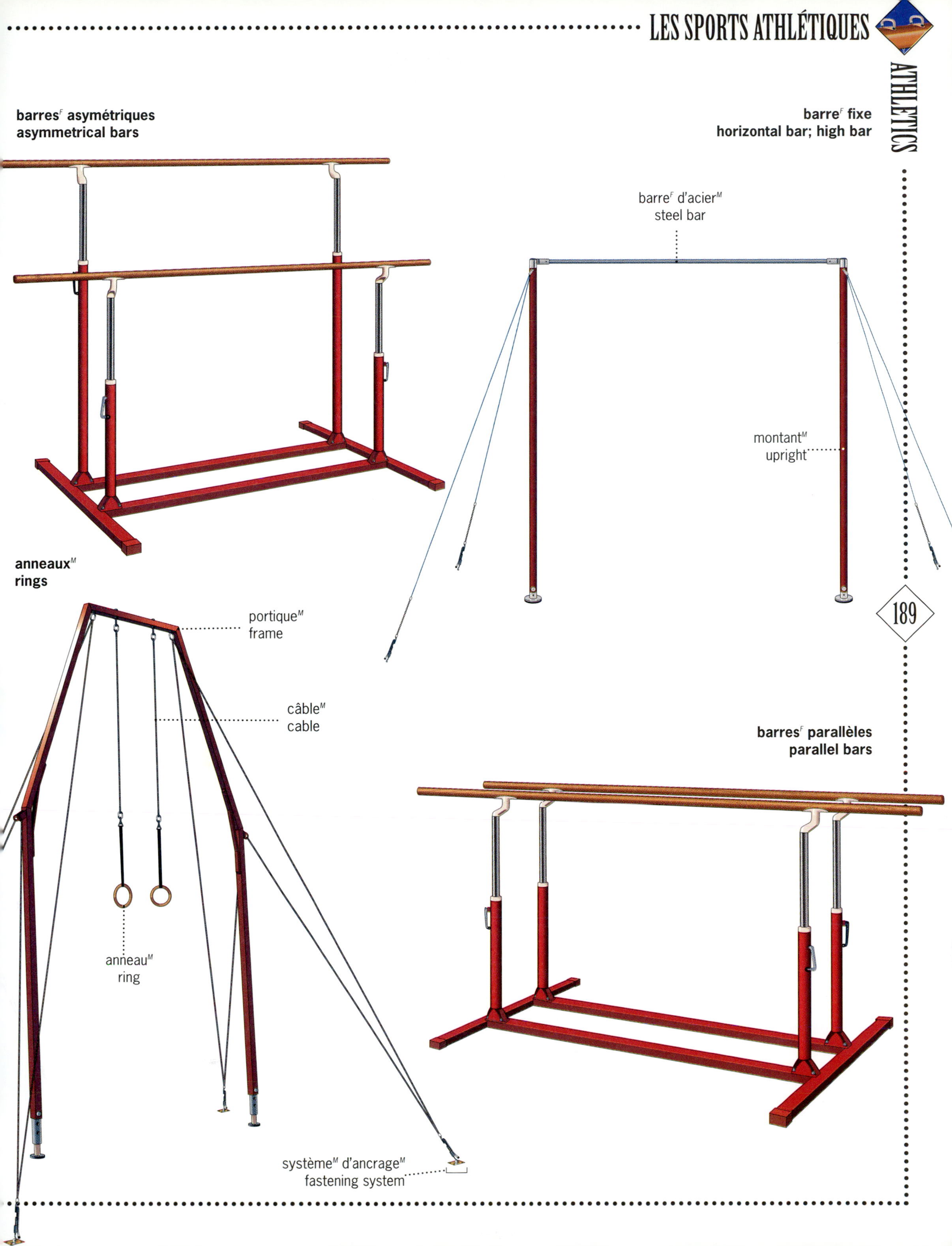
barres[F] asymétriques
asymmetrical bars
barre[F] fixe
horizontal bar; high bar
barre[F] d'acier[M]
steel bar
montant[M]
upright
anneaux[M]
rings
portique[M]
frame
câble[M]
cable
anneau[M]
ring
système[M] d'ancrage[M]
fastening system
barres[F] parallèles
parallel bars

LES TENTES[F]
TENTS
tente[F] deux places[F]
two-person tent
double toit[M]
rainfly
porte[F]
door
auvent[M]
awning
hauban[M]
guy line
piquet[M]
stake
tendeur[M]
strainer
fermeture[F] à glissière[F]
zipper
tente[F] intérieure
inner tent
PRINCIPAUX TYPES[M] DE TENTES[F]
MAJOR TYPES OF TENTS
tente[F] grange[F]
wagon tent
tente[F] rectangulaire
wall tent
tente[F] canadienne
pup tent
tente[F] dôme[M]
dome tent
tente[F] igloo[M]
pop-up tent
tente[F] familiale
family tent
tente[F] individuelle
one-person tent

L'ÉQUIPEMENT^M DE COUCHAGE^M
SLEEPING EQUIPMENT

LE MATÉRIEL^M DE CAMPING^M
CAMPING EQUIPMENT
couteau^M suisse
Swiss army knife
ciseaux^M
scissors
règle^F graduée
ruler
écailleur^M
fish scaler
lime^F
file
loupe^F
magnifier
petite lame^F
small blade
tournevis^M cruciforme
cross-tip screwdriver
décapsuleur^M
bottle opener
tournevis^M
screwdriver
tournevis^M
screwdriver
onglet^M
nail nick
grande lame^F
large blade
poinçon^M
awl
tire-bouchon^M
corkscrew
ouvre-boîtes^M
can opener
étui^M de cuir^M
leather sheath
couteau^M
knife
gaine^F
sheath
lampe^F de poche^F
flashlight
hachette^F
hatchet
POPOTE^F
COOKING SET
cafetière^F
coffee pot
assiette^F plate
plate
poêle^F
frying pan
tasse^F
cup
gourde^F
canteen
queue^F
handle
faitout^M
saucepan

sac[M] à dos[M]
backpack

boussole[F] magnétique
magnetic compass

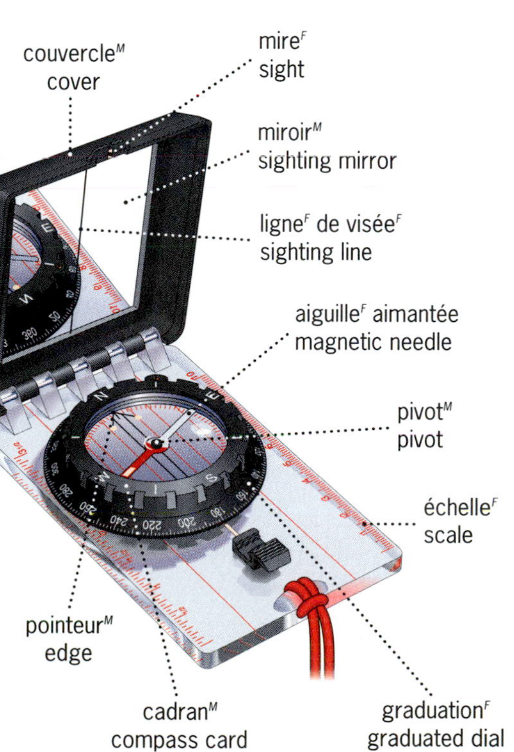

trousse[F] de secours[M]
first aid kit

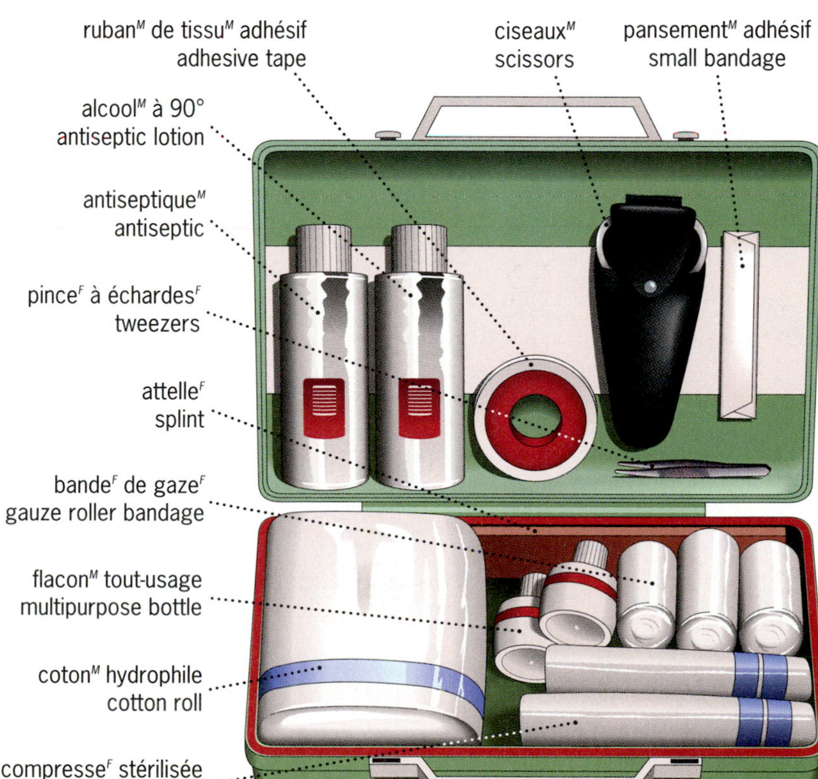

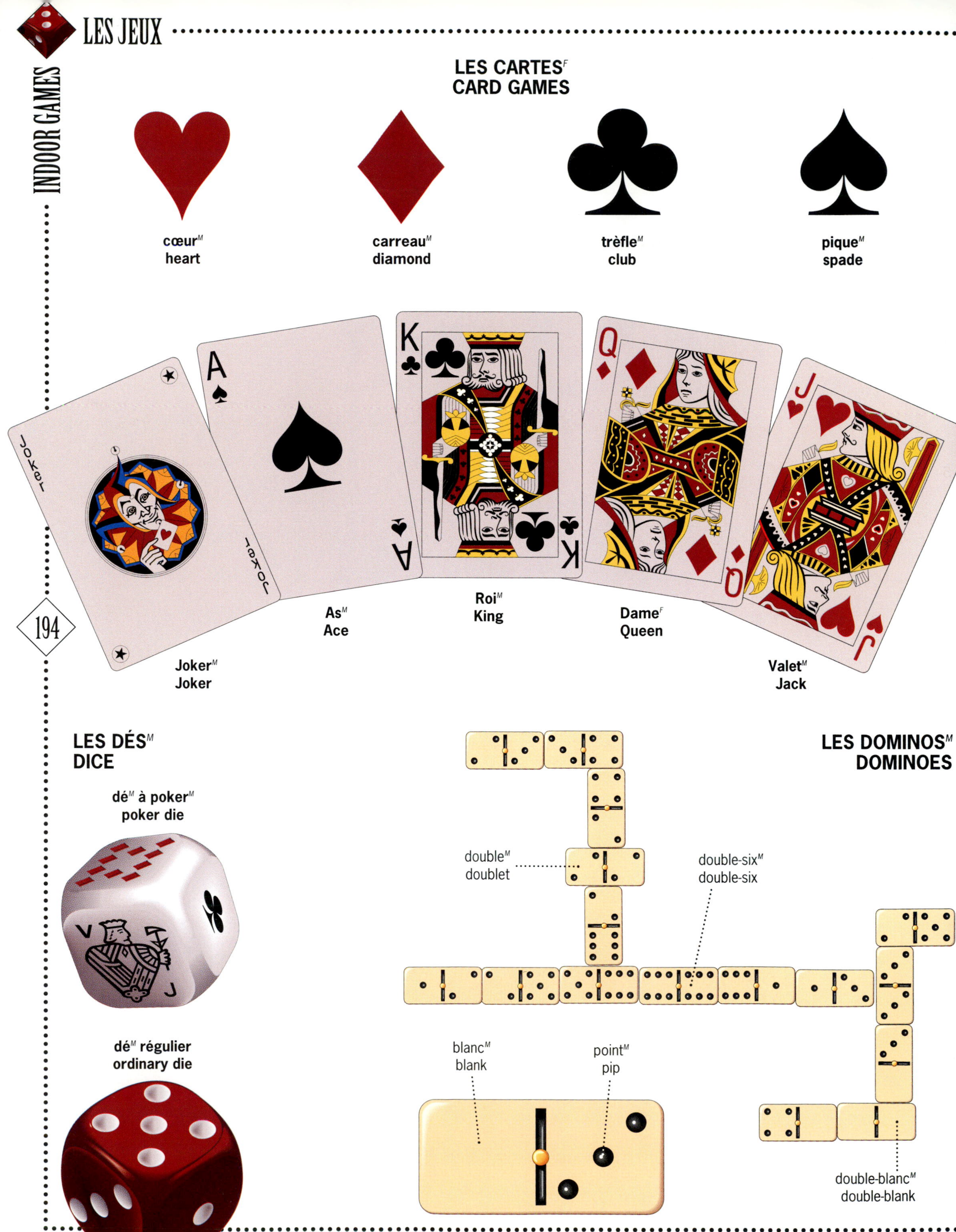
LES CARTES^F
CARD GAMES
cœur^M
heart
carreau^M
diamond
trèfle^M
club
pique^M
spade
Joker^M
Joker
As^M
Ace
Roi^M
King
Dame^F
Queen
Valet^M
Jack
LES DÉS^M
DICE
dé^M à poker^M
poker die
dé^M régulier
ordinary die
LES DOMINOS^M
DOMINOES
double^M
doublet
double-six^M
double-six
blanc^M
blank
point^M
pip
double-blanc^M
double-blank

LES ÉCHECS[M]
CHESS

échiquier[M]
chessboard

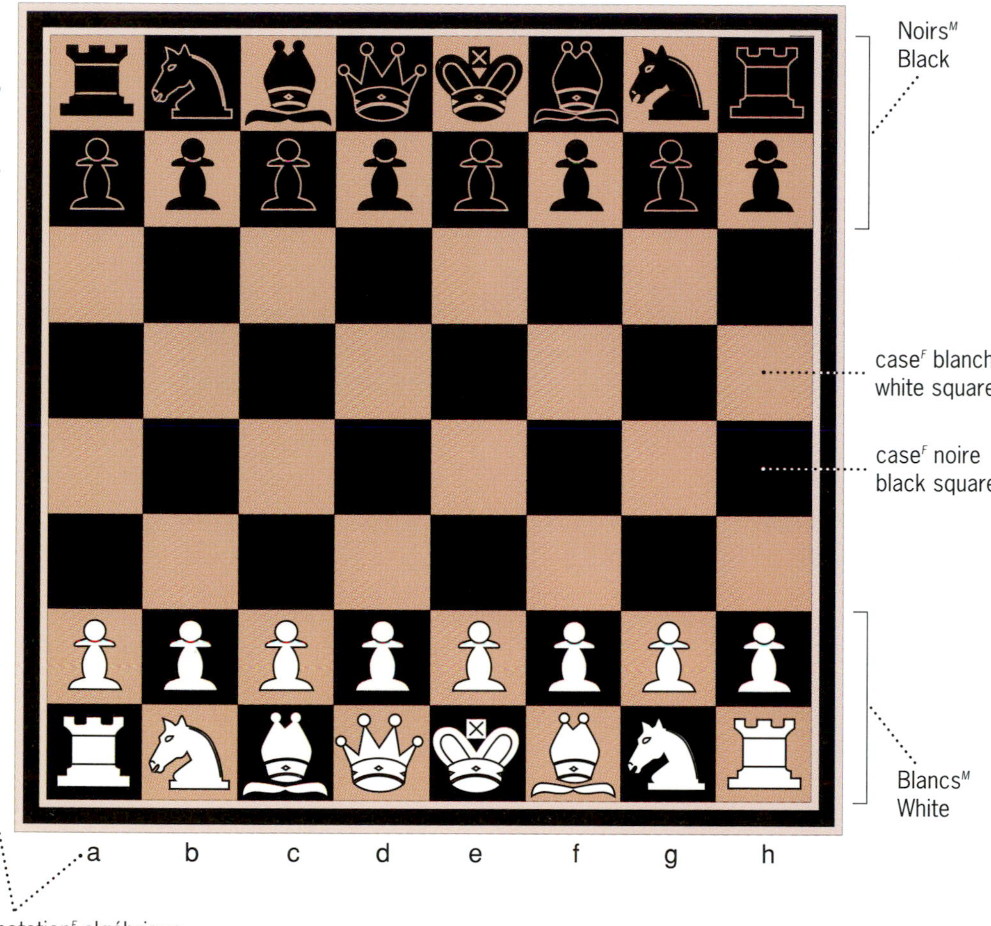

PIÈCES[F]
MEN

Pion[M]
Pawn

Cavalier[M]
Knight

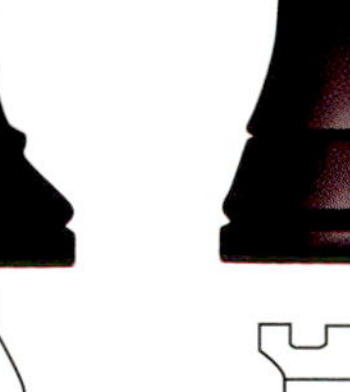

Fou[M]
Bishop

Tour[F]
Rook

types[M] de déplacements[M]
types of movements

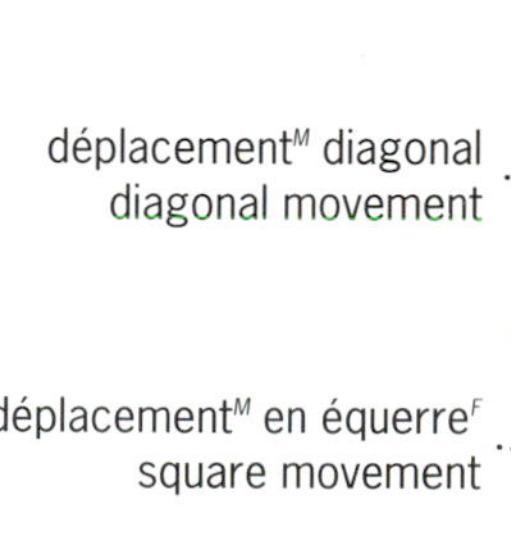

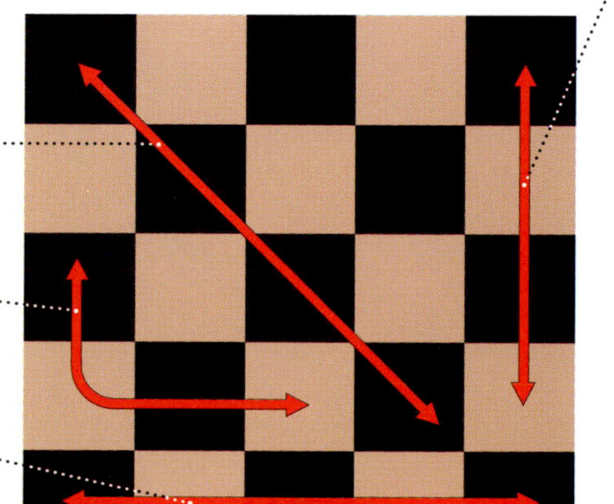

Dame[F]
Queen

Roi[M]
King

LE JACQUET[M]
BACKGAMMON

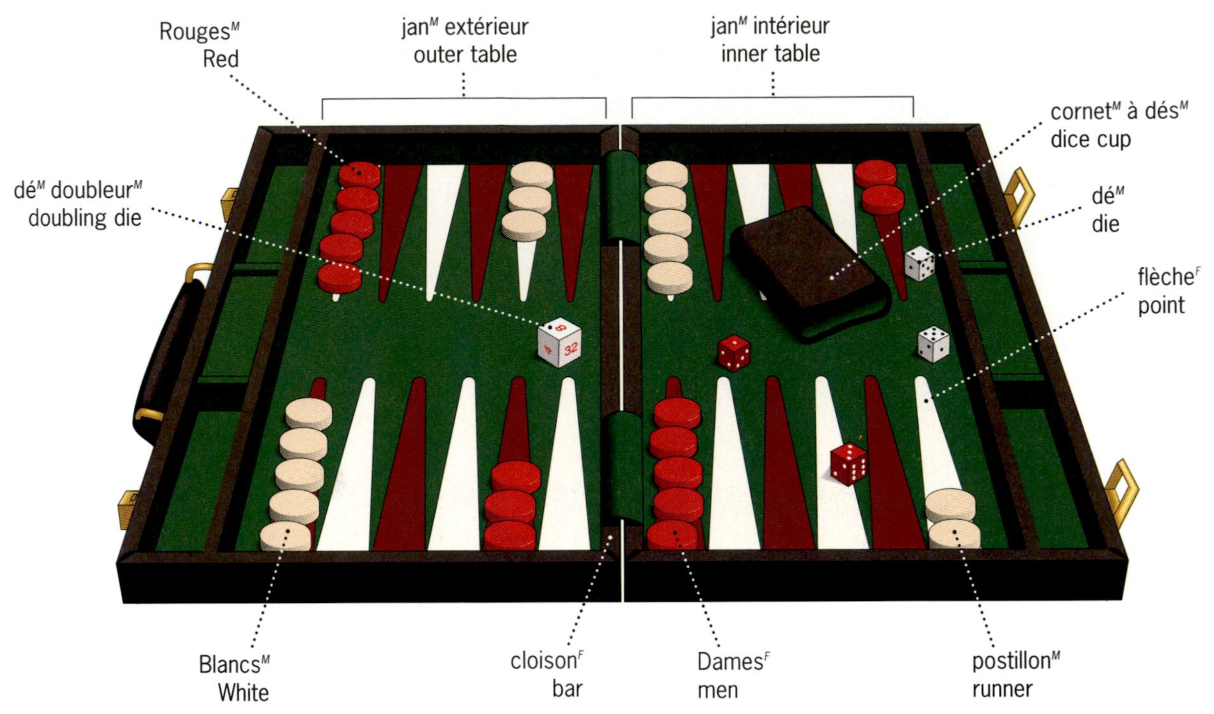

LE JEU[M] DE DAMES[F]
CHECKERS

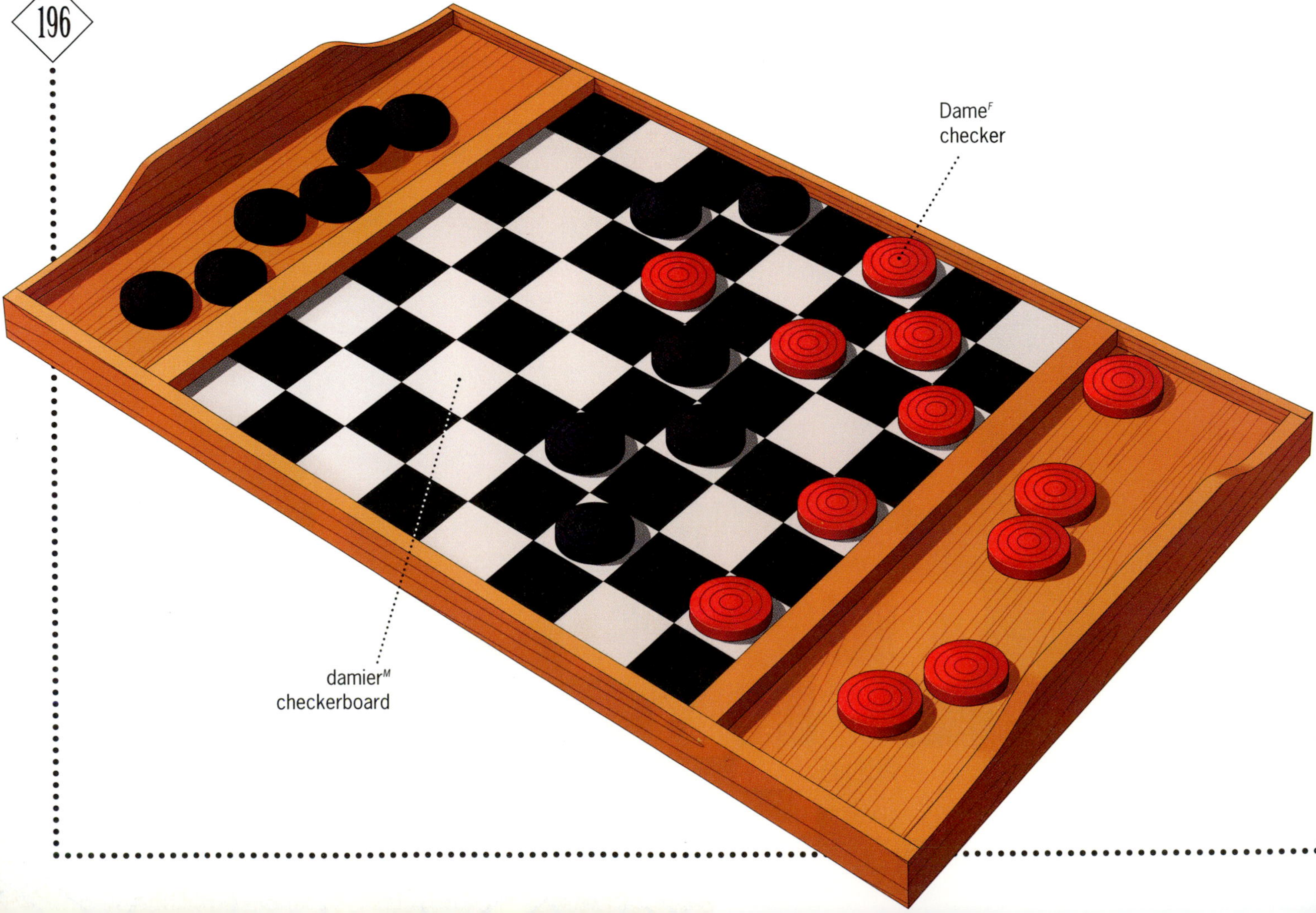

Dame[F]
checker

damier[M]
checkerboard

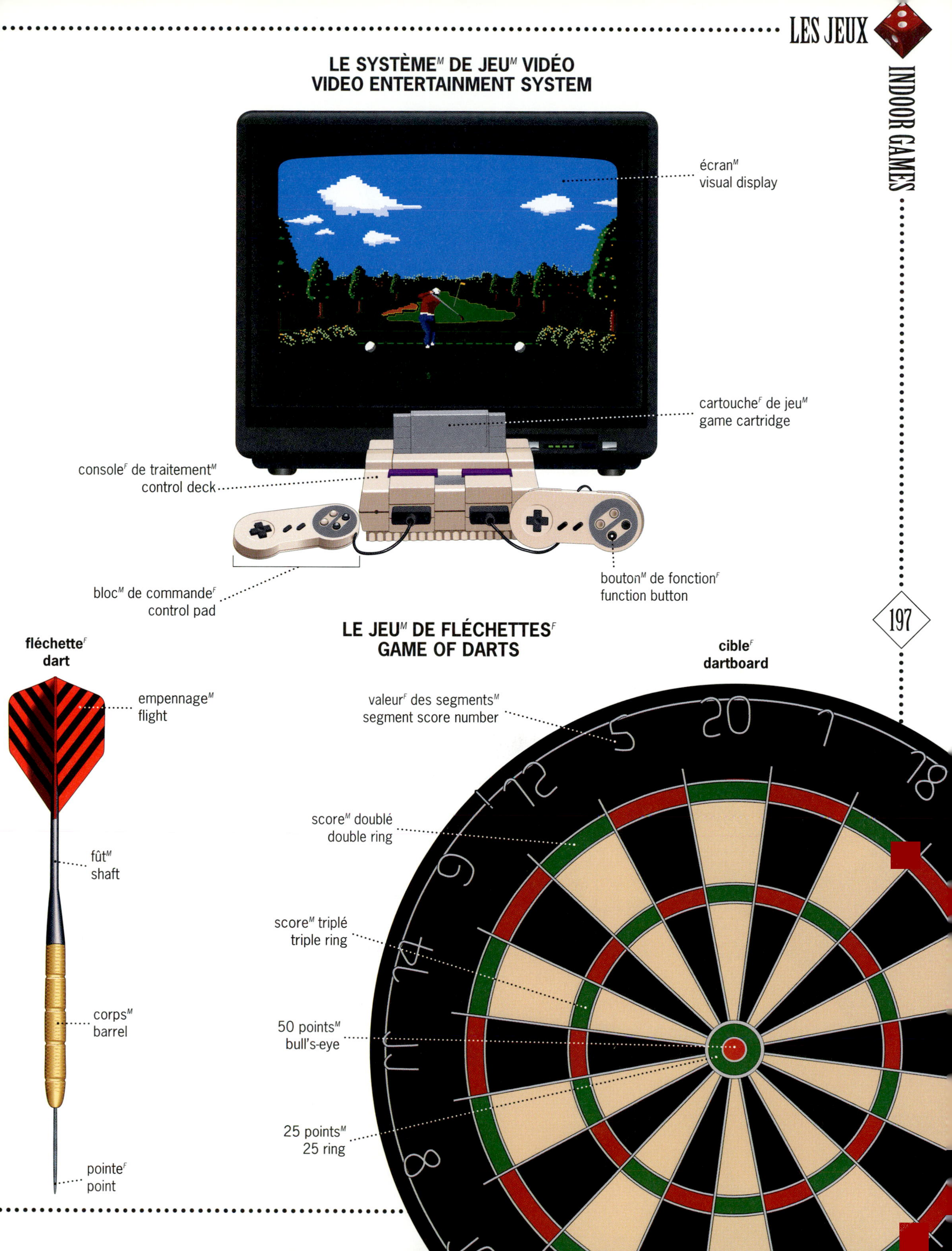
LE SYSTÈME DE JEU VIDÉO
VIDEO ENTERTAINMENT SYSTEM
écran
visual display
cartouche de jeu
game cartridge
console de traitement
control deck
bloc de commande
control pad
bouton de fonction
function button
LE JEU DE FLÉCHETTES
GAME OF DARTS
fléchette
dart
empennage
flight
fût
shaft
corps
barrel
pointe
point
cible
dartboard
valeur des segments
segment score number
score doublé
double ring
score triplé
triple ring
50 points
bull's-eye
25 points
25 ring
20
1
18
5
12
9
14
11
8

LA MESURE[F] DU TEMPS[M]
MEASURE OF TIME

chronomètre[M]
stopwatch

anneau[M]
ring

poussoir[M] de mise[F] en marche[F]
start button

poussoir[M] de remise[F] à zéro[M]
reset button

poussoir[M] d'arrêt[M]
stop button

trotteuse[F]
second hand

aiguille[F] des minutes[F]
minute hand

aiguille[F] des dixièmes[M] de seconde[F]
1/10th second hand

boîtier[M]
case

montre[F] à affichage[M] analogique
analog watch

cadran[M]
dial

montre[F] à affichage[M] numérique
digital watch

cristaux[M] liquides
liquid crystal display

minuteur[M]
kitchen timer

sablier[M]
egg timer

cadran[M] solaire
sundial

style[M]
gnomon

ombre[F]
shadow

cadran[M]
dial

LA MESURE[F] DE LA TEMPÉRATURE[F]
MEASURE OF TEMPERATURE

thermostat[M] d'ambiance[F]
room thermostat

couvercle[M]
cover

température[F] désirée
desired temperature

réglage[M] de la température[F]
temperature set point knob

aiguille[F]
pointer

température[F] ambiante
actual temperature

thermomètre[M]
thermometer

échelle[F] Celsius
Celsius scale

échelle[F] Fahrenheit
Fahrenheit scale

°C
C degrees

°F
F degrees

colonne[F] d'alcool[M]
alcohol column

réservoir[M] d'alcool[M]
alcohol bulb

thermomètre[M] médical
clinical thermometer

chambre[F] d'expansion[F]
expansion chamber

tube[M] capillaire
capillary bore

tige[F]
stem

graduation[F]
scale

colonne[F] de mercure[M]
column of mercury

étranglement[M]
constriction

réservoir[M] de mercure[M]
mercury bulb

LA MESURE[F] DE LA MASSE[F]
MEASURE OF WEIGHT

balance[F] de Roberval
balance

cadran[M]
dial
aiguille[F]
pointer
poids[M]
weight
plateau[M]
pan
socle[M]
base
fléau[M]
beam

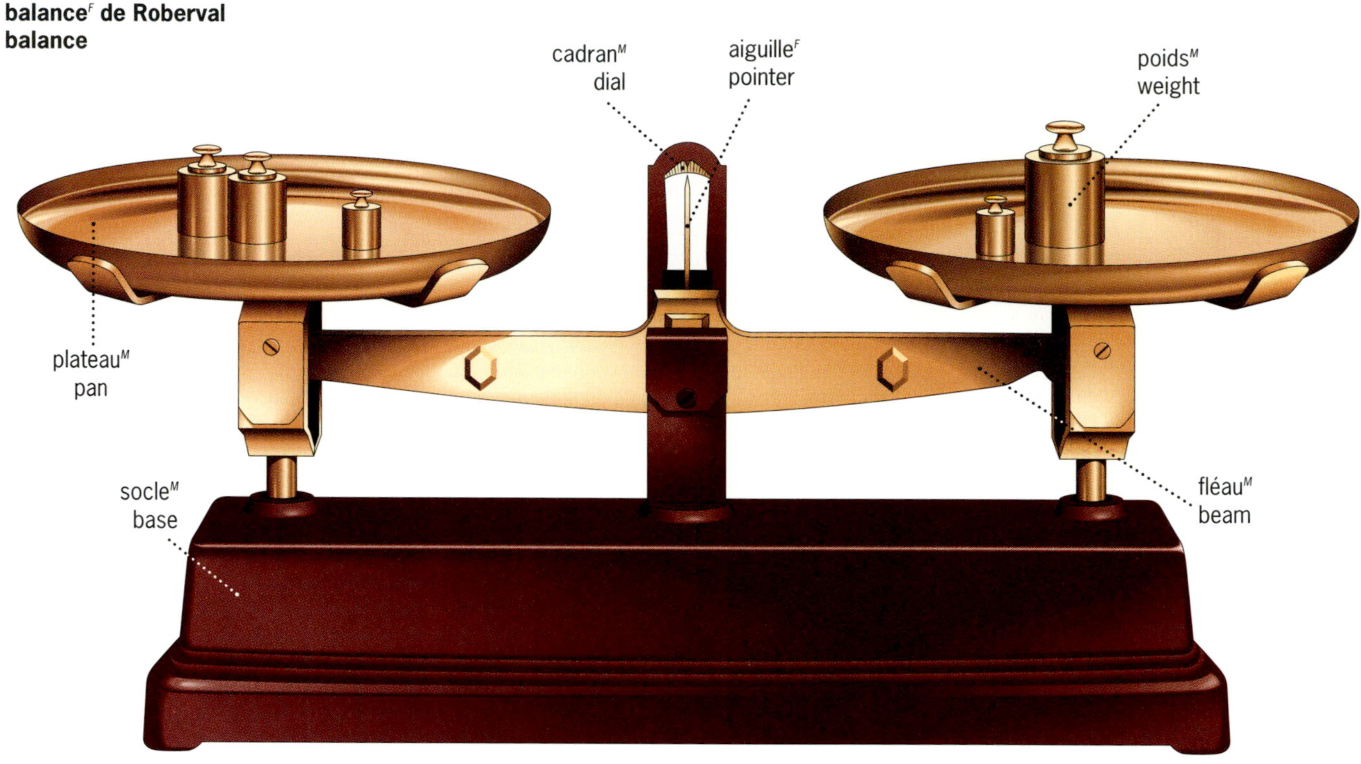

balance[F] romaine
steelyard

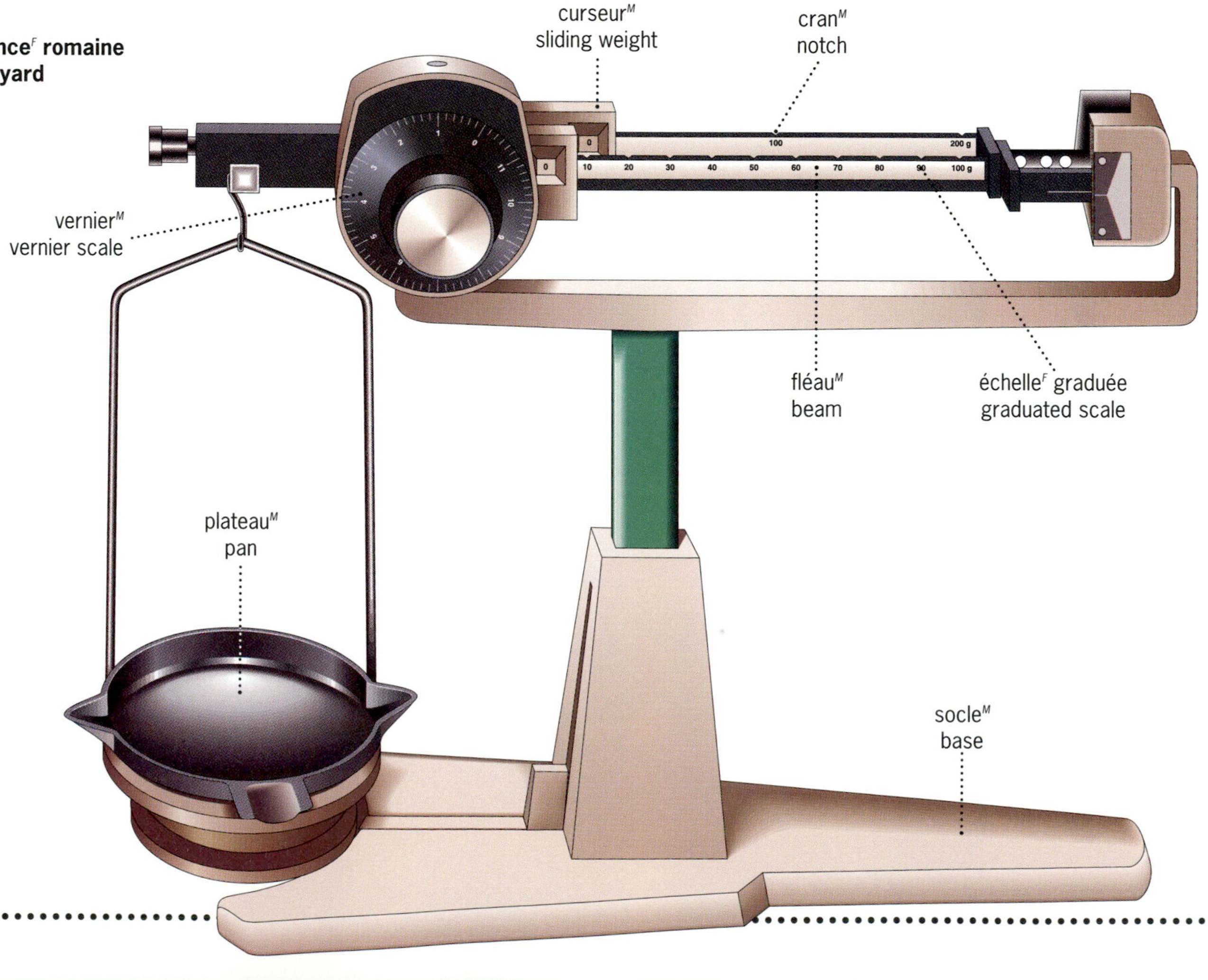

curseur[M]
sliding weight
cran[M]
notch
vernier[M]
vernier scale
fléau[M]
beam
échelle[F] graduée
graduated scale
plateau[M]
pan
socle[M]
base

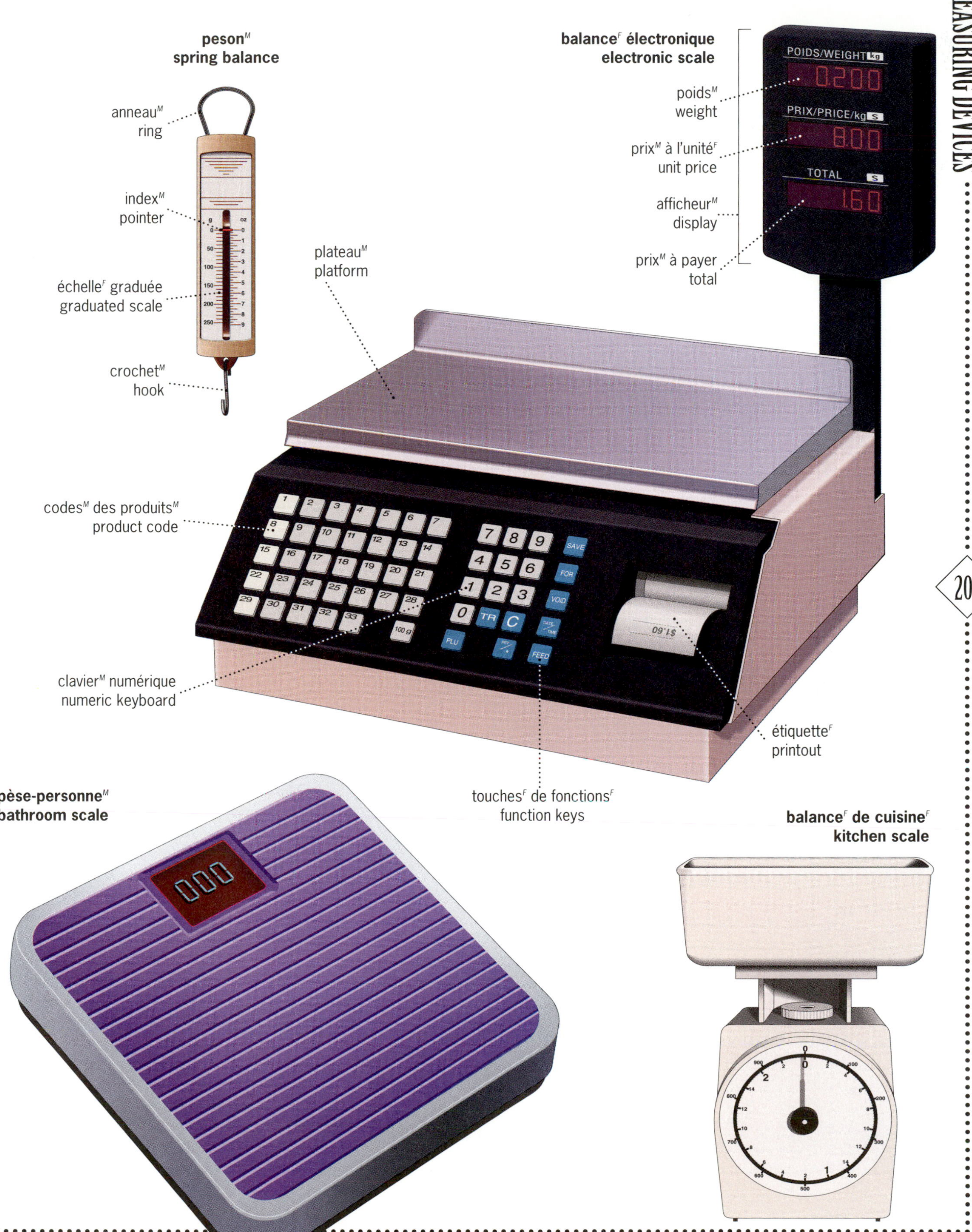
peson
spring balance
anneau
ring
index
pointer
échelle graduée
graduated scale
crochet
hook
balance électronique
electronic scale
poids
weight
prix à l'unité
unit price
afficheur
display
prix à payer
total
plateau
platform
codes des produits
product code
clavier numérique
numeric keyboard
étiquette
printout
touches de fonctions
function keys
POIDS/WEIGHT kg
PRIX/PRICE/kg $
TOTAL $
SAVE
FOR
VOID
FEED
PLU
TR
C
pèse-personne
bathroom scale
balance de cuisine
kitchen scale

LE PÉTROLE[M]
OIL

PROSPECTION[F]
PROSPECTING

prospection[F] terrestre
surface prospecting

FORAGE[M]
DRILLING

appareil[M] de forage[M]
drilling rig

TRANSPORT[M] TERRESTRE
GROUND TRANSPORT

oléoduc[M]
pipeline

semi-remorque[F] citerne[F]
tank trailer

prospection[F] en mer[F]
offshore prospecting

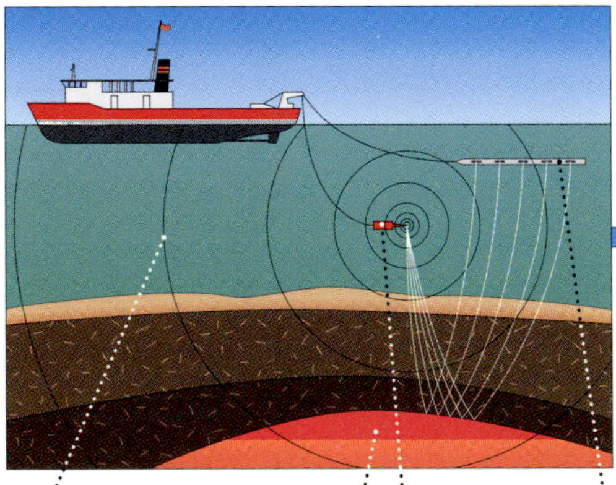

plate-forme[F] de production[F]
production platform

TRANSPORT[M] MARITIME
MARITIME TRANSPORT

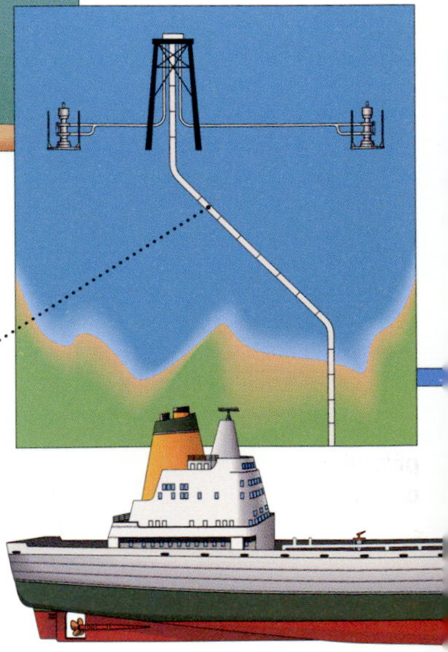

onde[F] de choc[M]
shock wave

enregistrement[M] sismographique
seismographic recording

oléoduc[M] sous-marin
submarine pipeline

gisement[M] de pétrole[M]
petroleum trap

charge[F] explosive
blasting charge

PRODUITS[M] DE LA RAFFINERIE[F]
REFINERY PRODUCTS

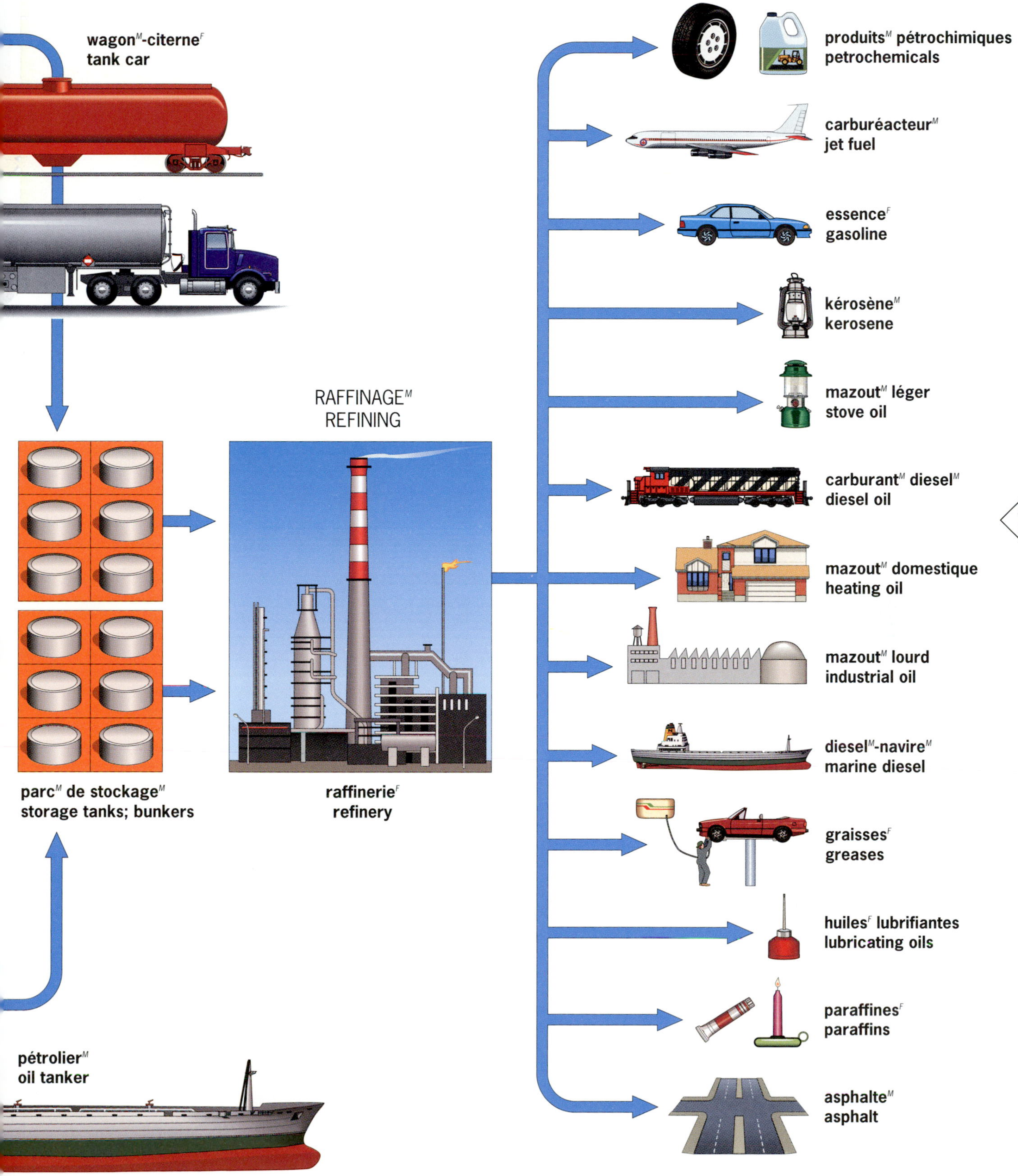

wagon[M]-citerne[F]
tank car

RAFFINAGE[M]
REFINING

parc[M] de stockage[M]
storage tanks; bunkers

raffinerie[F]
refinery

pétrolier[M]
oil tanker

produits[M] pétrochimiques
petrochemicals

carburéacteur[M]
jet fuel

essence[F]
gasoline

kérosène[M]
kerosene

mazout[M] léger
stove oil

carburant[M] diesel[M]
diesel oil

mazout[M] domestique
heating oil

mazout[M] lourd
industrial oil

diesel[M]-navire[M]
marine diesel

graisses[F]
greases

huiles[F] lubrifiantes
lubricating oils

paraffines[F]
paraffins

asphalte[M]
asphalt

L'ÉNERGIE[F] HYDROÉLECTRIQUE
HYDROELECTRIC ENERGY

complexe[M] hydroélectrique
hydroelectric complex

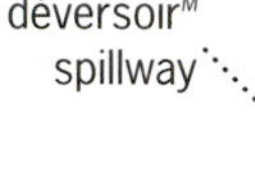

coupe[F] d'une centrale[F] hydroélectrique
cross section of hydroelectric power station

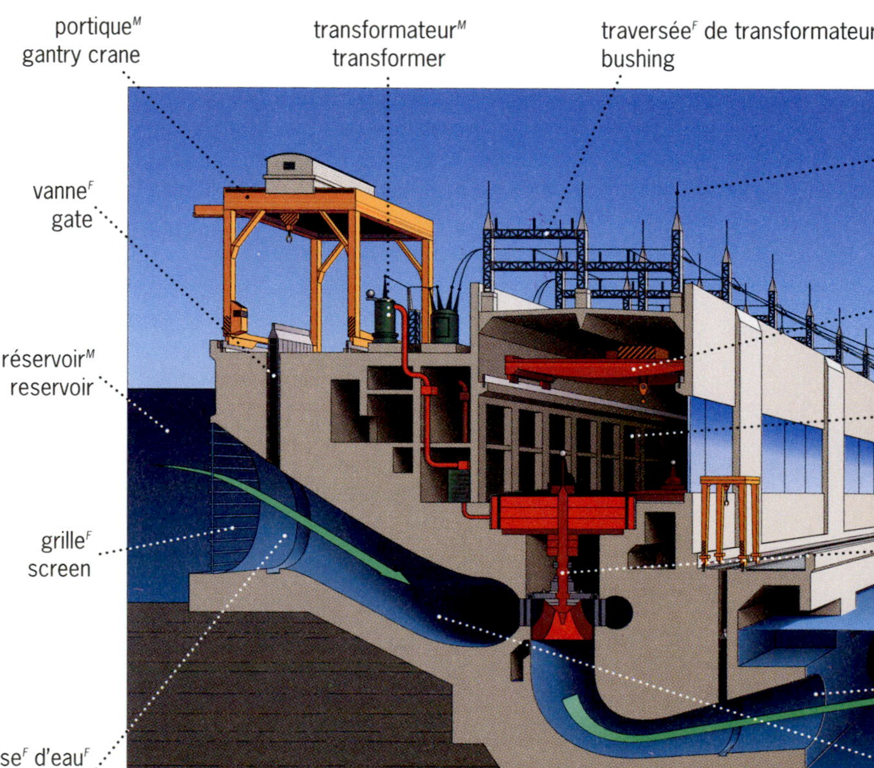

circuit[M] électrique
electric circuit

source[F] d'électricité[F]
battery
pôle[M] négatif
negative pole
branchement[M]
connection
fil[M] conducteur
electric wire
pôle[M] positif
positive pole

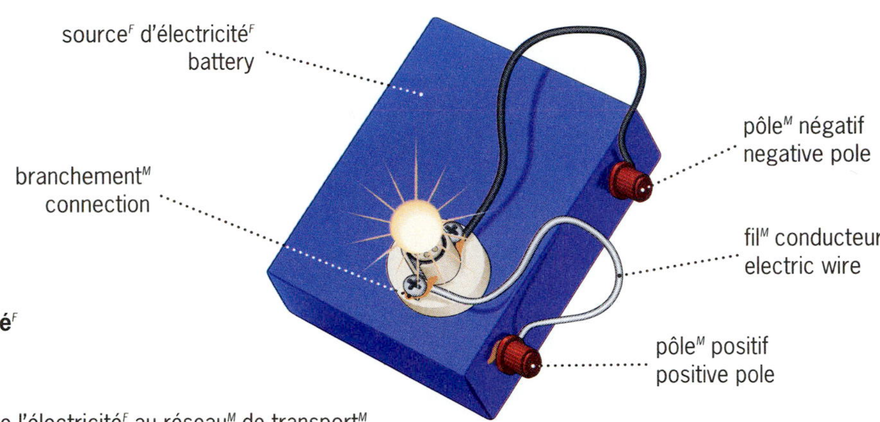

étapes[F] de production[F] de l'électricité[F]
steps in production of electricity

intégration[F] de l'électricité[F] au réseau[M] de transport[M]
energy integration to the transmission network
production[F] d'électricité[F] par l'alternateur[M]
production of electricity by the generator
provision[F] d'eau[F]
supply of water
élévation[F] de la tension[F]
voltage increase
transport[M] de l'électricité[F] à haute tension[F]
high-tension electricity transmission
abaissement[M] de la tension[F]
voltage decrease
transport[M] vers les usagers[M]
transmission to consumers
hauteur[F] de chute[F]
head of water
évacuation[F] de l'eau[F] turbinée
turbined water draining
eau[F] sous pression[F]
water under pressure
transmission[F] du mouvement[M] au rotor[M]
transmission of the rotative movement to the rotor
conversion[F] du travail[M] mécanique en électricité[F]
transformation of mechanical work into electricity
mouvement[M] rotatif de la turbine[F]
rotation of the turbine

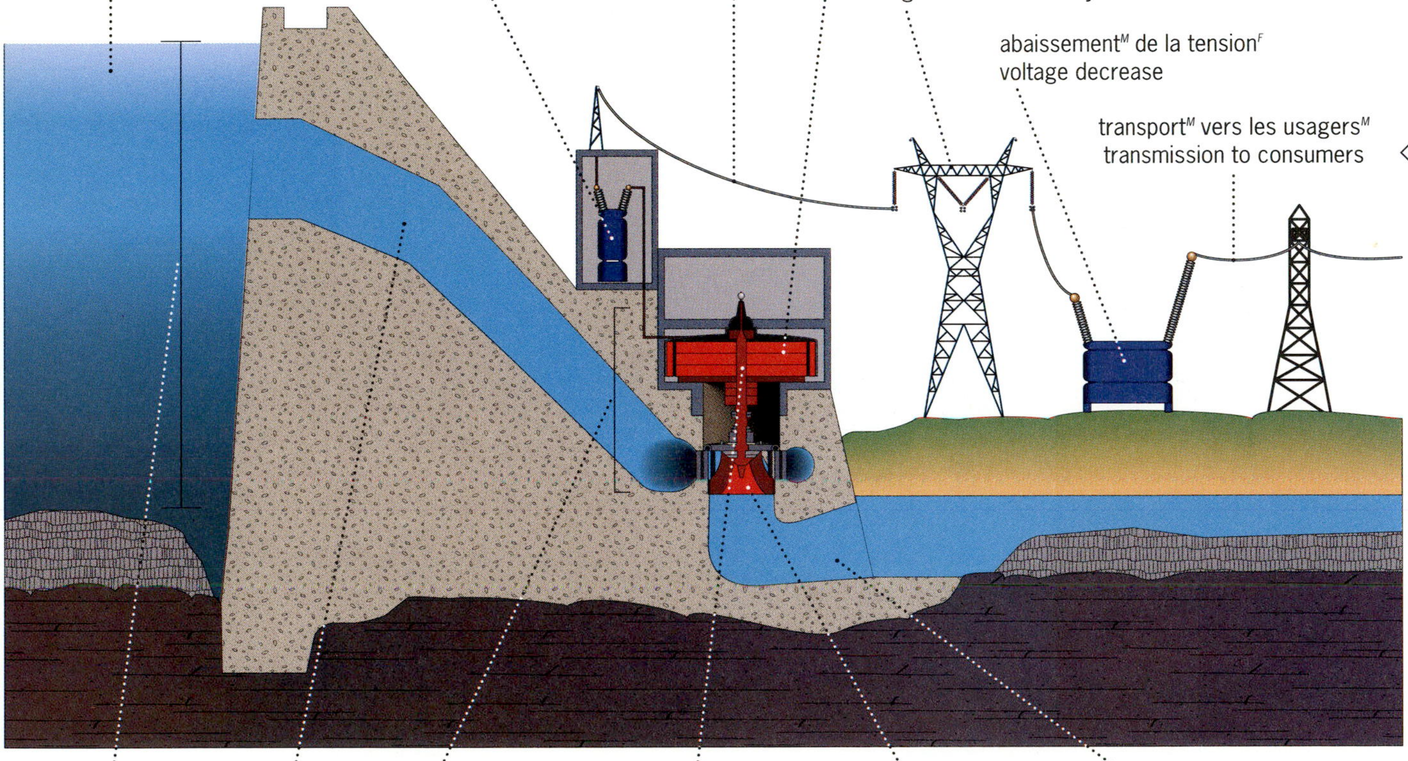

L'ÉNERGIE[F] NUCLÉAIRE
NUCLEAR ENERGY

centrale[F] nucléaire
nuclear power station

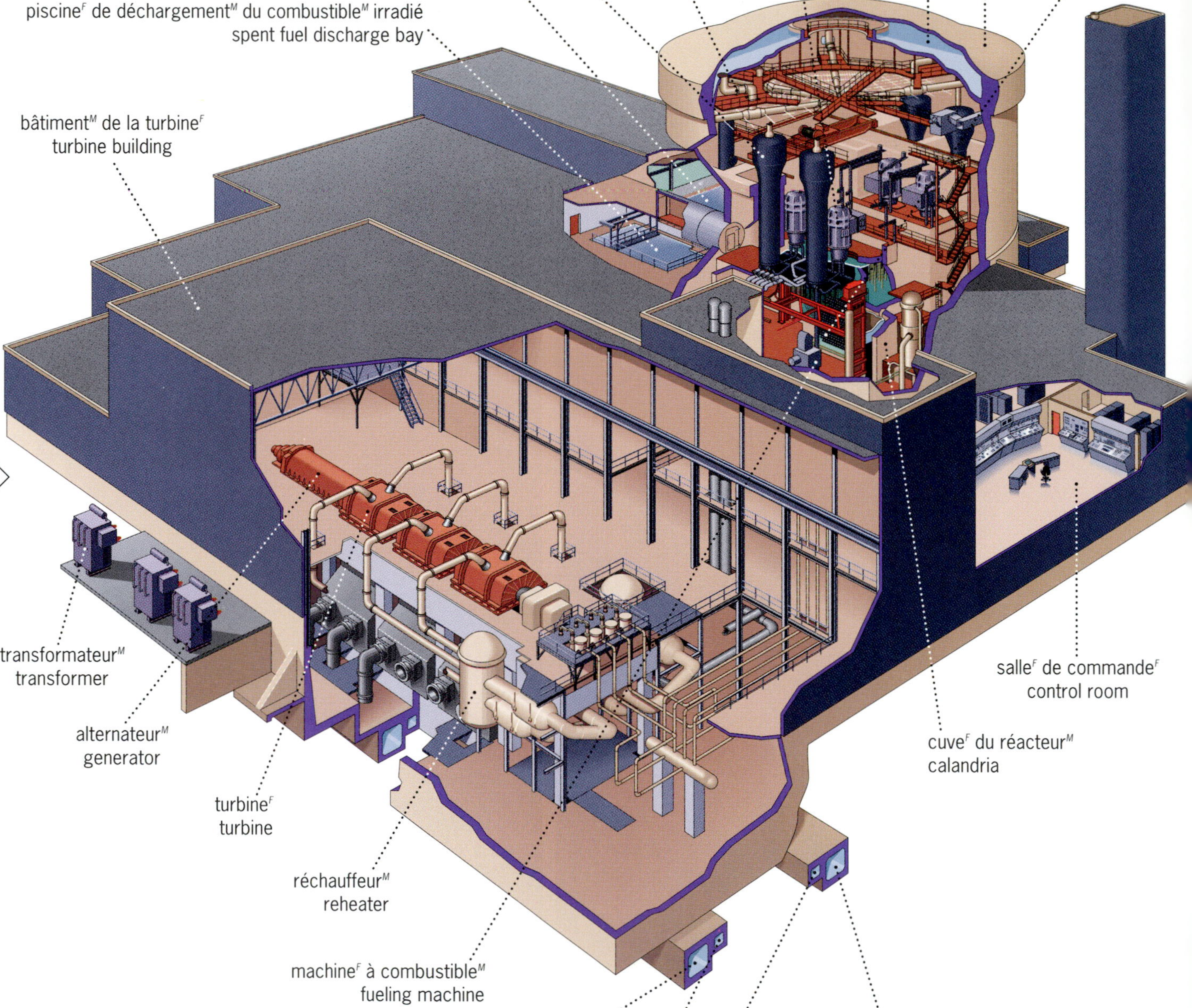

vanne[F] d'arrosage[M]
dousing water valve

réservoir[M] d'arrosage[M]
dousing water tank

générateur[M] de vapeur[F]
steam generator

pompe[F] de caloportage[M]
heat transport pump

bâtiment[M] du réacteur[M]
reactor building

piscine[F] de stockage[M] du combustible[M] irradié
spent fuel storage bay

réacteur[M]
reactor

piscine[F] de déchargement[M] du combustible[M] irradié
spent fuel discharge bay

bâtiment[M] de la turbine[F]
turbine building

transformateur[M]
transformer

salle[F] de commande[F]
control room

alternateur[M]
generator

cuve[F] du réacteur[M]
calandria

turbine[F]
turbine

réchauffeur[M]
reheater

machine[F] à combustible[M]
fueling machine

sortie[F] de l'eau[F] de refroidissement[M] du condenseur[M]
condenser cooling water outlet

entrée[F] du reflux[M] du condenseur[M]
condenser backwash inlet

sortie[F] du reflux[M] du condenseur[M]
condenser backwash outlet

entrée[F] de l'eau[F] de refroidissement[M] du condenseur[M]
condenser cooling water inlet

production[F] d'électricité[F] par énergie[F] nucléaire
production of electricity from nuclear energy

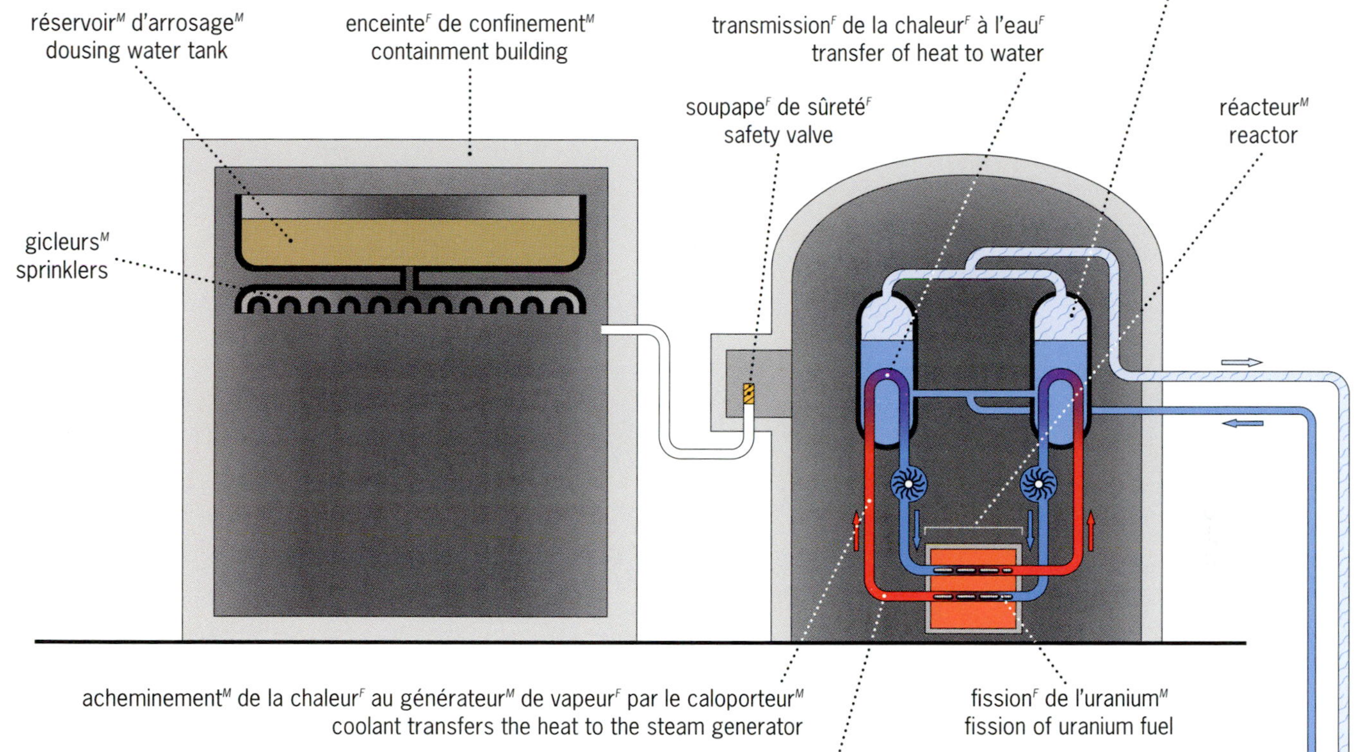

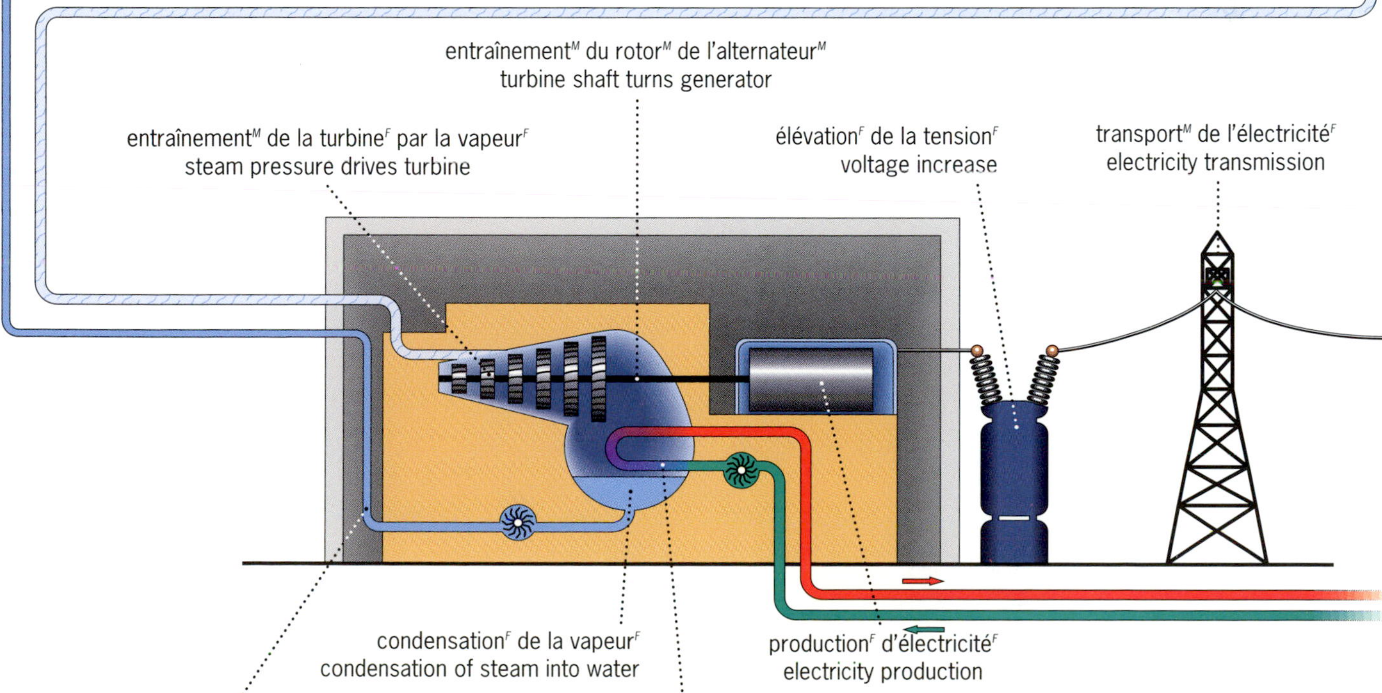

L'ÉNERGIE[F] SOLAIRE
SOLAR ENERGY

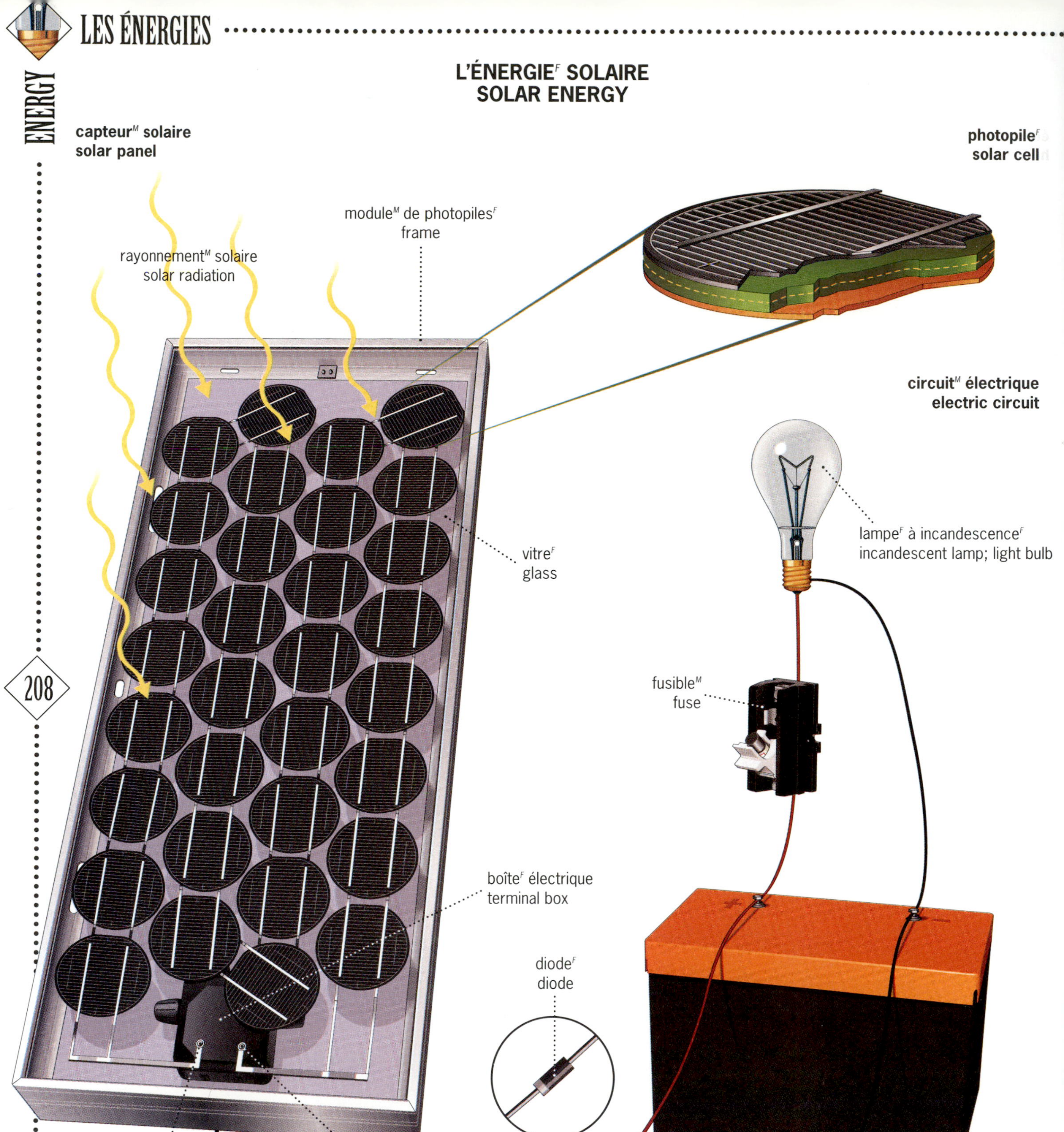

L'ÉNERGIE[F] ÉOLIENNE
WIND ENERGY

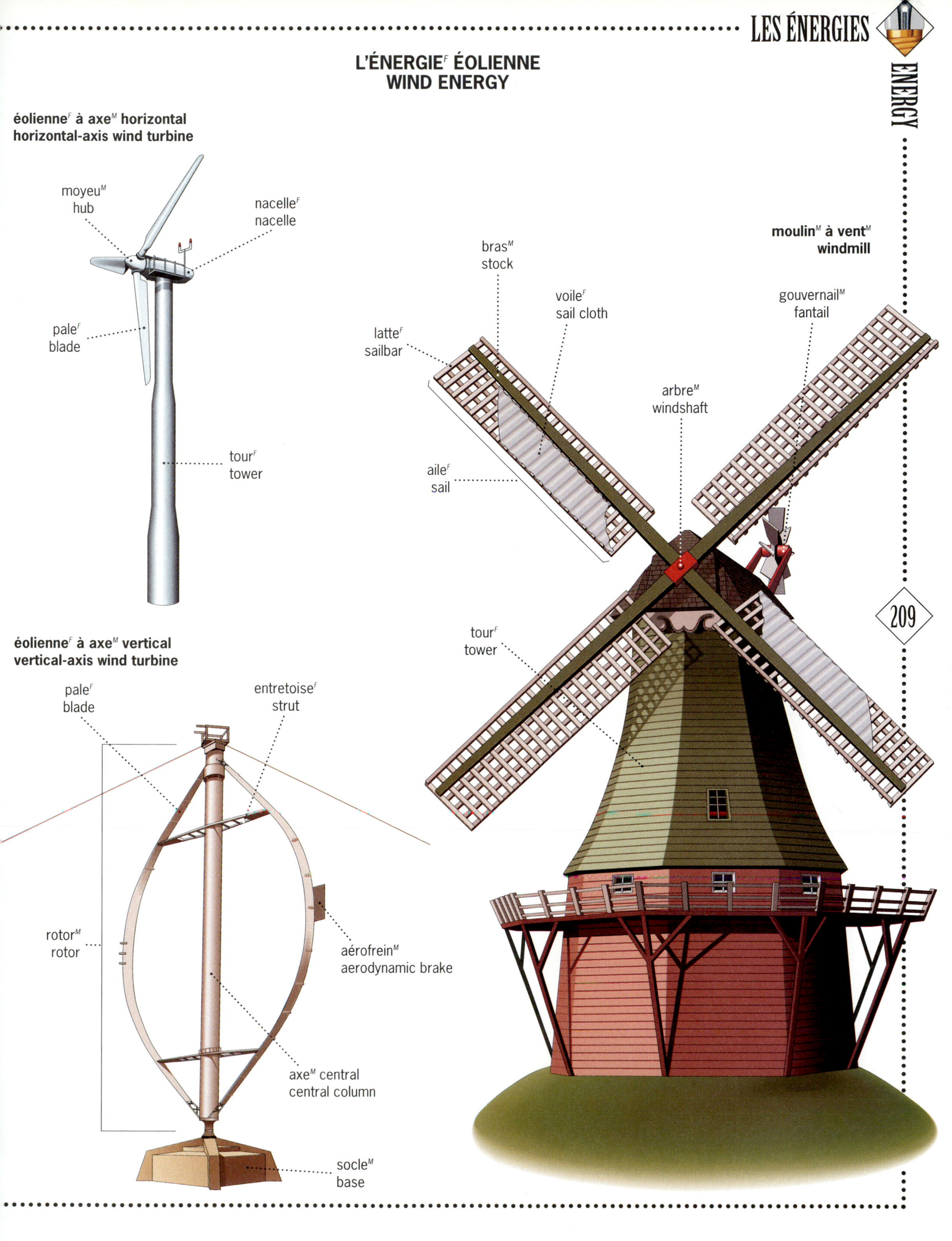

LA PRÉVENTION[F] DES INCENDIES[M]
FIRE PREVENTION

tuyau[M] de refoulement[M]
fire hose

extincteur[M]
portable fire extinguisher

borne[F] d'incendie[M]
fire hydrant

carré[M] de manoeuvre[F]
operating nut

prise[F] d'eau[F]
water supply point

bouchon[M]
cap

colonne[F]
upright pipe

grande échelle[F]
fire engine

tourelle[F]
turntable mounting

flèche[F] télescopique
telescopic boom

vérin[M] de dressage[M]
elevating cylinder

projecteur[M] orientable
spotlight

coffre[M] de rangement[M]
storage compartment

orifice[M] d'alimentation[F]
hydrant intake

stabilisateur[M]
outrigger

panneau[M] de commande[F]
control panel

gaffe^F
pike pole

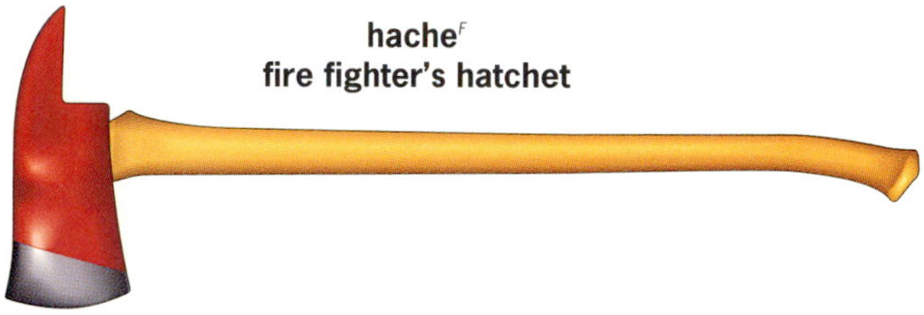

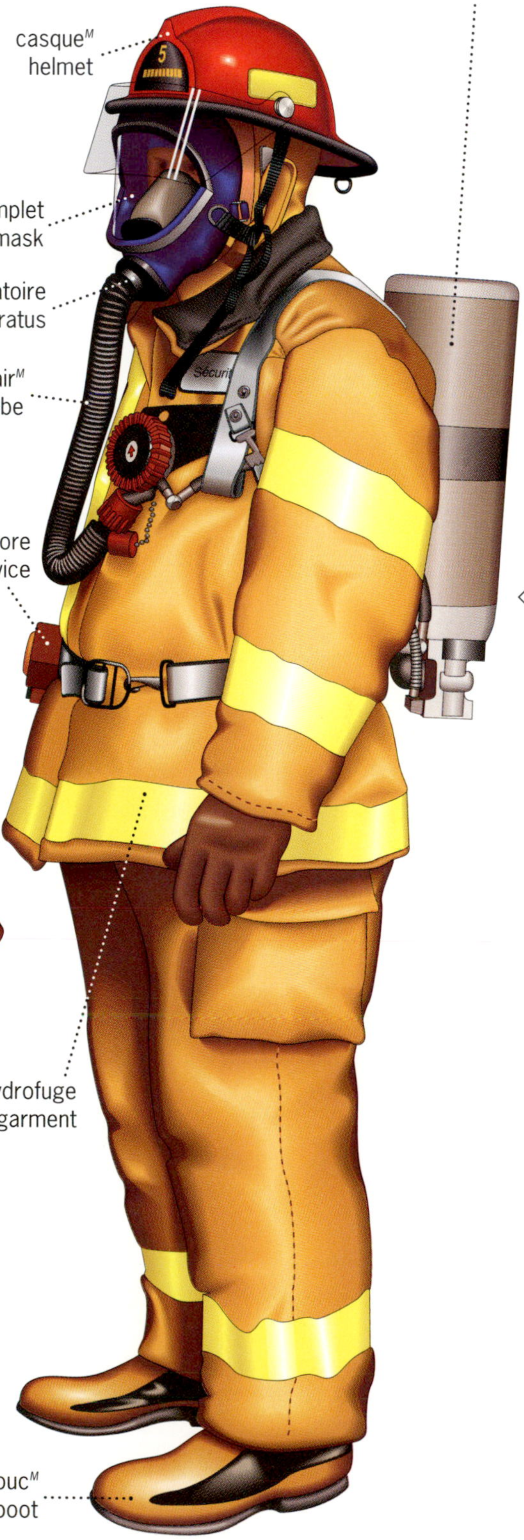

sapeur-pompier^M
fire fighter

bouteille^F d'air^M comprimé
compressed-air cylinder

hache^F
fire fighter's hatchet

casque^M
helmet

masque^M complet
full face mask

appareil^M de protection^F respiratoire
self-contained breathing apparatus

parc^M à échelles^F
tower ladder

tube^M d'alimentation^F en air^M
air-supply tube

gyrophare^M
flashing light

échelle^F de tête^F
top ladder

avertisseur^M sonore
warning device

lance^F à eau^F
ladder pipe nozzle

vêtement^M ignifuge et hydrofuge
fireproof and waterproof garment

botte^F de caoutchouc^M
rubber boot

LA MACHINERIE[F] LOURDE
HEAVY VEHICLES

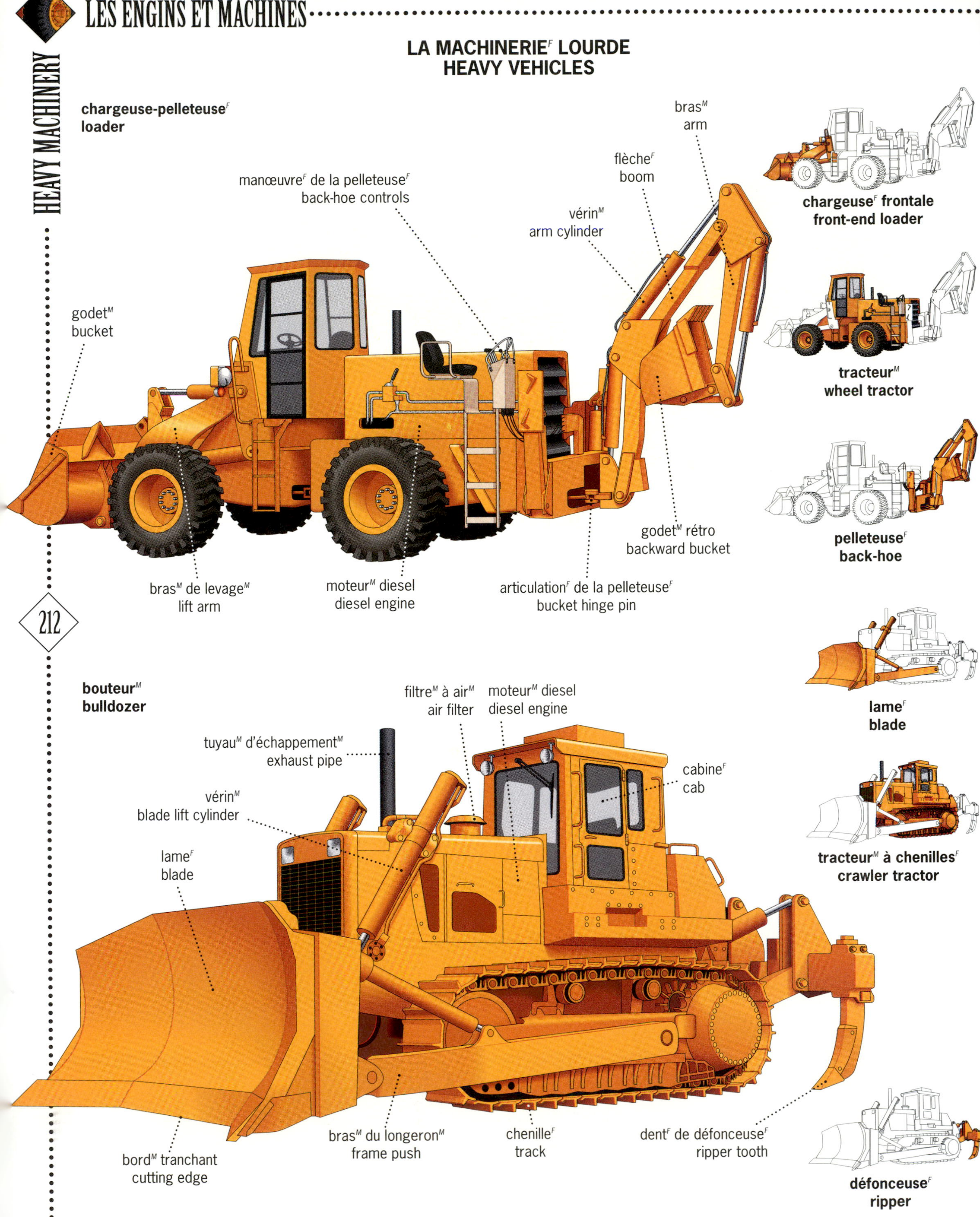

camion-benne[M]
dump truck

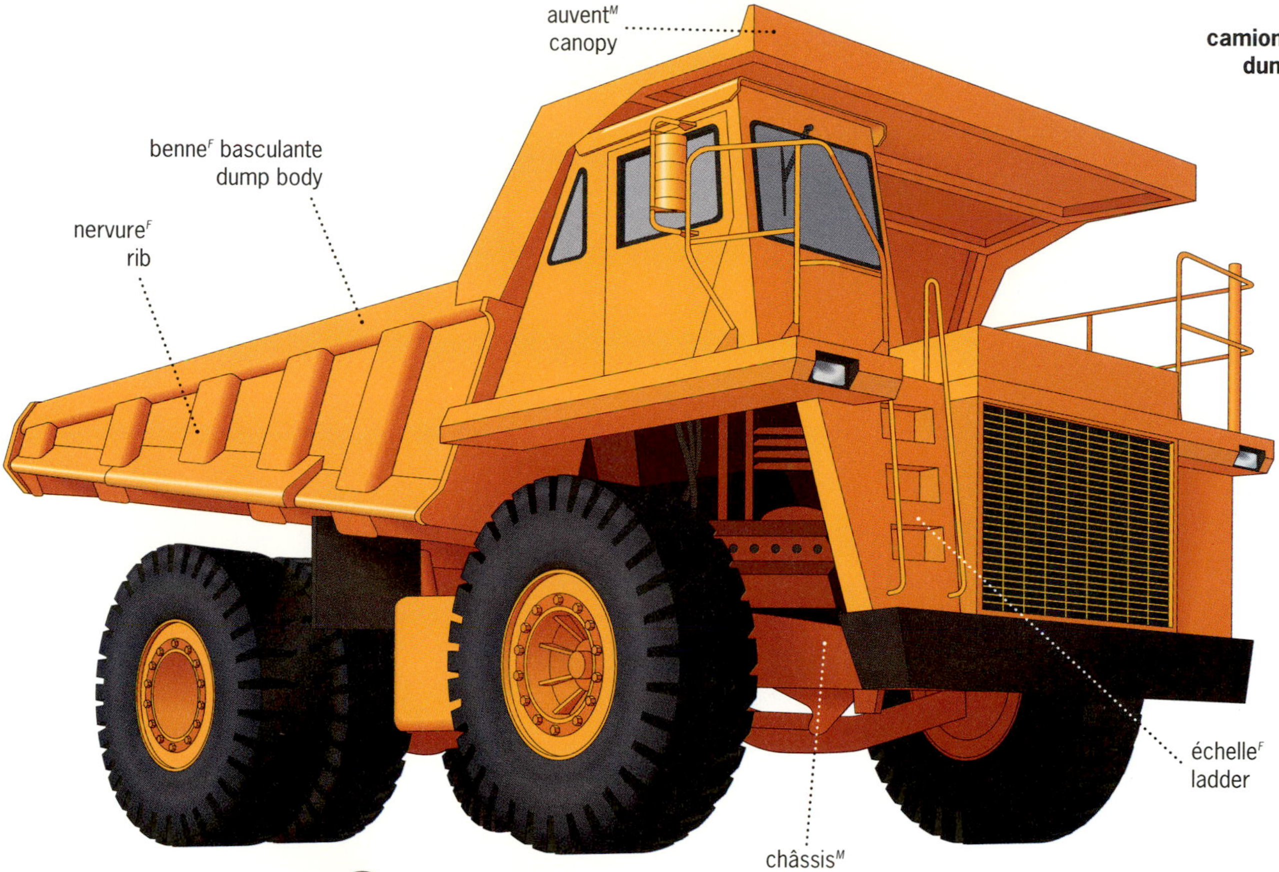

auvent[M]
canopy

benne[F] basculante
dump body

nervure[F]
rib

échelle[F]
ladder

châssis[M]
frame

pelle[F] hydraulique
excavator

point[M] d'articulation[F]
hinge pin

bras[M]
arm

vérin[M]
bucket cylinder

flèche[F]
boom

contrepoids[M]
counterweight

tourelle[F]
pivot cab

couronne[F] d'orientation[F]
turntable

godet[M] chargeur
dipper bucket

dent[F]
tooth

stabilisateur[M]
outrigger

châssis[M]
frame

LA MACHINERIE[F] LOURDE
HEAVY MACHINERY

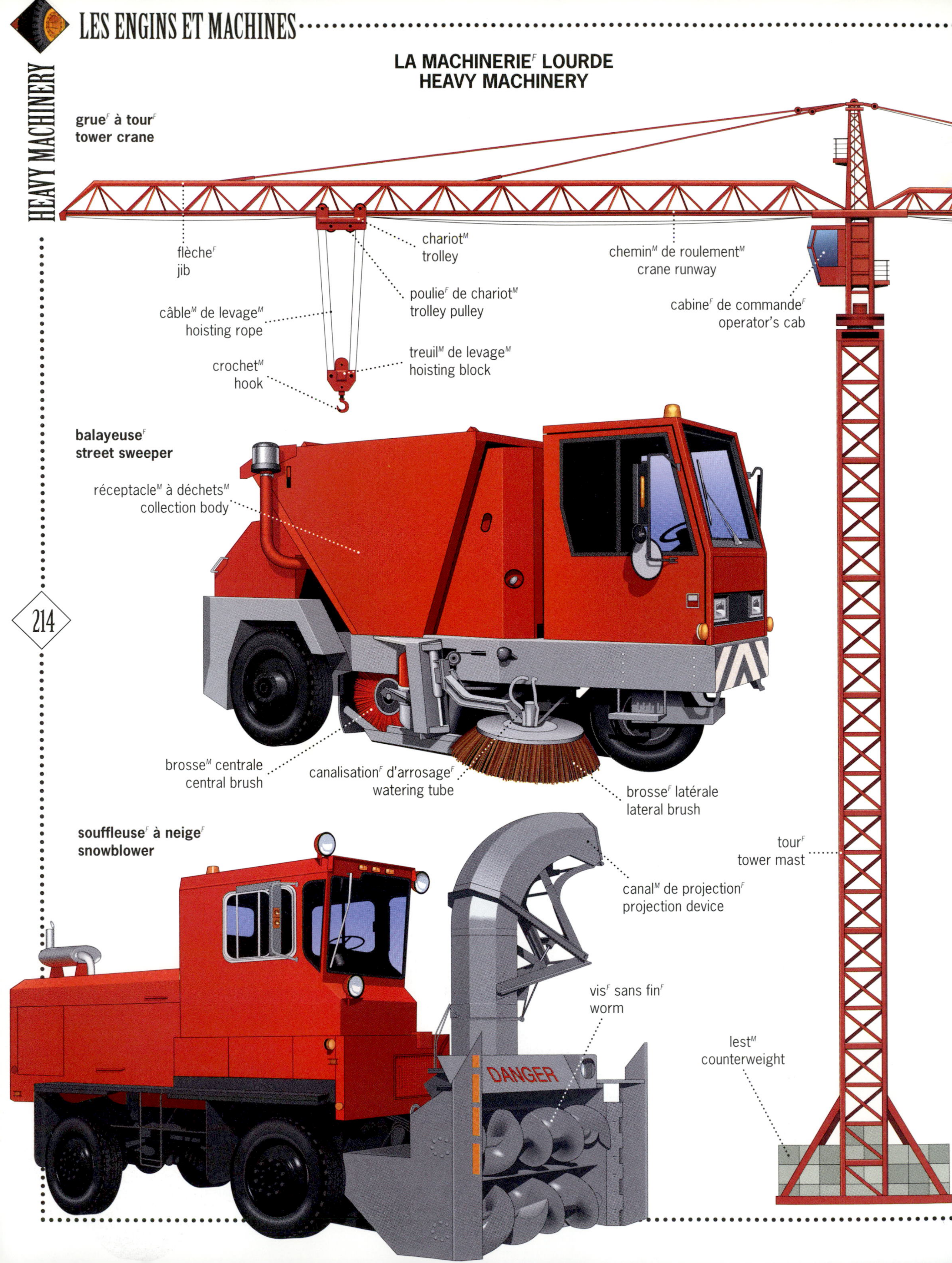

tirant^M
jib tie
contrepoids^M
counterjib ballast
benne^F tasseuse
packer body
camion^M à ordures^F
sanitation truck
contre-flèche^F
counterjib
trémie^F de chargement^M
loading hopper
flèche^F télescopique
telescopic boom
vérin^M de dressage^M
elevating cylinder
grue^F sur porteur^M
truck crane
stabilisateur^M
outrigger
poutre^F de levage^M
boom
vérin^M
elevating cylinder
treuil^M
winch
dépanneuse^F
tow truck
câble^M
cable
crochet^M
hook
dispositif^M de remorquage^M
towing device
commandes^F du treuil^M
winch controls

LES SYMBOLES[M] D'USAGE[M] COURANT
COMMON SYMBOLS

toilettes[F] pour dames[F]
women's rest room

toilettes[F] pour hommes[M]
men's rest room

accès[M] pour handicapés[M] physiques
wheelchair access

hôpital[M]
hospital

téléphone[M]
telephone

défense[F] de fumer
no smoking

camping[M]
camping (tent)

camping[M] interdit
camping prohibited

arrêt[M] à l'intersection[F]
stop at intersection

LES SYMBOLES[M] DE SÉCURITÉ[F]
SAFETY SYMBOLS

matières[F] corrosives
corrosive

danger[M] électrique
electrical hazard

matières[F] explosives
explosive

matières[F] inflammables
flammable

matières[F] radioactives
radioactive

matières[F] toxiques
poisonous

LES SYMBOLES[M] DE PROTECTION[F]
PROTECTION

protection[F] obligatoire de la vue[F]
eye protection

protection[F] obligatoire de l'ouïe
ear protection

protection[F] obligatoire de la tête[F]
head protection

protection[F] obligatoire des mai
hand protection

protection[F] obligatoire des pieds[M]
foot protection

protection[F] obligatoire des voies[F] respiratoires
respiratory system protectio

°C 199.
°F 199.
25 points(m) 197.
50 points(m) 197.

A

à cagoule(f) 191.
abat-jour(m) 98.
abat-son(m) 89.
abattant(m) 97.
abdomen(m) 61.
abdomen(m) 57, 59, 74.
ABEILLE(F) 58.
abeille(f), ouvrière(f) 58.
abri(m) des joueurs(m) 169.
abri(m) météorologique 23.
abricot(m) 45.
accès(m) au garage(m) 92.
accès(m) au réservoir(m) à essence(f) 131.
accès(m) pour handicapés(m) physiques 216.
accessoires(m) 159.
accordéon(m) 158.
acheminement(m) de la chaleur(f) au générateur(m) de vapeur(f) par le caloporteu 207.
achigan(m) 63.
action(f) du vent(m) 31.
addition(f) 154.
addition(f) en mémoire(f) 154.
aérofrein(m) 209.
aérogare(f) de passagers(m) 147.
aérogare(f) satellite(m) 147.
AÉROGLISSEUR(M) 141.
AÉROPORT(M) 146.
aéroport(m) 27.
aérosol(m) 29.
affichage(m) 154.
affichage(m) des données(f) 127.
afficheur(m) 124, 201.
Afrique(f) 19.
agneau(m) 69.
agrafes(f) 150.
agrafeuse(f) 150.
agrume(m), coupe(f) 47.
AGRUMES(M) 47.
agrumes(m), principales variétés(f) 47.
aide-arbitre(m) 178.
aide-mémoire(m) des procédures(f) 149.
aiguille(f) 14, 199, 200.
aiguille(f) aimantée 193.
aiguille(f) des dixièmes(m) de seconde(f) 198.
aiguille(f) des minutes(f) 198.
aiguilles(f) de pin(m) 43.
aiguilles(f) de sapin(m) 43.
aiguillon(m) 59.
ail(m) 50.
aile(f) 75, 130, 144, 148, 209.
aile(f) à géométrie(f) variable 144.
aile(f) antérieure 57.
aile(f) Dame(f) 195.
aile(f) de quartier(m) 121.
aile(f) du nez(m) 84.
aile(f) postérieure 57.
aile(f) Roi(m) 195.
aileron(m) 144, 184.
ailette(f) 144.
ailier(m) défensif droit 171.
ailier(m) défensif gauche 171.
ailier(m) droit 173, 175, 176.
ailier(m) éloigné 171.
ailier(m) gauche 173, 175, 176.
ailier(m) rapproché 171.
aine(f) 78.
air(m), pollution(f) 30.
aire(f) de jeux(m) 143.
aire(f) de manœuvre(f) 146.
aire(f) de ravitaillement(m) 135.
aire(f) de repos(m) 27.
aire(f) de service(m) 27, 147.
aire(f) de stationnement(m) 91, 147.
aire(f) de trafic(m) 146.
airelle(f) 44.
aisselle(f) 78.
akène(m) 44.
albumen(m) 75.
alcool(m) à 90° 193.
alimentation(f) solaire 154.
aliments(m), pollution(f) 32.
altérations(f) 161.
alternateur(m) 138, 206.
alto(m) 162.
alto(m) 167.
alvéole(f) 59.
alvéole(f) à miel(m) 59.
alvéole(f) à pollen(m) 59.
alvéole(f) operculée 59.
amande(f) 45.
amanite(f) vireuse 35.
Amérique(f) centrale 18.
Amérique(f) du Nord(m) 18.
Amérique(f) du Sud(m) 18.
amorce(f) 125.
amortisseur(m) arrière 135.
AMPHIBIENS(M) 60.
amphibiens(m), principaux 60.
amplificateur(m) 128.
ampoule(f) 99.
ampoule(f) 99.
amygdale(f) 84.
ananas(m) 48.
ANATOMIE(F) HUMAINE 81.
anche(f) 165.
anche(f) double 165.
anche(f) simple 165.
anches(f) 165.
ancrage(m), système(m) 188, 189.
anémomètre(m) 23.
anguille(f) 63.
ANIMAUX(M) DE LA FERME(F) 68.
ANIMAUX(M) SAUVAGES 72.
anneau(m) 35, 178, 189, 198, 201.
anneaux(m) 189.
annulaire(m) 82.
anorak(m) 120.
Antarctique(f) 18.
antenne(f) 57, 58, 61, 129, 131, 145, 179.
antenne(f) AM 128.
antenne(f) de télécommunication(f) 142.
antenne(f) FM 128.
antenne(f) radio(f) 142.
antennule(f) 61.
anthère(f) 38.
antiseptique(m) 193.
appareil(m) à télémètre(m) couplé 125.
appareil(m) à visée(f) reflex mono-objectif(m) 125.
appareil(m) de forage(m) 202.
appareil(m) de protection(f) respiratoire 211.
appareil(m) enregistreur 23.
appareil(m) petit-format 125.
appareil(m) photographique 35 mm 149.
APPAREILS(M) DE CUISSON(F) 107.
APPAREILS(M) DE SON(M) PORTATIFS 129.
APPAREILS(M) ÉLECTROMÉNAGERS 105.
appendice(m) 81.
applique(f) 98.
appoggiature(f) 161.
ARAIGNÉE(F) 56.
araignée(f) 56.
arbitre(m) 171, 173, 174, 176, 178, 180, 182.
arbitre(m) en chef(m) 169, 171.
ARBRE 40.
arbre(m) 209.
arbre(m), structure(f) 40.
arbres(m), exemples(m) 41.
arc(m) de cercle(m) 173.
arc(m) de l'aorte(f) 81.
arc-boutant(m) 89.
arc-en-ciel(m) 22.
arceau(m) 184.
arche(f) naturelle 14.
archet(m) 162.
archipel(m) 26.
arçon(m) 188.
Arctique(m) 18.
ardillon(m) 112.
arête(f) 17.
armature(f) 111.
armature(f) de la clé(f) 161.
armature(f) intégrée 193.
arrache-clou(m) 108.
arrêt(m) 126.
arrêt(m) à l'intersection(f) 216.
arrêt-court(m) 169.
arrière court(m) 180.
arrière(m) 171.
arrière(m) central 173.
arrière(m) centre 179.
arrière(m) droit 173, 175, 178.
arrière(m) gauche 173, 175, 178, 179.
arrondie 37.
arrosoir(m) 54.
artère(f) carotide primitive 81.
artère(f) fémorale 81.
artère(f) tibiale antérieure 81.
artichaut(m) 49.
ARTICLES(M) DE MAROQUINERIE(F) 123.
articulation(f) de la pelleteuse(f) 212.
As(m) 194.
Asie(f) 19.
asperge(f) 52.
asphalte(m) 203.
assiette(f) à dessert(m) 100.
assiette(f) à salade(f) 100.
assiette(f) creuse 100.
assiette(f) plate 100, 192.
astéroïdes(m) 6.
atelier(m) de mécanique(f) 134.
atmosphère(f) 12, 20.
attache(f) 123.
attache(f) de pavillon(m) 165.
attache(f) de sécurité(f) 149.
attache(f) pour outils(m) 149.
attaque(f) 171.
atteinte(f) à la nature(f) 31.
atteinte(f) à la personne(f) 31.
attelle(f) 193.
aubergine(f) 49.
aubier(m) 40.
auriculaire(m) 82.
Australie(f) 19.
auto-inversion(f) 129.
autocuiseur(m) 104.
automne(m) 20.
AUTOMOBILE(F) 130, 132.
autoroute(f) 27, 90.
autoroute(f) de ceinture(f) 27.
autruche(f) 76.
auvent(m) 190, 213.
avance(f) 129.
avance(f) rapide 126, 129.
avant court(m) 180.
avant(m) centre 173, 175, 179.
avant(m) droit 175, 178, 179.
avant(m) gauche 175, 178, 179.
avant-bras(m) 66, 79.
avant-champ(m) 169.
avertisseur(m) 132, 138.
avertisseur(m) pneumatique 134.
avertisseur(m) sonore 211.
AVION(M) 144.
avion(m) long-courrier(m) 144.
avocat(m) 48.
axe(m) central 209.
axe(m) de rotation(f) 152.

B

babines(f) 66.
bâbord(m) 142.
bac(m) 111.
bac(m) à compost(m) 55.
bac(m) à glaçons(m) 106.
bac(m) à légumes(m) 106.
bac(m) à viande(f) 106.
bac(m) de ramassage(m) 54.
bague(f) 164.
bague(f) de mise(f) au point(m) 125.
bague(f) de serrage(m) 165.
baguette(f) 118, 162.
baguette(f) de flanc(m) 131.
baguettes(f) 166.
baie(f) 9, 26.
baie(f), coupe(f) 44.
BAIES(F) 44.
baies(f), principales variétés(f) 44.
bain-marie(m) 104.
baladeur(m) 129.
balai(m) à feuilles(f) 55.
balai(m) métallique 166.
balalaïka(f) 158.
balance(f) de cuisine(f) 201.
balance(f) de Roberval 200.
balance(f) électronique 201.
balance(f) romaine 200.
balayeuse(f) 214.
baleine(f) 72.
baleine(f) 123.
ballast(m) 140.
balle(f) de baseball(m) 168.
balle(f) de cricket(m) 174.
balle(f) de hockey(m) 175.
balle(f) de tennis(m) 181.
ballerine(f) 119.
ballon(m) de basket(m) 178.
ballon(m) de football(m) 170, 172.
ballon(m) de volleyball(m) 179.
banane(f) 48.
banc(m) 96.
banc(m) des joueurs(m) 171, 176, 178, 179.
banc(m) des officiels(m) 176.
banc(m) des pénalités(m) 176.
bande(f) 176.
bande(f) d'identification(f) technique 129.
bande(f) de filet(m) 180.
bande(f) de gaze(f) 193.
bande(f) horizontale 179.
bande(f) magnétique 129.
bande(f) verticale de côté(m) 179.
bandeau(m) 181.
bandoulière(f) 123.
banjo(m) 158.
barbe(f) 52.
baromètre(m) à mercure(m) 23.
baromètre(m) enregistreur 23.
barrage(m) 204.
barre(f) 70, 123.
barre(f) d'acier(m) 189.
barre(f) de départ(m) (dos(m)) 182.
barre(f) de mesure(f) 160.
barre(f) de pression(f) 159.
barre(f) de repos(m) des marteaux(m) 159.
barre(f) de reprise(f) 160.
barre(f) de retenue(f) 106.
barre(f) de tractage(m) 146.
barre(f) fixe 189.
barreau(m) 97.
barres(f) asymétriques 189.
barres(f) parallèles 189.
barrette(f) 174.
BAS(M) 118.
bas(m) 118.
base(f) 140.
BASEBALL(M) 168.
BASKETBALL(M) 178.
bassin(m) 143, 182.
bassin(m) de compétition(f) 182.
bassin(m) de radoub(m) 142.
basson(m) 165.
basson(m) 167.
bâtiment(m) administratif 143.
bâtiment(m) de la turbine(f) 206.
bâtiment(m) du réacteur(m) 206.
bâton(m) 168.
bâton(m) 187.
bâton(m) de gardien(m) de but(m) 177.
bâton(m) de joueur(m) 177.
bâton(m) de ski(m) 186.
bâtonnet(m) de colle(f) 150.
batte(f) 174.
batte(f) 174.
batterie(f) 166.
batterie(f) 138.
batterie(f) d'accumulateurs(m) 208.
BATTERIE(F) DE CUISINE(F) 104.
batteur(m) 174.
batteur(m) à main(f) 105.
batteur(m) à œufs(m) 102.
bavette(f) garde-boue(m) 131, 134.
bec(m) 74, 165.
bec(m) corné 64.
bec(m) de bord(m) d'attaque(f) 144.
bec-de-cane(m) 93.
bécarre(m) 161.
bêche(f) 55.
becs(m), principaux types(m) 74.
bégonia(m) 38.
bémol(m) 161.
benne(f) basculante 213.
benne(f) tasseuse 215.
béquille(f) 135, 145.
béret(m) 114.
berline(f) 133.
bermuda(m) 115.
bette(f) à carde(f) 52.
betterave(f) 51.
beurrier(m) 100.
BICYCLETTE(F) 136.
bidon(m) 136.
BIOSPHERE(F), STRUCTURE(F) 20.
blanc(m) 194.
blanc(m) de l'œil(m) 82.
blanche(f) 161.
Blancs(m) 195, 196.
bleu(m) 157.
bleu(m) vert 157.
bleu(m) violet 157.
bleuet(m) 44.
bloc(m) de commande(f) 197.
bloc-essieu(m) 185.
bloc-notes(m) 151.
blocage(m) de l'interrupteur(m) 110.
bloqueur(m) droit 171.
bloqueur(m) gauche 171.
blouson(m) court 113.
blouson(m) long 113.
bobine(f) réceptrice 129.
bocal(m) 165.
bœuf(m) 69.
bogie(m) 138.
bois(m) de cœur(m) 40.
bois(m), famille(f) 165.
boîte(f) à aquarelle(f) 157.
boîte(f) à gants(m) 132.
boîte(f) d'essieu(m) 138.
boîte(f) électrique 208.
boîtier(m) 99, 108, 110, 125, 129, 159, 198.
bol(m) 100.
bol(m) à salade(f) 100.
bombe(f) volcanique 15.
bongo(m) 166.
bonnet(m) 114.
bonnet(m) 116.
bord(m) 36, 141.
bord(m) d'attaque(f) 144.
bord(m) d'une feuille(f) 37.
bord(m) de fuite(f) 144.
bord(m) tranchant 212.
bord(m)-côte(f) 117, 118.
borne(f) d'incendie(m) 210.
borne(f) de gonflage(m) 134.
botte(f) 119.
botte(f) de caoutchouc(m) 211.
bottine(f) 119.
BOUCHE(F) 84.
bouche(f) 60, 78.
bouche(f) d'air(m) 132.
bouchon(m) 210.
boucle(f) 186.
boucle(f) de ceinture(f) 112.
boucle(f) de réglage(m) 185, 193.
bouclier(m) 177.
bouclier(m) thermique 149.
bouilloire(f) 105.
bouleau(m) 42.
boulet(m) 67.
boulevard(m) 90.
boulon(m) 109.
bourdon(m) 158.
bourgeon(m) 50.
bourgeon(m) axillaire 36.
bourgeon(m) terminal 34, 36.
boussole(f) magnétique 193.
bout(m) du nez(m) 67.
bouteille(f) d'air(m) comprimé 211.
bouteur(m) 212.
bouton(m) 97, 112, 117, 162.
bouton(m) de blocage(m) 108.
bouton(m) de commande(f) 107.
bouton(m) de fonction(f) 197.
bouton(m) de mise(f) au point(m) 11.
bouton(m) de mise(f) au point(m) manuelle 153.
bouton(m) de piston(m) 164.
bouton(m) fixe-courroie 163.
bouton(m) floral 36.
bouton(m)-guide(m) 110.
bouton(m)-poussoir(m) 105.
bouton(m)-pression(f) 118.
bouton-pression(m) 113.
boutonnière(f) 112.
boutons(m) de réglage(m) 126.
bracelet(m) 170, 181.
braguette(f) 112.
branche(f) 109, 123.
branche(f) maîtresse 40.
branchement(m) 205.
branchies(f) 62.
branchies(f) externes 60.
brandebourg(m) 113.
bras(m) 67, 79, 97, 209, 212, 213.
bras(m) de levage(m) 212.
bras(m) du longeron(m) 212.
bras(m) télécommandé 149.
brassard(m) 170, 177.
brasse(f) 183.
bretèche(f) 88.
bretelle(f) 116, 146, 193.
bretelles(f) 112.

Les termes en **caractères gras** renvoient à une illustration, ceux en CAPITALES indiquent un titre.

BRICOLAGE(M), OUTILS(M) 108.
bride(f) de fixation(f) 11.
bride(f) de suspension(f) 117.
brigantine(f) 141.
broche(f) 99.
brochet(m) 63.
brocoli(m) 49.
brodequin(m) 119.
brosse(f) 157.
brosse(f) à dents(f) 122.
brosse(f) latérale 214.
brosse(f) pneumatique 122.
brosse(m) centrale 214.
brouette(f) 55.
brouillard(m) 22.
brume(f) 22.
bûchette(f) 113.
bulbe(m) d'étrave(f) 142.
bulbe(m), coupe(f) 50.
bureau(m) 134.
bureau(m) des douanes(f) 143.
buse(f) 122.
but(m) 171, 173, 175, 176.
butée(f) 186, 187.

C

caban(m) 114.
cabine(f) 143, 145, 212.
cabine(f) de commande(f) 214.
cabine(f) de conduite(f) 138, 140.
cabine(f) de pilotage(m) 141.
cabine(f) des passagers(m) 141.
câble(m) 110, 189, 215.
câble(m) de frein(m) 137.
câble(m) de levage(m) 214.
câble(m) du clavier(m) 154.
cabriolet(m) 133.
cache-oreilles(m) abattant 113.
cadenas(m) 136.
cadran(m) 193, 198, 200.
cadran(m) solaire 198.
cadre(m) 136, 181, 188.
cadre(m) métallique 159.
cadre-cache(m) 153.
cafetière(f) 192.
cafetière(f) à piston(m) 100.
cafetière(f) filtre(m) 105.
cagoule(f) 114.
cahier(m) 151.
caïeu(m) 50.
caisse(f) 159, 162, 163.
caisse(f) bombée 158.
caisse(f) circulaire 158.
caisse(f) claire 166, 167.
caisse(f) de résonance(f) 158.
caisse(f) pleine 163.
caisse(f) roulante 166.
caisse(f) triangulaire 158.
calandre(f) 130, 134.
calculette(f) 154.
cale(f) 146.
cale-pied(m) 136.
caleçon(m) 112.
calice(m) 38.
Callisto 6.
calotte(f) 113.
calotte(f) glaciaire 21.
cambium(m) 40.
caméléon(m) 65.
caméra(f) de télévision(f) couleurs(f) 149.
caméra(f) vidéo 127.
camion(m) à ordures(f) 215.
camion(m) commissariat(m) 147.
camion-benne(m) 213.
CAMIONNAGE(M) 134.
camionnette(f) 133.
camping(m) 216.
camping(m) interdit 216.
canal(m) 85.
canal(m) à venin(m) 64.
canal(m) de fuite(f) 204.
canal(m) de projection(f) 214.
canal(m) droit 128.
canal(m) gauche 128.
canalisation(f) d'arrosage(f) 214.
canapé(m) 96.
canard(m) 68.
canaux(m) semi-circulaires 83.
canine(f) 70, 85.
canneberge(f) 44.
canon(m) 67.
canot(m) de sauvetage(m) 141.
canot(m) pneumatique de sauvetage(m) 141.
cantaloup(m) 49.
cap(m) 26.
capitale(f) 26.
capot(m) 130.
capteur(m) de télécommande(f) 126.
capteur(m) solaire 208.
capuchon(m) 113.
caquelon(m) 104.
carafe(f) 100.
carafon(m) 100.
carapace(f) 64.
carapace(f) 61.
carburant(m) diesel(m) 203.
carburéacteur(m) 203.
cardigan(m) 117.
cardon(m) 52.
carillon(m) tubulaire 167.
carnassière(f) 70.
carnivore(m), mâchoire(f) 70.
carnivores(m) 29, 33.
carotte(f) 51.
carpe(m) 80.
carre(f) 185, 186.
carré(m) 156.
carré(m) de manoeuvre(f) 210.
carreau(m) 194.
carreau(m) 94.
carrosserie(f) 130.
carrosseries(f), types(m) 133.
carte(f) physique 26.
carte(f) politique 26.
carte(f) routière 27.
carter(m) 54.
CARTES(F) 194.
CARTOGRAPHIE(F) 24, 26.
cartouche(f) de jeu(m) 197.
cartouche(f) de pellicule(f) 125.
case(f) 86.
case(f) blanche 195.
case(f) noire 195.
casier(m) à beurre(m) 106.
casier(m) laitier 106.
casque(m) 149, 170, 177, 211.
casque(m) d'écoute(f) 128.
casque(m) d'écoute(f) 129.
casque(m) de frappeur(m) 168.
casque(m) de protection(f) 135, 137.
casquette(f) 113.
casquette(f) norvégienne 113.
casse-noix(m) 102.
casserole(f) 104.
cassette(f) 129.
cassette(f) 129.
cassette(f) annonce(f) 124.
cassette(f) de pellicule(f) 125.
cassette(f) messages(m) 124.
cassis(m) 44.
castagnettes(f) 166.
castagnettes(f) 167.
castor(m) 70.
catadioptre(m) 136.
caténaire(f) 140.
cathédrale(f) 90.
CATHÉDRALE(F) GOTHIQUE 89.
causeuse(f) 96.
Cavalier(m) 195.
ceinture(f) 112.
ceinture(f) 97, 193.
ceinture(f) élastique 112, 113.
ceinture(f) montée 112, 113.
céleri(m) 52.
céleri(m)-rave(f) 51.
cellule(f) 57.
cellule(f) photoélectrique 125.
cellule(f) royale 59.
centrale(f) 204.
centrale(f) hydroélectrique, coupe(f) 204.
centrale(f) nucléaire 206.
centre(m) 171, 173, 176, 178.
CENTRE-VILLE(M) 90.
céphalothorax(m) 61.
cercle(m) 156.
cercle(m) 123.
cercle(m) central 173, 176, 178.
cercle(m) d'ascension(f) droite 11.
cercle(m) d'attente(f) 169.
cercle(m) d'envoi(m) 175.
cercle(m) de déclinaison(f) 11.
cercle(m) de mise(f) au jeu(m) 176.
cercle(m) des couleurs(f) 157.
cercle(m) polaire antarctique 12.
cercle(m) polaire arctique 12, 24.
cercle(m) restrictif 178.
cerise(f) 45.
cerne(m) annuel 40.
chaîne(f) 136.
chaîne(f) alimentaire 28.
chaîne(f) de montagnes(f) 9, 26.
CHAINE(F) STÉRÉO 128.
chaîne(f) stéréo, composantes(f) 128.
chaise(f) 97.
chaise(f) berçante 96.
chaise(f) longue 96.
chaise(f) pliante 96.
chaises(f) empilables 96.
chaleur(f) absorbée 28.
chaleur(f) dispersée 29.
chaleur(f) emprisonnée 29.
chaleur(f) réfléchie 28.
chaloupe(f) de sauvetage(m) 143.
chalumeau(m) 158.
chambranle(m) 93.
chambre(f) à air(m) 75.
chambre(f) d'expansion(f) 199.
champ(m) centre(m) 169.
champ(m) droit 169.
champ(m) gauche 169.
CHAMPIGNON(M) 35.
champignon(m) comestible 35.
champignon(m) de couche(f) 35.
champignon(m) mortel 35.
champignon(m) vénéneux 35.
champignon(m), structure(f) 35.
chandail(m) d'équipe(f) 168, 170, 172.
chandail(m) de dessous(m) 168.
chanfrein(m) 67.
chapeau(m) 35.
chapelle(f) 88.
chapelle(f) de la Vierge(f) 89.
chapelle(f) latérale 89.
charge(f) explosive 202.
chargeuse(f) frontale 212.
chargeuse-pelleteuse(f) 212.
chariot(m) 214.
charnière(f) 186.
Charon 7.
chasse-pierres(m) 139, 140.
châssis(m) 213.
châssis(m) de bogie(m) 138.
CHAT(M) 66.
châtaigne(f) 67.
CHATEAU(M) FORT 88.
chaussette(f) 118.
chaussette(f) 170, 181, 187.
chaussette(f)-étrier(m) 168.
chausson(m) intérieur 185.
chaussure(f) 185, 187.
chaussure(f) à crampons(m) 168, 170.
chaussure(f) de cricket(m) 174.
chaussure(f) de football(m) 172.
chaussure(f) de ski(m) 186.
chaussure(f) de ski(m) 186.
chaussure(f) de sport(m) 121.
chaussure(f) de tennis(m) 181.
CHAUSSURES(F) 119.
chemin(m) de ronde(f) couvert 88.
chemin(m) de roulement(m) 214.
cheminée(f) 15, 93.
cheminée(f) anti-suie 143.
cheminée(f) d'échappement(m) 134.
chemise(f) 112.
chemisier(m) classique 114.
chêne(m) 41.
chenille(f) 57.
chenille(f) 212.
chercheur(m) 11.
chérimole(f) 48.
CHEVAL(M) 67.
cheval(m) 70.
cheval(m) 188.
cheval(m) d'arçons(m) 188.
cheval(m)-sautoir(m) 188.
chevalet(m) 162, 163.
chevalet(m) des aigus(m) 159.
chevalet(m) des basses(f) 159.
chevelu(m) 40.
chevelure(f) 10.
chevet(m) 89.
cheveux(m) 79.
cheville(f) 78, 162.
cheville(f) d'accord(m) 159.
chevillier(m) 162.
chèvre(f) 69.
chevreuil(m) 73.
chicorée(f) 53.
CHIEN(M) 66.
chien(m), morphologie(f) 62, 66.
chœur(m) 89.
chope(f) 100.
chope(f) à café(m) 100.
chou(m) chinois 53.
chou(m) frisé 53.
chou(m) pommé blanc 53.
chou(m) pommé vert 53.
chou(m)-fleur(f) 49.
chou(m)-rave(f) 51.
choux(m) de Bruxelles 53.
chronomètre(m) 198.
chronométreur(m) 178.
chronométreur(m) de couloir(m) 182.
chronométreur(m) des trente secondes(f) 178.
chronométreur(m) principal 182.
chrysalide(f) 57.
chute(f) 17.
cible(f) 197.
ciboulette(f) 50.
ciel(m) d'orage(m) 22.
cigogne(f) 76.
cil(m) 82.
cilié 37.
cils(m) 66.
cime(f) 40.
circuit(m) électrique 205, 208.
cirque(m) 9.
cirque(m) glaciaire 16.
ciseaux(m) 192, 193.
cithare(f) 158.
citron(m) 47.
citrouille(f) 49.
clairon(m) 164.
claque(f) 121.
clarinette(f) 165.
clarinette(f) 167.
clarinette(f) basse 167.
clavicule(f) 80.
clavier(m) 124, 154, 159.
clavier(m) accompagnement(m) 158.
clavier(m) chant(m) 158.
clavier(m) numérique 201.
clayette(f) 106.
clé(f) 165.
clé(f) à molette(f) 109.
clé(f) d'ut(m) 160.
clé(f) de contact(m) 54.
clé(f) de fa(m) 160.
clé(f) de mandrin(m) 110.
clé(f) de sol(m) 160.
clés(f) 160.
clignotant(m) 135.
climatiseur(m) 29.
climats(m) continentaux 21.
climats(m) de montagne(f) 21.
climats(m) de montagne(f) 21.
CLIMATS(M) DU MONDE(M) 21.
climats(m) polaires 21.
climats(m) subarctiques 21.
climats(m) subarctiques 21.
climats(m) subtropicaux 21.
climats(m) tempérés 21.
climats(m) tropicaux 21.
clinfoc(m) 141.
clocher(m) 89.
clocheton(m) 89.
clochettes(f) 166.
cloison(f) 47, 84, 196.
clou(m) 108.
coach(m) 133.
cobra(m) 64.
coccinelle(f) 56.
coccyx(m) 80.
codes(m) des produits(m) 201.
cœur(m) 194.
cœur(m) 46, 81, 181, 194.
coffre(m) 131.
coffre(m) de rangement(m) 134, 210.
coffret(m) 126.
coiffe(f) 36.
COIFFURE(F) 122.
coin(m) de patinoire(f) 176.
coing(m) 46.
col(m) 17, 112, 113, 121.
col(m) roulé 117.
col(m) roulé 187.
colibri(m) 77.
collant(m) 118.
collant(m) sans pied(m) 121.
collet(m) 36, 85.
collier(m) de serrage(m) 23.
colline(f) 17.
colonne(f) 13, 182, 210.
colonne(f) d'alcool(m) 199.
colonne(f) de mercure(m) 199.
colonne(f) vertébrale 80.
combinaison(f) de ski(m) 186, 187.
combiné(m) 124.
combustibles(m) fossiles 28.
COMETE(F) 10.
commande(f) d'éjection(f) de la cassette(f) 127.
commande(f) d'éjection(f) de la pile(f) 127.
commande(f) d'essuie-glace(m) 132.
commande(f) de barrières(f) 140.
commande(f) de chauffage(m) 132.
commande(f) de marche(f) arrière 153.
commande(f) de marche(f) avant 153.
commande(f) de sélection(f) manuelle 153.
commande(f) de température(f) 106.
commande(f) de vitesse(f) 105.
commande(f) de volume(m) 124.
commande(f) électrique du zoom(m) 127.
commandes(f) de fonctions(f) 127.
commandes(f) de la bande(f) vidéo 127.
commandes(f) de montage(m) 127.
commandes(f) de préréglage(m) 126, 127.
commandes(f) de prise(f) de vue(f) 127.
commandes(f) du magnétoscope(m) 126.
commandes(f) du treuil(m) 215.
commissure(f) des lèvres(f) 84.
COMMUNICATIONS(F) PAR TÉLÉPHONE(M) 124.
commutateur(m) 153.
compartiment(m) voyageurs(m) 140.
compartiment-couchette(m) 134.
complexe(m) hydroélectrique 204.
composition(f) automatique 124.
compresse(f) stérilisée 193.
compresseur(m) d'air(m) 139.
compte-tours(m) 132.
compteur(m) kilométrique 132.
concombre(m) 49.
condensation(f) 31.
condensation(f) de la vapeur(f) 207.
condenseur(m) 155.
conduit(m) auditif 83.
conduit(m) de la glande(f) 64.
conduite(f) forcée 204.
cône(m) 14, 43, 156.
cône(m) adventif 15.
cône(m) d'ombre(f) 10.
cône(m) de pénombre(f) 10.
cône(m) femelle 43.
cône(m) mâle 43.
CONFIGURATION(F) DES CONTINENTS(M) 18.
CONFIGURATION(F) DU LITTORAL(M) 14.
congélateur(m) 106.
CONIFERE(M) 43.
console(f) centrale 132.
console(f) de traitement(m) 197.
contact(m) électrique 125.
contact(m) négatif 208.
contact(m) positif 208.
continental aride 21.
continental semi-aride 21.
CONTINENTS(M), CONFIGURATION(F) 18.
contre-flèche(f) 215.
contrebasse(f) 162.
contrebasse(f) 167.
contrebasson(m) 167.
contrefort(m) 17, 121.
contrepoids(m) 11, 140, 213, 215.
contrevent(m) 94.
contrôle(m) de la stéréophonie(f) 129.
contrôle(m) de tonalité(f) des aigus(m) 163.
contrôle(m) de tonalité(f) des graves(f) 163.
contrôles(m) du lecteur(m) de cassette(f) 124, 129.
contrôles(m) du lecteur(m) de disque(m) 129.
convoyeur(m) à bagages(m) 146.
COORDONNÉES(F) TERRESTRES 12.
coq(m) 68.
coque(f) 135.
coque(f) inférieure 186.
coque(f) supérieure 185, 186.
coquelicot(m) 38.
coquille(f) 75, 170, 177.
cor(m) anglais 165.
cor(m) anglais 167.
cor(m) d'harmonie(f) 164.
cor(m) d'harmonie(f) 167.

Les termes en **caractères gras** renvoient à une illustration, ceux en CAPITALES indiquent un titre.

corbeau(m) 76.
corbeille(f) à pollen(m) 58.
corde(f) 162.
corde(f) de couloir(m) 182.
corde(f) de tirage(m) 111.
cordes(f) 159.
cordes(f) d'accompagnement(m) 158.
cordes(f) de mélodie(f) 158.
cordier(m) 162.
cordon(m) 129.
cordon(m) coulissant 113.
cordon(m) de combiné(m) 124.
cornemuse(f) 158.
cornes(f) de girafe(f) 71.
cornes(f) de mouflon(m) 71.
cornes(f) de rhinocéros(m) 71.
CORNES(F), PRINCIPAUX TYPES(M) 71.
cornet(m) à dés(m) 196.
cornet(m) à pistons(m) 164.
cornet(m) à pistons(m) 167.
corniche(f) 92, 93.
corolle(f) 38.
corps(m) 122, 165, 197.
corps(m) de garde(f) 88.
corps(m) de piston(m) 164.
corps(m) de ruche(f) 59.
côte(f) flottante 80.
côtes(f) 80.
coton(m) hydrophile 193.
cotylédon(m) 36.
cotylédons(m) 34.
cou(m) 64, 78, 79, 188.
couche(f) arable 34.
couche(f) d'ozone(m) 29.
couche(f) de cendres(f) 15.
couche(f) de gaz(m) 29.
couche(f) de laves(f) 15.
couche(f) fluorescente 99.
coude(m) 66, 67, 79.
coudière(f) 170.
coulant(m) 123.
coulée(f) de laves(f) 15.
couleurs(f) primaires 157.
couleurs(f) secondaires 157.
couleurs(f) tertiaires 157.
coulisse(f) 112.
coulisse(f) d'accord(m) 164.
coulisse(f) d'entrée(f) 59.
coulisse(f) du deuxième piston(m) 164.
coulisse(f) du premier piston(m) 164.
coulisse(f) du troisième piston(m) 164.
couloir(m) 180, 182.
couloir(m) de lancer(m) franc 178.
coup(m) de pied(m) de brasse(f) 183.
coup(m) de pied(m) de crawl(m) 183.
coup(m) de pied(m) de papillon(m) 183.
coupe(f) 100.
coupe(f) d'un agrume(m) 47.
coupe(f) d'un bulbe(m) 50.
coupe(f) d'un fruit(m) à noyau(m) 45.
coupe(f) d'un fruit(m) à pépins(m) 46.
coupe(f) d'une baie(f) 44.
coupe(f) d'une fraise(f) 44.
coupe(f) d'une framboise(f) 44.
coupole(f) du mihrab(m) 87.
cour(f) 87, 88.
courge(f) 49.
courgette(f) 49.
couronne(f) 8, 67, 74, 85.
couronne(f) d'orientation(f) 213.
courroie(f) de tige(f) 186.
court(m) de service(m) droit 180.
court(m) de service(m) gauche 180.
courtine(f) 88.
coussin(m) d'air(m) 121.
coussin(m) de protection(f) 188.
coussinet(m) 128.
coussinet(m) digité 66.
coussinet(m) palmaire 66.
couteau(m) 101, 192.
couteau(m) 105.
couteau(m) à beurre(m) 101.
couteau(m) à bifteck(m) 101.
couteau(m) à fromage(m) 101.
couteau(m) de table(f) 101.
couteau(m) suisse 192.
couteaux(m), types(m) 101.
couvercle(m) 99, 193, 199.
couvercle(m) du chargeur(m) 153.
COUVERT(M) 101.
couverture(f) 95.
couvre-oreiller(m) 95.
crabe(m) 61.
crampon(m) 121.
crampons(m) 174.
crampons(m) interchangeables 172.
cran(m) 112, 200.
cran(m) de réglage(m) 109, 186.
crâne(m) 78, 80.
crapaud(m) 60.
cratère(m) 9, 15.
cravate(f) 112.
crawl(m) 183.
crayon(m) 150.
crayon(m) gomme(f) 150.
crayons(m) de cire(f) 157.
crayons(m) de couleur(f) 157.
crémier(m) 100.
créneau(m) 88.
crénelé 37.
cresson(m) de fontaine(f) 53.
crête(f) 17, 204.
creux(m) 101.
crevasse(f) 16.
crevette(f) 61.
CRICKET(M) 174.
crinière(f) 67.
cristaux(m) liquides 198.
croche(f) 161.
crochet(m) 94, 108, 185, 201, 214, 215.
crochet(m) à venin(m) 64.
crochet(m) de petit doigt(m) 164.
crochet(m) de pouce(m) 164.
crocodile(m) 64.
crocus(m) 39.
croisée(f) 89.
croix(f) de Saint-André 140.
crosse(f) 175.
croupe(f) 67, 188.
croupion(m) 75.
croûte(f) terrestre 12, 13.
CRUSTACÉS(M) 61.
crustacés(m) comestibles 61.
cube(m) 156.
cubitus(m) 80.
cuiller(f) 101.
cuiller(f) à café(m) 101.
cuiller(f) à glace(f) 103.
cuiller(f) à soupe(f) 101.
cuiller(f) à thé(m) 101.
cuilleron(m) 101.
cuillers(f) doseuses 102.
cuillers(f), types(m) 101.
cuisinière(f) électrique 107.
cuissard(m) 170.
cuissarde(f) 119.
cuisse(f) 66, 67, 79.
cuivres(m), famille(f) 164.
culot(m) 99.
culot(m) à baïonnette(f) 99.
culot(m) à broches(f) 99.
culot(m) à vis(f) 99.
culotte(f) 116.
culotte(f) 177.
curiosité(f) 27.
curseur(m) 200.
cuve(f) du réacteur(m) 206.
cycle(m) de l'eau(f) 30.
CYCLE(M) DES SAISONS(F) 20.
cylindre(m) 156.
cymbale(f) Charleston 166.
cymbale(f) suspendue 166.
cymbales(f) 167.

D

Dame(f) 194, 195.
Dame(f) 196.
Dames(f) 196.
damier(m) 196.
danger(m) électrique 216.
datte(f) 45.
dauphin(m) 72.
dé(m) 196.
dé(m) à poker(m) 194.
dé(m) doubleur(m) 196.
dé(m) régulier 194.
déambulatoire(m) 89.
débardeur(m) 117, 120.
déboisement(m) 29.
début(m) de lecture(f) 129.
décapsuleur(m) 102.
décapsuleur(m) 192.
déclencheur(m) 125.
décomposeurs(m) 29.
défense(f) 171.
défense(f) de fumer 216.
défenses(f) d'éléphant(m) 71.
défenses(f) de morse(m) 71.
défenses(f) de phacochère(m) 71.
DÉFENSES(F), PRINCIPAUX TYPES(M) 71.
défenseur(m) droit 176.
défenseur(m) gauche 176.
déflecteur(m) 54, 134.
défonceuse(f) 212.
dégrafeuse(f) 150.
Deimos 6.
déjections(f) animales 29.
démarreur(m) électrique 132.
démarreur(m) manuel 54.
démêloir(m) 122.
demeure(f) seigneuriale 88.
demi(m) centre 175.
demi(m) de coin(m) droit 171.
demi(m) de coin(m) gauche 171.
demi(m) de sûreté(f) droit 171.
demi(m) de sûreté(f) gauche 171.
demi(m) droit 171, 173, 175.
demi(m) gauche 171, 173, 175.
demi-cercle(m) 178.
demi-méridien(m) 152.
demi-pause(f) 161.
demi-soupir(m) 161.
dent(f) 64, 84, 101, 109, 110, 185, 213.
dent(f) de défonceuse(f) 212.
dent(f) de sagesse(f) 85.
denté 37.
dentifrice(m) 122.
DENTURE(F) HUMAINE 85.
dépanneuse(f) 215.
déplacement(m) diagonal 195.
déplacement(m) en équerre(f) 195.
déplacement(m) horizontal 195.
déplacement(m) vertical 195.
déporteur(m) 144.
dérailleur(m) arrière 136.
dérailleur(m) avant 136.
dérive(f) 144, 145, 184.
dérive(f) aérienne 141.
dernier croissant(m) 9.
dernier quartier(m) 9.
DÉS(M) 194.
descente(f) 92.
désert(m) 21.
DESSIN(M) 157.
détroit(m) 26.
deuxième but(m) 169.
deuxième espace(m) 178.
deuxième molaire(f) 85.
deuxième prémolaire(f) 85.
deuxième-but(m) 169.
devant(m) 112.
déversoir(m) 204.
dévidoir(m) de ruban(m) adhésif 151.
diapason(m) 159.
diaphragme(m) 81.
diapositive(f) 153.
dièse(m) 161.
diesel(m)-navire(m) 203.
dindon(m) 68.
diode(f) 208.
dioxyde(m) 33.
direction(f) de la Mecque(f) 87.
dispositif(m) de blocage(m) 111.
dispositif(m) de remorquage(m) 215.
disque(m) 129.
disque(m) compact 129.
disque(m) compact 129.
disquette(f) 154.
distributeur(m) d'essence(f) 135.
distributeur(m) de boissons(f) 134.
distributeur(m) de glaçons(m) 134.
division(f) 154.
division(f) territoriale 26.
divisions(f) cartographiques 24.
do(m) 160.
document(m) imprimé 154.
doigt(m) 60, 74, 118, 168.
doigt(m) externe 74.
doigt(m) lobé 74.
doigt(m) médian 74.
doigt(m) palmé 60, 74.
doigt(m) postérieur 75.
doline(f) 13.
DOMINOS(M) 194.
donjon(m) 88.
dormant(m) 94.
dos(m) 66, 67, 75, 79, 101.
dos(m) du nez(m) 84.
dosseret(m) 107.
dossier(m) 97.
dossière(f) 64.
double bémol(m) 161.
double croche(f) 161.
double dièse(m) 161.
double toit(m) 190.
double(m) 194.
double-blanc(m) 194.
double-six(m) 194.
doublure(f) 113, 121.
douve(f) 88.
dragonne(f) 186, 187.
drap(m) 95.
drap(m)-housse(f) 95.
drapeau(m) de centre(m) 173.
drapeau(m) de coin(m) 173, 175.
dromadaire(m) 73.
drupéole(f) 44.
duffle-coat(m) 113.
dune(f) 14.
dunette(f) 141.
duodénum(m) 81.
dynamo(f) 136.

E

eau(f) de fonte(f) 17.
eau(f), cycle(m) 30.
écaille(f) 50, 63, 64, 74.
écailles(f) de cyprès(m) 43.
écailleur(m) 192.
échalote(f) 50.
échalote(f) nouvelle 50.
échancrure(f) 162.
ÉCHECS(M) 195.
échecs(m), pièces(f) 195.
échecs(m),déplacements(m) 195.
échelle(f) 193, 213.
échelle(f) Celsius 199.
échelle(f) coulissante 111.
échelle(f) de tête(f) 211.
échelle(f) des mouvements(m) 159.
échelle(f) Fahrenheit 199.
échelle(f) graduée 200, 201.
échelon(m) 111.
échiquier(m) 195.
éclair(m) 22.
ÉCLAIRAGE(M) 99.
éclairage(m), rail(m) 98.
éclairage(m)/clignotant(m) 132.
éclipse(f) annulaire 10.
ÉCLIPSE(F) DE LUNE(F) 10.
ÉCLIPSE(F) DE SOLEIL(M) 10.
éclipse(f) partielle 10.
éclipse(f) totale 10.
éclipses(f) de Lune(f), types(m) 10.
éclipses(f) de Soleil(m), types(m) 10.
écluse(f) 142.
ÉCOLOGIE(F) 28, 30, 32.
écorce(f) 40, 47.
écoulement(m) souterrain 31, 32.
écoute(f) 124, 141.
écouteur(m) 128.
écran(m) 124, 126, 154, 197.
écran(m) de contrôle(m) 125.
écran(m) de projection(f) 153.
écran(m) de visibilité(f) 140.
écrevisse(f) 61.
écrou(m) 109.
écubier(m) 142.
écusson(m) 93.
édredon(m) 95.
effacement(m) de mémoire(f) 154.
effacement(m) partiel 154.
effacement(m) total 154.
effet(m) de serre(f) 28.
égalisateur(m) graphique 128.
église(f) 91.
éjecteur(m) de fouets(m) 105.
élastique(m) 95.
éléphant(m) 73.
élévation(f) de la tension(f) 205, 207.
élevon(m) 148.
émail(m) 85.
embouchure(f) 164.
embout(m) 177.
embout(m) de baleine(f) 123.
empennage(m) 144, 197.
empennage(m) bas 145.
empennage(m) en T 145.
empennage(m) surélevé 145.
empennages(m), types(m) 145.
enceinte(f) acoustique 128.
enceinte(f) de confinement(m) 207.
encolure(f) 67.
encolure(f) en V 117.
endive(f) 53.
endocarpe(m) 45, 46.
ÉNERGIE(F) ÉOLIENNE 209.
ÉNERGIE(F) HYDROÉLECTRIQUE 204.
ÉNERGIE(F) NUCLÉAIRE 206.
ÉNERGIE(F) SOLAIRE 208.
énergie(f) solaire 28.
enfourchure(f) 112.
engrais(m) 29.
enjoliveur(m) 131.
enregistrement(m) 124, 126.
enregistrement(m) sismographique 202.
enregistreur(m) 182.
ensemble(m) du chevalet(m) 163.
entier 37.
entonnoir(m) 103.
entonnoir(m) collecteur 23.
entraînement(m) de la turbine(f) par la vapeur(f) 207.
entraînement(m) du rotor(m) de l'alternateur(m) 207.
entre-nœud(m) 36.
entrée(f) 59.
entrée(f) d'air(m) 145.
entrée(f) de courant(m) 99.
entrée(f) de l'eau(f) de refroidissement(m) du condenseur(m) 206.
entrée(f) du reflux(m) du condenseur(m) 206.
entrejambe(m) 97.
entrepôt(m) frigorifique 143.
entretoise(f) 209.
éolienne(f) à axe(m) horizontal 209.
éolienne(f) à axe(m) vertical 209.
épaule(f) 66, 67, 78, 181.
épaulière(f) 170, 177.
épi(m) 52.
épicarpe(m) 44, 45, 46.
épicentre(m) 13.
épinard(m) 53.
éplucheur(m) 102.
éprouvette(f) 155.
éprouvette(f) graduée 23.
équateur(m) 12, 24.
équerre(f) 108, 151.
équinoxe(m) d'automne(m) 20.
équinoxe(m) de printemps(m) 20.
équipe(f) au champ(m) 174.
ÉQUIPEMENT(M) DE COUCHAGE(M) 191.
équipement(m) de protection(f) 170.
équipement(m) de survie(f) 149.
équipements(m) aéroportuaires 146.
érable(m) 41.
ergot(m) 66.
éruption(f) 8.
escabeau(m) 111.
escalier(m) d'accès(m) 146.
escarpin(m) 119.
espace(m) vert 90.
espadon(m) 62.
espadrille(f) 119.
essence(f) 203.
essieu(m) 138, 185.
essoreuse(f) à salade(f) 103.
essuie-glace(m) 130.
Est(m) 27.
Est(m) Nord-Est 27.
Est(m) Sud-Est 27.
estomac(m) 81.
estuaire(m) 14, 26.
étage(m) 92.
étamine(f) 38.
état(m) 26.
été(m) 20.
étiquette(f) 129, 201.
étranglement(m) 199.
étrave(f) 141.
étrier(m) 135, 186.
étui(m) 154.
étui(m) de cuir(m) 192.
étuveuse(f) 104.
Eurasie(f) 19.
Europe 6.
Europe(f) 19.
évaporation(f) 30, 31.
exemples(m) d'arbres(m) 41.
EXEMPLES(M) D'OISEAUX(M) 76.
exemples(m) de fleurs(f) 38.
expiration(f) 183.
extérieur(m) d'une maison(f) 92.
extincteur(m) 210.

Les termes en **caractères gras** renvoient à une illustration, ceux en CAPITALES indiquent un titre.

F

fa(m) 160.
façade(f) 89.
faille(f) 13.
faitout(m) 192.
falaise(f) 9, 14, 17.
familiale(f) 133.
fanon(m) 67.
fausse oronge(f) 35.
fauteuil(m) 97.
fauteuil(m) club(m) 96.
faux bourdon(m) 58.
fémur(m) 80.
FENETRE(F) 94.
fenêtre(f) 184.
fenêtre(f) à guillotine(f) 94.
fenêtre(f) à jalousies(f) 94.
fenêtre(f) à l'anglaise(f) 94.
fenêtre(f) à la française(f) 94.
fenêtre(f) basculante 94.
fenêtre(f) coulissante 94.
fenêtre(f) de lecture(f) 129.
fenêtre(f) de sous-sol(m) 93.
fenêtre(f) en accordéon(m) 94.
fenêtre(f) en baie(f) 93.
fenêtre(f) en saillie(f) 92.
fenêtre(f) pivotante 94.
fenêtres(f), types(m) 94.
fenouil(m) 52.
fente(f) 105.
fente(f) à monnaie(f) 124.
FERME(F), ANIMAUX(M) 68.
fermeture(f) à glissière(f) 190.
ferret(m) 121, 123.
fertilisants(m) 32.
fesse(f) 79.
feu(m) arrière 135, 136.
feu(m) clignotant 140.
feu(m) de gabarit(m) 134.
feu(m) de lisse(f) 140.
feu(m) de navigation(f) 144.
feu(m) de plaque(f) 133.
feu(m) de position(f) 140, 145.
feu(m) stop(m) 133.
feuillage(m) 40.
feuille(f) 37.
feuille(f) 34, 36, 52.
feuille(f) de vigne(f) 53.
feuille(f), bord(m) 37.
feuilles(f) composées 36.
feuilles(f) mobiles 151.
feuilles(f) simples 37.
feuilles(f), types(m) 43.
feutre(m) d'étouffoir(m) 159.
feux(m) 133.
feux(m) arrière 133.
feux(m) avant 133.
feux(m) clignotants 133.
feux(m) de brouillard(m) 133.
feux(m) de croisement(m) 133.
feux(m) de gabarit(m) 133.
feux(m) de recul(m) 133.
feux(m) de route(f) 133.
feux(m) rouges arrière 133.
feux(m) stop(m) 133.
fèves(f) 52.
fiche(f) 110.
fiche(f) américaine 99.
fiche(f) européenne 99.
figue(f) 48.
figue(f) de Barbarie 48.
fil(m) conducteur 205.
filament(m) 99.
filet(m) 179, 180.
filet(m) 38, 108, 178, 179, 180.
film(m)-pack(m) 125.
filtre(m) à air(m) 139, 212.
fission(f) de l'uranium(m) 207.
fixation(f) à butée(f) avant 186.
fixation(f) de sécurité(f) 187.
flacon(m) tout-usage 193.
flamant(m) 76.
flanc(m) 67, 75.
flâneur(m) 119.
flash(m) électronique 125.
fléau(m) 200.
flèche(f) 89, 196, 212, 213, 214.
flèche(f) de transept(m) 89.
flèche(f) littorale 14.
flèche(f) télescopique 210, 215.
fléchette(f) 197.
fleur(f) 36.
fleur(f), structure(f) 38.
FLEURS(F) 38.
fleurs(f), exemples(m) 38.
fleuve(m) 26.
flotteur(m) 184.
flûte(f) 100, 165.
flûte(f) 167.
flûte(f) à bec(m) 165.
flûte(f) de Pan 158.
foie(m) 81.
fontaine(f) des ablutions(f) 87.
FOOTBALL(M) 172.
FOOTBALL(M) AMÉRICAIN 170.
footballeur(m) 170, 172.
forage(m) 202.
forêt(f) 17.
forêt(f) de conifères(m) 20.
forêt(f) de feuillus(m) 20.
forêt(f) mixte 20.
forêt(f) tropicale 20, 21.
foret(m) hélicoïdal 110.
Fou(m) 195.
fouet(m) 102.
fouet(m) 105.
four(m) 107.
four(m) à micro-ondes(f) 107.
fourche(f) 11, 137.
fourche(f) à bêcher 55.
fourche(f) à fleurs(f) 54.
fourche(f) télescopique hydraulique 135.
fourchette(f) 101.
fourchette(f) 186.
fourchette(f) à fondue(f) 101.
fourchette(f) de table(f) 101.
fourchettes(f), types(m) 101.
fourgonnette(f) 133.
fourmi(f) 56.
FOURNITURES(F) SCOLAIRES 150.
fourreau(m) 66, 67, 123, 184.
foyer(m) 13.
fraise(f), coupe(f) 44.
framboise(f), coupe(f) 44.
frappeur(m) 168.
frappeur(m) 169.
frein(m) 186, 187.
frein(m) à disque(m) 135.
frein(m) arrière 136.
frein(m) avant 137.
frein(m) de talon(m) 185.
frein(m) direct 138.
frette(f) 162, 163.
frise(f) 93.
front(m) 74, 78.
frontière(f) 26.
fruit(m) à noyau(m), coupe(f) 45.
fruit(m) à pépins(m), coupe(f) 46.
fruits(m) à noyau(m), principales variétés(f) 45.
fruits(m) à pépins(m), principales variétés(f) 46.
FRUITS(M) CHARNUS 44, 47.
FRUITS(M) CHARNUS À NOYAU(M) 45.
FRUITS(M) CHARNUS À PÉPINS(M) 46.
FRUITS(M) TROPICAUX 48.
fruits(m) tropicaux, principaux 48.
fumerolle(f) 14.
fuseau(m) 115.
fusée(f) à propergol(m) solide 148.
fuselage(m) 144.
fusible(m) 208.
fût(m) 108, 197.

G

gaffe(f) 211.
gaine(f) 192.
gaine(f) 37.
gaine(f) de protection(f) 177.
galerie(f) 89.
galerie(f) sèche 13.
galet(m) 129.
gamme(f) 160.
gant(m) 168.
gant(m) 174, 177, 187.
gant(m) attrape-rondelle(m) 177.
gant(m) de conduite(f) 118.
gant(m) de frappeur(m) 168.
gant(m) de receveur(m) 168.
gant(m) de ski(m) 186.
gants(m) 118.
GANTS(M) 118.
Ganymède 6.
garage(m) 92.
garage(m), accès(m) 92.
garde(m) droit 171.
garde(m) gauche 171.
garde-boue(m) 136.
garde-boue(m) avant 135.
garde-corps(m) 138.
garde-guichet(m) 174.
gardien(m) de but(m) 177.
gardien(m) de but(m) 173, 175, 176.
gare(f) 90.
gare(f) maritime 143.
garrot(m) 66, 67.
gaz(m) 30, 31, 99.
gaz(m) à effet(m) de serre(f) 29.
gaz(m) inerte 99.
geai(m) 77.
gencive(f) 84, 85.
générateur(m) de vapeur(f) 206.
genou(m) 67, 78.
genouillère(f) 168, 170, 177.
GÉOMÉTRIE(F) 156.
germe(m) 34, 75.
germes(m) de soja(m) 52.
GERMINATION(F) 34.
geyser(m) 15.
gicleur(m) de lave-glace(m) 130.
gicleurs(m) 207.
gilet(m) athlétique 112.
gilet(m) de laine(f) 117.
girafe(f) 72.
girouette(f) 23.
gisement(m) de pétrole(m) 202.
glace(f) 30, 131.
GLACIER(M) 16.
glacier(m) 20.
glacier(m) suspendu 16.
glande(f) à venin(m) 64.
glissière(f) d'ajustement(m) 128.
globe(m) 152.
globe(m) oculaire 60.
globe(m) terrestre 152.
glotte(f) 64.
godet(m) 212.
godet(m) chargeur 213.
godet(m) rétro 212.
golfe(m) 26.
gombo(m) 49.
gomme(f) 150.
gond(m) 93.
gonfleur(m) 191.
gonfleur(m)-dégonfleur(m) 191.
gong(m) 167.
gorge(f) 13, 74.
gosier(m), orifice(m) 84.
gouffre(m) 13.
gour(m) 13.
gourde(f) 192.
gousset(m) de latte(f) 184.
goutte(f) de pluie(f) 22.
gouttière(f) 92, 131.
gouvernail(m) 143, 148, 209.
gouverne(f) de direction(f) 144.
gouverne(f) de profondeur(f) 144.
goyave(f) 48.
graduation(f) 108, 193, 199.
grain(m) 52.
graine(f) 34, 44, 45, 46, 47.
graines(f) 75.
graines(f) de soja(m) 52.
graisses(f) 203.
grand mât(m) arrière 141.
grand mât(m) avant 141.
grand-voile(f) avant 141.
grande échelle(f) 210.
grande lame(f) 192.
grande ville(f) 26.
gratte-ciel(m) 91.
grattoir(m) 111.
grelots(m) 166.
grenade(f) 48.
grenouille(f) 60.
grenouille(f), métamorphose(f) 60.
griffe(f) 57, 64, 66, 75.
griffe(f) à fleurs(f) 54.
griffe(f) porte-accessoires(m) 125, 127.
grille(f) 107, 168, 204.
grille(f) de sortie(f) d'air(m) 122.
grille-pain(m) 105.
gros intestin(m) 81.
groseille(f) à grappes(f) 44.
groseille(f) à maquereau(m) 44.
grosse caisse(f) 166, 167.
GROTTE(F) 13.
grotte(f) 14.
groupe(m) turbo-alternateur(m) 204.
grue(f) à flèche(f) 143.
grue(f) à tour(f) 214.
grue(f) sur ponton(m) 142.
grue(f) sur porteur(m) 215.
gruppetto(m) 161.
gui(m) 141.
guichet(m) 174.
guide-bande(m) 129.
guide-chaîne(m) 136.
guidon(m) 54, 137.
guindant(m) 184.
guitare(f) acoustique 162.
guitare(f) basse 163.
guitare(f) électrique 163.
GYMNASTIQUE(F) 188.
gyrophare(m) 211.

H

hache(f) 211.
hachette(f) 192.
hanche(f) 79.
hangar(m) 147.
hangar(m) de transit(m) 143.
haricot(m) vert 49.
harmonica(m) 158.
harpe(f) 167.
hauban(m) 141, 190.
hausse(f) 59, 162.
haut-parleur(m) 124, 129.
haut-parleur(m) d'aigus(m) 128.
haut-parleur(m) de graves(m) 128.
haut-parleur(m) de médium(m) 128.
hautbois(m) 165.
hautbois(m) 167.
hélice(f) 143.
hélice(f) de propulsion(f) 141.
HÉLICOPTERE(M) 145.
hémisphère(m) Est 24.
hémisphère(m) Nord 12, 24.
hémisphère(m) Ouest 24.
hémisphère(m) Sud 12, 24.
hémisphères(m) 24.
herbivore(m), mâchoire(f) 70.
herbivores(m) 29, 33.
hibou(m) 77.
hippocampe(m) 62.
hirondelle(f) 76.
hiver(m) 20.
HOCKEY(M) SUR GAZON(M) 175.
HOCKEY(M) SUR GLACE(F) 176.
hockeyeur(m) 177.
homard(m) 61.
hôpital(m) 216.
horloge(f) programmatrice 107.
hôtel(m) 91.
houppier(m) 40.
housse(f) d'oreiller(m) 95.
hublot(m) 107, 143, 145.
hublot(m) d'atterrissage(m) 145.
hublot(m) d'observation(f) 148.
huiles(f) lubrifiantes 203.
huitième(m) de soupir(m) 161.
humérus(m) 80.
humide, à été(m) court 21.
humide, à été(m) long 21.
humidité(f) de l'air(m) 30.
humidité(f), mesure(f) 23.
hutte(f) 87.
hydrosphère(f) 20.
HYGIENE(F) DENTAIRE 122.
hygromètre(m) enregistreur 23.

I

igloo(m) 86.
île(f) 26.
île(f) de sable(m) 14.
îlot(m) refuge(m) 90.
îlot(m) rocheux 14.
immeuble(m) à bureaux(m) 91.
immeuble(m) commercial 91.
imprimante(f) 154.
incisive(f) 70.
incisive(f) centrale 85.
incisive(f) latérale 85.
incisives(f) 85.
inclinaison(f) de la lame(f) 110.
index(m) 82, 201.
indicateur(m) de niveau(m) de carburant(m) 132, 149.
indicateur(m) de température(f) 132.
indicateur(m) de vitesse(f) 132.
infiltration(f) 30.
INSECTES(M) 56.
insectivores(m) 29.
inspiration(f) 183.
INSTRUMENTS(M) À CLAVIER(M) 159.
INSTRUMENTS(M) À CORDES(F) 162.
INSTRUMENTS(M) À PERCUSSION(F) 166.
INSTRUMENTS(M) À VENT(M) 164.
instruments(m) de bord(m) 132.
instruments(m) de bord(m) 132.
INSTRUMENTS(M) DE MESURE(F) MÉTÉOROLOGIQUE 23.
instruments(m) scientifiques 148.
INSTRUMENTS(M) TRADITIONNELS 158.
intérieur(m) droit 173.
intérieur(m) gauche 173.
interligne(m) 160.
interrupteur(m) 99.
interrupteur(m) 105, 110, 122.
interrupteur(m) d'alimentation(f) 126, 127.
interrupteur(m) de mise(f) au point(m) automatique 153.
interrupteur(m) du magnétoscope(m) 126.
interrupteur(m) du téléviseur(m) 126.
intervalles(m) 160.
intestin(m) grêle 81.
inverseur(m) de signe(m) 154.
Io 6.
iris(m) 82.
isba(f) 86.
isthme(m) 26.
ivoire(m) 85.

J

jack(m) de sortie(f) 163.
JACQUET(M) 196.
jambe(f) 67, 79, 118.
jambière(f) 121.
jambière(f) 174.
jambière(f) de gardien(m) de but(m) 177.
jan(m) extérieur 196.
jan(m) intérieur 196.
jante(f) 135, 137.
JARDINAGE(F) 54.
jarret(m) 66, 67.
jaune(m) 75, 157.
jaune(m) orangé 157.
jaune(m) vert 157.
jean(m) 115.
JEU(M) DE DAMES(F) 196.
JEU(M) DE FLÉCHETTES(F) 197.
joint(m) à coulisse(f) 109.
jointure(f) 82.
Joker(m) 194.
jonquille(f) 39.
joue(f) 66, 78.
joueur(m) de cricket(m) 174.
joueuse(f) de tennis(m) 181.
juge(m) de but(m) 176.
juge(m) de champ(m) arrière 171.
juge(m) de classement(m) 182.
juge(m) de départ(m) 182.
juge(m) de faute(f) de pieds(m) 180.
juge(m) de filet(m) 180.
juge(m) de ligne(f) 176, 179, 180.
juge(m) de nages(f) 182.
juge(m) de service(m) 180.
juge(m) de touche(f) 173.
juge(m) de virages(m) 182.
jugulaire(f) 170.
jupe(f) 114.
jupe(f) droite 115.
jupe(f) plissée 115.
jupe(f) souple 141.
jupe(f)-culotte(f) 115.
jupette(f) 181.
Jupiter 6.
jupon(m) 116.
justaucorps(m) 120.

Les termes en **caractères gras** renvoient à une illustration, ceux en CAPITALES indiquent un titre.

K

kaki(m) 48.
kangourou(m) 73.
kérosène(m) 203.
kiosque(m) 135.
kiwi(m) 48.

L

la(m) 160.
laboratoire(m) spatial 148.
lac(m) 9, 17, 26.
lacet(m) 121, 168, 185.
lacet(m) de serrage(m) 123.
lagune(f) 14.
laitue(f) pommée 53.
lame(f) 212.
lame(f) 99, 101, 109, 110, 111, 177, 185, 212.
lame(f) de scie(f) circulaire 110.
lame(f) porte-objet(m) 155.
lamelle(f) 35.
lampadaire(m) 98.
lampadaire(m) 91.
lampe(f) à économie(f) d'énergie(f) 97.
lampe(f) à halogène(m) 99.
lampe(f) à incandescence(f) 99.
lampe(f) à incandescence(f) 208.
lampe(f) de poche(f) 192.
lampe(f) de table(f) 98.
lampes(f) témoins(m) 126, 132.
lance(f) à eau(f) 211.
lancéolée 37.
lanceur(m) 169, 174.
langouste(f) 61.
langoustine(f) 61.
langue(f) 84.
langue(f) bifide 64.
langue(f) glaciaire 16.
langue(f), fourreau(m) 64.
languette(f) 121, 185, 186.
latitude(f) 24.
latitude(f) 12.
latte(f) 184, 209.
lave-auto(m) 134.
laves(f), couche(f) 15.
lecteur(m) de carte(f) 124.
lecteur(m) de cassette(f) 129.
lecteur(m) de disque(m) compact 128.
lecteur(m) de disque(m) compact 129.
lecteur(m) de disquette(f) 154.
lecture(f) 126.
LÉGUMES(M) 49, 50, 52.
légumes(m) 33.
légumes(m) bulbes(m) 50.
légumes(m) feuilles(f) 53.
légumes(m) fleurs(f) 49.
légumes(m) fruits(m) 49.
légumes(m) graines(f) 52.
légumes(m) racines(f) 51.
légumes(m) tiges(f) 52.
légumes(m) tubercules(m) 51.
lentille(f) 152.
lentille(f) objectif(m) 11.
lentilles(f) 52.
lest(m) 214.
levier(m) 109.
levier(m) d'embrayage(m) 135.
levier(m) de dégagement(m) 109.
levier(m) de frein(m) à main(f) 132.
levier(m) de vibrato(m) 163.
levier(m) de vitesse(f) 132.
lèvre(f) 66, 67.
lèvre(f) inférieure 84.
lèvre(f) supérieure 84.
lézard(m) 65.
libellule(f) 56.
liber(m) 40.
ligament(m) rond 81.
ligne(f) 160.
ligne(f) bleue 176.
ligne(f) centrale 176.
ligne(f) d'attaque(f) 179.
ligne(f) de but(m) 171, 175, 176.
ligne(f) de centre(m) 171, 175.
ligne(f) de côté(m) 179.
ligne(f) de double(m) 180.
ligne(f) de fond(m) 171, 178, 179, 180, 182.
ligne(f) de jeu(m) 169.
ligne(f) de lancer(m) franc 178.
ligne(f) de mêlée(f) 171.
ligne(f) de service(m) 180.
ligne(f) de simple(m) 180.
ligne(f) de surface(f) de réparation(f) 173.
ligne(f) de touche(f) 171, 173, 175, 178.
ligne(f) de visée(f) 193.
ligne(f) des 22,9 mètres(m) 175.
ligne(f) des verges(f) 171.
ligne(f) médiane 173, 178.
ligne(f) médiane de service(m) 180.
lignes(f) supplémentaires 160.
limaçon(m) 83.
limbe(m) 36.
lime(f) 47.
lime(f) 192.
limousine(f) 133.
linéaire 37.
linteau(m) 93.
lion(m) 70, 72.
lis(m) 39.
lisse(f) 140.
LIT(M) 95.
lit(m) 191.
lit(m) de camp(m) pliant 191.
litchi(m) 48.
literie(f) 95.
lithosphère(f) 20.
litière(f) 34.
LITTORAL(M), CONFIGURATION(F) 14.
livrée(f) 174.
lobé 37.
lobe(m) 74, 83.
lobe(m) du nez(m) 84.
LOCOMOTIVE(F) DIESEL-ÉLECTRIQUE 138.
logement(m) de la cassette(f) 127.
logement(m) de rangement(m) 153.
longitude(f) 24.
longitude(f) 12.
loquet(m) 107.
losange(m) 156.
louche(f) 102.
loupe(f) 155.
loupe(f) 192.
lubrification(f), système(m) 139.
luette(f) 84.
lumière(f) 11.
LUMINAIRES(M) 98.
LUNE(F) 9.
Lune(f) 6, 10.
Lune(f) gibbeuse croissante 9.
Lune(f) gibbeuse décroissante 9.
LUNE(F), ÉCLIPSE 10.
Lune(f), phases(f) 9.
LUNETTE(F) ASTRONOMIQUE 11.
lunette(f) astronomique, coupe(f) 11.
LUNETTES(F) 123.
lunettes(f) de ski(m) 186.
lunule(f) 82.
lyre(f) 158.

M

mâche(f) 53.
mâchicoulis(m) 88.
machine(f) à combustible(m) 206.
MACHINERIE(F) LOURDE 212, 214.
mâchoire(f) 109.
mâchoire(f) d'herbivore(m) 70.
mâchoire(f) de carnivore(m) 70.
mâchoire(f) de rongeur(m) 70.
mâchoire(f) fixe 109.
mâchoire(f) mobile 109.
MACHOIRES(F), TYPES(M) 70.
magma(m) 15.
magnétoscope(m) 127.
maillet(m) 108.
mailloche(f) 166.
mailloches(f) 166.
maillot(m) de bain(m) 120.
MAIN(F) 82.
main(f) 79.
maïs(m) 52.
MAISON(F) 92.
maison(f) d'oiseau(m) 75.
maison(f) sur pilotis(m) 86.
maison(f), extérieur(m) 92.
MAISONS(F) TRADITIONNELLES 86, 87.
majeur(m) 82.
mamelon(m) 78.
manche(f) 113, 117.
manche(m) 101, 108, 109, 111, 122, 123, 162, 163, 168, 174, 177, 181.
manche(m) à balai(m) 145.
manchette(f) 177.
manchon(m) 111.
mandarine(f) 47.
mandibule(f) 57, 58, 62.
mandoline(f) 158.
mandrin(m) 110.
manette(f) 105.
manette(f) de dérailleur(m) 137.
mangeoire(f) 75.
mangue(f) 45.
manivelle(f) 136.
manœuvre(f) de la pelleteuse(f) 212.
manteau(m) 114.
manteau(m) inférieur 12.
manteau(m) supérieur 12.
maracas(m) 166.
marais(m) salant 14.
marbre(m) 169.
marche(f)/arrêt(m) 129.
marche(f)/arrêt(m)/volume(m) 129.
marchepied(m) 111.
marchepied(m) 134, 145.
marchepied(m) latéral 139.
marmite(f) 104.
MAROQUINERIE(F), ARTICLES(M) 123.
marque(f) centrale 180.
marques(f) de circulation(f) 147.
marqueur(m) 150.
marqueur(m) 178, 179.
marquise(f) 141.
Mars 6.
marteau(m) 159.
marteau(m) de charpentier(m) 108.
marteau(m) de menuisier(m) 108.
masque(m) 168, 170, 177.
masque(m) complet 211.
MASSE(F), MESURE(F) 200.
massette(f) de réglage(m) 159.
massif(m) montagneux 26.
mât(m) 140, 184.
mât(m) d'artimon(m) 141.
mât(m) de beaupré(m) 141.
mât(m) de misaine(f) 141.
mât(m) rotor(m) 145.
matelas(m) 95, 191.
matelas(m) autogonflant 191.
matelas(m) mousse(f) 191.
matelas(m) pneumatique 191.
MATÉRIEL(M) DE CAMPING(M) 192.
MATÉRIEL(M) SCOLAIRE 152, 154.
matière(f) inorganique 29.
matières(f) corrosives 216.
matières(f) explosives 216.
matières(f) inflammables 216.
matières(f) radioactives 216.
matières(f) toxiques 216.
maxillaire(m) 62.
maxillaire(m) basculant 64.
maxillaire(m) inférieur 80.
maxillaire(m) supérieur 80.
mazout(m) domestique 203.
mazout(m) léger 203.
mazout(m) lourd 203.
mécanique(f) d'accordage(m) 163.
mécanisme(m) d'octave(f) 165.
mèche(f) 162.
mèche(f) hélicoïdale 110.
méditerranéen 21.
mélangeur(m) 105.
mélangeur(m) à main(f) 105.
mêlée(f) 171.
mélèze(m) 43.
melon(m) brodé 49.
membrane(f) 128.
menton(m) 74, 78.
mentonnière(f) 135, 162.
mer(f) 9, 26.
mer(f) Caspienne 19.
mer(f) de Béring 19.
mer(f) de Chine(f) 19.
mer(f) des Antilles(f) 18.
mer(f) du Groenland(m) 18.
mer(f) du Nord(m) 19.
mer(f) Méditerranée(f) 19.
mer(f) Noire 19.
mer(f) Rouge 19.
Mercure 6.
méridien(m) de Greenwich 24.
méridien(m) Est 24.
méridien(m) Ouest 24.
merlon(m) 88.
mésocarpe(m) 44, 45, 46, 47.
mesure(f) à deux temps(m) 160.
mesure(f) à quatre temps(m) 160.
mesure(f) à trois temps(m) 160.
mesure(f) de l'humidité(f) 23.
mesure(f) de la direction(f) du vent(m) 23.
MESURE(F) DE LA MASSE(F) 200.
mesure(f) de la pluviosité(f) 23.
mesure(f) de la pression(f) 23.
MESURE(F) DE LA TEMPÉRATURE(F) 199.
mesure(f) de la température(f) 23.
mesure(f) de la vitesse(f) du vent(m) 23.
MESURE(F) DU TEMPS(M) 198.
mesures(f) 160.
métacarpe(m) 80.
métatarse(m) 80.
métaux(m) 33.
mètre(m) à ruban(m) 108.
métronome(m) mécanique 159.
meurtrière(f) 88.
mi(m) 160.
mi-bas(m) 118.
micro(m) 163.
micro(m) de fréquences(f) aiguës 163.
micro(m) de fréquences(f) graves 163.
micro(m) de fréquences(f) moyennes 163.
micro-ordinateur(m) 154.
microphone(m) 124.
microphone(m) incorporé 127.
microscope(m) 155.
mihrab(m), coupole(f) 87.
minaret(m) 87.
minuteur(m) 198.
mire(f) 193.
miroir(m) 152, 155, 193.
miroir(m) de courtoisie(f) 132.
miroir(m) plan(m) 11.
miroir(m) primaire parabolique 11.
misaine(f) 141.
mitaine(f) 118.
mocassin(m) 119.
mode(m) d'entraînement(m) du film(m) 125.
mode(m) d'exposition(f) 125.
mode(m) magnétoscope(m) 126.
mode(m) télévision(f) 126.
module(m) de photopiles(f) 208.
moelle(f) 40.
molaire(f) 70.
molaire(f), coupe(f) 85.
molaires(f) 85.
molette(f) 109.
mollet(m) 79.
MONTAGNE(F) 17.
montant(m) 93, 97, 111, 185, 189.
montant(m) latéral 131.
monticule(m) 169.
montre(f) 132.
montre(f) à affichage(m) analogique 198.
montre(f) à affichage(m) numérique 198.
moraine(f) de fond(m) 16.
moraine(f) frontale 17.
moraine(f) latérale 17.
moraine(f) médiane 16.
mordant(m) 161.
morphologie(f) 66, 74.
mors(m) 110.
morue(f) 63.
MOSQUÉE(F) 87.
moteur(m) 54, 110, 135.
moteur(m) de manœuvre(f) 148.
moteur(m) diesel 139, 212.
moteurs(m) 149.
moteurs(m) principaux 148.
MOTO(F) 135.
motrice(f) 140.
mouche(f) 56.
moulin(m) à vent(m) 209.
moustaches(f) 66.
mouton(m) 69.
moyeu(m) 137, 209.
moyeu(m) rotor(m) 145.
muguet(m) 39.
multiplication(f) 154.
mur(m) d'extrémité(f) 182.
mur(m) de départ(m) 182.
mur(m) de la qibla(f) 87.
mur(m) de virage(m) 182, 183.
mur(m) fortifié 87.
mur(m) latéral 182.
museau(m) 60, 66.
musée(m) 91.
mycélium(m) 35.

N

nacelle(f) 209.
nage(f) sur le dos(m) 183.
nageoire(f) anale 63.
nageoire(f) caudale 61.
nageoire(f) caudale 63.
nageoire(f) pectorale 62.
nageoire(f) pelvienne 62.
nages(f), types(m) 183.
nappe(f) phréatique 13.
narine(f) 60, 62, 84.
naseau(m) 67.
NATATION(F) 182.
navet(m) 51.
navette(f) 148.
NAVETTE(F) SPATIALE 148.
navette(f) spatiale au décollage(m) 148.
navette(f) spatiale en orbite(f) 148.
navire(m) porte-conteneurs(m) 142.
nectarine(f) 45.
nef(f) 89.
nef(f) centrale 87.
nèfle(f) du Japon(m) 46.
neige(f) 30.
neiges(f) éternelles 17.
Neptune 7.
nerf(m) auditif 83.
nervure(f) 57, 213.
nervure(f) principale 37.
nervure(f) secondaire 37.
névé(m) 16.
NEZ(M) 84.
nez(m) 78, 145.
nid(m) 75.
niveau(m) à bulle(f) 108.
nœud(m) 36.
noire(f) 161.
Noirs(m) 195.
nombril(m) 78.
Nord(m) 27.
Nord(m) Est 27.
Nord(m) Nord-Est 27.
Nord(m) Nord-Ouest 27.
Nord(m) Ouest 27.
notation(f) algébrique 195.
NOTATION(F) MUSICALE 160.
nouvelle Lune(f) 9.
noyau(m) 8, 10, 45.
noyau(m) externe 12.
noyau(m) interne 12.
nuage(m) 22.
nuage(m) de cendres(f) 15.
numéro(m) d'autoroute(f) 27.
numéro(m) de couloir(m) 182.
numéro(m) de route(f) 27.
numéro(m) du joueur(m) 170.
nuque(f) 75, 79.
nymphe(f) 59.

O

objectif(m) 125, 153, 155.
objectif(m) zoom(m) 127.
océan(m) 9, 26, 31.
océan(m) Arctique 19.
océan(m) Atlantique 18.
océan(m) Indien 19.
océan(m) Pacifique 18.
Océanie(f) 19.
océanique 21.
octave(f) 160.
oculaire(m) 11, 127, 155.
oculaire(m) coudé 11.
ŒIL(M) 82.
œil(m) 61, 64, 74, 78.
œil(m) composé 57, 58.
œil(m) simple 57, 58.
œillet(m) 39.
œillet(m) 121, 185.
œuf(m) 75.
œuf(m) 59.
œufrier(m) 106.
œufs(m) 60.

Les termes en **caractères gras** renvoient à une illustration, ceux en CAPITALES indiquent un titre.

oie(f) 68.
oignon(m) 50.
oignon(m) jaune 50.
OISEAU(M) 74.
oiseau(m) aquatique 74.
oiseau(m) de proie(f) 74.
oiseau(m) échassier 74.
oiseau(m) granivore 74.
oiseau(m) insectivore 74.
oiseau(m) percheur 74.
OISEAUX(M), EXEMPLES(M) 76.
oléoduc(m) 202.
oléoduc(m) sous-marin 202.
olive(f) 45.
ombre(f) 198.
omnivores(m) 28.
omoplate(f) 79, 80.
onde(f) de choc(m) 202.
onde(f) sismique 13.
ongle(m) 82.
onglet(m) 192.
opercule(m) 60.
orange(f) 47.
orange(m) 157.
orbite(f) lunaire 10.
orbites(f) des planètes(f) 6.
ORCHESTRE(M) SYMPHONIQUE 167.
orchidée(f) 38.
OREILLE(F) 83.
oreille(f) 78, 97.
oreille(f) externe 83.
oreille(f) interne 83.
oreille(f) moyenne 83.
oreille(f), parties(f) 83.
oreiller(m) 95.
orifice(m) d'alimentation(f) 210.
orifice(m) du gosier(m) 84.
ornements(m) 161.
orteil(m) 66, 78.
os(m) iliaque 80.
os(m) maxillaire 85.
oseille(f) 53.
osselets(m) 83.
Ouest(m) 27.
Ouest(m) Nord-Ouest 27.
Ouest(m) Sud-Ouest 27.
ouïe(f) 162.
ourlet(m) 83.
ours(m) polaire 72.
OUTILS(M) ÉLECTRIQUES 110.
ouvre-boîtes(m) 102.
ouvre-boîtes(m) 192.
ouvrière(f), abeille(f) 58.
ovaire(m) 38.
ovule(m) 38.
ozone(m), couche(f) 29.

P

palais(m) des congrès(m) 90.
pale(f) 209.
pale(f) de rotor(m) 145.
palissade(f) 88.
palmée 36.
palmier(m) 42.
palmure(f) 60, 74.
palpe(m) labial 57.
pamplemousse(m) 47.
pan(m) 112.
pan(m) arrière 112.
pan(m) avant 112.
panais(m) 51.
panier(m) 178.
panier(m) 105, 168, 178.
panier(m) de projection(f) 153.
panneau(m) 93, 178.
panneau(m) de commande(f) 210.
panneau(m) de refroidissement(m) 148.
panneau(m) nombre(m) de voies(f) 140.
pansement(m) adhésif 193.
pantalon(m) 112, 120.
pantalon(m) 168, 170.
pantalon(m) molleton(m) 120.
pantographe(m) 140.
paon(m) 77.
papaye(f) 48.
PAPILLON(M) 57.
papillon(m) 183.
PAQUEBOT(M) 142.
parachute(m) 148.
paraffines(f) 203.
parafoudre(m) 204.
parallèle(m) 24.
parallélépipède(m) 156.
parallélogramme(m) 156.
parapet(m) 88.
PARAPLUIE(M) 123.
parapluie(m) télescopique 123.
paratonnerre(m) 93.
parc(m) 90.
parc(m) à échelles(f) 211.
parc(m) de stockage(m) 203.
parc(m) national 27.
parcours(m) pittoresque 27.
pare-brise(m) 130, 135.
pare-chocs(m) 130.
pare-soleil(m) 11, 132.
PASSAGE(M) À NIVEAU(M) 140.
passant(m) 112.
passe(f) à billes(f) 204.
passe-sangle(m) 193.
passerelle(f) 88.
passerelle(f) télescopique 147.
passoire(f) 103.
pastèque(f) 49.
patate(f) 51.
patin(m) 145, 177.
patin(m) à roulettes(f) 185.
patin(m) antidérapant 111.
patin(m) de course(f) 185.
patin(m) de figure(f) 185.
patin(m) de hockey(m) 185.
PATINAGE(M) 185.
patinoire(f) 176.
patte(f) 64, 75, 112, 168.
patte(f) ambulatoire 57.
patte(f) antérieure 66.
patte(f) antérieure 57, 58, 60.
patte(f) de boutonnage(m) 112.
patte(f) médiane 57, 58.
patte(f) postérieure 57, 59, 60.
patte(f) ventouse 57.
pattes(f) abdominales 61.
pattes(f) thoraciques 61.
pattes(f), principaux types(m) 74.
pattes(f)-mâchoires(f) 61.
paturon(m) 67.
paume(f) 82, 118, 168.
paupière(f) 64.
paupière(f) inférieure 60, 66, 82.
paupière(f) interne 66.
paupière(f) supérieure 60, 66, 82.
pause(f) 161.
pause(f)/arrêt(m) sur l'image(f) 126.
pavillon(m) 83, 131, 164, 165.
pays(m) 26.
PAYSAGE(M) VÉGÉTAL SELON L'ALTITUDE(F) 20.
peau(f) 44, 45, 46, 60.
peau(f) de batterie(f) 166.
pêche(f) 45.
pédale(f) 136, 166.
pédale(f) d'accélérateur(m) 132.
pédale(f) de débrayage(m) 132.
pédale(f) de déchaussage(m) 187.
pédale(f) de frein(m) 132.
pédale(f) de sourdine(f) 159.
pédale(f) douce 159.
pédale(f) forte 159.
pédoncule(m) 38, 44, 45, 46.
peigne(m) à tige(f) 122.
peigne(m) afro 122.
peignoir(m) 116.
PEINTURE(F) D'ENTRETIEN(M) 111.
pelle(f) 55.
pelle(f) hydraulique 213.
pelleteuse(f) 212.
pelleteuse(f), articulation(f) 212.
pelleteuse(f), manœuvre(f) 212.
pêne(m) demi-tour(m) 93.
pêne(m) dormant 93.
péninsule(f) 26.
pénis(m) 78.
pennée 36.
pépin(m) 46, 47.
pépin(m) 44.
perception(f) des saveurs(f) 84.
perceuse(f) électrique 110.
perchoir(m) 75.
perforation(f) 125.
péricarpe(m) 47.
péroné(m) 80.
perron(m) 92.
perroquet(m) 76.
persienne(f) 94.
pèse-personne(m) 201.
peson(m) 201.
pesticides(m) 32.
pétale(m) 38.
pétiole(m) 37.
petit bois(m) 94.
petit cacatois(m) 141.
petit hunier(m) fixe 141.
petit hunier(m) volant 141.
petit perroquet(m) fixe 141.
petit perroquet(m) volant 141.
petite lame(f) 192.
petits pois(m) 52.
PÉTROLE(M) 202.
pétrolier(m) 203.
pétrolier(m) 143.
peuplier(m) 41.
phalanges(f) 80.
phare(m) 130, 135, 139.
phare(m) antibrouillard 134.
phare(m) central 140.
phare(m) d'atterrissage(m) 145.
phases(f) de la Lune(f) 9.
Phobos 6.
PHOTOGRAPHIE(F) 125.
photopile(f) 208.
phototype(m) 153.
piano(m) 167.
piano(m) droit 159.
pic(m) 17.
piccolo(m) 165.
piccolo(m) 167.
pichet(m) 100.
pièces(f) 195.
pied(m) 35, 78, 79, 95, 97, 98, 118, 155, 188.
pied(m) de fixation(f) 125.
pied(m) de lit(m) 95.
pied(m) de mât(m) 184.
piètement(m) 97, 188.
pignon(m) 93.
pignons(m) 43.
pile(f) 127.
pilier(m) 89.
pilon(m) 102.
piment(m) 49.
pin(m) parasol(m) 43.
pince(f) 112.
pince(f) 61.
pince(f) à échardes(f) 193.
pince(f) à long bec(m) 109.
pince(f) à spaghettis(m) 103.
pince(f) motoriste 109.
pince(f) multiprise 109.
pince(f)-étau(m) 109.
pince-notes(m) 150.
pinceau(m) 111, 157.
Pion(m) 195.
pique(m) 194.
piquet(m) 174, 190.
piscine(f) 143.
piscine(f) de déchargement(m) du combustible(m) irradié 206.
piscine(f) de stockage(m) du combustible(m) irradié 206.
pissenlit(m) 53.
piste(f) d'avertissement(m) 169.
pistil(m) 38.
piston(m) 164.
pivot(m) 193.
plafonnier(m) 98.
plage(f) 14.
plage(f) arrière 143.
plage(f) avant 142.
plage(f) de séparation(f) 129.
plaine(f) 26.
plaine(f) fluvio-glaciaire 17.
PLANCHE(F) À VOILE(F) 184.
planche(f) de vol(m) 59.
planétarium(m) 90.
planètes(f) 6.
planètes(f), orbites(f) 6.
PLANTE(F) ET SON MILIEU(M) 34.
PLANTE(F), STRUCTURE(F) 36.
plaque(f) 65.
plaque(f) antifriction(m) 187.
plaque(f) chauffante 105.
plaque(f) de frein(m) 187.
plaque(f) de protection(f) 163.
plaque(f) du lanceur(m) 169.
plaquette(f) 123.
plaqueur(m) droit 171.
plaqueur(m) gauche 170, 171.
plastron(m) 64, 170, 177.
plat(m) 174.
plate-forme(f) 182.
plate-forme(f) de production(f) 202.
plate-forme(f) élévatrice automotrice 146.
plateau(m) 17, 26, 97, 136, 200, 201.
plateau(m) de clavier(m) 159.
plateau(m) pour accessoires(m) 11.
platine(f) 155.
platine(f) cassette(f) 128.
platine(f) de projection(f) 152.
platine(f) tourne-disque(m) 128.
plats(m) à four(m) 104.
pleine Lune(f) 9.
pli(m) 112.
plie(f) 63.
plot(m) 99.
plot(m) de départ(m) 182.
plot(m) de départ(m) 182.
pluie(f) 22.
pluie(f) acide 31, 32, 33.
Pluton 7.
pluviomètre(m) à lecture(f) directe 23.
pluviomètre(m) enregistreur 23.
pluviosité(f), mesure(f) 23.
pneu(m) 131, 137.
poche(f) 112, 117.
poche(f) frontale 123.
poche(f) plaquée 113.
poche(f) poitrine(f) 112.
poche(f)-ticket(m) 113.
pochette(f) 113.
poêle(f) 192.
poêle(f) à frire 104.
poids(m) 200, 201.
poignée(f) 95, 109, 110, 122, 123, 129, 135, 162, 181, 186, 187.
poignée(f) auxiliaire 110.
poignée(f) de frein(m) 137.
poignée(f) de porte(f) 93, 131.
poignée(f) de sécurité(f) 54.
poignée(f) montoir(m) 134.
poignée(f)-pistolet(m) 110.
poignet(m) 66, 79, 82, 112.
poils(m) 122.
poils(m) absorbants 34, 36.
poinçon(m) 192.
point(m) 194.
point(m) d'amure(f) 184.
point(m) d'articulation(f) 213.
point(m) d'attache(f) 37.
point(m) d'écoute(f) 184.
point(m) de mise(f) au jeu(m) 176.
point(m) de penalty(m) 173.
pointe(f) 14, 36, 101, 108, 110, 118, 185, 186, 197.
pointe(f) de bâton(m) 187.
pointe(f) de col(m) 112.
pointeur(m) 193.
poire(f) 46.
poireau(m) 50.
pois(m) chiches 52.
pois(m) mange-tout(m) 52.
POISSONS(M) 62.
poitrail(m) 67.
poitrine(f) 74, 78.
poivrière(f) 100.
poivron(m) 49.
Polaroid®(m) 125.
pôle(m) négatif 205.
pôle(m) Nord 12.
pôle(m) positif 205.
pôle(m) Sud 12.
pollution(f) agricole 32.
pollution(f) de l'air(m) 30.
pollution(f) des aliments(m) au sol(m) 32.
pollution(f) des aliments(m) dans l'eau(f) 32.
pollution(f) industrielle 32, 33.
polo(m) 117.
polo(m) 181.
pomme(f) 46.
pomme(f) d'Adam 78.
pomme(f) de terre(f) 51.
pommeau(m) 168.
pompe(f) 136.
pompe(f) de caloportage(m) 206.
poncho(m) 114.
pont(m) 123.
pont(m) bain(m) de soleil(m) 142.
pont(m) roulant 204.
pont(m)-promenade(f) 143.
pont-levis(m) 88.
popote(f) 192.
porc(m) 69.
PORT(M) MARITIME 142.
portail(m) 89.
porte(f) 93.
porte(f) 87, 107, 145, 190.
porte(f) accordéon(m) 92.
porte(f) classique 92.
porte(f) coulissante 93.
porte(f) de la soute(f) 148.
porte(f) étagère(f) 106.
porte(f) pliante 92.
porte-bagages(m) 136.
porte-bidon(m) 136.
porte-clés(m) 123.
porte-gomme(m) 150.
porte-mine(m) 150.
porte-monnaie(m) 123.
portée(f) 160.
portefeuille(m) 123.
portes(f), types(m) 92.
portière(f) 131.
portique(m) 87, 189, 204.
portique(m) de chargement(m) de conteneurs(m) 142.
poste(m) à clavier(m) 124.
poste(m) de pilotage(m) 145, 149.
poste(m) sans cordon(m) 124.
poste(m) téléphonique 124.
postillon(m) 196.
pot(m) d'échappement(m) 135.
poteau(m) 179.
poteau(m) de but(m) 171.
poteau(m) de double(m) 180.
poteau(m) de simple(m) 180.
potence(f) 137, 155.
potiron(m) 49.
pouce(m) 82, 118, 168.
pouf(m) 96.
poule(f) 68.
poulie(f) 111.
poulie(f) de chariot(m) 214.
poumon(m) droit 81.
poumon(m) gauche 81.
poupe(f) 143, 184.
pourcentage(m) 154.
pousse(f) 36.
poussière(f) 30, 31.
poussin(m) 68.
poussoir(m) d'arrêt(m) 198.
poussoir(m) de mise(f) en marche(f) 198.
poussoir(m) de remise(f) à zéro(m) 198.
poutre(f) d'équilibre(m) 188.
poutre(f) de levage(m) 215.
poutre(f) de queue(f) 145.
prairie(f) 26.
précipitation(f) 30, 31.
premier arbitre(m) 179.
premier but(m) 169.
premier croissant(m) 9.
premier espace(m) 178.
premier juge(m) de ligne(f) 171.
premier quartier(m) 9.
premier violon(m) 167.
premier-but(m) 169.
première molaire(f) 85.
première nageoire(f) dorsale 62.
première prémolaire(f) 85.
premières feuilles(f) 34.
prémolaire(f) 70.
prémolaires(f) 85.
presse-agrumes(m) 103.
pression(f), mesure(f) 23.
PRÉVENTION(F) DES INCENDIES(M) 210.
principales variétés(f) d'agrumes(m) 47.
principales variétés(f) de baies(f) 44.
principales variétés(f) de fruits(m) à noyau(m) 45.
principales variétés(f) de fruits(m) à pépins(m) 46.
principaux amphibiens(m) 60.
principaux fruits(m) tropicaux 48.
printemps(m) 20.
prise(f) casque(m) 129.
prise(f) d'eau(f) 204, 210.
prise(f) de courant(m) 99.
prise(f) de télécommande(f) 125.
prise(f) de terre(f) 99.
prisme(m) 156.
prix(m) à l'unité(f) 201.
prix(m) à payer 201.
production(f) d'électricité(f) 207.
production(f) d'électricité(f) par énergie(f) nucléaire 207.
production(f) de chaleur(f) 207.

Les termes en **caractères gras** renvoient à une illustration, ceux en CAPITALES indiquent un titre.

production(f) de l'électricité(f), étapes(f) 205.
produits(m) de la raffinerie(f) 203.
produits(m) laitiers 33.
produits(m) pétrochimiques 203.
PROFIL(M) DU SOL(M) 34.
profondeur(f) du foyer(m) 13.
projecteur(m) 137, 140.
projecteur(m) de diapositives(f) 153.
projecteur(m) orientable 210.
projection(f) conique 25.
projection(f) cylindrique 25.
projection(f) horizontale 25.
projection(f) interrompue 25.
projections(f) cartographiques 25.
propulseur(m) 149.
propulseur(m) d'étrave(f) 142.
prospection(f) 202.
prospection(f) en mer(f) 202.
prospection(f) terrestre 202.
protecteur(m) de poitrine(f) 168.
protecteur(m) lombaire 170.
protection(f) obligatoire de l'ouïe(f) 216.
protection(f) obligatoire de la tête(f) 216.
protection(f) obligatoire de la vue(f) 216.
protection(f) obligatoire des mains(f) 216.
protection(f) obligatoire des pieds(m) 216.
protection(f) obligatoire des voies(f) respiratoires 216.
protection(f) respiratoire, appareil(m) 211.
protège-côtes(m) 170.
protège-coude(m) 177.
protège-gorge(m) 168, 177.
protège-hanche(m) 170.
protège-lame(m) 185.
protège-lame(m) 110.
protège-matelas(m) 95.
protège-orteils(m) 168.
protège-tendon(m) 185.
protège-tibia(m) 168, 172, 177.
protubérance(f) 8.
proue(f) 142, 184.
province(f) 26.
prune(f) 45.
pubis(m) 78.
pull(m) à capuche(f) 120.
pull(m) d'entraînement(m) 120.
pulpe(f) 44, 45, 46, 47, 85.
punaises(f) 150.
pupille(f) 66, 82.
pupitre(m) à musique(f) 159.
pupitre(m) de conduite(f) 138.
pupitre(m) du chef(m) d'orchestre(m) 167.
pyjama(m) 116.
pyramide(f) 156.

Q

quadruple croche(f) 161.
quai(m) 142.
quai(m) d'embarquement(m) 147.
quart(m) de soupir(m) 161.
quart-arrière(m) 171.
quarte(f) 160.
quartier(m) 47, 121.
QUATRE-MATS(M) BARQUE(F) 141.
queue(f) 44, 45, 46, 65, 66, 67, 75, 144, 192.
queue(f) de gaz(m) 10.
queue(f) de poussières(f) 10.
quinte(f) 160.

R

rabat(m) 113, 193.
racine(f) 50, 85.
racine(f) carrée 154.
racine(f) du nez(m) 84.
racine(f) pivotante 40.
racine(f) principale 34, 36.
racine(f) secondaire 34, 36.
racine(f) traçante 40.
radar(m) 142.
radar(m) météorologique 145.
radiateur(m) 139.
radicelle(f) 36, 40.
radicule(f) 34.
radio(f) 129.
radiocassette(f) 129.
radis(m) 51.
radius(m) 80.
raffinage(m) 203.
raffinerie(f) 203.
raffinerie(f), produits(m) 203.
raie(f) des fesses(f) 79.
raifort(m) 51.
rail(m) 140.
rail(m) d'éclairage(m) 98.
rainette(f) 60.
rainure(f) 174, 186.
raisin(m) 44.
ralenti(m) 126.
ramasseur(m) 179, 180.
rameau(m) 43.
rameau(m) 36, 40.
ramille(f) 40.
rampe(f) de livraison(f) 90.
ramure(f) 40.
râpe(f) 103.
rappel(m) de mémoire(f) 154.
rapporteur(m) d'angles(m) 151.
raquette(f) de tennis(m) 181.
ras-de-cou(m) 117.
rate(f) 81.
râteau(m) 55.
rayon(m) 123, 137.
rayon(m) de miel(m) 59.
rayon(m) de miel(m), coupe(f) 59.
rayonnement(m) solaire 28, 208.
rayons(m) ultraviolets réfléchis 28.
ré(m) 160.
réacteur(m) 206, 207.
rebobinage(m) 125, 126, 129.
réceptacle(m) 38, 44.
réceptacle(m) à déchets(m) 214.
récepteur(m) 124.
receveur(m) 168.
receveur(m) 169, 180.
réchaud(m) 104.
réchauffeur(m) 206.
recherche(f) des canaux(m) 126.
récipient(m) 23, 105.
récipient(m) collecteur 23.
rectangle(m) 156.
rectangle(m) des instructeurs(m) 169.
rectangulaire 191.
réflecteur(m) 125.
RÉFRIGÉRATEUR(M) 106.
réfrigérateur(m) 29, 106.
refroidissement(m) de la vapeur(f) par l'eau(f) 207.
registre(m) des aigus(m) 158.
registre(m) des basses(f) 158.
réglage(m) de la balance(f) 163.
réglage(m) de la température(f) 199.
réglage(m) de la tonalité(f) 163.
réglage(m) du four(m) 107.
réglage(m) du viseur(m) 127.
réglage(m) du volume(m) 126, 129, 163.
réglage(m) en hauteur(f) 153.
réglage(m) micrométrique (azimut(m)) 11.
réglage(m) micrométrique (latitude(f)) 11.
règle(f) graduée 151.
règle(f) graduée 192.
régulateur(m) de pression(f) 104.
rein(m) 67, 79.
reine(f), abeille(f) 58.
rejet(m) 40.
relief(m) lunaire 9.
reliure(f) à anneaux(m) 151.
reliure(f) spirale(f) 151.
remontoir(m) 159.
remorque(f) à bagages(m) 147.
rempart(m) 9, 88.
renfort(m) de pointe(f) 185.
repère(m) de touche(f) 162, 163.
repère(m) de virage(m) de dos(m) 182.
répertoire(m) téléphonique 124.
répondeur(m) téléphonique 124.
repose-pied(m) 135.
REPTILES(M) 64.
requin(m) 63.
réseau(m) nerveux 85.
réseau(m) sanguin 85.
réservoir(m) 105, 204.
réservoir(m) à carburant(m) 134, 139, 145.
réservoir(m) à essence(f) 135.
réservoir(m) d'air(m) comprimé 139.
réservoir(m) d'alcool(m) 199.
réservoir(m) d'arrosage(m) 206, 207.
réservoir(m) de mercure(m) 199.
réservoir(m) externe 148.
réservoir(m) magmatique 15.
réservoirs(m) 148.
ressort(m) 109, 188.
ressort(m) de suspension(f) 138.
restaurant(m) 91.
retombées(f) 31.
retour(m) de l'eau(f) au générateur(m) de vapeur(f) 207.
rétroprojecteur(m) 152.
rétroviseur(m) 132, 134, 135.
rétroviseur(m) extérieur 130.
revers(m) 112.
revêtement(m) de sécurité(f) 149.
revêtement(m) thermique 149.
rez-de-chaussée(m) 92.
rhinocéros(m) 73.
rhubarbe(f) 52.
rivière(f) 26.
rivière(f) souterraine 13.
robe(f)-polo(m) 114.
roche(f) mère(f) 34.
Roi(m) 194, 195.
romaine(f) 53.
ronde(f) 161.
rondelle(f) 176.
rondelle(f) 186, 187.
rongeur(m), mâchoire(f) 70.
rosace(f) 162.
rose(f) 38.
rose(f) 89.
ROSE(F) DES VENTS(M) 27.
rosée(f) 22.
rossignol(m) 77.
rotor(m) 209.
rotor(m) anticouple 145.
rotule(f) 80.
rouge(m) 157.
rouge(m) orangé 157.
rouge(m) violet 157.
rouge-gorge(m) 77.
Rouges(m) 196.
rouleau(m) à pâtisserie(f) 102.
rouleau(m) à peinture(f) 111.
roulette(f) 185.
route(f) 27.
route(f) d'accès(m) 146.
route(f) secondaire 27.
ruban(m) 108.
ruban(m) adhésif, dévidoir(m) 151.
ruban(m) de tissu(m) adhésif 193.
ruche(f) 59.
ruche(f), corps(m) 59.
rue(f) 90.
ruissellement(m) 30, 32.
rutabaga(m) 51.

S

sablier(m) 198.
sablière(f) 139.
sabot(m) 67.
sabot(m) à 1 doigt(m) 71.
sabot(m) à 2 doigts(m) 71.
sabot(m) à 3 doigts(m) 71.
sabot(m) à 4 doigts(m) 71.
SABOTS(M), TYPES(M) 71.
sac(m) 151.
sac(m) 158.
sac(m) à dos(m) 123, 193.
sac(m) seau(m) 123.
sacoche(f) 136.
sacrum(m) 80.
sacs(m) de couchage(m) 191.
saladier(m) 100.
salamandre(f) 60.
salière(f) 100.
salle(f) à manger 142.
salle(f) de commande(f) 204, 206.
salle(f) de prière(f) 87.
salle(f) des machines(f) 143, 204.
salsifis(m) 51.
sandale(f) 119.
sang(m) artériel 81.
sang(m) veineux 81.
sangle(f) 180.
sangle(f) de compression(f) 193.
sangle(f) de fermeture(f) 193.
sapeur-pompier(m) 211.
sas(m) 148.
satellites(m) 6.
Saturne 7.
saule(m) pleureur 42.
sauterelle(f) 56.
sauteuse(f) 104.
savane(f) 21.
saveur(f) acide 84.
saveur(f) amère 84.
saveur(f) salée 84.
saveur(f) sucrée 84.
saxhorn(m) 164.
saxophone(m) 165.
SCAPHANDRE(M) SPATIAL 149.
scarole(f) 53.
scie(f) circulaire 110.
scie(f) égoïne 109.
score(m) doublé 197.
score(m) triplé 197.
scrotum(m) 78.
sébile(f) de remboursement(m) 124.
sécateur(m) 54.
sèche-cheveux(m) 122.
second arbitre(m) 179.
second juge(m) de ligne(f) 171.
second violon(m) 167.
seconde nageoire(f) dorsale 63.
seconde(f) 160.
secondeur(m) au centre(m) 171.
secondeur(m) extérieur droit 171.
secondeur(m) extérieur gauche 171.
sein(m) 78.
SÉISME(M) 13.
seizième(m) de soupir(m) 161.
sélecteur(m) de fonctions(f) 125.
sélecteur(m) de micro(m) 163.
sélecteur(m) de régime(m) 54.
sélecteur(m) de stations(f) 129.
sélecteur(m) de température(f) 122.
sélecteur(m) de vitesse(f) 122.
sélecteur(m) de vitesses(f) 135.
sélecteur(m) télé(f)/vidéo(f) 126.
sélecteurs(m) de fonctions(f) 124.
sélecteurs(m) de mode(m) 129.
sélection(f) des canaux(m) 126.
selle(f) 136, 188.
selle(f) biplace 135.
selle(f) de rail(m) 140.
sellette(f) d'attelage(m) 134.
semelle(f) 110, 118, 185, 186.
semelle(f) d'usure(f) 121.
semelle(f) intercalaire 121.
semi-rectangulaire 191.
semi-remorque(f) citerne(f) 202.
SENS(M) DE L'ODORAT(M) 84.
SENS(M) DE L'OUIE(F) 83.
SENS(M) DE LA VUE(F) 82.
SENS(M) DU GOUT(M) 84.
SENS(M) DU TOUCHER(M) 82.
sensibilité(f) du film(m) 125.
sépale(m) 38, 44.
septième(f) 160.
sérac(m) 16.
serpent(m) à sonnette(f) 65.
serpent(m) venimeux, tête(f) 64.
serpentin(m) 107.
serre(f) 74.
serre-joint(m) 108.
serre-tête(m) 128, 129, 187.
serrure(f) 93.
serrure(f) 93.
serrure(f) de porte(f) 131.
serveur(m) 179, 180.
service(m) à fondue(f) 104.
service(m) d'entretien(m) 134.
serviette(f) 151.
seuil(m) 93.
short(m) 115.
short(m) 172.
short(m) boxeur(m) 121.
si(m) 160.
siège(m) 97.
SIEGES(M) 96, 97.
sillet(m) 162, 163.
sillon(m) 84.
sillon(m) de départ(m) 129.
sillon(m) de sortie(f) 129.
silos(m) 142.
singe(m) 72.
siphon(m) 13.
sistre(m) 166.
sixte(f) 160.
SKI(M) 186.
ski(m) 186.
ski(m) de fond(m) 186.
ski(m) de fond(m) 187.
skieur(m) alpin 186.
skieuse(f) de fond(m) 187.
slip(m) de bain(m) 121.
slip(m) ouvert 112.
socle(m) 200, 209.
socque(m) 119.
socquette(f) 118.
soie(f) dentaire 122.
soies(f) 111.
sol(m) 160.
SOL(M), PROFIL(M) 34.
SOLEIL(M) 8.
Soleil(m) 6, 10, 28.
SOLEIL(M), ÉCLIPSE(F) 10.
Soleil(m), structure(f) 8.
solstice(m) d'été(m) 20.
solstice(m) d'hiver(m) 20.
sommet(m) 17.
sommier(m) 159.
sommier(m) tapissier(m) 95.
sonde(f) thermique 107.
sonnerie(f) de passage(m) à niveau(m) 140.
sortie(f) 59.
sortie(f) de l'eau(f) de refroidissement(m) du condenseur(m) 206.
sortie(f) de piste(f) à grande vitesse(f) 146.
sortie(f) du reflux(m) du condenseur(m) 206.
souche(f) 40.
soufflet(m) 158.
souffleuse(f) à neige(f) 214.
soupape(f) 104.
soupape(f) d'évacuation(f) 164.
soupape(f) de sûreté(f) 207.
soupière(f) 100.
soupir(m) 161.
source(f) alimentaire fondamentale 28.
source(f) d'électricité(f) 205.
sources(f) de gaz(m) 29.
sources(f) de pollution(f) 30.
sourcil(m) 82.
sourcils(m) 66.
sourdine(f) 164.
souris(f) 154.
sous-pied(m) 115.
sous-sol(m) 34, 93.
soustraction(f) 154.
soustraction(f) en mémoire(f) 154.
soute(f) à bagages(m) 145.
soute(f) à eau(f) 139.
soutien-gorge(m) 116.
spatule(f) 102.
spatule(f) 186.
sphère(f) 156.
spores(f) 35.
spot(m) 98.
SQUELETTE(M) 80.
stabilisateur(m) 144, 145, 210, 213, 215.
stabilisateur(m) à triple plan(m) vertical 145.
stabilisateur(m) de roulis(m) 143.
stade(m) 91.
stalactite(f) 13.
stalagmite(f) 13.
station-service(f) 134.
steppe(f) 21.
sternum(m) 80.
stigmate(m) 38.
stimulateur(m) de gencives(f) 122.
stipule(f) 37.
stop(m) 66.
stratosphère(f) 28.
structure(f) d'un arbre(m) 40.
structure(f) d'un champignon(m) 35.
structure(f) d'une fleur(f) 38.
STRUCTURE(F) D'UNE PLANTE(F) 36.
STRUCTURE(F) DE LA BIOSPHERE(F) 20.
STRUCTURE(F) DE LA TERRE(F) 12.
structure(f) du Soleil(m) 8.
style(m) 38, 198.
stylo-bille(m) 150.
stylo-plume(m) 150.
sublimation(f) 30.
subtropical humide 21.
subtropical sec 21.
sucrier(m) 100.
Sud(m) 27.
Sud(m) Est 27.

Les termes en **caractères gras** renvoient à une illustration, ceux en CAPITALES indiquent un titre.

Sud(m) Ouest 27.
Sud(m) Sud-Est 27.
Sud(m) Sud-Ouest 27.
support(m) 11, 23, 152, 166.
support(m) de lisse(f) 140.
support(m) de pouce(m) 165.
surface(f) de but(m) 173.
surface(f) de coin(m) 173.
surface(f) de cuisson(f) 107.
surface(f) de frappe(f) 168.
surface(f) de réparation(f) 173.
surface(f) gravée 129.
surface(f) pressée 129.
surface(f) solaire 8.
surfaces(f) 156.
surligneur(m) 150.
surpiqûre(f) 121.
survêtements(m) 120.
suspension(f) 98.
SYMBOLES(M) D'USAGE(M) COURANT 216.
SYMBOLES(M) DE PROTECTION(F) 216.
SYMBOLES(M) DE SÉCURITÉ(F) 216.
système(m) audio 132.
système(m) d'ancrage(m) 188, 189.
SYSTEME(M) DE JEU(M) VIDÉO 197.
système(m) de lubrification(f) 139.
système(m) racinaire 36.
SYSTEME(M) SOLAIRE 6.

T

tabatière(f) 92.
TABLE(F) 97.
table(f) 97.
table(f) d'harmonie(f) 159, 162.
tableau(m) de bord(m) 132.
tableau(m) de bord(m) 135.
tableau(m) de commande(f) 107.
tableau(m) noir 152.
tablette(f) de verre(m) 106.
tabouret(m) 96.
tabouret-bar(m) 96.
tache(f) 8.
taie(f) d'oreiller(m) 95.
taille(f) 79.
taille-crayon(m) 150.
tailleur(m) 114.
talon(m) 79, 118, 121, 162, 168, 177, 181, 186.
talonnière(f) 186, 187.
tambourin(m) 166.
tamis(m) 181.
tarse(m) 80.
tasse(f) 192.
tasse(f) à café(m) 100.
tasse(f) à thé(m) 100.
tectrice(f) sous-caudale 75.
tectrice(f) sus-caudale 75.
télécommande(f) 126.
télécommande(f) 153.
téléphone(m) 216.
téléphone(m) cellulaire portatif 124.
téléphone(m) public 124.
TÉLESCOPE(M) 11.
télescope(m), coupe(f) 11.
téléviseur(m) 126.
TÉLÉVISION(F) 126.
témoin(m) de clignotants(m) 132.
tempe(f) 78.
température(f) ambiante 199.
température(f) désirée 199.
TEMPÉRATURE(F), MESURE(F) 199.
température(f), mesure(f) 23.
TEMPS(M) 22.
tendeur(m) 190.
TENNIS(M) 180.
tennis(m) 119.
tente(f) canadienne 190.
tente(f) deux places(f) 190.
tente(f) dôme(m) 190.
tente(f) familiale 190.
tente(f) grange(f) 190.
tente(f) igloo(m) 190.
tente(f) individuelle 190.
tente(f) intérieure 190.
tente(f) rectangulaire 190.
TENTES(F) 190.
tentes(f), principaux types(m) 190.
TENUE(F) D'EXERCICE(M) 120.
terminal(m) à céréales(f) 142.
terminal(m) à conteneurs(m) 143.
terminal(m) de vrac(m) 142.
terminal(m) pétrolier 143.
terrain(m) 169, 173, 174, 175, 178, 179, 180.
terrain(m) de football(m) américain 171.
Terre(f) 6, 10.
TERRE(F), STRUCTURE(F) 12.
terre-plein(m) 90.
têtard(m) 60.
tête(f) 10, 57, 58, 79, 108, 109, 122, 162, 163, 181.
tête(f) d'attelage(m) 139.
tête(f) de frappe(f) 108.
tête(f) de lit(m) 95.
tête(f) de mât(m) 184.
tête(f) de projection(m) 152.
tête(f) de rotor(m) 145.
théière(f) 100.
thermomètre(m) 199.
thermomètre(m) à maxima(m) 23.
thermomètre(m) à minima(m) 23.
thermomètre(m) médical 199.
thermostat(m) 105.
thermostat(m) d'ambiance(f) 199.
thon(m) 62.
thorax(m) 57, 58, 78.
tibia(m) 80.
tierce(f) 160.
tige(f) 36, 50, 108, 185, 187, 199.
tige(f) de pendule(m) 159.
tige(f) de selle(f) 136.
tige(f) filetée 109.
timbale(f) 167.
tipi(m) 86.
tirant(m) 215.
tire-bouchon(m) 192.
tire-bouchon(m) à levier(m) 102.
tire-veille(m) 184.
tiroir(m) 97, 107.
Titan 7.
toile(f) 123.
toile(f) de saut(m) 188.
toilettes(f) pour dames(f) 216.
toilettes(f) pour hommes(m) 216.
toit(m) 59, 92.
toit(m) ouvrant 131.
tom-tom(m) 166.
tomate(f) 49.
tondeuse(f) à gazon(m) 54.
topinambour(m) 51.
toque(f) 114.
torrent(m) 17.
tortue(f) 64.
totalisateur(m) journalier 132.
touche(f) 159, 162, 163.
touche(f) de décimale(f) 154.
touche(f) de résultat(m) 154.
touche(f) numérique 154.
touches(f) de fonctions(f) 201.
toundra(f) 20, 21.
toupet(m) 67.
Tour(f) 195.
tour(f) 89, 209, 214.
tour(f) à bureaux(m) 90.
tour(f) d'angle(m) 88.
tour(f) d'habitation(f) 91.
tour(f) de contrôle(m) 146.
tour(f) de flanquement(m) 88.
tour(m) de cou(m) 112.
tourelle(f) 88, 210, 213.
tourelle(f) porte-objectifs(m) 155.
tournesol(m) 39.
tournevis(m) 108.
tournevis(m) 192.
tournevis(m) cruciforme 192.
tracteur(m) 147, 212.
tracteur(m) à chenilles(f) 212.
tracteur(m) de piste(f) 146.
tracteur(m) routier 134.
TRAIN(M) À GRANDE VITESSE(F) (T.G.V.) 140.
train(m) d'atterrissage(m) avant 145.
train(m) d'atterrissage(m) principal 144.
trait(m) de mise(f) au jeu(m) 171.
trampoline(f) 188.
tranchant(m) 101.
transbordeur(m) 147.
transbordeur(m) 143.
transept(m) 89.
transformateur(m) 98, 204, 206.
transformation(f) de l'eau(f) en vapeur(f) 207.
transmission(f) de la chaleur(f) à l'eau(f) 207.
transpiration(f) 31.
transplantoir(m) 54.
transport(m) de l'électricité(f) 207.
transport(m) maritime 202.
transport(m) terrestre 202.
trapèze(m) 156.
traverse(f) 93, 97, 140.
traverse(f) supérieure 94.
traversée(f) de transformateur(m) 204.
traversin(m) 95.
trèfle(m) 194.
treillis(m) 128.
trémie(f) de chargement(m) 215.
tremplin(m) 188.
trépied(m) 11, 166.
treuil(m) 215.
treuil(m) de levage(m) 214.
triangle(m) 156, 166.
triangle(m) 167.
tribord(m) 142.
TRICOTS(M) 117.
trifoliée 36.
trille(m) 161.
tringle(f) de pédale(f) 159.
triple croche(f) 161.
Triton 7.
trois-portes(f) 133.
troisième but(m) 169.
troisième-but(m) 169.
trombone(m) 164.
trombone(m) 167.
trombones(m) 150.
trompe(f) 57.
trompe(f) d'Eustache 83.
trompette(f) 164.
trompette(f) 167.
tronc(m) 40, 79.
tronc(m), coupe(f) transversale 40.
tropique(m) du Cancer(m) 12, 24.
tropique(m) du Capricorne(m) 12, 24.
troposphère(f) 28.
trotteuse(f) 198.
trou(m) central 129.
trousse(f) de secours(m) 193.
truffe(f) 66.
truie(f) 69.
truite(f) 62.
tuba(m) 164.
tuba(m) 167.
tube(m) 11, 75, 99.
tube(m) capillaire 199.
tube(m) d'alimentation(f) en air(m) 211.
tube(m) fluorescent 99.
tube(m) fluorescent 99.
tube(m) porte-oculaire(m) 11, 155.
tuiles(f) 148.
tulipe(f) 38.
tuner(m) 128.
tunique(f) 50.
tunnel(m) de communication(f) 149.
tuque(f) 113.
tuque(f) 186, 187.
turbine(f) 206.
turboréacteur(m) 144.
tuyau(m) d'échappement(m) 212.
tuyau(m) d'insufflation(f) 158.
tuyau(m) de refoulement(m) 210.
tuyère(f) 141, 145, 148.
tympan(m) 60, 64, 83, 89.
types(m) de carrosseries(f) 133.
types(m) de feuilles(f) 43.
types(m) de nages(f) 183.
TYPES(M) DE WAGONS(M) 138.

U

unisson(m) 160.
unité(f) centrale 154.
Uranus 7.
USTENSILES(M) DE CUISINE(F) 102.

V

vache(f) 68.
VAISSELLE(F) 100.
Valet(m) 194.
valet(m) 155.
valeur(f) des notes(f) 161.
valeur(f) des segments(m) 197.
valeur(f) des silences(m) 161.
vallée(f) 17.
valve(f) 137.
vanne(f) 204.
vanne(f) d'arrosage(m) 206.
veau(m) 68.
véhicule(m) spatial autonome 149.
véhicule(m) tout-terrain(m) 133.
veine(f) fémorale 81.
veine(f) sous-clavière 81.
vélo(m) de montagne(f) 137.
venin(m), canal(m) 64.
venin(m), crochet(m) 64.
venin(m), glande(f) 64.
vent(m), action(f) 31.
vent(m), mesure(f) de la direction(f) 23.
vent(m), mesure(f) de la vitesse(f) 23.
ventilateur(m) 122.
ventilateur(m) de moteur(m) diesel 138.
ventilateur(m) des radiateurs(m) 139.
ventre(m) 67, 78.
Vénus 6.
verglas(m) 22.
vérin(m) 212, 213, 215.
vérin(m) de dressage(m) 210, 215.
vernier(m) 200.
verre(m) 123.
verre(m) à vin(m) blanc 100.
verre(m) à vin(m) rouge 100.
verre(m) ordinaire 100.
VERRES(M) 100.
versant(m) 17.
verseuse(f) 105.
vert(m) 157.
vésicule(f) biliaire 81.
vessie(f) 81.
veste(f) 114.
veston(m) croisé 113.
vêtement(m) ignifuge et hydrofuge 211.
vêtements(m) d'exercice(m) 120, 121.
VETEMENTS(M) D'HOMME(M) 112.
VETEMENTS(M) DE FEMME(F) 114, 116.
viande(f) 33.
VIDÉO(F) 127.
vigie(f) 146.
violet(m) 157.
violette(f) 38.
violon(m) 162.
violon(m), famille(f) 162.
violoncelle(m) 162.
violoncelle(m) 167.
virage(m) de brasse(f) 183.
virage(m) de papillon(m) 183.
virage-culbute(m) 183.
vis(f) 108.
vis(f) 162.
vis(f) de blocage(m) (azimut(m)) 11.
vis(f) de blocage(m) (latitude(f)) 11.
vis(f) de réglage(m) 109.
vis(f) macrométrique 155.
vis(f) micrométrique 155.
vis(f) sans fin(f) 214.
visage(m) 78.
viseur(m) électronique 127.
visière(f) 113, 114, 135, 140, 187.
visière(f) antisolaire 149.
vitre(f) 208.
voie(f) de circulation(f) 146.
voie(f) de service(m) 146.
voie(f) ferrée 90.
voile(f) 184.
voile(f) 209.
voile(f) d'étai(m) de flèche(f) 141.
voile(f) de flèche(f) 141.
voile(m) du palais(m) 84.
voilure(f) delta(m) 144.
voilure(f) droite 144.
voilure(f) en flèche(f) 144.
voilure(f) trapézoïdale 144.
voilures(f), types(m) 144.
voiture(f) sport(m) 133.
volant(m) 132.
VOLCAN(M) 15.
volcan(m) 28.
volcan(m) au repos(m) 14.
volet(m) 148.
volet(m) de bord(m) de fuite(f) 144.
VOLLEYBALL(M) 179.
voltigeur(m) de centre(m) 169.
voltigeur(m) droit 169.
voltigeur(m) gauche 169.
volumes(m) 156.
volute(f) 162.
volve(f) 35.
voûte(f) du palais(m) 84.
voyant(m) lumineux 107.
vulve(f) 78.

W

wagon(m) à bestiaux(m) 138.
wagon(m) couvert 138.
wagon(m) de queue(f) 139.
wagon(m) plat 139.
wagon(m) plat à parois(f) de bout(m) 139.
wagon(m) plat surbaissé 139.
wagon(m) porte-automobiles(m) 138.
wagon(m) porte-conteneurs(m) 138.
wagon(m) rail(m)-route(f) 139.
wagon(m) réfrigérant 139.
wagon(m)-citerne(f) 139, 203.
wagon(m)-tombereau(m) 139.
wagon(m)-trémie(f) 138.
WAGONS(M), TYPES(M) 138.
wigwam(m) 86.
wishbone(m) 184.
wok(m) 104.

X

xylophone(m) 166.
xylophone(m) 167.

Y

yourte(f) 87.

Z

zèbre(m) 73.
zeste(m) 47.
zone(f) d'attaque(f) 176, 179.
zone(f) de but(m) 171, 176.
zone(f) de convection(f) 8.
zone(f) de défense(f) 176, 179.
zone(f) de radiation(f) 8.
zone(f) de service(m) 179.
zone(f) libre 179.
zone(f) neutre 171, 176.
zone(f) réservée 178.

Les termes en **caractères gras** renvoient à une illustration, ceux en CAPITALES indiquent un titre.

1/10th second hand 198.
22,9 metre line, field hockey 175.
25 ring, dartboard 197.
35 mm still camera 149.

A

abdomen 61.
abdomen 57, 59, 74, 78.
ablutions fountain 87.
absorbed heat 28.
accelerator pedal 132.
access road 146.
accessory shoe 125, 127.
accidentals, musical notation 161.
accordion 158.
Ace 194.
achene 44.
acid precipitation 31.
acid rain 32, 33.
acoustic guitar 162.
action of wind 31.
actual temperature 199.
Adam's apple 78.
add in memory 154.
add key 154.
adhesive bandage 193.
adhesive tape 193.
adjustable channel 109.
adjustable wrench 109.
adjusting band 128.
adjusting buckle 185.
adjusting catch 186.
adjusting screw 109.
adjustment slide 112.
aerodynamic brake 209.
aerosol 29.
Africa 19.
Afro pick 122.
aftermast 141.
aileron 144.
air compressor 139.
air concentrator 122.
air conditioner 29.
air filter 139, 212.
air horn 134.
air inlet 145.
air mattress 191.
air pressure, measure 23.
air pump 134.
air space 75.
air unit 121.
air vent 132.
air-outlet grille 122.
air-supply tube 211.
AIRPORT 146.
airport 27.
airport ground equipment 146.
ala 84.
albumen 75.
alcohol bulb 199.
alcohol column 199.
alighting board 59.
alley 180.
almond 45.
alpine skier 186.
alternator 138.
altitude clamp 11.
altitude fine adjustment 11.
AM antenna 128.
ambulatory 89.
American football, playing field 171.
AMPHIBIANS 60.
amphibians 60.
amplifier 128.
anal fin 63.
analog watch 198.
anchor-windlass room 142.
anemometer 23.
ankle 78.
ankle boot 119.
annual ring 40.
annular eclipse 10.
anorak 120.
ant 56.
Antarctic Circle 12.
Antarctica 18.
antenna 57, 58, 61, 129, 131, 145, 179.
antennule 61.
anther 38.
anti-friction pad 187.
anti-slip shoe 111.
anti-torque tail rotor 145.
antiseptic 193.
antiseptic lotion 193.
aortic arch 81.
appendix 81.
apple 46.
appoggiatura, musical notation 161.
apricot 45.
apron 97, 146.
aquatic bird 74.
Arabian camel 73.
archipelago 26.
Arctic 18.
Arctic Circle 12, 24.
Arctic Ocean 19.
arm 67, 79, 97, 155, 212, 213.
arm guard 170.
arm pad 177.
armchair 96, 97.
armpit 78.
arterial blood 81.
artery, anterior tibial 81.
artery, common carotid 81.
artery, femoral 81.
artichoke 49.
artichoke, Jerusalem 51.
ash layer 15.
Asia 19.
asparagus 52.
asphalt 203.
asteroid belt 6.
asymmetrical bars 189.
Atlantic Ocean 18.
atmosphere 12, 20.
atmospheric pollution 30.
attack line 179.
attack on human beings 31.
attack on nature 31.
attack zone 179.
attacking zone 176.
audio system 132.
auditory canal 83.
auditory nerve 83.
auditory ossicles 83.
auger bit 110.
auricle 83.
Australia 19.
auto reverse 129.
autofocus on/off switch 153.
automatic dialer 124.
automatic drip coffee maker 105.
automobile car 138.
autumn 20.
autumn squash 49.
autumnal equinox 20.
auxiliary handle 110.
avocado 48.
awl 192.
awning 190.
axillary bud 36.
axis of rotation 152.
axle 138, 185.
azimuth clamp 11.
azimuth fine adjustment 11.

B

back 66, 67, 75, 79, 97, 101.
back judge 171.
back pad 177.
back zone 179.
back, left 175.
back, right 175.
back-hoe 212.
back-hoe controls 212.
backboard 178.
backcourt 180.
BACKGAMMON 196.
backguard 107.
backpack 193.
backstay 185.
backstroke 183.
backstroke turn indicator 182.
backup light 133.
backward bucket 212.
bag, drawstring 123.
baggage compartment 145.
baggage conveyor 146.
baggage trailer 147.
bagpipes 158.
bail 174.
bailey 88.
balaclava 114.
balalaika 158.
balance 200.
balance beam 188.
balancer 163.
ball boy 180.
ballast 140.
ballerina 119.
ballpoint pen 150.
banana 48.
band 129.
banjo 158.
bar 123, 196.
bar line 160.
bar stool 96.
BARK, FOUR-MASTED 141.
bark, inner 40.
bark, outer 40.
barograph 23.
barrel 122, 197.
base 99, 140, 152, 155, 188, 200, 209.
base plate 110.
BASEBALL 168.
baseball 168.
baseball, field 169.
baseline 180.
baseman, first 169.
baseman, second 169.
baseman, third 169.
basement 93.
basement window 93.
basic source of food 28.
basket 178.
basket 105, 178, 186, 187.
BASKETBALL 178.
basketball 178.
basketball, court 178.
bass bridge 159.
bass clarinet 167.
bass drum 166, 167.
bass guitar 163.
bass keyboard 158.
bass pickup 163.
bass register 158.
bass tone control 163.
bassoon 165.
bassoon 167.
bat 168, 174.
bat 174.
bathrobe 116.
bathroom scales 201.
batsman 174.
batten 184.
batten pocket 184.
batter 168.
batter 169.
batter head 166.
batter's helmet 168.
battery 127, 138, 205, 208.
battery eject switch 127.
batting glove 168.
battlement 88.
bay 9, 26.
bay window 93.
bayonet base 99.
beach 14.
beam 200.
bean sprouts 52.
beater 105.
beater ejector 105.
beaver 70.
BED 95.
bed 188, 191.
bedrock 34.
beer mug 100.
beet 51.
begonia 38.
belfry 89.
bell 164, 165.
bell brace 165.
bell tower 89.
bellows 158.
belly 67.
belt 112.
belt carrier 112.
belt highway 27.
bench 96.
beret 114.
Bering Sea 19.
Bermuda shorts 115.
berries, major types 44.
BERRY FRUITS 44.
berry, section 44.
BICYCLE 136.
bicycle bag 136.
bile duct 81.
bill 74.
bills, principal types 74.
birch 42.
BIRD 74.
bird feeder 75.
bird of prey 74.
bird's nest 75.
bird, morphology 74.
birdhouse 75.
BIRDS, EXAMPLES 76.
Bishop 195.
bitter taste 84.
Black 195.
black bass 63.
black currant 44.
Black Sea 19.
black square 195.
blackboard 152.
bladder 81.
blade 212.
blade 36, 101, 109, 110, 111, 177, 185, 209, 212.
blade guard 110.
blade tilting mechanism 110.
blank 194.
blanket 95.
blasting charge 202.
blastodisc 75.
blender 105.
blouse 114.
blow pipe 158.
blue 157.
blue line 176.
blue-green 157.
blueberry 44.
board 184.
boarding step 145.
boarding walkway 147.
boards 176.
bodies, types 133.
body 130.
body 162, 163, 165.
body flap 148.
body pad 177.
bolster 95.
bolt 109.
bongos 166.
boom 212, 213, 215.
booster parachute 148.
boot 119.
boot 185.
bottle opener 102.
bottle opener 192.
bottom 186.
bottom line 182.
boulevard 90.
bow 162.
bow 142, 184.
bow thruster 142.
bow window 92.
bowl 101.
bowler 174.
bowsprit 141.
box car 138.
box spring 95.
boxer shorts 112, 121.
bra 116.
brake cable 137.
brake caliper 135.
brake lever 137.
brake light 133.
brake pedal 132, 187.
branch 43.
branch 40.
branches 40.
brass family 164.
brassiere cup 116.
brattice 88.
bread and butter plate 100.
breast 74, 78.
breast pocket 112.
breast welt pocket 113.
breaststroke 183.
breaststroke kick 183.
breaststroke turn 183.
breathing in 183.
breathing out 183.
bridge 123, 162, 163.
bridge assembly 163.
briefcase 151.
briefs 112.
bristles 111, 122.
broad beans 52.
broccoli 49.
brush 111.
Brussels sprouts 53.
bubble 135.
bucket 212.
bucket hinge pin 212.
buckle 186.
bud 50.
bud, flower 36.
bud, terminal 34, 36.
bugle 164.
built-in microphone 127.
bulb 99.
bulb 99.
bulb vegetables 50.
bulb, energy saving 97.
bulbil 50.
bulk terminal 142.
bulkhead flat car 139.
bull's-eye 197.
bulldozer 212.
bumper 130.
bunkers 203.
burner 104.
bushing 204.
butt 181.
butt end 177.
butter compartment 106.
butter dish 100.
butter knife 101.
BUTTERFLY 57.
butterfly kick 183.
butterfly stroke 183.
butterfly turn 183.
butterfly, hind leg 57, 59.
buttock 79.
button 112, 117.
button loop 112.
by-pass runway 146.

C

C clef 160.
C-clamp 108.
cab 212.
cabbage lettuce 53.
cabin 143.
cabinet 126.
cable 110, 129, 189, 215.
caboose 139.
calandria 206.
calculator, pocket 154.
calf 68.
calf 79.
Callisto 6.
calyx 38.
cambium 40.
camera body 125.
camera, 35 mm still 149.
camera, pocket 125.
camera, single lens reflex 125.
camera, video 127.
camping (tent) 216.
CAMPING EQUIPMENT 192.
camping prohibited 216.
can opener 102.
can opener 192.
canal lock 142.
canine 70, 85.
cannon 67.
canopy 123, 213.
cantaloupe 49.
canteen 192.
cap 113.
cap 35, 210.
cape 26.
capillary bore 199.
capital 26.
CAR 130, 132.
car lights 133.
car wash 134.
carafe 100.
carafe 105.
carapace 61, 64.
carbon dioxide 33.
CARD GAMES 194.
card reader 124.
cardigan 117.
cardoon 52.
cargo bay door 148.
Caribbean Sea 18.
carnassial 70.
carnation 39.
carnivore's jaw 70.
carnivores 29, 33.
CARPENTRY TOOLS 108.
carpus 80.
carrier 136.
carrot 51.
CARTOGRAPHY 24, 26.
cartridge film 125.
case 108, 159, 198.
casement window 94.
casement window (inward opening) 94.
casing 54.
Caspian Sea 19.
casserole 104.

The terms in **bold type** correspond to an illustration; those in CAPITALS indicate a title.

cassette 129.
cassette 129.
cassette compartment 127.
cassette eject switch 127.
cassette film 125.
cassette player 129.
cassette player controls 124, 129.
cassette tape deck 128.
castanets 166.
castanets 167.
CASTLE 88.
castle 88.
CAT 66.
catch glove 177.
catcher 168.
catcher 169.
catcher's glove 168.
catenary 140.
catering vehicle 147.
caterpillar 57.
cathedral 90.
CATHEDRAL, GOTHIC 89.
caudal fin 63.
cauliflower 49.
CAVE 13.
cave 14.
ceiling fixture 98.
celeriac 51.
celery 52.
cell 57, 59.
cello 162.
cello 167.
Celsius scale 199.
center 171, 176, 178.
center back 173, 179.
center circle 173, 178.
center console 132.
center face-off circle 176.
center field 169.
center fielder 169.
center flag 173.
center forward 173, 175, 179.
center half 175.
center hole 129.
center line 171, 175, 176, 178.
center mark 180.
center post 131.
center service line 180.
center spot 173.
center strap 180.
Central America 18.
central brush 214.
central column 209.
central incisor 85.
central nave 87.
central processing unit 154.
cephalothorax 61.
cereal bowl 100.
chain guide 136.
chain wheel 136.
CHAIRS 97.
chaise longue 96.
chameleon 65.
champagne flute 100.
champagne glass 100.
change sign key 154.
channel scan buttons 126.
channel selector controls 126.
chanter 158.
chapel 88.
chapel, Lady 89.
chapel, side 89.
Charleston cymbal 166.
Charon 7.
checker 196.
checkerboard 196.
CHECKERS 196.
cheek 66, 78.
cheese knife 101.
cherimoya 48.
cherry 45.
CHESS 195.
chess notation 195.
chessboard 195.
chest 67, 78.
chest protector 168, 170.
chestnut 67.
chevet 89.
chick 68.
chick peas 52.
chicory 53.
chief timekeeper 182.
chilli 49.
chimney 93.
chin 74, 78.
chin protector 135.
chin rest 162.
chin strap 170.
China Sea 19.
Chinese cabbage 53.
chives 50.
choir 89.
chrysalis 57.
chrysalis 59.
chuck 110.
chuck key 110.
church 91.
ciliate 37.
circle 156.
circular body 158.
circular saw 110.
circular saw blade 110.
cirque 9.
cirque, glacial 16.
citrus fruit, section 47.
CITRUS FRUITS 47.
citrus fruits, major types 47.
city 26.
clamp 186.
clarinet 165.
clarinet 167.
clavicle 80.
claw 57, 61, 64, 66, 75, 108.
clear key 154.
clear space 179.
clear-entry key 154.
cleated shoe 170.
clefs 160.
clew 184.
cliff 9, 14, 17.
CLIMATES OF THE WORLD 21.
clinical thermometer 199.
clip 150.
clock 132.
clock operator 178.
clock timer 107.
clog 119.
cloud 22.
cloud of volcanic ash 15.
club 194.
clutch lever 135.
clutch pedal 132.
coach's box 169.
coarse adjustment knob 155.
COASTAL FEATURES 14.
cob 52.
cobra 64.
coccyx 80.
cochlea 83.
cock 68.
cockpit 145.
cod 63.
coffee cup 100.
coffee plunger 100.
coffee pot 192.
coffee spoon 101.
coin return tray 124.
coin slot 124.
colander 103.
cold shed 143.
collar 36, 112, 113, 121.
collar point 112.
collecting funnel 23.
collecting vessel 23.
collection body 214.
color circle 157.
color television camera 149.
colored pencils 157.
column 13, 182.
column of mercury 199.
coma 10.
COMET 10.
comforter 95.
commercial premises 91.
commissure of lips 84.
COMMON SYMBOLS 216.
COMMUNICATION BY TELEPHONE 124.
communication tunnel 149.
compact camera 125.
compact disk 129.
compact disk 129.
compact disk player 128.
compact disk player 129.
COMPASS CARD 27.
compass card 193.
compass, magnetic 193.
compost bin 55.
compound eye 57, 58.
compound leaves 36.
compressed air reservoir 139.
compressed-air cylinder 211.
computer, personal 154.
concealed pocket 113.
concentration of gases 29.
condensation 31.
condensation of steam into water 207.
condenser 155.
condenser backwash inlet 206.
condenser backwash outlet 206.
condenser cooling water inlet 206.
condenser cooling water outlet 206.
conductor's podium 167.
cone 14, 43, 156.
cone 128.
CONFIGURATION OF THE CONTINENTS 18.
conical projection 25.
CONIFER 43.
coniferous forest 20.
connection 205.
constriction 199.
contact 99.
container 23, 105.
container car 138.
container ship 142.
container terminal 143.
container-loading bridge 142.
container/pallet loader 146.
containment building 207.
continental climates 21.
CONTINENTS, CONFIGURATION 18.
contrabassoon 167.
control deck 141, 197.
control dial 125.
control knob 107.
control pad 197.
control panel 107, 125, 210.
control room 204, 206.
control stand 138.
control stick 145.
control tower 146.
control tower cab 146.
controls 127.
convection zone 8.
convention center 90.
conventional door 92.
convertible 133.
COOKING APPLIANCES 107.
cooking set 192.
COOKING UTENSILS 104.
cooktop 107.
coolant transfers the heat to the steam generator 207.
cordless telephone 124.
core 8, 46.
corkscrew 192.
corkscrew, lever 102.
corn salad 53.
corner arc 173.
corner flag 173, 175.
corner tower 88.
cornerback, left 171.
cornerback, right 171.
cornet 164.
cornet 167.
cornice 92, 93.
corolla 38.
corona 8.
coronet 67.
corrosive 216.
cotton roll 193.
cotyledons 34.
counter 121.
counterjib 215.
counterjib ballast 215.
counterweight 11, 140, 213, 214.
country 26.
coupler head 139.
courtyard 87.
cover 99, 123, 193, 199.
covered parapet walk 88.
cow 68.
crab 61.
cradle 11.
cranberry 44.
crane runway 214.
crane, floating 142.
crane, gantry 204.
crane, quayside 143.
crane, tower 214.
crank 136.
crater 9, 15.
crawl kick 183.
crawler tractor 212.
crayfish 61.
creamer 100.
crease 112.
crenate 37.
crenel 88.
crest 17.
crevasse 16.
crew neck sweater 117.
CRICKET 174.
cricket ball 174.
cricket player 174.
cricket shoe 174.
cricket, field 174.
crisper 106.
crocodile 64.
crocus 39.
crook 165.
cross-country ski 186.
cross-country ski 187.
cross-country skier 187.
cross-tip screwdriver 192.
crossbuck sign 140.
crossing 89.
crossing gate mechanism 140.
crosspiece 97.
crotch 112.
croup 67, 188.
crow 76.
crown 40, 74, 85, 113.
CRUISE LINER 142.
CRUSTACEANS 61.
cube 156.
cucumber 49.
cuff 112, 177.
culottes 115.
cultivated mushroom 35.
cup 100, 192.
curly endive 53.
curly kale 53.
curtain wall 88.
customs house 143.
cutting blade 105.
cutting edge 101, 212.
cylinder 156.
cylinder 75, 212, 213, 215.
cylindrical projection 25.
cymbal 166.
cymbals 167.
cypress scalelike leaves 43.

D

daffodil 39.
daggerboard 184.
dairy compartment 106.
dairy products 33.
dam 204.
damper pedal 159.
dandelion 53.
dart 197.
dartboard 197.
dashboard 132.
dashboard 135.
data display 127.
date 45.
dead bolt 93.
deadly mushroom 35.
decanter 100.
deciduous forest 20.
decimal key 154.
declination setting scale 11.
decomposers 29.
deer, white-tailed 73.
defending zone 176.
defense 171.
deflector 54.
deforestation 29.
degrees, C 199.
degrees, F 199.
Deimos 6.
delivery ramp 90.
delta wing 144.
DENTAL CARE 122.
dental floss 122.
dentate 37.
dentin 85.
depressed center flat car 139.
depth of focus 13.
desert 21.
desired temperature 199.
destroying angel 35.
dew 22.
dew shield 11.
dewclaw 66.
diagonal movement 195.
dial 198, 200.
diamond 194.
diaphragm 81, 128.
diastema 70.
DICE 194.
dice cup 196.
die 196.
diesel engine 139, 212.
diesel engine ventilator 138.
diesel oil 203.
diesel, marine 203.
DIESEL-ELECTRIC LOCOMOTIVE 138.
digit 60.
digital pad 66.
digital watch 198.
dining room 142.
dinner fork 101.
dinner knife 101.
dinner plate 100.
DINNERWARE 100.
diode 208.
dipper bucket 213.
direct-reading rain gauge 23.
direction of Mecca 87.
disk 154.
disk brake 135.
disk drive 154.
disk player controls 129.
dispersed heat 29.
display 124, 154, 201.
divide key 154.
dock 143.
DOG 66.
dog's forepaw 66.
dog, morphology 66.
dolphin 72.
dome tent 190.
DOMINOES 194.
door 93.
door 87, 107, 131, 145, 190.
door handle 93, 131.
door lock 131.
doors, types 92.
dormant volcano 14.
dorsum of nose 84.
double bass 162.
double bass 167.
double boiler 104.
double flat, musical notation 161.
double reed 165.
double ring 197.
double sharp, musical notation 161.
double-blank 194.
double-breasted jacket 113, 114.
double-six 194.
doubles pole 180.
doubles sideline 180.
doublet 194.
doubling die 196.
dousing water tank 206, 207.
dousing water valve 206.
DOWNTOWN 90.
dragonfly 56.
drainpipe 92.
draw tube 155.
drawbridge 88.
drawer 97, 107.
DRAWING 157.
drawstring 113, 123.
drawstring bag 123.
dress 114.
drilling 202.
drilling rig 202.
drip molding 131.
drive chain 136.
driver's cab 138, 140.
driveway 92.
driving glove 118.
dromedary 73.
drone pipe 158.
drone, honey-bee 58.
drop-leaf 97.
drums 166.
drupelet 44.
dry continental - arid 21.
dry continental - semiarid 21.
dry dock 142.
dry gallery 13.
dry subtropical 21.
dual seat 135.
duck 68.
duffle coat 113.
dugout 169.
dump body 213.
dump truck 213.
dune 14.
duodenum 81.
dust 30, 31.
dust tail 10.
dynamic brake 138.
dynamics propeller 141.

The terms in **bold type** correspond to an illustration; those in CAPITALS indicate a title.

E

EAR 83.
ear 78, 97.
ear cushion 128.
ear drum 83.
ear flap 113.
ear protection 216.
ear, parts 83.
eardrum 60, 64.
earphone 128.
earpiece 124.
Earth 6, 10.
EARTH COORDINATE SYSTEM 12.
Earth's crust 12, 13.
EARTHQUAKE 13.
East 27.
East-northeast 27.
East-southeast 27.
Eastern hemisphere 24.
Eastern meridian 24.
eclipse, annular 10.
eclipse, partial 10.
ECLIPSE, SOLAR 10.
eclipse, total 10.
ECOLOGY 28, 30, 32.
edge 185, 186, 193.
edible crustaceans 61.
edible mushroom 35.
edit/search buttons 127.
eel 63.
egg 75.
egg 59.
egg beater 102.
egg timer 198.
egg tray 106.
eggplant 49.
eggs 60.
eighth note 161.
eighth rest 161.
elastic 95.
elastic waistband 113.
elbow 66, 67, 79.
elbow pad 170, 177.
electric circuit 205, 208.
electric drill 110.
electric guitar 163.
electric range 107.
ELECTRIC TOOLS 110.
electric wire 205.
electrical hazard 216.
electricity production 207.
electricity transmission 207.
electronic flash 125.
electronic scale 201.
electronic viewfinder 127.
elephant 73.
elevating cylinder 210, 215.
ELEVATION ZONES AND VEGETATION 20.
elevator 144.
elevon 148.
enamel 85.
end button 162.
end line 171, 178, 179.
end wall 182.
end zone 171.
endive, broad-leaved 53.
endocarp 45, 46.
ENERGY, HYDROELECTRIC 204.
ENERGY, NUCLEAR 206.
ENERGY, SOLAR 208.
energy, solar 28.
ENERGY, WIND 209.
engine 135.
engine room 143.
engines 149.
English horn 165.
English horn 167.
entire 37.
entrance 59.
entrance slide 59.
epicenter 13.
equal key 154.
equator 12.
Equator 24.
equinox, autumnal 20.
eraser 150.
eraser holder 150.
escutcheon 93.
espadrille 119.
Eurasia 19.
Europa 6.
Europe 19.
Eustachian tube 83.
evaporation 30, 31.
excavator 213.
exercise wear 120, 121.
exhaust pipe 135, 145, 212.
exhaust stack 134.
exit cone 59.
exocarp 44, 45, 46.
expansion chamber 199.
explosive 216.
exposure button 125.
extension ladder 111.
exterior of a house 92.
external ear 83.
external gills 60.
external tank 148.
EYE 82.
eye 61, 64, 74, 78.
eye protection 216.
eye, compound 57, 58.
eye, simple 57.
eyeball 60.
eyebrow 82.
eyelash 82.
eyelashes 66.
eyelet 121, 185.
eyelid 64.
eyepiece 11, 127, 155.
eyepiece holder 11.

F

F clef 160.
façade 89.
face 78, 108.
face mask 170, 177.
face-off circle 176.
face-off spot 176.
Fahrenheit scale 199.
fallout 31.
family tent 190.
fan 122.
fang 64.
fantail 209.
FARM ANIMALS 68.
farm animals 29.
farm pollution 32.
fast forward 126.
fast-forward button 129.
fastening system 188, 189.
fauces 84.
fault 13.
feet, principal types 74.
female cone 43.
femur 80.
fender 130.
fennel 52.
ferryboat 143.
fertilizers 29, 32.
fetlock 67.
fetlock joint 67.
fibula 80.
FIELD HOCKEY 175.
fielder's glove 168.
fielder, left 169.
fielder, right 169.
fielders 174.
fifth wheel 134.
fifth, musical interval 160.
fig 48.
figure skate 185.
filament 38, 99.
file 192.
film advance button 125.
film leader 125.
film pack 125.
film rewind button 125.
film speed 125.
fin 144, 145.
fin, anal 63.
fin, caudal 63.
fin, pectoral 62.
fin, pelvic 62.
fin, second dorsal 63.
fin-mounted tail unit 145.
finderscope 11.
fine adjustment knob 155.
finger 168.
finger board 162, 163.
finger button 164.
finger, little 82.
finger, middle 82.
finger, third 82.
fingernail 82.
fir needles 43.
fire engine 210.
fire extinguisher 210.
fire fighter 211.
fire fighter's hatchet 211.
fire hose 210.
fire hydrant 210.
FIRE PREVENTION 210.
fireproof and waterproof garment 211.
firn 16.
first aid kit 193.
first base 169.
first baseman 169.
first dorsal fin 62.
first floor 92.
first leaves 34.
first molar 85.
first premolar 85.
first quarter 9.
first space 178.
first valve slide 164.
first violin 167.
fish scaler 192.
FISHES 62.
fishes, morphology 62.
fission of uranium fuel 207.
fixed jaw 109.
flamingo 76.
flammable 216.
flank 67, 75.
flanking tower 88.
flap 113.
flare 8.
flashing light 140, 211.
flashlight 192.
flashtube 125.
flat brush 157.
flat car 139.
flat mirror 11.
flat, musical notation 161.
flesh 44, 45, 46.
FLESHY FRUITS 44, 47.
fleshy leaves 50.
FLESHY POME FRUITS 46.
FLESHY STONE FRUITS 45.
flews 66.
flexible skirt 141.
flight 197.
flight deck 145, 149.
flip turn 183.
floating crane 142.
floating rib 80.
floor lamp 98.
flounder 63.
flower 36.
flower bud 36.
FLOWERS 38.
flowers, examples 38.
fluorescent tube 99.
fluorescent tube 99.
flute 165.
flute 167.
fly 56.
fly 112.
fly agaric 35.
flying buttress 89.
flying jib 141.
FM antenna 128.
foam pad 191.
focus 13.
focus setting ring 125.
focusing knob 11.
fog 22.
fog light 133, 134.
folding chair 96.
folding cot 191.
folding door 92.
foliage 40.
fondue fork 101.
fondue pot 104.
fondue set 104.
food chain 28.
food pollution in water 32.
food pollution on ground 32.
foot 75, 78, 79.
foot fault judge 180.
foot protection 216.
foot strap 184.
FOOTBALL 170.
football 170.
football player 170.
footboard 95.
footbridge 88.
footless tights 121.
footrest 135.
footstool 96.
footstrap 115.
fore royal sail 141.
forearm 66, 79.
forecastle 142.
forecourt 180.
forehead 74, 78.
foreleg 57, 58.
forelimb 60.
forelock 67.
foremast 141.
foresail 141.
forest 17.
forest, coniferous 20.
forest, deciduous 20.
forest, tropical 20.
forewing 57.
fork 55, 101.
fork 11, 137.
forked tongue 64.
forks, types 101.
fortified wall 87.
forward slide change 153.
forward, left 178.
forward, right 178.
fossil fuels 28.
foul line 169.
fountain pen 150.
four-door sedan 133.
four-four time 160.
FOUR-MASTED BARK 141.
four-toed hoof 71.
fourth, musical interval 160.
frame 94, 112, 136, 168, 181, 188, 189, 208, 213.
frame push 212.
framing square 108.
free-throw lane 178.
free-throw line 178.
freeway 90.
freezer compartment 106.
FREIGHT CARS, TYPES" 138.
French horn 164.
French horn 167.
fret 162, 163.
frog 60.
frog 113, 162.
frog, life cycle 60.
front 112.
front apron 112.
front brake 137.
front compression strap 193.
front crawl 183.
front derailleur 136.
front fender 135.
front lights 133.
front pocket 123.
front steps 92.
front-end loader 212.
fruit vegetables 49.
frying pan 104, 192.
fuel gauge 132.
fuel tank 134, 135, 139, 145.
fuel tanks 148.
fueling machine 206.
full face mask 211.
full moon 9.
fullback 171.
fumarole 14.
function button 197.
function keys 201.
function selectors 124.
funnel 103.
funnel 143.
fuse 208.
fuselage 144.
fuselage mounted tail unit 145.

G

G clef 160.
gable 93.
gaff sail boom 141.
gaff topsail 141.
gall bladder 81.
gallery 89.
game cartridge 197.
GAME OF DARTS 197.
gantry crane 204.
Ganymede 6.
garage 92.
garden sorrel 53.
GARDENING 54.
garlic 50.
gas 30, 31, 99.
gas tail 10.
gas tank door 131.
gaskin 67.
gasoline 203.
gasoline pump 135.
gate 204.
gate arm 140.
gate arm lamp 140.
gate arm support 140.
gauze roller bandage 193.
gear lever 137.
gearchange pedal 135.
gearshift lever 132.
generator 136, 206.
generator unit 204.
GEOMETRY 156.
germ 34.
GERMINATION 34.
geyser 15.
gill 35.
gills 62.
gills, external 60.
giraffe 72.
glacial cirque 16.
GLACIER 16.
glacier 20.
glacier tongue 16.
glass 100.
glass 208.
glass cover 106.
glass lens 123.
glass slide 155.
GLASSES 123.
GLASSWARE 100.
glazed frost 22.
globe 152.
globe of earth 152.
glottis 64.
glove 174, 177, 187.
glove compartment 132.
glove finger 118.
GLOVES 118.
gloves 118.
glue stick 150.
gnomon 198.
goal 171, 173, 175, 176.
goal area 173.
goal crease 176.
goal judge 176.
goal line 171, 175, 176.
goal post 171.
goalkeeper 177.
goalkeeper 173, 175, 176.
goalkeeper's pad 177.
goalkeeper's stick 177.
goat 69.
gondola car 139.
gong 167.
goose 68.
gooseberry 44.
gorge 13.
GOTHIC CATHEDRAL 89.
gour 13.
grab handle 134.
graduated dial 193.
graduated scale 200, 201.
grain terminal 142.
granivorous bird 74.
grape 44.
grapefruit 47.
graphic equalizer 128.
grassbox 54.
grasshopper 56.
grater 103.
greases 203.
green 157.
green bean 49.
green cabbage 53.
green peas 52.
green pepper 49.
greenhouse effect 28.
greenhouse gases 29.
Greenland Sea 18.
grid system 24.
grille 130.
groin 78.
groove 174, 186.
ground moraine 16.
ground transport 202.
grounding terminal 99.
guard rail 106.
guard, left 178.
guard, right 178.
guardhouse 88.
guava 48.
guide roller 129.
gulf 26.
gum 84, 85.
gutter 92.
guy line 190.
GYMNASTICS 188.

The terms in **bold type** correspond to an illustration; those in CAPITALS indicate a title.

H

hair 79, 162.
hair-dryer 122.
hairbrush 122.
HAIRDRESSING 122.
half note 161.
half rest 161.
half, left 175.
half, right 175.
half-slip 116.
halfback, left 171.
halfback, right 171.
hammer 159.
hammer rail 159.
hammer, carpenter's 108.
hammer, claw 108.
HAND 82.
hand 79.
hand blender 105.
hand cultivator 54.
hand fork 54.
hand mixer 105.
hand protection 216.
handbrake 132.
handgrip 135.
handle 54, 95, 101, 108, 109, 110, 111, 122, 123, 129, 162, 168, 174, 181, 186, 192.
handlebars 137.
handsaw 109.
handset 124.
handset cord 124.
hanger loop 117.
hanging glacier 16.
hanging pendant 98.
HARBOR 142.
hard palate 84.
harmonica 158.
harp 167.
hatch 148.
hatchback 133.
hatchet 192.
head 10, 57, 58, 79, 108, 109, 122, 162, 163, 181.
head linesman 171.
head protection 216.
headband 128, 129, 181, 187.
headboard 95.
header 93.
headlamp 137.
headland 14.
headlight 130, 135, 139, 140.
headlight/turn signal 132.
headphone 129.
headphone jack 129.
headphone plug 129.
headphones 128.
heart 194.
heart 81.
heartwood 40.
heat production 207.
heat selector switch 122.
heat shield 149.
heat transport pump 206.
heater control 132.
heating oil 203.
heavy duty boot 119.
HEAVY MACHINERY 214.
HEAVY VEHICLES 212.
heel 79, 118, 121, 162, 168, 177.
heel piece 186.
heel stop 185.
heel-piece 187.
heelplate 186.
HELICOPTER 145.
helix 83.
helmet 149, 170, 177, 211.
hemispheres 24.
hen 68.
herbivore's jaw 70.
herbivores 29, 33.
hi-hat cymbal 166.
high bar 189.
high beam 133.
high beam indicator light 132.
high-rise apartment 91.
high-speed exit runway 146.
HIGH-SPEED TRAIN 140.
highland climates 21.
highland climates 21.
highlighter pen 150.
highway 27.
HIGHWAY CROSSING 140.
highway crossing bell 140.
highway number 27.
hill 17.
hind leg, butterfly 57, 59.
hind limb 60.
hind toe 75.
hind wing 57.
hinge 93, 186.
hinge pin 213.
hip 79.
hip pad 170.
hitting area 168.
hive 59.
hive body 59.
hock 66, 67.
hockey ball 175.
hockey skate 185.
hockey stick 175.
hockey, playing field 175.
hoisting block 214.
hoisting rope 111, 214.
home plate 169.
home-plate umpire 169.
honey cell 59.
HONEYBEE 58.
honeycomb 59.
honeycomb section 59.
hood 113, 130.
hooded sweat shirt 120.
hoof 67.
HOOFS, TYPES 71.
hook 94, 108, 185, 201, 214, 215.
hopper car 138.
horizontal bar 189.
horizontal movement 195.
horizontal pivoting window 94.
horizontal stabilizer 144, 145.
horizontal-axis wind turbine 209.
horn 132, 138.
horns of giraffe 71.
horns of mouflon 71.
horns of rhinoceros 71.
HORNS, MAJOR TYPES 71.
horny beak 64.
HORSE 67.
horse 70.
horse 188.
horseradish 51.
hospital 216.
hot pepper 49.
hot-shoe contact 125.
hotel 91.
HOUSE 92.
house on stilts 86.
house, exterior 92.
HOUSES, TRADITIONAL 86.
housing 99, 110, 129.
HOVERCRAFT 141.
hub 137, 209.
huckleberry 44.
HUMAN ANATOMY 81.
HUMAN BODY 78, 79.
HUMAN DENTURE 85.
humerus 80.
humid - long summer 21.
humid - short summer 21.
humid subtropical 21.
humidity, measure 23.
hummingbird 77.
hunting cap 113.
husk 52.
hut 87.
hydrant 210.
hydrant intake 210.
hydroelectric complex 204.
HYDROELECTRIC ENERGY 204.
hydroelectric power station, cross section 204.
hydrosphere 20.
hygrograph 23.

I

ice 30.
ice cream scoop 103.
ice cube tray 106.
ice dispenser 134.
ICE HOCKEY 176.
ice hockey player 177.
ice hockey, rink 176.
igloo 86.
ignition key 54.
ignition switch 132.
ilium 80.
inbound line 171.
incandescent lamp 99.
incandescent lamp 208.
incisor 70.
incisors 85.
incoming message cassette 124.
index finger 82.
Indian fig 48.
Indian Ocean 19.
indicators 126.
industrial oil 203.
industrial pollution 32, 33.
inert gas 99.
infield 169.
infiltration 30.
inflator 191.
inflator-deflator 191.
inflorescent vegetables 49.
inner bark 40.
inner boot 185.
inner core 12.
inner table 196.
inner tent 190.
inner, left 175.
inner, right 175.
inorganic matter 29.
insectivores 29.
insectivorous bird 74.
INSECTS 56.
inside 101.
inside left 173.
inside linebacker 171.
inside right 173.
instep 118.
instrument panel 132.
instrument panel 132.
instrument shelter 23.
insulation tiles 148.
interchangeable studs 172.
internal boundary 26.
internal ear 83.
internal frame 193.
international boundary 26.
internode 36.
interrupted projection 25.
intervals 160.
Io 6.
iris 82.
island 26.
isthmus 26.

J

Jack 194.
jacket 113.
jacket 114.
jalousie 94.
jamb 93.
Japanese persimmon 48.
Japanese plum 46.
jaw 109, 110.
jaw, carnivore's 70.
jaw, herbivore's 70.
jaw, rodent's 70.
JAWS, TYPES 70.
jay 77.
jeans 115.
Jerusalem artichoke 51.
jet fuel 203.
jib 214.
jib tie 215.
jib, flying 141.
jigger topgallant staysail 141.
jigger topmast staysail 141.
Joker 194.
journal box 138.
Jupiter 6.

K

kangaroo 73.
keep 88.
kernel 52.
kerosene 203.
kettle 105.
kettledrum 167.
key 159, 165.
key case 123.
key signature, musical notation 161.
keybed 159.
keyboard 154, 159.
keyboard cable 154.
KEYBOARD INSTRUMENTS 159.
King 194, 195.
King's side 195.
kiosk 135.
KITCHEN APPLIANCES 105.
kitchen scale 201.
kitchen timer 198.
KITCHEN UTENSILS 102.
kiwi 48.
knapsack 123.
knee 67, 78.
knee pad 168, 170, 177.
knee sock 187.
knee-high sock 118.
knife 101, 192.
Knight 195.
knitted hat 114.
knives, types 101.
knob 97, 168.
knob handle 110.
knuckle 82.
kohlrabi 51.

L

label 129.
labial palp 57.
lace 168, 185.
ladder 213.
ladder pipe nozzle 211.
ladle 102.
Lady chapel 89.
ladybug 56.
lagoon 14.
lake 9, 17, 26.
lamb 69.
lanceolate 37.
Land camera, Polaroid® 125.
landing light 145.
landing window 145.
lane 182.
lane number 182.
lane rope 182.
lane timekeeper 182.
larch 43.
large blade 192.
large intestine 81.
last quarter 9.
latch 107.
latch bolt 93.
lateral brush 214.
lateral incisor 85.
lateral moraine 17.
latitude 12.
latitude, lines 24.
lava flow 15.
lava layer 15.
lawn rake 55.
lawnmower 54.
lead-in wire 99.
leading edge 144.
leaf 37.
leaf 34, 36.
leaf axil 37.
leaf margins 37.
leaf node 36.
leaf vegetables 53.
leather end 112.
LEATHER GOODS 123.
leather sheath 192.
leaves, compound 36.
leaves, simple 37.
leaves, types 43.
ledger line 160.
leek 50.
left back 173, 175, 179.
left channel 128.
left cornerback 171.
left defense 176.
left defensive end 171.
left defensive tackle 171.
left field 169.
left fielder 169.
left forward 178, 179.
left guard 171, 178.
left half 173, 175.
left halfback 171.
left inner 175.
left safety 171.
left service court 180.
left tackle 171.
left wing 175, 176.
leg 64, 79, 95, 97, 118, 121, 188.
leg-warmer 121.
lemon 47.
lemon squeezer 103.
lentils 52.
leotard 120.
level 108.
leveling-adjustment foot 153.
lever 105, 109.
license plate light 133.
life raft 141.
lifeboat 141, 143.
lift arm 212.
ligature 165.
light 11.
light bulb 208.
LIGHTING 99.
lightning 22.
lightning arrester 204.
lightning rod 93.
LIGHTS 98.
lily 39.
lily of the valley 39.
limb 40.
lime 47.
limousine 133.
line 160.
line judge 171.
line of scrimmage 171.
linear 37.
linebacker, inside 171.
linebacker, middle 171.
linebacker, outside 171.
linen 95.
lines of latitude 24.
lines of longitude 24.
linesman 173, 176, 179, 180.
linesman, head 171.
lining 113, 121.
lion 70, 72.
lip 66, 67.
liquid crystal display 198.
listen button 124.
litchi 48.
lithosphere 20.
little finger hook 164.
liver 81.
livestock car 138.
lizard 65.
loader 212.
loading hopper 215.
loafer 119.
lobate 37.
lobate toe 74.
lobe 74, 83.
lobster 61.
lock 93, 136.
lock 93.
lock ring 153.
locking device 111.
locking pliers 109.
LOCOMOTIVE, DIESEL-ELECTRIC 138.
log cabin 86.
log chute 204.
loin 67, 79.
long-nose pliers 109.
long-range jet 144.
longitude 12.
longitude, lines 24.
loop 112.
loophole 88.
loose-leaf paper 151.
loudspeakers 128.
louver-board 89.
louvred window 94.
loveseat 96.
low beam 133.
lower eyelid 60, 66, 82.
lower fore topgallant sail 141.
lower fore topsail 141.
lower lip 84.
lower mantle 12.
lower shell 186.
lubricating oils 203.
lubricating system 139.
luff 184.
lumbar pad 170.
LUNAR ECLIPSE 10.
lunar eclipses, types 10.
lunar features 9.
lung, left 81.
lung, right 81.
lunula 82.
lyre 158.

The terms in **bold type** correspond to an illustration; those in CAPITALS indicate a title.

M

machicolation 88.
machine hall 204.
magma 15.
magma chamber 15.
magnetic compass 193.
magnetic needle 193.
magnifier 192.
magnifying glass 155.
main engines 148.
main landing gear 144.
main mirror 11.
main tube 11.
main vent 15.
mainmast 141.
mainsail 141.
maintenance 134.
maintenance hangar 147.
male cone 43.
mallet 108.
mallet 166.
mallets 166.
mandarin 47.
mandible 57, 58, 62, 80.
mandolin 158.
mane 67.
maneuvering engine 148.
mango 45.
manned maneuvering unit 149.
manual focusing knob 153.
manual release 187.
map projections 25.
maple 41.
maracas 166.
margin 36.
marine 21.
marine diesel 203.
maritime transport 202.
marker 150.
marker light 134.
Mars 6.
mask 168.
mast 140, 145, 184.
mast foot 184.
mast sleeve 184.
masthead 184.
mattress 95, 191.
mattress cover 95.
maxilla 62, 80.
maxillary bone 85.
maxillipeds 61.
maximum thermometer 23.
measure of air pressure 23.
measure of humidity 23.
measure of rainfall 23.
measure of temperature 23.
MEASURE OF WEIGHT 200.
measure of wind direction 23.
measure of wind strength 23.
measuring spoons 102.
measuring tube 23.
meat 33.
meat tray 106.
mechanical pencil 150.
mechanics 134.
medial moraine 16.
median strip 90.
Mediterranean Sea 19.
Mediterranean subtropical 21.
melody strings 158.
meltwater 17.
memory cancel 154.
memory recall 154.
men 195, 196.
MEN'S CLOTHING 112.
men's rest room 216.
Mercury 6.
mercury barometer 23.
mercury bulb 199.
meridian band 152.
merlon 88.
mesocarp 44, 45, 46, 47.
metacarpus 80.
metal frame 159.
metals 33.
metatarsus 80.
METEOROLOGICAL MEASURING INSTRUMENTS 23.
metronome 159.
microscope 155.
microwave oven 107.
middle ear 83.
middle leg 57, 58.
middle linebacker 171.
middle panel 93.
middle toe 74.
midfield line 173.
midrange 128.
midrange pickup 163.
midrib 37.
midsole 121.
Mihrab dome 87.
minaret 87.
minimum thermometer 23.
minivan 133.
minute hand 198.
mirror 134, 135, 152, 155.
mist 22.
mitten 118.
mixed forest 20.
mizzenmast 141.
moat 88.
moccasin 119.
mode selectors 129.
moisture in the air 30.
molar 70.
molar, cross section 85.
molars 85.
monkey 72.
MOON 9.
Moon 6, 10.
Moon's orbit 10.
moons 6.
moraine, ground 16.
moraine, lateral 17.
moraine, medial 16.
moraine, terminal 17.
mordent, musical notation 161.
MOSQUE 87.
motor 54, 110.
MOTORCYCLE 135.
MOUNTAIN 17.
mountain bike 137.
mountain range 9, 26.
mountain slope 17.
mountain torrent 17.
mounting foot 125.
mouse 154.
MOUTH 84.
mouth 60, 78.
mouthpiece 124, 164, 165.
mouthpipe 158.
movable jaw 109.
movable maxillary 64.
movements, chess 195.
mud flap 131, 134.
mud hut 86.
mudguard 136.
muffler felt 159.
muffler pedal 159.
mug 100.
multiply key 154.
multipurpose bottle 193.
multipurpose vehicle 133.
mummy 191.
muntin 94.
museum 91.
MUSHROOM 35.
mushroom, structure 35.
music stand 159.
musical accessories 159.
MUSICAL INSTRUMENTS, TRADITIONAL 158.
MUSICAL NOTATION 160.
musical scale 160.
muskmelon 49.
mute 164.
muzzle 66, 67.
mycelium 35.

N

nacelle 209.
nail 108.
nail nick 192.
nape 75, 79.
nasal septum 84.
national park 27.
natural arch 14.
natural, musical notation 161.
nave 89.
navel 78.
navigation light 144.
neck 64, 67, 78, 79, 85, 162, 163, 188.
neck end 112.
nectarine 45.
negative contact 208.
negative pole 205.
Neptune 7.
net 179, 180.
net 178, 179, 180.
net band 180.
net judge 180.
neutral zone 171, 176.
new crescent 9.
new moon 9.
nictitating membrane 66.
nightingale 77.
nipple 78.
no smoking 216.
North 27.
North America 18.
North Pole 12.
North Sea 19.
North-northeast 27.
North-northwest 27.
Northeast 27.
Northern hemisphere 12, 24.
Northwest 27.
NOSE 84.
nose 67, 78, 145.
nose landing gear 145.
nose leather 66.
nose of the quarter 121.
nose pad 123.
nostril 60, 62, 67, 84.
notch 200.
note symbols, musical notation 161.
notebook 151.
notepad 151.
nozzle 148.
NUCLEAR ENERGY 206.
nuclear power station 206.
nucleus 10.
number key 154.
number of tracks sign 140.
numeric keyboard 201.
nut 109, 162, 163.
nutcracker 102.

O

oak 41.
objective 155.
objective lens 11, 125, 153.
oboe 165.
oboe 167.
observation window 148.
ocean 9, 26, 31.
Oceania 19.
octave 160.
octave mechanism 165.
odometer 132.
offense 171.
office 134.
office building 91, 143.
office tower 90.
officials' bench 176.
offshore prospecting 202.
OIL 202.
oil tanker 203.
oil tanker 143.
oil terminal 143.
oil, diesel 203.
oil, heating 203.
oils, lubricating 203.
okra 49.
old crescent 9.
olive 45.
omnivores 28.
on-deck circle 169.
on-off switch 105, 122.
on/off button 126, 129.
on/off switch 153.
on/off/volume control 129.
one-person tent 190.
one-toe hoof 71.
onion, pickling 50.
onion, yellow 50.
open strings 158.
operating nut 210.
operator's cab 214.
operculum 60.
optical lens 152.
optical stage 152.
orange 47.
orange 157.
orange-red 157.
orange-yellow 157.
orbiculate 37.
orbits of the planets 6.
orchid 38.
ordinary die 194.
ORGAN OF HEARING 83.
ORGAN OF SIGHT 82.
ORGAN OF SMELL 84.
ORGAN OF TASTE 84.
ORGAN OF TOUCH 82.
ornaments, musical notation 161.
ostrich 76.
outer bark 40.
outer core 12.
outer table 196.
outer toe 74.
outgoing announcement cassette 124.
outlet 99.
output jack 163.
outrigger 210, 213, 215.
outside left 173.
outside linebacker 171.
outside mirror 130.
outside right 173.
outsole 121.
outwash plain 17.
ovary 38.
oven 107.
oven control knob 107.
overcoat 114.
overhead projector 152.
ovule 38.
owl 77.
ox 69.
ozone layer 29.

P

Pacific Ocean 18.
packer body 215.
pad 174.
paint roller 111.
paintbrush 157.
PAINTING UPKEEP 111.
pajamas 116.
palm 82, 118, 168.
palm tree 42.
palmar pad 66.
palmate 36.
pan 200.
pane 94.
panel 93.
panpipes 158.
pantograph 140.
pants 112, 116, 120.
pants 168, 170, 177.
papaya 48.
paper clips 150.
paraffins 203.
parallel 24.
parallel bars 189.
parallelepiped 156.
parallelogram 156.
park 90.
parking area 147.
parking lot 91.
parrot 76.
parsnip 51.
partial eclipse 10.
pass 17.
passenger cabin 141, 145.
passenger car 140.
passenger terminal 143, 147.
passenger transfer vehicle 147.
pastern 67.
patch pocket 113.
patella 80.
pause 126.
Pawn 195.
pay phone 124.
peach 45.
peacock 77.
peak 17, 113, 114.
pear 46.
pear-shaped body 158.
pectoral fin 62.
pedal 136, 166.
pedal rod 159.
pedicel 38, 44, 45, 46.
peeler 102.
peg box 162.
pelvic fin 62.
pen, ballpoint 150.
pen, fountain 150.
pen, highlighter 150.
penalty arc 173.
penalty area 173.
penalty area marking 173.
penalty bench 176.
penalty spot 173.
pencil 150.
pencil sharpener 150.
pendulum bar 159.
peninsula 26.
penis 78.
penstock 204.
penumbra shadow 10.
pepper shaker 100.
percent key 154.
perch 75.
perching bird 74.
PERCUSSION INSTRUMENTS 166.
perforation 125.
pericarp 47.
perpetual snows 17.
personal AM-FM cassette player 129.
personal computer 154.
pesticides 32.
petal 38.
petiole 37.
petrochemicals 203.
petroleum trap 202.
phalanges 80.
phases of the Moon 9.
philtrum 84.
Phobos 6.
phosphorescent coating 99.
photoelectric cell 125.
PHOTOGRAPHY 125.
physical map 26.
piano 167.
piccolo 165.
piccolo 167.
pickguard 163.
pickling onion 50.
pickup selector 163.
pickup truck 133.
pickups 163.
pig 69.
piggyback car 139.
pike 63.
pike pole 211.
pillar 89.
pillow 95.
pillow protector 95.
pillowcase 95.
pilot 139, 140.
pin 99.
pin base 99.
pin block 159.
pine needles 43.
pine seeds 43.
pineapple 48.
pinnatifid 36.
pip 44, 46, 47, 194.
pipeline 202.
pistil 38.
pistol grip handle 110.
pitch 174.
pitcher 169.
pitcher's mound 169.
pitcher's plate 169.
pith 40.
pivot 193.
pivot cab 213.
placing judge 182.
placket 112.
plain 26.
PLANE 144.
plane projection 25.
plane surfaces 156.
planetarium 90.
planets 6.
planets, orbits 6.
PLANT AND SOIL 34.
plant litter 34.
plastron 64.
plate 192.
plateau 17, 26.
platform 182, 201.
platform ladder 111.
play 126.
play button 129.
player's number 170.
player's stick 177.
players' bench 171, 176, 178, 179.
playing area 143.
playing window 129.
pleated skirt 115.
plexus of blood vessels 85.
plexus of nerves 85.
plug 110.
plug, American 99.
plug, European 99.
plum 45.

The terms in **bold type** correspond to an illustration; those in CAPITALS indicate a title.

Pluto 7.
pocket 112, 117.
pocket calculator 154.
pocket camera 125.
point 101, 185, 196, 197.
point of interest 27.
pointer 199, 200, 201.
poisonous mushroom 35.
poker die 194.
polar bear 72.
polar climates 21.
polar ice cap 21.
polar tundra 21.
Polaroid® Land camera 125.
pole grip 187.
pole shaft 187.
pole tip 187.
political map 26.
pollen basket 58.
pollen cell 59.
pollution, atmospheric 30.
pollution, food 32.
pollution, industrial 33.
polo neck 187.
polo shirt 117.
polo shirt 181.
pome fruit, section 46.
pome fruits, major types 46.
pomegranate 48.
pommel 188.
pommel horse 188.
poncho 114.
poop 141.
pop-up tent 190.
poplar 41.
poppy 38.
port hand 142.
portable CD AM/FM cassette recorder 129.
portable cellular telephone 124.
portable fire extinguisher 210.
portable life support system 149.
PORTABLE SOUND SYSTEMS 129.
portal 89.
porthole 143.
position light 140, 145.
position marker 162, 163.
positive contact 208.
positive pole 205.
post 179.
posterior rugae 79.
potato 51.
potato masher 102.
power button 127.
power car 140.
power zoom button 127.
powerhouse 204.
prairie 26.
prayer hall 87.
precipitation 30, 31.
premolar 70.
premolars 85.
preset buttons 126, 127.
pressed area 129.
pressure bar 159.
pressure cooker 104.
pressure regulator 104.
primary colors 157.
primary root 34, 36.
prime meridian 24.
printed document 154.
printer 154.
printout 154, 201.
prism 156.
proboscis 57.
procedure checklist 149.
product code 201.
production of electricity from nuclear energy 207.
production of electricity, steps 205.
production platform 202.
projection device 214.
projection head 152.
projection screen 153.
projector, overhead 152.
proleg 57.
promenade deck 143.
prominence 8.
propellant level gauge 149.
propeller 143.
propeller duct 141.
prospecting 202.
PROTECTION 216.
protection layer 149.
protective cup 170, 177.
protective equipment 170.
protective girdle 177.
protective helmet 135, 137.
protractor 151.
province 26.
pruning shears 54.
pubis 78.
puck 176.
pulley 111.
pulp 47, 85.
pump 119.
pump island 135.
pumpkin 49.
punch hole 112.
pup tent 190.
pupil 66, 82.
purse 123.
push button 105.
push buttons 124.
push-button telephone 124.
pushpins 150.
pyramid 156.

Qibla wall 87.
quarter 121.
quarter note 161.
quarter rest 161.
quarter-deck 143.
quarterback 171.
quay 142.
quayside crane 143.
Queen 194, 195.
queen cell 59.
Queen's side 195.
queen, honey-bee 58.
quince 46.

R

rack 107.
radar 142.
radial passenger loading area 147.
radiation zone 8.
radiator 139.
radiator grille 134.
radiator panel 148.
radicle 34, 36, 40.
radio antenna 142.
radioactive 216.
radish 51.
radius 80.
rail 93, 97, 140.
railroad 90.
railroad station 90.
rain 22.
rain forest, tropical 21.
rain gauge recorder 23.
rain gauge, direct-reading 23.
rainbow 22.
raindrop 22.
rainfall, measure 23.
rainfly 190.
rake 55.
rake comb 122.
rampart 88.
rangefinder 125.
raspberry, section 44.
rattlesnake 65.
reactor 206, 207.
reactor building 206.
reading start 129.
rear apron 112.
rear brake 136.
rear derailleur 136.
rear light 136.
rear lights 133.
rear shock absorber 135.
rearview mirror 132.
receiver 180.
receptacle 38, 44.
record 129.
record 126.
record announcement button 124.
recorder 165.
recorder 182.
recording tape 129.
recording unit 23.
rectangle 156.
rectangular 191.
red 157, 196.
red currant 44.
Red Sea 19.
red wine glass 100.
red- violet 157.
reed 165.
reeds 165.
referee 171, 173, 176, 178, 179.
refinery 203.
refinery products 203.
refining 203.
reflected heat 28.
reflected ultraviolet rays 28.
REFLECTING TELESCOPE 11.
reflecting telescope, cross section 11.
reflector 136.
REFRACTING TELESCOPE 11.
refracting telescope, cross section 11.
REFRIGERATOR 106.
refrigerator 29.
refrigerator car 139.
refrigerator compartment 106.
reheater 206.
release lever 109.
remote control 126.
remote control 153.
remote control sensor 126.
remote-control terminal 125.
remote-control arm 149.
repeat mark 160.
REPTILES 64.
reservoir 105, 204.
reset button 198.
respiratory system protection 216.
rest area 27.
rest symbols, musical notation 161.
restaurant 91.
restricted area 178.
restricting circle 178.
retriever 179.
rev(olution) counter 132.
reverse slide change 153.
revolving nosepiece 155.
rewind 126.
rewind button 129.
rhinoceros 73.
rhombus 156.
rhubarb 52.
rib 123, 213.
rib joint pliers 109.
rib pad 170.
ribbed top 118.
ribbing 117.
ribs 80.
ridge 17.
right ascension setting scale 11.
right back 173, 175.
right channel 128.
right cornerback 171.
right defense 176.
right defensive end 171.
right defensive tackle 171.
right field 169.
right fielder 169.
right forward 178, 179.
right guard 171, 178.
right half 173, 175.
right halfback 171.
right inner 175.
right safety 171.
right service court 180.
right tackle 171.
right wing 175, 176.
rim 123, 135, 137, 178.
rind 47.
ring 35, 107, 123, 164, 189, 198, 201.
ring binder 151.
rings 189.
rink 176.
rink corner 176.
ripper 212.
ripper tooth 212.
river 26.
river estuary 14, 26.
road 27.
road map 27.
road number 27.
roasting pans 104.
robin 77.
rock 14.
rocking chair 96.
rodent's jaw 70.
roller cover 111.
roller frame 111.
roller-skate 185.
rolling pin 102.
romaine lettuce 53.
roof 59, 92, 131.
Rook 195.
room thermostat 199.
rooster 68.
root 50, 85.
root canal 85.
root cap 36.
root hairs 34, 36.
root of nose 84.
root system 36.
root vegetables 51.
root, primary 34, 36.
root, secondary 34, 36.
root-hair zone 40.
rose 38.
rose 162.
rose window 89.
rotor 209.
rotor blade 145.
rotor head 145.
rotor hub 145.
rubber boot 211.
rudder 141, 143, 144, 148.
ruler 151.
ruler 192.
rump 75.
rung 111.
runner 196.
running shoe 121.
runway 146.
runway line 147.

S

sacrum 80.
saddle 136, 188.
safety binding 187.
safety handle 54.
safety pad 188.
safety rail 138.
SAFETY SYMBOLS 216.
safety tether 149.
safety valve 104, 207.
sail 184.
sail 209.
sail cloth 209.
sail, fore royal 141.
sail, lower fore topgallant 141.
sail, upper fore topgallant 141.
sailbar 209.
SAILBOARD 184.
salad bowl 100.
salad dish 100.
salad plate 100.
salad spinner 103.
salamander 60.
salsify 51.
salt marsh 14.
salt shaker 100.
salty taste 84.
sand island 14.
sandbox 139.
sanitation truck 215.
sapwood 40.
sash window 94.
satchel 151.
Saturn 7.
saucepan 104, 192.
sauté pan 104.
saxhorn 164.
saxophone 165.
scale 63, 64, 74, 108, 193, 199.
scale leaf 50.
scale, musical 160.
scales, bathroom 201.
scales, electronic 201.
scales, kitchen 201.
scallion 50.
scampi 61.
scapula 80.
scenic route 27.
SCHOOL EQUIPMENT 152, 154.
SCHOOL SUPPLIES 150.
scientific instruments 148.
scissors 192, 193.
sclera 82.
scorer 178, 179.
scraper 111.
screen 126, 204.
screw 108.
screw 162.
screw base 99.
screwdriver 108.
screwdriver 192.
screwdriver, cross-tip 192.
scrimmage 171.
scroll 162.
scrotum 78.
sea 9, 26.
sea horse 62.
sealed cell 59.
SEASONS OF THE YEAR 20.
seat 97.
seat post 136.
SEATS 96.
second base 169.
second baseman 169.
second dorsal fin 63.
second floor 92.
second hand 198.
second molar 85.
second premolar 85.
second space 178.
second valve slide 164.
second violin 167.
second, musical interval 160.
secondary colors 157.
secondary road 27.
secondary root 34, 36.
section of a bulb 50.
seed 34, 44, 45, 46, 47.
seed leaf 36.
seed vegetables 52.
seeds 75.
segment 47.
segment score number 197.
seismic wave 13.
seismographic recording 202.
self-contained breathing apparatus 211.
self-inflating mattress 191.
semi-circle 178.
semi-mummy 191.
semicircular canals 83.
sensor probe 107.
sepal 38, 44.
serac 16.
server 179, 180.
service area 27, 147, 179.
service court, left 180.
service court, right 180.
service judge 180.
service line 180.
service road 146.
service station 134.
set of bells 166.
set square 151.
seventh, musical interval 160.
shade 98.
shadow 198.
shadow, penumbra 10.
shadow, umbra 10.
shady arcades 87.
shaft 177, 181, 197.
shallot 50.
shallow root 40.
sham 95.
shank 108, 123.
shark 63.
sharp, musical notation 161.
sheath 192.
sheath 37, 66, 67.
sheep 69.
sheet 141.
sheet, fitted 95.
sheet, flat 95.
shelf 106.
shell 64.
shell 75.
shield 65.
shin guard 168, 172.
shin pad 177.
shirt 112.
shirttail 112.
shock wave 202.
shoelace 121.
SHOES 119.
shoot 36, 40.
shooting adjustment keys 127.
short sock 118.
shorts 115.
shorts 172.
shortstop 169.
shoulder 66, 67, 78, 181.
shoulder blade 79.
shoulder pad 170, 177.
shoulder strap 116, 123, 193.
shovel 55.

The terms in **bold type** correspond to an illustration; those in CAPITALS indicate a title.

shovel 186.
shrimp 61.
shroud 141.
shutter 94.
shutter release button 125.
shuttle 148.
side 141.
side chair 97.
side chapel 89.
side compression strap 193.
side footboard 139.
side light 133.
side molding 131.
side plate 100.
side rail 111.
side vent 15.
side wall 182.
sideline 171, 175, 178, 179.
sight 193.
sighting line 193.
sighting mirror 193.
signal background plate 140.
signal lamp 107.
silk 52.
silos 142.
SILVERWARE 101.
simple eye 57, 58.
simple leaves 37.
single lens reflex (slr) camera 125.
single reed 165.
singles pole 180.
singles sideline 180.
sink-hole 13.
siphon 13.
sistrum 166.
sixteenth note 161.
sixteenth rest 161.
sixth, musical interval 160.
sixty-fourth note 161.
sixty-fourth rest 161.
skate 177.
skate guard 185.
SKATING 185.
skeg 184.
SKELETON 80.
ski 186.
ski boot 186.
ski boot 186.
ski glove 186.
ski goggles 186.
ski hat 186, 187.
ski pants 115.
ski pole 186, 187.
ski stop 186, 187.
ski suit 186, 187.
skid 145.
SKIING 186.
skin 44, 45, 46, 60.
skirt 114, 181.
skull 78, 80.
skylight 92.
skyscraper 91.
sleeping bags 191.
sleeping cab 134.
SLEEPING EQUIPMENT 191.
sleeve 113, 117.
sleigh bells 166.
slide 153.
slide mount 153.
slide projector 153.
slide tray 153.
slide-select bar 153.
sliding door 93.
sliding folding door 92.
sliding folding window 94.
sliding weight 159, 200.
sliding window 94.
slingback 119.
slip joint 109.
slip joint pliers 109.
slipover 117.
slot 105.
slow-motion 126.
small blade 192.
small intestine 81.
snap fastener 113, 118.
snare drum 166, 167.
snout 60.
snow 30.
snowblower 214.
SOCCER 172.
soccer ball 172.
soccer player 172.
soccer shoe 172.
soccer, playing field 173.
sock 118.
sock 170, 181.
sofa 96.
soft palate 84.
soft pedal 159.
soft-drink dispenser 134.
SOIL PROFILE 34.
solar cell 208.
solar cell 154.
SOLAR ECLIPSE 10.
solar eclipses, types 10.
SOLAR ENERGY 208.
solar energy 28.
solar panel 208.
solar radiation 208.
solar shield 149.
SOLAR SYSTEM 6.
sole 118, 185.
solid body 163.
solid rocket booster 148.
solids 156.
sound hole 162.
sound reproducing system, components 128.
soundboard 158, 159, 162.
soup bowl 100.
soup spoon 101.
soup tureen 100.
sour taste 84.
sources of gases 29.
sources of pollution 30.
South 27.
South America 18.
South Pole 12.
South-southeast 27.
South-southwest 27.
Southeast 27.
Southern hemisphere 12, 24.
Southwest 27.
sow 69.
soybeans 52.
space 160.
SPACE SHUTTLE 148.
space shuttle at takeoff 148.
space shuttle in orbit 148.
spacelab 148.
SPACESUIT 149.
spade 55, 194.
spaghetti tongs 103.
spanker 141.
spatula 102.
speaker 124, 129.
speaker cover 128.
speed control 54, 105.
speed selector switch 122.
speed skate 185.
speedometer 132.
spent fuel discharge bay 206.
spent fuel storage bay 206.
sphere 156.
SPIDER 56.
spider 56.
spiked shoe 168.
spillway 204.
spillway gate 204.
spinach 53.
spindle 97.
spiny lobster 61.
spiral 129.
spiral bound notebook 151.
spiral-in groove 129.
spire 89.
spit 14.
spleen 81.
splint 193.
split end 171.
spoiler 144.
spoke 137.
spoon 101.
spoons, types 101.
spores 35.
sports car 133.
SPORTSWEAR 120.
spotlight 210.
spreader 123.
spring 20, 109, 188.
spring balance 201.
spring equinox 20.
springboard 188.
sprinklers 207.
spur 17.
square 156.
square 90.
square movement 195.
square root key 154.
stabilizer fin 143.
stack 14.
stacking chairs 96.
stadium 91.
staff 160.
stage 155.
stage clip 155.
stake 190.
stalactite 13.
stalagmite 13.
stalk 44, 45, 46.
stalk vegetables 52.
stamen 38.
stanchion 185.
stand 98, 135, 166.
staple remover 150.
stapler 150.
staples 150.
star diagonal 11.
starboard hand 142.
start button 198.
start wall 182.
starter 54, 182.
starting bar (backstroke) 182.
starting block 182.
starting block 182.
state 26.
station wagon 133.
staysail, jigger topgallant 141.
staysail, jigger topmast 141.
steak knife 101.
steam generator 206.
steam pressure drives turbine 207.
steel bar 189.
steelyard 200.
steering wheel 132.
stem 35, 36, 137, 141, 199.
stem bulb 142.
step 134.
stepladder 111.
steppe 21.
stereo control 129.
STEREO SYSTEM 128.
sterile dressing 193.
stern 143, 184.
sternum 80.
stick 162.
stick eraser 150.
sticks 166.
stigma 38.
stile 93, 97.
stimulator tip 122.
stinger 59.
stipule 37.
stirrup sock 168.
stitching 118, 121.
stock 209.
stock pot 104.
stockade 88.
stocking 118.
stocking cap 113.
STOCKINGS 118.
stomach 81.
stone 45.
stone fruit, section 45.
stone fruits, major types 45.
stool 96.
stop 66, 126.
stop at intersection 216.
stop button 198.
stopwatch 198.
storage compartment 134, 153, 210.
storage door 106.
storage tanks 203.
stork 76.
stormy sky 22.
stove oil 203.
straight skirt 115.
straight wing 144.
strainer 103.
strainer 190.
strait 26.
strap 168.
strap loop 193.
strap system 163.
stratosphere 28.
strawberry, section 44.
street 90.
street lamp 91.
street sweeper 214.
striking circle 175.
string 162.
STRINGED INSTRUMENTS 162.
strings 159, 181.
stroke judge 182.
strokes, types 183.
structure of a flower 38.
STRUCTURE OF A PLANT 36.
STRUCTURE OF THE BIOSPHERE 20.
STRUCTURE OF THE EARTH 12.
strut 209.
stud 121.
studs 174.
stump 40.
stump 174.
style 38.
subarctic climates 21.
subarctic climates 21.
sublimation 30.
submarine pipeline 202.
subsoil 34.
subterranean stream 13.
subtract from memory 154.
subtract key 154.
subtropical climates 21.
sugar bowl 100.
suit 114.
summer 20.
summer solstice 20.
summer squash 49.
summit 17.
SUN 8.
Sun 6, 10, 28.
sun visor 132.
Sun's surface 8.
Sun, structure 8.
sundeck 142.
sundial 198.
sunflower 39.
sunlight 28.
sunroof 131.
sunspot 8.
super 59.
support 11, 23, 97.
surface insulation 149.
surface prospecting 202.
surface runoff 30, 32.
suspender clip 112.
suspenders 112.
suspension spring 138.
swallow 76.
swallow hole 13.
SWEATERS 117.
sweatpants 120.
sweatshirt 120.
swede 51.
sweet corn 52.
sweet peas 52.
sweet pepper 49.
sweet potato 51.
sweet taste 84.
swept-back wing 144.
swimmerets 61.
SWIMMING 182.
swimming pool 143, 182.
swimming trunks 121.
swimming, competitive course 182.
swimsuit 120.
Swiss army knife 192.
Swiss chard 52.
switch 99.
switch 110.
switch lock 110.
swordfish 62.
SYMBOLS, COMMON 216.
SYMBOLS, SAFETY 216.
SYMPHONY ORCHESTRA 167.

T

T-tail unit 145.
tab 123.
TABLE 97.
table 97.
table lamp 98.
tack 184.
tadpole 60.
tag 121.
tail 61.
tail 65, 66, 67, 75, 144, 186.
tail assembly 144.
tail boom 145.
tail comb 122.
tail light 133.
tail shapes, types 145.
tail skid 145.
tail-out groove 129.
taillight 135.
tailpiece 162.
tailrace 204.
take-up reel 129.
talon 74.
tambourine 166.
tank car 139, 203.
tank top 120.
tank trailer 202.
tape 108, 179.
tape dispenser 151.
tape guide 129.
tape lock 108.
tape measure 108.
tapered wing 144.
taproot 40.
tarsus 80.
taste sensations 84.
team shirt 168, 170, 172.
teapot 100.
teaspoon 101.
technical identification band 129.
telecommunication antenna 142.
telephone 216.
telephone answering machine 124.
telephone index 124.
telephone set 124.
telephone, cordless 124.
telephone, portable cellular 124.
TELESCOPE, REFLECTING 11.
TELESCOPE, REFRACTING 11.
telescopic boom 210, 215.
telescopic corridor 147.
telescopic front fork 135.
telescopic umbrella 123.
TELEVISION 126.
television set 126.
temperate climates 21.
temperature control 105.
temperature gauge 132.
temperature set point knob 199.
TEMPERATURE, MEASURE 199.
temperature, measure 23.
temple 78, 123.
tempo scale 159.
tendon guard 185.
TENNIS 180.
tennis ball 181.
tennis player 181.
tennis racket 181.
tennis shoe 119.
tennis shoe 181.
tennis, court 180.
tenor drum 166.
TENTS 190.
tents, major types 190.
tepee 86.
terminal box 208.
terminal bud 34, 36.
terminal moraine 17.
tertiary colors 157.
test tube 155.
thermometer 199.
thermometer, clinical 199.
thermostat control 106.
thigh 66, 67, 79.
thigh pad 170.
thigh-boot 119.
third base 169.
third baseman 169.
third valve slide 164.
third, musical interval 160.
thirty-second note 161.
thirty-second rest 161.
thoracic legs 61.
thorax 57, 58.
thread 108.
threaded rod 109.
three-four time 160.
three-toed hoof 71.
threshold 93.
throat 74, 181.
throat protector 168, 177.
thruster 149.
thumb 82, 118, 168.
thumb hook 164.
thumb rest 165.
thumb tacks 150.
thumbscrew 109.
tibia 80.
tie 112.
tie 123, 140.
tie plate 140.
tight end 171.
tightening band 23.
tightening buckle 193.
tights 118.
time signatures 160.
TIME, MEASURE 198.
timekeeper 178.

The terms in **bold type** correspond to an illustration; those in CAPITALS indicate a title.

tine 101.
tip 36, 108, 110, 123, 186.
tip of nose 84.
tire 131, 137.
tire pump 136.
tire valve 137.
Titan 7.
toad 60.
toaster 105.
toe 66, 74, 78, 118.
toe binding 186.
toe box 185.
toe clip 136.
toe guard 168.
toe pick 185.
toe piece 186.
toe-piece 187.
toeplate 186.
toggle fastening 113.
tom-toms 166.
tomato 49.
tone controls 163.
tongue 84, 112, 121, 185, 186.
tongue sheath 64.
tonsil 84.
tool tether 149.
TOOLS, CARPENTRY 108.
tooth 64, 84, 109, 110, 213.
toothbrush 122.
toothpaste 122.
top 40, 97.
top flap 193.
top ladder 211.
top of dam 204.
top rail 94.
topsail, gaff 141.
topsail, lower fore 141.
topsail, upper fore 141.
topsoil 34.
toque 114.
total 201.
total eclipse 10.
touch line 173.
touring boot 187.
tourist route 27.
tow bar 146.
tow tractor 146, 147.
tow truck 215.
tower 89, 209.
tower crane 214.
tower ladder 211.
tower mast 214.
towing device 215.
track 98, 212.
track lighting 98.
track suit 120.
tractor unit 134.
tractor, crawler 212.
TRADITIONAL MUSICAL INSTRUMENTS 158.
traffic island 90.
trailing edge 144.
trailing edge flap 144.
trampoline 188.
transept 89.
transept spire 89.
transfer of heat to water 207.
transformer 98, 204, 206.
transit shed 143.
transparency 153.
transpiration 31.
trapezoid 156.
trapped heat 29.
traveling crane 204.
tray 111.
treble bridge 159.
treble keyboard 158.
treble pickup 163.
treble register 158.
treble tone control 163.
TREE 40.
tree frog 60.
tree, structure 40.
trees, examples 41.
triangle 156, 166.
triangle 167.
triangular body 158.
trifoliolate 36.
trigger switch 110.
trill, musical notation 161.
trip odometer 132.
triple ring 197.
triple tail unit 145.
tripod 11.
tripod accessories shelf 11.
tripod stand 166.
Triton 7.
trolley 214.
trolley pulley 214.
trombone 164.
trombone 167.
tropic of Cancer 12, 24.
tropic of Capricorn 12, 24.
tropical climates 21.
tropical forest 20.
TROPICAL FRUITS 48.
tropical fruits, major types 48.
tropical rain forest 21.
tropical savanna 21.
troposphere 28.
trout 62.
trowel 54.
truck 138, 185.
truck crane 215.
truck frame 138.
TRUCKING 134.
trumpet 164.
trumpet 167.
trunk 40, 79, 131.
trunk, cross section 40.
tuba 164.
tuba 167.
tuber vegetables 51.
tubular bells 167.
tulip 38.
tumbler 100.
tuna 62.
tundra 20.
tuner 128.
tuner 129.
tungsten-halogen lamp 99.
tuning control 129.
tuning controls 126.
tuning fork 159.
tuning peg 162, 163.
tuning pin 159.
tuning slide 164.
turbine 206.
turbine building 206.
turbine shaft turns generator 207.
turbojet engine 144.
turkey 68.
turn signal 133, 135.
turn signal indicator 132.
turn, musical notation 161.
turning judge 182.
turning wall 182, 183.
turnip 51.
turntable 128.
turntable 213.
turntable mounting 210.
turret 88.
turtle 64.
turtleneck 117.
tusks of elephant 71.
tusks of walrus 71.
tusks of wart hog 71.
TUSKS, MAJOR TYPES 71.
TV mode 126.
TV on/off button 126.
TV/video button 126.
tweeter 128.
tweezers 193.
twig 36, 40.
twist drill 110.
two-door sedan 133.
two-person tent 190.
two-toed hoof 71.
two-two time 160.
tympanum 89.

U

ulna 80.
umbra shadow 10.
UMBRELLA 123.
umbrella pine 43.
umbrella, telescopic 123.
umpire 171, 174, 179, 180, 182.
under tail covert 75.
underground flow 31, 32.
underground stem 50.
undershirt 168.
unison, musical interval 160.
unit price 201.
universal step 146.
uphaul 184.
upper eyelid 60, 66, 82.
upper fore topgallant sail 141.
upper fore topsail 141.
upper lip 84.
upper mantle 12.
upper shell 185, 186.
upper strap 186.
upper tail covert 75.
upright 189.
upright piano 159.
upright pipe 210.
Uranus 7.
UTENSILS, KITCHEN 102.
uvula 84.

V

V-neck 117.
V-neck cardigan 117.
valley 17.
valve 164.
valve casing 164.
vamp 121.
vanity mirror 132.
variable geometry wing 144.
vaulting horse 188.
VCR controls 126.
VCR mode 126.
VCR on/off button 126.
vegetable steamer 104.
VEGETABLES 49, 50, 52.
vegetables 33.
vein 37.
vein, femoral 81.
vein, subclavian 81.
venom canal 64.
venom gland 64.
venom-conducting tube 64.
venomous snake's head 64.
venous blood 81.
vent, main 15.
vent, side 15.
ventilating fan 139.
Venus 6.
vernal equinox 20.
vernier scale 200.
vertebral column 80.
vertical movement 195.
vertical pivoting window 94.
vertical side band 179.
vertical-axis wind turbine 209.
vest 112.
vibrato arm 163.
VIDEO 127.
video camera 127.
VIDEO ENTERTAINMENT SYSTEM 197.
video monitor 154.
videocassette recorder 127.
videotape operation controls 127.
viewfinder adjustment keys 127.
vine leaf 53.
viola 162.
viola 167.
violet 38.
violet 157.
violet-blue 157.
violin 162.
violin family 162.
visor 135, 140, 187.
visual display 197.
volcanic bomb 15.
VOLCANO 15.
volcano 28.
VOLLEYBALL 179.
volleyball 179.
volleyball, court 179.
voltage increase 205, 207.
volume control 124, 126, 129, 163.
volva 35.
vulva 78.

W

wading bird 74.
wagon tent 190.
waist 79, 162.
waist belt 193.
waistband 112, 113.
walking leg 57.
Walkman® 129.
wall 9, 47.
wall fixture 98.
wall tent 190.
wallet 123.
wallet 154.
waning gibbous moon 9.
warming plate 105.
warning device 211.
warning light 140.
warning lights 132.
warning track 169.
washer nozzle 130.
watch, digital 198.
water bottle 136.
water bottle clip 136.
water cools the used steam 207.
water cycle 30.
water intake 204.
water is pumped back into the steam generator 207.
water key 164.
water pitcher 100.
water supply point 210.
water table 13.
water tank 139.
water turns into steam 207.
watercolors 157.
watercress 53.
waterfall 17.
watering can 54.
watering tube 214.
watermelon 49.
wax crayons 157.
waxing gibbous moon 9.
WEATHER 22.
weather radar 145.
web 60, 74, 168.
webbed foot 60.
webbed toe 74.
weeping willow 42.
weight 200, 201.
WEIGHT, MEASURE 200.
West 27.
West-northwest 27.
West-southwest 27.
Western hemisphere 24.
Western meridian 24.
whale 72.
wheel 185.
wheel chock 146.
wheel cover 131.
wheel tractor 212.
wheelbarrow 55.
wheelchair access 216.
whisk 102.
whiskers 66.
White 195, 196.
white cabbage 53.
white of eye 82.
white square 195.
white wine glass 100.
whole note 161.
whole rest 161.
wicket 174.
wicket-keeper 174.
wigwam 86.
WILD ANIMALS 72.
willow 174.
winch 215.
winch controls 215.
wind deflector 134.
wind direction, measure 23.
WIND ENERGY 209.
WIND INSTRUMENTS 164.
wind strength, measure 23.
wind vane 23.
windbag 158.
windbreaker 113.
windmill 209.
WINDOW 94.
window 107, 131, 145, 184.
windows, types 94.
windshaft 209.
windshield 130, 135.
windshield wiper 130.
wing 75, 144, 148.
wing shapes, types 144.
wing slat 144.
wing vein 57.
wing, left 175, 176.
wing, right 175, 176.
winglet 144.
winter 20.
winter solstice 20.
wiper switch 132.
wire brush 166.
wisdom tooth 85.
wishbone boom 184.
withers 66, 67.
wok 104.
WOMEN'S CLOTHING 114, 116.
women's rest room 216.
woodwind family 165.
woofer 128.
worker, honey-bee 58.
worm 214.
wrist 66, 79, 82.
wrist strap 186, 187.
wristband 170, 181.

xylophone 166.
xylophone 167.

yard line 171.
yellow 157.
yellow onion 50.
yellow-green 157.
yolk 75.
yurt 87.

Z

zebra 73.
zest 47.
zipper 190.
zither 158.
zoom lens 127.
zucchini 49.

The terms in **bold type** correspond to an illustration; those in CAPITALS indicate a title.